Hubertus Becker

Globale Nomaden
Norden

RHEIN
MOSEL
VERLAG

3. Auflage 2026
RHEIN-MOSEL-VERLAG
Bundesbahnhof 1, 56859 Bullay / Mosel
Deutschland
Tel.: 06542 / 5151
E-Mail: rhein-mosel-verlag@t-online.de
www.rhein-mosel-verlag.de

ISBN 978-3-89801-432-8
Lektorat: Gabriele Korn-Steinmetz
Korrektorat: Melanie Oster-Daum
Ausstattung: Stefanie Thur
Autorenportrait: Arne Houben
Umschlaggestaltung: Stefanie Thur unter Verwendung
eines Gemäldes von Lynn Jaye
www.lynnjaye.com

Hubertus Becker

GLOBALE NOMADEN

NORDEN

AM ENDE STEHT VERRAT

Rhein-Mosel-Verlag

… das Problem jedoch bestand darin, dass man sich an das Siegen gewöhnte, an das Verlieren nie. Was auch hieß, dass beim Verlieren mehr in einem vorging als beim Siegen, dass man beim Verlieren irgendwie heftiger lebte, was wiederum zur Folge hatte, dass manche Menschen lieber verloren als siegten, weil sie das Gewinnen langweilte.

Harry Mulisch »Die Entdeckung des Himmels«*

Als ich dann selbst die Schwarzen kennenlernte, wurde mir gerade dieser Zug an ihnen einer der liebsten. Sie besaßen echten Mut, eine unverfälschte Liebe zur Gefahr, die mir die einzig richtige Antwort der Schöpfung auf die Verkündigung ihres Schicksals zu sein scheint, das Echo der Erde, wenn der Himmel gesprochen hat.

Tania Blixen, »Afrika dunkel lockende Welt«**

Und zielen meine Geschichten, die wahren so gut wie die unwahren, nicht alle auf den gleichen Effekt ab, haben sie nicht alle den gleichen Sinn? Was hat es da zu besagen, ob ich sie erlebt oder erfunden habe, wenn sie doch in beiden Fällen für das bezeichnend sind, was ich war und was ich bin? Man durchschaut den Lügner manchmal besser als einen, der die Wahrheit spricht.

Albert Camus »Der Fall«***

Für alle Nomaden,
für die, die auf der Flucht sind,
und für all die Verrückten, die Widerstand leisten
und im Gedenken an Franz Josef Degenhardt
sowie an die wunderbare Nina Simone.

Vorbemerkung

Einer der von mir erst kürzlich entdeckten Anglizismen heißt *»spoiler alert«*. Im Fall der Globalen Nomaden, deren letzter Band endlich die Druckerei verlassen hat, beging ich den Fehler, naseweisen YouTubern in einem Interview das Ende der Geschichte zu erzählen. Ich weiß, eine Unverschämtheit meinen Leserinnen und Lesern gegenüber, die sich das Recht auf Spannung bis zum letzten Kapitel verdient hätten. Nun, da das dicke Kind im Brunnen liegt, kann nichts mehr repariert werden, sofern ich mich der schriftstellerischen Redlichkeit verbunden fühle. Die neun Jahre im anfangs lokalen, später europäischen und bald interkontinentalen Drogenschmuggel enden mit dem Kapitel »Hochzeitsreise«, was an eine langweilige bourgeoise Veranstaltung denken lässt, aber, man ahnt es, das Schicksal hielt selbst bei dieser unverdächtigen Eskapade Überraschungen bereit.

Der von mir sehr geschätzte amerikanische Romancier Kurt Vonnegut gab vor Jahren einem von mir wenig geschätzten deutschen Nachrichten-Magazin ein Interview. O-Ton Vonnegut: »Kurz bevor mein Vater starb, sagte er zu mir: Weißt du, du hast nie eine Geschichte geschrieben mit einem Bösewicht darin.« Die Beobachtung des Vaters des Dichters ging mir seither nicht mehr aus dem Kopf. Im ersten Satz des ersten Bandes SÜDEN behaupte ich, es gebe keinen bösen Menschen, davon bin ich nach wie vor überzeugt. Und wenn es keine bösen Menschen gibt, dann gibt es, zumindest in meinen Geschichten, auch keine Bösewichte.

Meine Freunde, meine Komplizen und ich brachen permanent Gesetze, brachten gewiss durch den Schmuggel suchterzeugender Rauschdrogen viele Konsumenten inklusive uns selbst dazu, die Gesundheit auf eine harte Probe zu stellen; wir machten Fehler, die wir später bedauerten, aber für böse hielten wir uns nicht. Mit dem ebenfalls von mir bewunderten algerisch-französischen Dichter Albert Camus stimme ich überein, wenn er feststellt, es gebe »für den Menschen keinen Begriff, der ihm so natürlich, so selbstverständlich und gleichsam im Grunde seines Wesens verwurzelt erschiene, wie der Begriff seiner Unschuld.« Darüber lohnt es sich nachzudenken. Verhaltensweisen, die wir offensichtlich als teuflisch, bestialisch oder asozial verurteilen, also als moralisch böse, haben ihre Wurzeln in der Krankheit der Psyche: Rachedurst, Geldgeilheit, Machtgier und Gewaltexzesse im Rausch, die wiederum ihre biografischen oder zuweilen sogar genetischen Ursachen haben.

Ich denke, Kurt Vonnegut hatte das erkannt, er verbat es sich, in seinen Büchern aus Menschen Bösewichte zu machen. Jegliches elitäre Auftrumpfen lag ihm fern. Das weckte meinen Respekt, dieser Haltung kann ich folgen. In diesem Sinne, wer Bösewichte und Verbrecher sucht, der wird sie in den »Globalen Nomaden« nicht finden, auch nicht im letzten Band NORDEN, wo immerhin einige Rechnungen präsentiert werden.

Als ich im Jahre 2001 mit der Niederschrift begann, an einem Computer, den der inzwischen von uns gegangene Gefängnisdirektor von Diez mir als erstem Gefangenen in seinem Etablissement genehmigte, da wusste ich nicht, welcher Vokabelhaufen sich aus dem biografischen Stoff auftürmen sollte. Ich hatte zwar 36 Seiten Stichworte und ein Dutzend vollgeschriebener Tagebücher als Gedächtnisstützen, wusste aber nicht, wohin die abenteuerliche Reise mich führen würde, das heißt, irgendwie wusste ich es schon, aber ob ich an einer Autobiografie schrieb, einem kriminellen Reisebericht, einem Geständnis gar oder einem Schelmenroman, darüber hatte ich mir keine Gedanken gemacht. Bloß eines war klar: es durfte auf keinen Fall langweilig werden.

Literatur muss unterhaltsam sein, was mich beim Schreiben verpflichtete, zuweilen zwischen den Zeilen den Lesern zuzuzwinkern. Als ich den Band SÜDEN, der 2003 entstand, 2018 wieder las, musste ich des Öfteren lachen, über die kleinen Geschichten, die ich längst vergessen hatte, über Tollpatsche und ihre chaotischen Unternehmungen und nicht zuletzt über mich selbst.

In einem Interview mit einem italienischen Schriftsteller, antwortete dieser auf die Frage, warum er Bücher schreibe, keck: Damit ich im Alter mal was Gutes zu lesen habe … Chapeau, volle Punktzahl! Derartigen Humor liebe ich. Noch ein Zitat, diesmal von Mick Jagger, dessen Musik mich nur bedingt triggert. Auf die Frage womit er vor seiner Zeit bei den Stones seinen Lebensunterhalt bestritten habe, sagte er, als Dachdecker. »Dachdecker?«, vergewisserte sich der Journalist erstaunt. »Nun«, so Mick entwaffnend, »jeder scheitert halt so gut er kann!«

Genug des Sermons: Weiter geht es mit den unschuldigen Nomaden!

4.1 San Francisco

Joey kam nicht zum Flughafen von Miami, um uns abzuholen, wenngleich er einen weißen Cadillac besaß, den er auf Handbetrieb hatte umrüsten lassen, das heißt, Gas und Bremse betätigte er von Hand, das Getriebe schaltete automatisch. Allerdings ist Autofahren für einen Rollstuhlfahrer immer mit einem Mehraufwand verbunden, sodass Joey zuweilen keine Lust verspürte, selbst zu fahren. Wenn er dennoch fuhr, rollte er neben die Tür und hievte sich auf den Fahrersitz, faltete dann mit der Linken den Stuhl zusammen und schob ihn hinter seine Rückenlehne. Das erforderte einige Kraftanstrengung, die er jedoch souverän meisterte. Seine Arme konnten es mit jedem Preisboxer aufnehmen, es war, als sei die Kraft aus den Beinen hinauf in die Arme gewandert. Aber heute kam er nicht zum Flughafen.

Nora und ich mieteten ein Cabrio und machten uns bei sonnigem Wetter auf den Weg nach Lauderdale. Der Kontakt zu Penny, der Indianerin, war abgerissen. Auf mehrere Ansichtskarten aus Asien und einen Brief aus Bali hatte sie nicht geantwortet. Sie gehörte offenbar zu denjenigen, die nur den direkten Kontakt zu ihren Mitmenschen pflegen, war man nicht anwesend, war man so gut wie nicht mehr existent. Nun ja, tröstete ich mich, Ansichtskarten gehörten schließlich nie zur Tradition der Indianer, wahrscheinlich ist das heute immer noch so. Ich habe Penny ihr Schweigen nicht verübelt, aber wenn Freunde schweigen, vergrößert sich zwangsläufig die Herzensdistanz. So beschloss ich, sie nicht zu besuchen, zumal ich nicht wusste, ob sie noch mit ihrem eifersüchtigen Outlaw Arnie zusammenlebte. Hangman war seit zwei Jahren tot und ich wusste nicht, wer jetzt in dessen Haus lebte. Zudem hatten Nora und ich nicht vor, lange in Florida zu bleiben. Ich hatte Lisa versprochen, bald zurück auf Hawaii zu sein.

Joey und Sunny empfingen uns mit Champagner und boten uns an, das Gästezimmer zu beziehen. Nichts kam mir mehr gelegen, denn ich fühlte, ihre Gastfreundschaft kam von Herzen. Nora erging es ähnlich, obwohl sie die beiden bis dahin noch nicht kannte, sah ich ihr an, dass sie sich im Haus der Bleichgesichter wohl fühlte. Das war kein Selbstläufer. Wenn weiße und schwarze Amerikaner sich kennenlernten, checkten sie zunächst ab, ob die Chemie stimmte, und zwar unter dem Gesichtspunkt rassistischer Vorbehalte. Von beiden, den Schwarzen wie den Weißen, erforderte es (besonders in den Südstaaten) eine gewisse Zivilcourage, den anderen bei sich daheim willkommen zu heißen. Wer sich sorgte, was die Nachbarn wohl dachten, der lebte stressfreier, wenn er keinen Gast anderer Hautfarbe zu sich nach Hause einlud. Aber Sunny und Joey spekulierten weder auf das Weißwollen ihrer Nachbarschaft noch hatten sie Vorbehalte gegen das Schwarzsein meiner Freundin Nora. Als Europäer, der in einer Jugendkultur aufwuchs, in der Rassismus kein Thema war, war mir soziales Belauern dieser Art fremd. Weder betrachtete ich das Freisein von rassistischem Eigendünkel als Charaktereigenschaft, noch erforderte es einen emotionalen Kraftakt, alle Menschen als gleichwertig zu betrachten, egal ob Juden, Chinesen, Zigeuner, Kaukasier oder Schwarze, ich vergab meine Sympathie- oder Antipathiepunkte aufgrund persönlicher Erfahrung mit dem einzelnen Menschen.

Als extrovertierter Vertreter einer aufgeklärten Zivilisation redete ich grundsätzlich mit jedem, hatte zugegebenermaßen ein Faible für gutartig Verrückte und bedrängte Minderheiten. Meine Zuneigung galt allen Rebellen, Schelmen und Spitzbuben. Schließlich zählte ich mich selbst dazu. Woher ich diese Mentalität hatte, kann ich nicht sagen, denn ich stamme aus einem bürgerlichen Elternhaus und hatte in meiner Jugend sieben Jahre katholische Internatserziehung erfahren. Jedenfalls erleichterte mir diese Einstellung anderen Menschen gegenüber, relativ konfliktfrei um die Welt zu reisen und mich der jeweiligen Kultur anzupassen. Mir schmeckte indonesisches Essen, ich schlief mit asiatischen Frauen, machte Geschäfte mit chinesischen, afrikanischen und amerikanischen Ganoven, und ich hörte Musik der verschiedensten Stilrichtungen, sofern sie nicht militaristisch, faschistoid oder schlicht schlecht gemacht war.

Im Hause Palmano wurde in erster Linie West-Coast aufgelegt, also Crosby, Stills, Nash & Young oder Jefferson Airplane oder Loggins & Messina oder Fleetwood Mac oder Poco oder die Eagles. Zu der Zeit als ich viel in den Vereinigten Staaten unterwegs war, hörte ich bevorzugt Salsa, Latin-Jazz und Fusion à la Steely Dan, Weather Report, Pat Metheny oder Santana. Meine persönliche Hymne, in der ich mein Lebensgefühl auf den Punkt gebracht fühlte, war allerdings ein Song von Lee Clayton, der zu den Country-Sängern um Willie Nelson und Waylon Jennings gehörte. Das Lied, dem so gar nichts Provinzielles anhaftet, trägt den Titel *»I Ride Alone«*, und die erste Strophe lautet übersetzt in etwa so:

Wieder eine Nacht in Los Angeles,
Mein Pass steckt unruhig in meinem Stiefel
Und meine Gedanken bekommen Flügel und raten mir:
Los Mann, sagen sie, verschwinde von hier!
Und ich muss an Paris zurückdenken:
Guter Wein, Frauen und edle Dinge.
Und ich denke an mein Leben auf den mitternächtlichen Landstraßen,
An das Leben eines Deserteurs.
Seit zwanzig Jahren nennen sie mich einen Halunken,
Seit zwanzig Jahren bin ich auf der Flucht …

Diesen Titel aus dem Jahr 1979 hörte ich bei Joey zum ersten Mal, und ich hatte das Gefühl, dieser Text habe etwas mit meinem eigenen Leben zu tun. Lee Clayton gehörte übrigens zu den aufrechten Lebenskünstlern, zu denen auch Sixto Rodriguez zählte, der zu der Zeit, als ich mit Jerry in Detroit Geschäfte machte, in der Stadt auf dem Bau arbeitete, weil ihn ein Musikproduzent um den Erfolg und um seine Tantiemen betrogen hatte. Ich kannte seine Musik *(»Sugar Man«)* seit Mitte der siebziger Jahre, hatte aber, wie fast alle seine Bewunderer keine Ahnung, woher ich seine Platten bekommen könnte oder gar, wo er lebte oder was aus ihm geworden war. Erst im Jahr 1998 wurde er von einem südafrikanischen Journalisten in Detroit aufgespürt, und es gelang Rodriguez eine Art Comeback, worüber der schwedische Filmemacher Malik Bendjelloul einen sehr berührenden Film mit ihm drehte. Eine erstaunliche Geschichte!

Wenn ich die Musik von Clayton und Rodriguez höre und deren Qualität mit dem bescheidenen Erfolg, den sie hatten, in Beziehung setze, frage ich mich ernsthaft, wieso Bands wie REM oder die E-Street-Band so viel Anerkennung fanden, obwohl sie, was

Können und Aussagekraft ihrer Stücke angeht, Lee Clayton und Sixto Rodriguez das Wasser nicht reichen konnten ... Gute Kunst allein verbürgt offensichtlich nicht automatisch den Erfolg. Inzwischen bin ich überzeugt, dass es sehr viele Künstler gibt, die in ihrer Kunst echte Anliegen zum Ausdruck bringen, die aber nie die Beachtung fanden, die sie verdient hätten. Hier die erste Strophe eines von Rodriguez' besten Liedern:

Sugar man
Won't ya hurry
Coz I'm tired of these scenes
For a blue coin
Won't ya bring back
All those colours to my dreams

Silver magic ships, you carry
Jumpers, coke, sweet Mary Jane ...

Zurück zu Joey, Sunny und Nora, mit denen ich einen unvergessenen Abend verbrachte. Wir ließen uns aus einem »Yellow Deli«* Futter in Styropor-Boxen bringen, Joey sang und spielte eine Stunde lang Lieder auf der Gitarre, und anschließend spielten wir Schach, während die Frauen Marihuana rauchend in der Küche saßen und über Dinge sprachen, die Frauen interessieren.

In der Nacht schlief ich zwar *bei* Nora, aber nicht *mit* ihr. Wir kannten uns schon so lange, dass ich sie eher als Schwester denn als Frau betrachtete. Nora sah das zwar anders, aber es sollte noch ein paar Wochen dauern, ehe sie es mir eingestand.

Als ich am nächsten Morgen erwachte, beschloss ich, den Tag mit einem Sprung in den Pool zu beginnen, der gleich an das Haus angrenzte. Neben einer Linie Kokain ist ein Sprung ins kalte Wasser die effizienteste Methode, um wach zu werden. Diese Erkenntnis nahm ich damals mit. Anschließend betrat ich die Küche, wo Sunny dabei war, Kaffee zu kochen. Das heißt, in Amerika kochen die Leute keinen Kaffee, sondern Wasser, in welches dann das Kaffeepulver gerührt wird. Das Ergebnis ist allerdings eine dermaßen schlappe

* asiatisches Fastfood

Brühe, dass man in Italien oder Österreich mit Beschimpfungen zu rechnen hätte. Andererseits: In den Vereinigten Staaten ist der Kaffee in Fastfood-Restaurants kostenlos, was die Gastronomen davor bewahrt, wegen Betruges angezeigt zu werden. Sunny lud mich also auf eine Tasse Kaffee ein, und indem ich mich freundlich bedankte und die Einladung annahm, hatte ich zum ersten Mal an diesem Tag gelogen. Wenn man es genau nimmt, ist ja jede nicht ehrlich gemeinte Höflichkeit eine Form der Lüge, und unter diesem Gesichtspunkt lügt jeder Mensch im Durchschnitt dutzende Male am Tag (hab ich mal irgendwo gelesen). Einen interessanten Gedanken zur Funktion der Lüge in unserem Leben schrieb der französische Dichter Anatole France einmal nieder: *Die Ungewissheit ist die Grundbedingung irdischen Glückes. Von uns selber wissen wir fast nichts, von den anderen gar nichts. Die Unwissenheit gibt uns Ruhe, die Lüge Glück.*

Ich wartete ab, bis Sunny hinausging, um Joey zu wecken, und kippte mir unbeobachtet noch einen Löffel Instant-Maxwell-House in die Tasse. Dann ging ich zurück ins Zimmer, um mich anzukleiden und um Nora guten Morgen zu wünschen. Während sie meinem Rat folgte, den Tag im Wasser zu beginnen (gegen neun Uhr früh zeigte das Thermometer im Pool bereits 25 Grad Celsius!), holte ich Tage- und Adressbuch aus der Reisetasche und setzte mich an den Küchentisch, um die Notizen zu machen, die mich heute in die Lage versetzen, diese Geschichte niederzuschreiben. Dabei fiel mein Blick auf einen in fremder Handschrift verfassten Eintrag in dem Schulheft, in welches ich Visitenkarten einklebte, sowie Telefonnummern und Anschriften notierte. Ich las: Toni, Miami, und eine Nummer. Doch so sehr ich auch nachdachte, mir wollte partout nicht einfallen, wo und wann ich diesem Toni begegnet war. Die Neugier ließ mir keine Ruhe, also nahm ich Joeys Telefon und wählte.

»Filitti. Was kann ich für Sie tun?«, erkundigte sich eine Dame am anderen Ende der Leitung.

»Ich würde gerne mit Toni sprechen«, sagte ich.

»Wer sind Sie denn?«, fragte die Frau, und ich glaubte eine Spur von Misstrauen zu hören.

»Mein Name ist Harry.«

»Und woher kennen Sie meine Tochter?«

Wie bitte? Hatte sie meine Tochter gesagt? Ich war verunsichert, denn den Namen Toni hatte ich mit einem Mann assoziiert.

»Gute Frage. Ich fand ihre Nummer in meinem Adressbuch, und da ich mich nicht entsinne, wie sie da hineingekommen ist, rufe ich jetzt bei Ihnen an. Lassen Sie mich bitte mal mit Toni reden!«

»Toni ist leider nicht zu Hause, sie ist auf der Arbeit«, erklärte die Frau. »Ich schlage vor, sie geben mir Ihre Nummer, dann kann meine Tochter Sie zurückrufen, wenn sie heute Nachmittag heimkommt.«

Ich gab ihr Joeys Nummer und legte auf. Gegen Abend rief Toni dann an. Auch sie konnte mit meinem Namen zunächst nichts anfangen, und hätte ich ihr nicht versichert, dass sie selbst den Eintrag mit eigener Hand vorgenommen habe, Toni Filitti hätte aufgelegt. So suchten wir nach Erkennungsmerkmalen, aber erst als ich sagte, ich sei aus München, da fiel bei ihr der Dime.

»Bist du etwa dieser Fotograf aus München, der Freund von Jenny?«

»Genau der.«

»Harry, jetzt weiß ich, woher wir uns kennen. Erinnerst du dich, dass ich im vergangenen Jahr zusammen mit Jenny bei dir und deiner Frau zu Gast war. Ich hatte ein Foto-Shooting in München und dabei Jenny kennengelernt. Wir haben euch an einem Abend besucht und deine Frau, wie heißt sie noch …«

»Lisa.«

»Ja, Lisa. Sie hatte so leckeren Kartoffelsalat mit Frankfurter Würstchen zubereitet. Das beste Essen während der ganzen Woche, obwohl ich in München mehrmals in teuren Lokalen war. Erinnerst du dich jetzt an mich?«

Plötzlich hatte ich Toni wieder vor dem inneren Auge. Klar, das Fotomodell aus Amerika, mit dem Jenny, damals noch Untermieterin in Gräfelfing, uns besucht hatte.

»Jetzt erinnere ich mich. Du hast lange dunkle Haare und stehst deiner Kollegin Jenny an Aussehen in nichts nach«, schmeichelte ich ihr.

»Das sagst du jetzt bloß, damit ich nicht auflege!«

»Unsinn. Ich sehe dich vor mir, Toni, wie du auf unserem Sofa saßt, und ich die ganze Zeit über dachte, was für eine scharfe Braut ist das denn!«

Ohnmächtig, sich gegen dieses fett aufgetragene Kompliment zu verteidigen, wurde sie handzahm.

»Von wo aus rufst du denn an?«, fragte sie.

»Aus Fort Lauderdale.«

»Wirklich? Dann musst du mich auf jeden Fall besuchen kommen. Wie lange bleibst du in Florida?«

»Nur ein paar Tage. Ich fliege am Wochenende nach Hawaii.«

»Wow, Hawaii!«, wiederholte sie. »Nimmst du mich mit?«

»Weiß nicht. Ich denke, ich komme morgen erst mal bei dir vorbei, dann reden wir drüber.«

»Okay. Aber erst nach 16 Uhr. Ich arbeite nämlich in der Schönheitsklinik meines Freundes Markus. Der ist Schweizer, mit ihm kannst du dich dann auf Deutsch unterhalten.«

»Klar, warum nicht«, sagte ich, wenngleich ich kein Heimweh nach meiner Muttersprache verspürte. »Aber sag mal, was wird denn der Markus dazu sagen, wenn du mit mir nach Hawaii fliegen willst?«

»Keine Panik!«, lachte sie. »Markus ist der coolste Typ überhaupt. Du wirst ihn kennenlernen.«

Sie gab mir ihre Adresse in Nord-Miami, und ich versprach, am nächsten Tag bei ihr vorbeizukommen. Kaum hatte ich aufgelegt, kam Joey in die Küche gerollt.

»Führe bitte keine geschäftlichen Gespräche am Telefon. Hier in Amerika hören die Bullen gerne mit.«

»Keine Sorge, ich habe lediglich ein Rendezvous mit einer der schönsten Frauen von Miami vereinbart. Morgen soll ich sie besuchen. Fährst du mit?«, fragte ich ihn.

»Was für eine dumme Frage!«, grinste Joey. »Natürlich fahre ich mit. Besser gesagt, *ich* fahre und *du* fährst mit. Wenn die Kids aus der Schule kommen, werde ich ihnen sagen, dass sie den Wagen vorher noch waschen sollen. Nicht, dass deine Bekannte denkt, wir kämen aus den Slums von Pompano. Wie heißt sie denn, die *Beauty-Queen*?«

»Toni.«

»Klingt nach einer Italienerin. Also ein Heimspiel für mich. Du weißt ja, dass auch ich italienische Wurzeln habe.«

»Du hattest so was mal angedeutet«, sagte ich.

»Meine Vorfahren stammen aus der Gegend um Neapel. Die Palmanos waren Seeleute. Aber viel mehr weiß ich leider nicht.«

»Wenn die Palmanos zur See fuhren, dann waren sie hundertprozentig Seeräuber«, behauptete ich.

»Gut möglich, schließlich haben sie ihre Heimat ja auch verlassen«, gestand Joey.

»Und Italiener sind heimatverbundene Menschen, die gehen nicht so mir nichts dir nichts nach Amerika«, führte ich die Argumentationskette fort.

»Da ist was dran«, lachte er. »Woher kennst du denn die Braut?«

»Aus Deutschland. Sie hat uns im vergangenen Jahr mal besucht. Sie arbeitet als Model und hatte einen Job in München.«

»Und wann hast du vor, zu ihr zu fahren?«

»Morgen Nachmittag nach vier, sofern du wirklich mitwillst und Zeit hast.«

Ich fuhr dann doch allein nach Miami, weil Joey sich am nächsten Tag nicht wohl fühlte. Nora blieb bei Sunny, mit der sie sich offenbar gut verstand. Toni wohnte in einer der besseren Wohngegenden von Miami, das Haus war weiß, und im Garten gab es einen großen Pool. Ihre Mutter Jacqueline öffnete mir die Tür und bat mich herein. Im Hausflur fielen mir diverse goldene Trophäen auf, sowie ein Poster, auf dem ein kantiger Boxer zu sehen war. Ich war dabei, die kleine Ausstellung zu betrachten, als die Frau mir stolz erklärte, dass der abgebildete Boxer ihr Sohn sei. »Rocky« las ich, offensichtlich handelte es sich um ein Filmplakat.

»Rocky ist mein Sohn«, wiederholte die Frau.

»Ihr Sohn ist Boxer?«

»Sie kennen Rocky nicht?«

»Sorry, aber ich bin kein Boxfan«, sagte ich und dachte, das Thema damit zu beenden. Zumal ich nicht gekommen war, um den Sohn, sondern um ihre Tochter zu besuchen.

»Sagen Sie bloß, Sie haben den Film ›Rocky‹ noch nicht gesehen?«

»Tut mir leid. Ich gehe selten ins Kino.«

Zum Glück kam Toni herein, im Bikini. Sie hatte draußen in der Sonne gelegen. Sonst hätte die Mutter wahrscheinlich eine Video-Kassette eingelegt und mich gezwungen, sofort diesen Boxerfilm anzuschauen, aber ein Boxerfilm war so ziemlich das Letzte, was mich damals interessierte. Indes, ich konnte dem Eifer der Dame nicht entkommen, sie brachte ein in Silber gerahmtes Foto herbei, auf dem sie mit ihrem Sohn abgebildet war. Schließlich wurde mir klar, dass es sich bei ihrem Sohn um den Schauspieler Sylvester Stallone handelte.

Im Gegensatz zu ihrer Mutter, machte Toni-Ann, wie sie eigentlich genannt wurde, ob ihres berühmten Bruders kein Gewese. Sie hatte auch damals in München mit keinem Wort erwähnt, dass sie seine Schwester sei. Das fand ich im Nachhinein bemerkenswert.

Nachdem wir draußen am Pool im Schatten eines Sonnenschirmes Platz genommen hatten, kam auch Tonis Freund Markus hinzu. Tatsächlich hatte Toni nicht zu viel versprochen, Markus war cool. Er verbot ihr nämlich, auch nur daran zu denken, mit mir nach Hawaii zu fliegen, während er in der Klinik schuftete. Markus war hier offensichtlich der Mann im Haus, er sprach wenig, traf Anordnungen und duldete keinen Widerspruch. Keine Ahnung, aus welcher Quelle er dieses überzogene Selbstbewusstsein schöpfte, jedenfalls bedauerte ich die lebensfrohe Toni, dass sie einem so trockenen Macher auf den Leim gegangen war. Zum Glück entschuldigte er sich nach einem schnellen Drink, er habe im Büro zu tun. Kaum war er fort, entspannte sich die Lage und wir führten ein abwechslungsreiches Gespräch, bei dem sich auch ihre Mutter ab und zu einschaltete. Fazit war: Toni-Ann und ich freundeten uns an. Ehe ich mich verabschiedete, versprach ich, sie anzurufen, wenn ich das nächste Mal in Florida wäre.

»Stell dir vor, Toni ist die Schwester von diesem komischen Boxer, diesem Rocky«, erzählte ich Joey, nachdem ich zurück war.

»Du machst einen Witz«, entgegnete er. »Hast du ihn getroffen?«

»Kannst du irgendwelche Verletzungen an mir erkennen?«, lachte ich. »Nein. Ihr Bruder lebt in New York. Kennst du eigentlich diesen Boxerfilm?«

»Klar. Der lief im Kino und auch schon im Fernsehen. Inzwischen gibt es eine Fortsetzung. Wenn mich nicht alles täuscht, gab es für den ersten Teil sogar mehrere Oscars. Die Filme kann man sich durchaus ansehen. Mir haben sie jedenfalls gefallen«, sagte Joey. »Wenn du Lust hast, leihen wir uns die Kassette aus und du kannst ihn dir reinziehen.«

»Nicht jetzt, vielleicht später«, entgegnete ich, denn so wirklich überzeugt war ich nicht. Boxen als Form zwischenmenschlicher Kommunikation war nicht mein Ding. Ich wechselte das Thema.

»Was habt ihr eigentlich in den kommenden Wochen vor?«

»Warum fragst du?«

»Weil ich daran denke, euch einzuladen, mit mir nach Hawaii zu fliegen. Wie ich dir schon sagte, wird unsere Tochter derzeit dort in einem Krankenhaus behandelt und es wird mindestens noch zwei Wochen dauern, ehe sie wieder gesund ist. Wir mieten uns für die Zeit auf Maui ein Haus am Strand und lassen es uns gut gehen. Rede mal mit Sunny, was sie davon hält.«

»Was sollte ein Mann im Rollstuhl schon groß vorhaben«, entgegnete Joey. »Klar fliegen wir mit nach Hawaii. Da wollte ich schon immer mal hin.«

»Und Sunny?«

»Sunny!«, rief er so laut, dass sie es hören musste.

»Was gibt es?«

»Komm bitte mal in die Küche. Harry hat uns eingeladen, mit ihm und Nora nach Hawaii zu fliegen. Hättest du Lust?«

»Was, Hawaii? Lust?«

Augenblicklich tauchten sie und Nora bei uns in der Küche auf. Nora strahlte und wäre Sunny nicht von sich aus von der Idee begeistert gewesen, sie hätte ihre neue Freundin überredet. So wurden wir uns rasch einig, dass wir in zwei Tagen gemeinsam erst nach San Francisco und nach einem weiteren Aufenthalt von zwei Tagen weiter nach Honolulu fliegen würden. Joey sprach mit seinen Eltern, die in Fort Lauderdale lebten, und bat sie, seine beiden Buben aufzunehmen. Deren Mutter hatte sich kurz nach Joeys »Unfall« aus dem Staub gemacht und lebte längst mit einem anderen Mann zusammen. Ich habe sie nie kennengelernt. Sunny sagte einige Termine ab, Joey griff zum Telefon und buchte die Flüge, dann waren wir reisefertig.

Am Nachmittag des Abreisetages trödelte ich ein wenig zu lange herum, sodass die Zeit bis zum Abflug knapp wurde. Wir quetschten uns zu viert in den Leihwagen und als wir endlich auf den Interstate Highway auffuhren, blieb gerade mal eine halbe Stunde. Ohne auf die in Amerika übliche Geschwindigkeitsbegrenzung zu achten, raste ich im Zickzack über die fünfspurige Autobahn, überholte rechts wie links, und das machte mir sogar Spaß. Wir erreichten den Flughafen eine Viertelstunde vor Abflug, ich setzte meine Passagiere vor dem Terminal der Pan Am ab und brachte anschließend den Wagen zur Autovermietung, in der Hoffnung, dort würde ich sofort bedient und wäre mit dem Shuttle-Bus rechtzeitig zurück. Tatsächlich klappte es, und als ich außer Atem den Schalter erreichte, blieben uns noch fünf Minuten.

Meine Freunde waren immer noch dabei einzuchecken. Zum Glück musste man in den USA erst eine Viertelstunde vor Abflug einchecken, aber oft reichten auch fünf Minuten noch aus. Da Joey nicht zum Gate sprinten konnte und so ein Rollstuhl seine Zeit braucht, forderte ich ihn und die Frauen auf, sich sofort auf den Weg zum Flugsteig zu begeben, den Rest am Schalter würde ich erledigen. Sie machten sich also auf die Socken, Sunny verschwand Joey schiebend im Laufschritt in dem Zubringer zum Gate 51, das sich zu allem Überfluss ganz am Ende des langen Ganges befand. In der Regel bewegte ich mich auf Flughäfen sehr routiniert, hatte ich doch inzwischen eine Menge Flugerfahrung und wusste, wenn man einmal seine Bord-Karte in der Hand hat, wird man auch in das Flugzeug gelassen. Aber dieses Mal wurde es eng, was mir die junge Dame am Schalter auch bestätigte. Sobald sie fertig war, schnappte ich mir die Flugdokumente und rannte hinter den anderen her. Beim Gate hatte ich sie eingeholt. Ohne jede Verzögerung konnten wir an Bord gehen, ehe hinter uns die Türen geschlossen wurden. Erschöpft ließ ich mich neben Nora in den Sessel fallen.

Der Flug dauerte ungefähr sechs Stunden, diesmal mit der Sonne im Rücken, sodass wir noch bei Tageslicht über den Rocky Mountains in den Sinkflug gingen und eine halbe Stunde später auf dem San Francisco International Airport landeten. Eine Landung dort ist etwas Besonderes, die Bay Area vielleicht eine der schönsten Gegenden der USA, zumindest mir kam sie damals so vor. Ich kann mich nicht daran erinnern, jemals schlecht gelaunt in San Francisco angekommen zu sein. Ich kannte die Stadt inzwischen recht gut, kannte ihren Ruf, eine der liberalsten Städte der Welt zu sein, und aus eigener Ansicht konnte ich bestätigen, dass es von allen Orten, die ich bis dahin kennengelernt hatte, die »europäischste« war, sei es aufgrund der Architektur, der Kultur oder des Lebensstils, den die Einheimischen dort pflegten: San Francisco, Barcelona und Amsterdam hätten Schwestern sein können. Ich fühlte mich dort inzwischen wohler als in München.

Die gute Laune, von der ich gerade sprach, wurde mir gründlich verdorben, als wir feststellten, dass unser Gepäck nicht mitgeliefert worden war. Keines der sechs Gepäckstücke tauchte auf dem Förderband auf, weder Sunnys teures Beauty-Case noch Noras Lederkoffer, weder Joeys Samsonite noch mein eigenes Gepäck. Das Fehlen meiner Tasche war ganz besonders ärgerlich, denn darin befanden sich 40.000 Dollar in kleinen Scheinen, die ich teilweise zu Wells Fargo bringen wollte und den Rest nach Hawaii mitzunehmen gedachte. Richtig ärgerlich wurde die Sache aber erst, als ich das vermisste Gepäck reklamieren wollte und bei meinen Mitreisenden nach den Gepäckscheinen fragte, nummerierte Pappkärtchen, die bei Reisegruppen meist zusammen an eines der Tickets geheftet wurden. Die Belege waren nämlich nirgendwo zu finden.

»Wer von euch hat denn das Gepäck aufgegeben?«, wollte ich wissen.

»Du«, unterstellte mir Nora ein wenig schnippisch.

»Ich? Spinnst du? Als ich beim Einchecken hinzukam, hattet ihr das Gepäck doch längst abgegeben.«

»Als du von der Autovermietung zurückkamst, wollten wir es gerade abgeben. Aber du warst total hektisch, schicktest uns zum Gate und wolltest dich um alles Weitere kümmern«, sagte Nora. »Offenbar hast du dich nicht um alles Weitere gekümmert.«

»Sie hat recht, Harry«, sagte Joey. »Du wolltest dich um alles kümmern.«

»Ich dachte, das Gepäck hättet ihr da längst eingecheckt. Schließlich ist das Erste, was man beim Check-in erledigt, das Gepäck aufzugeben. Hat euch die Frau am Schalter denn nicht danach gefragt?«

»Dazu war sie noch gar nicht gekommen. Als du auftauchtest, hatte sie gerade die Tickets entgegengenommen. Von Gepäck war noch keine Rede gewesen.«

»Das heißt demnach, unser Gepäck steht möglicherweise jetzt noch vor dem Pan Am-Schalter in Miami«, vermutete ich in der leisen Hoffnung, die Kohle im Koffer doch noch nicht abschreiben zu müssen. Schließlich war er verschlossen, ein solider Sicherheitskoffer, ein US-Fabrikat, den ich mir erst vor ein paar Tagen für viel Geld in einer Boutique in Detroit gekauft hatte. Ich begab mich zum Schalter der Fluggesellschaft und erklärte dem Angestellten, welches Missgeschick uns widerfahren sei. Er schlug vor, ein Telex nach Miami zu senden und dort nach unserem Gepäck suchen zu lassen. Das sei sicherer, als anzurufen. Es half alles nichts, wir mussten ohne unser Gepäck im Hyatt Regency einchecken. Erst am nächsten Tag würde sich die Sache hoffentlich klären lassen.

Die Sache klärte sich nicht, nicht am Tag darauf noch an den Tagen danach. Ich überlegte, ob es sinnvoll sei, wenn ich allein nach Miami zurückflöge, doch Joey riet mir ab. Entweder die Leute der Pan Am waren irgendwann auf unser herrenloses Gepäck aufmerksam geworden, oder aber irgendwer hatte es einfach mitgenommen. Ich fand mich vorerst mit dieser Tatsache ab, nahm mir aber vor, beim nächsten Aufenthalt in Florida im Lager für verlorene Gepäckstücke nachzuschauen. Der letzte Gedanke, quasi ein schwacher Trost, war der, dass einem der Gepäckträger am Flughafen die verwaisten Gepäckstücke aufgefallen waren und er sie mitgenommen hatte. Ich stellte mir vor, er sei alt und arm und der Fund der 40.000 habe ihm ein wenig späte Sonne durch die Hintertür des Lebens geschickt. Uns blieb nichts anderes übrig, als mehrmals in Miami anzurufen und uns, nachdem dort nichts gefunden worden war, schließlich den Tatsachen zu beugen.

Der Vorfall beschäftigte uns mehrere Tage. Ich machte Nora Vorwürfe. Warum hatte sie mich nicht darauf aufmerksam gemacht, dass das Gepäck noch nicht aufgegeben war, als ich atemlos am Schalter ankam? Nora nahm das zum Anlass, einen ganzen Tag zu schmollen und nicht mehr mit mir zu sprechen. Sunny, die der Meinung war, es sei unfair von mir, Nora so zu behandeln, mischte sich ein und verteidigte ihre Freundin. Weil sie sich aber in der Wortwahl vergriff, schnauzte ich sie an, sich doch bitte um ihren eigenen Scheiß zu kümmern und mich in Frieden zu lassen. Zudem kam es mir vor, als gehe es ihr ausschließlich um den Verlust ihres Schminkkoffers. Schließlich schaltete sich Joey ein, indem er seine Freundin zurückpfiff und sie aufforderte, sich bei mir zu entschuldigen.

Bref: Es kam zu einer ebenso aggressiven wie unübersichtlichen Streiterei, an deren Ende Sunny ihre Koffer gepackt hätte, wenn welche da gewesen wären. Beleidigt und von Joey in ihrem Stolz gekränkt, verließ sie unsere Reisegesellschaft, ihren Freund und San Francisco, um mit der nächsten Maschine zurück nach Miami zu fliegen.

Jetzt waren wir nur noch zu dritt, aber Sunnys überhasteter Aufbruch machte uns schlagartig klar, dass wir die ganze Geschichte zu hoch gehängt hatten. Klar, jeder von uns vermisste seine Klamotten und 40.000 Dollar waren kein Pappenstiel, aber es handelte sich immerhin bloß um einen materiellen Verlust. Im Übrigen hatte jeder von uns die wichtigsten Dinge im Handgepäck, also Papiere, Drogen und Taschengeld und die allerwichtigsten im Kopf, also Respekt, Toleranz und Neugier. Bei einem Abendessen in dem italienischen Lokal, wo Paco seinerzeit als Tellerwäscher seine Amerika-Karriere begonnen hatte, löschten wir die Sache mit reichlich Wein und Grappa. Joey trauerte zwar um sein Mädchen, aber er hatte schon andere Niederlagen im Leben verkraftet. Ich versprach, ihm eine schöne Frau vorzustellen, bei der er seinen Charme zum Einsatz bringen könne. Dabei dachte ich an keine geringere als an Lynn.

Sie lebte seit Ende 1980 in Santa Cruz, also nicht weit von San Francisco entfernt. Ich rief sie an, und sie hob nach dem dritten Klingeln ab. Als ich ihr mitteilte, ich sei mit Freunden in San Francisco, setzte sie sich in den nächsten Greyhound-Bus. Zwei Tage nach Sunnys bedauerlicher Abreise waren wir wieder zu viert.

Wie wir uns arrangierten, weiß ich beim besten Willen nicht mehr zu sagen. Zunächst hatte ich mir ein Zimmer mit Nora geteilt, während Joey und Sunny zusammenwohnten. Da Nora und ich kein erotisches Verhältnis pflegten, wäre es plausibel gewesen, dass sie Lynn das Bett frei machte, aber so sehr ich auch versuche, Klarheit in die Bettenverteilung zu bekommen, meine Erinnerung lässt mich im Stich. Im Tagebuch ist ebenfalls nichts vermerkt, zumal erotische Geständnisse aus nachvollziehbaren Gründen nicht schriftlich festgehalten wurden. Jedenfalls gab es keinen Stress, denn das wäre mir in Erinnerung geblieben.

Nora und Lynn verstanden sich auf Anhieb. Lynn hatte sich zwei Tage frei genommen, genug Zeit, um mir zu berichten, wie es ihr in Tokyo ergangen war, nachdem wir uns im November das letzte Mal gesehen hatten.

Danach war sie nicht länger als einen Monat in Japan geblieben. Kurz vor Weihnachten war sie nach San Francisco geflogen, und weil sie auf ihren Reisen eine Frau aus Santa Cruz kennengelernt hatte, nahm sie den Bus dorthin. In den drei Monaten, die sie inzwischen in der Stadt lebte, hatte sie ein Zimmer in einer Künstler-Wohngemeinschaft gefunden und außerdem einen Mann, den sie sobald wie möglich heiraten wollte, denn sie hatte die Idee im Kopf, durch die Heirat ein Aufenthaltsrecht in den Staaten zu bekommen. Ihr Verlobter hieß Harry (!) und versorgte die lokale Szene mit Gras und Koks. Im Solarium »Tropical Sun« hatte sie einen Job gefunden, sich aber parallel an einer Kunstschule für die Fächer Zeichnen und Komposition angemeldet. Es gefiel ihr sehr in Santa Cruz, sodass sie den Plan, zum Studieren nach Miami weiterzuziehen, aufgab. Darüber hinaus erlebte ich sie genau so, wie ich sie aus Bali und Tokyo in Erinnerung hatte: offen, kreativ und beweglich.

Am Tag darauf hatte ich geplant, David Fisher und seine Frau Ruth in Forest Knolls zu besuchen, die ich schon länger nicht gesehen hatte. Von einem früheren Besuch wusste ich, dass David sich mit einer ausgewachsenen Paranoia herumplagte. Er konsumierte harte Drogen und meinte, als Anwalt könne er es sich nicht leisten, dass sein avantgardistisches Verständnis von gedopter Strafverteidigung öffentlich bekannt werde. Unter anderem bat er mich, niemals jemanden zu ihm mitzubringen, erst recht keinen Amerikaner. Er traute offenbar keinem Fremden. Da ich Nora und Lynn aber

Marin County hatte zeigen wollen, wo ich schon so viele schöne Tage verbracht hatte, lud ich sie ein, mitzukommen.

Wir überquerten die Golden Gate Bridge, fuhren nach Sausalito hinunter und tranken einen Kaffee in dem Restaurant, wo Paco und ich vor drei Jahren Jorge Santana getroffen hatten. Anschließend fuhren wir nach Fairfax, bummelten eine halbe Stunde im Stadtzentrum herum und sahen uns die Schaufenster der Boutiquen an. Dann ließen Joey und ich die Damen allein, weil David der Schlag getroffen hätte, wären wir zu viert bei ihm aufgetaucht. Joey wollte ich mitnehmen, er war inzwischen einer meiner besten Freunde und ich hatte nicht vor, ihn im Rollstuhl auf dem Bürgersteig zurückzulassen. Mit den Frauen verabredeten wir uns in einem Café, welches ich kannte und wo es hervorragenden Karottenkuchen gab, woran ich mich noch von meinem letzten Besuch erinnerte. Kurz nachdem Joey und ich Fairfax verlassen hatten, hielt ich bei einem Seven-Eleven* an, um David anzurufen und unseren Besuch anzukündigen. Er war zum Glück zu Hause.

»Du kommst doch allein?«, fragte er misstrauisch, nachdem ich ihm mitgeteilt hatte, dass ich in einer Viertelstunde bei ihm sei.

»Ich bin in Begleitung eines guten Freundes aus Miami«, gestand ich und hörte, wie bei David die Alarmanlage einsetzte.

»Kommt nicht in Frage! Ich hatte dir ausdrücklich gesagt, dass ich nicht möchte, dass du Leute mit hierher bringst!«

»Stimmt. Aber es handelt sich nicht um Leute, sondern um einen guten Freund. Du kannst mir durchaus vertrauen, dass ich dir keinen Bullenspitzel anschleppe«, setzte ich zu einem Plädoyer für Joey an. Doch David ließ mich nicht zu Wort kommen.

»Kommt nicht in Frage. Kannst du das nicht respektieren, verdammt! Wo ist dein Problem, Mann?«

Davids Ton gefiel mir nicht. Noch einmal versuchte ich, an seine Gelassenheit zu appellieren, vergebens. Er schickte noch zwei freche Sätze durchs Kabel, und vorbei war es mit meiner guten Laune.

»Dann war es das. In Zukunft wirst du auf meine Besuche und alles, was damit zusammenhängt, verzichten müssen. Du bist

---

* Ladenkette in den USA, deren Geschäfte in jeder Kleinstadt zu finden und die 24 Stunden geöffnet sind

doch krank. Such dir einen Psycho und wenn du wieder klar im Hirn bist, melde dich!«

Dann knallte ich vor Zorn den Hörer in die Gabel der Telefonzelle und ging zurück zum Wagen.

»Was'n los?«, wollte Joey wissen, der meine miese Laune sogleich bemerkte.

»Der Spinner will unbedingt, dass ich allein komme.«

»Dann fahr eben allein und bring mich zu diesem Café, in dem die Mädels warten.«

»Kommt gar nicht in Frage. Wir machen einen Ausflug auf den Mount Tamalpais, rauchen dort oben einen Joint und dann holen wir die Frauen ab.«

»Wie du meinst. Ich hätte auch im Wagen sitzen bleiben können«, machte Joey einen letzten Versuch, mich zu besänftigen.

»Nein. Ich wollte ihm ohnehin bloß ein Gramm Heroin schenken. Er beruhigt sich nämlich gerne vor stressigen Gerichtsverhandlungen. Jetzt muss er eben ohne Stoff plädieren.«

Ich startete den Wagen und fuhr zurück auf den Sir-Francis-Drake-Boulevard, auf dem ich vor einiger Zeit den Anhalter mitgenommen hatte, der von irgendwelchen finsteren Gangstern verfolgt wurde. Diesmal stand kein Hitchhiker an der Chaussee und ich gab Gas, um über Mill Valley auf den Berg zu gelangen, der den Indianern heilig war, und auf den damals schon eine Straße führte.

In einer guten Stunde würden Nora und Lynn uns im Café erwarten. Allzu viel Zeit blieb uns nicht für den Reefer auf dem Berggipfel. Doch dann geschah etwas völlig Unerwartetes, vielmehr: Es war schon geschehen.

An der Tankstelle in Mill Valley stellte ich fest, dass mein Geldbeutel fehlte. Ich trug ihn immer in der Gesäßtasche der Jeans, aber dort befand er sich nicht mehr. Zuletzt hatte ich ihn in der Telefonzelle in der Hand, als ich mit David telefonierte. Dort hatte ich ihn auf das Telefonbuch gelegt, und dort lag er höchstwahrscheinlich jetzt noch, sofern ihn niemand gefunden und eingesteckt hatte. Abgesehen von den knapp tausend Dollar in bar, befanden sich mein Personalausweis, der Führerschein, der Presseausweis, mein Telefonverzeichnis und je ein Gramm Heroin und Kokain in der

Börse. Die Sache könnte mir also Scherereien mit der Polizei einhandeln, je nachdem, ob ein ehrlicher Finder sie abgeben würde.

Inzwischen waren etwa zwanzig Minuten vergangen. Wir fuhren zurück nach Fairfax, aber in der Telefonzelle lag kein Geldbeutel mehr. Ich ging in den Laden, um die Verkäuferin zu fragen, ob ihn vielleicht jemand bei ihr abgegeben habe. Das war nicht der Fall. Während ich mit der Frau spekulierte, ob es möglich wäre, dass jemand das Bargeld entnommen und den Rest in eine Mülltonne geworfen habe, trat eine uniformierte Polizistin hinter einem der Standregale hervor und sprach mich an. Sie hatte die Geschichte mitgehört und bot mir an, mit ihrer Taschenlampe in den Mülltonnen und den Rosenbeeten vor dem Laden nachzusehen. Unterdessen hatte sich nämlich die Dämmerung über Marin County gebreitet, schließlich schrieben wir erst Ende März. Ich suchte das ganze Gelände mit der Bullenlampe ab, wühlte in jedem Mülleimer (einen kippte ich sogar aus), doch es fand sich nichts. Es war scheinbar nicht mein Tag. Zuweilen häufen sich Missgeschicke und ungünstige Zufälle ja, dass man abergläubisch werden könnte. Ich ging zurück in den Laden und gab der Beamtin ihre Lampe zurück.

»Rufen sie morgen mal auf dem Revier in San Rafael an. Möglicherweise wird Ihr Geldbeutel ja abgegeben«, schlug sie vor.

Ich versprach, das zu tun, bedankte und verabschiedete mich. Von dem Optimismus, der normalerweise meine Gedanken begleitete, war nicht mehr viel zu spüren. Ich war bedient!

Wir machten uns auf den Weg zu dem Café, in welchem die Frauen auf uns warteten. Als ich in die Seitenstraße einbog, sah ich sie schon draußen auf dem Bürgersteig. Ich fuhr im eleganten Schwung heran und ließ sie einsteigen. Für unbeteiligte Dritte muss es so ausgesehen haben, als holten zwei slicke Loddels ihre Bordsteinschwalben von der Arbeit ab.

»Das nächste Mal, wenn du uns in ein Café bestellst, vergewissere dich bitte vorher, dass es auch geöffnet ist«, beschwerte sich Nora. »Der Laden hat heute geschlossen. Seit einer halben Stunde stehen wir an der Straße und schon zweimal sind die Bullen vorbeigefahren. Möchte nicht wissen, was die sich gedacht haben.«

»Was sollen sie sich schon denken, wenn eine schwarze und eine weiße Frau in Miniröcken an der Straße stehen«, stellte Joey fest. »Dass ihr Huren seid, das haben sie sich gedacht.«

»Vielleicht wollten sie sich ja das Recht auf eine Gratisnummer sichern«, ergänzte ich.

Dann drehte ich ab und gab dem Firebird die Sporen.

Wir waren noch keinen Häuserblock weit gefahren, da entdeckte ich das Polizeiauto im Rückspiegel. Na also, eine gute Gelegenheit, um den Damen zu demonstrieren, was für ein fitter Fahrer ich war. In dem Augenblick, als sie die Lampen auf dem Dach anschalteten, trat ich das Gaspedal bis auf das Bodenblech durch. Der Wagen schoss die Straße hinunter, und Joey, der vorne neben mir saß, und von den Verfolgern noch nichts wusste, mahnte cool: »*Take it easy, bro!*«

Aber es war wirklich nicht der Moment, um es *easy zu taken*. Ich näherte mich der zentralen Kreuzung, wo ich in die vierspurige Hauptstraße einbiegen musste, nahm elegant im Drift die Kurve, schlitterte aber, weil es zu nieseln angefangen hatte, auf die Gegenfahrbahn, stabilisierte die Karre wieder und raste die abschüssige Straße hinunter, wobei ich eine rote Ampel überfuhr und mit 90 Meilen pro Stunde (ca. 145 km/h) einen Lieferwagen umkurvte, der mir den Weg versperrte, ehe ich in den Spiegel blickte und den Bullen-Oldsmobile riesengroß direkt hinter mir ortete. Inzwischen schrien Nora und Joey panisch-hysterisch, ich solle anhalten, ehe die schießwütigen Cops das Feuer auf uns eröffneten. Nur Lynn lachte und fand meinen Fluchtversuch cool. Flucht vor wem oder was eigentlich? Joey beschwor mich, rechts ran zu fahren.

»Ich hätte sie abgehängt, sobald wir aus der Stadt heraus gewesen wären«, behauptete ich kühn, nachdem ich angehalten hatte. Dann öffnete ich die Tür und stieg aus. Draußen nieselte es, und es war inzwischen fast dunkel. Die Straßenlaternen reflektierten ihr gelbes Licht auf dem nassen Asphalt. In sicherer Entfernung hielt der bärenstarke Oldsmobile und unsere Verfolger hatten einen Punktstrahler auf mich gerichtet. Ein wenig peinlich war mir die Sache durchaus, denn in der Vergangenheit, wenn ich mich entschieden hatte, die Polente abzuhängen, dann war mir das auch jedes Mal gelungen. Joey und Nora hatten mich um die Chance gebracht, ihnen den Beweis zu liefern. Während ich weiter auf die Beamten zuging, musste ich an Kowalski denken, jenen »letzten freien Geist auf Amerikas Straßen«, der den Bullen im Film (zumindest eine Zeit lang) gezeigt hatte, was eine Harke ist.

Ich griff in die Innentasche meines Blousons und holte die Zigaretten heraus, blieb stehen, zündete sie an und blies den Rauch entschlossen in das Rauschen des vorbeifließenden Abendverkehrs, als ich die über ein Megaphon verstärkte Stimme hörte.

»Bleib sofort stehen, oder ich blase dir das Hirn aus dem Schädel!«

Verunsichert gehorchte ich und blinzelte in den Scheinwerfer. Ich sah, dass ein Cop hinter der offenen Fahrertür stand und eine Pumpgun auf mich richtete. Die schienen tatsächlich Ernst zu machen.

»Dreh dich um und gehe langsam zum Wagen zurück.«

Ich fand das alles ziemlich affig, tat aber, wie mir geheißen wurde.

»Jetzt legst du beide Hände auf den Kofferraumdeckel und spreizt die Beine!«

Ich warf die Kippe fort und stellte mich breitbeinig hinter den Wagen, die Hände auf den nassen Deckel gestützt. Jetzt kam ich mir dann doch wie ein Idiot vor und meine tiefsitzende Abneigung gegen die Vertreter des Staates stieg gallig hoch. Mit einem Mal verstand ich auch die Outlaws, die in derartigen Situationen kämpften. Der Mensch lässt sich eben nicht gerne demütigen, erst recht dann nicht, wenn er nichts verbrochen hat.

Ich stand also da, während sich die beiden Polizisten von hinten näherten. Der eine kam mit gezogenem Revolver heran, der Kollege sicherte ihn mit der Pumpgun. Als er nur noch zwei Meter hinter mir war, hörte ich ihn andauernd *»Don't move, don't move!«* raunen, seine Angst konnte ich förmlich riechen.

»Ich werde dich jetzt abtasten. Hast du eine Waffe einstecken?«

»Nein, habe ich nicht«, sagte ich genervt.

Nach einigen weiteren *don't-moves* und *don't-turn-arounds* tastete er mich ab. Just als er mir von hinten an den Sack fasste, blickte ich in Noras große Augen, die mich durch die Heckscheibe anstarrten. Als die Suche nach der Waffe ergebnislos blieb, erlaubte er mir, mich langsam umzudrehen und ihn anzusehen. Innerhalb einer

Minute tauchten drei weitere schwarz-weiße Streifenwagen auf. Wir waren umzingelt. Vorbeifahrende Autofahrer müssen den Eindruck gewonnen haben, hier werde gerade ein letztes Kampf-Kommando der Black Panthers dingfest gemacht. Zum guten Schluss rollte auch noch der Sheriff mit Blinklicht und Sirene heran, ein dicker Mann, der Mühe hatte, seinen Bauch irgendwie unter der Uniform zu behalten. Während die meisten der inzwischen zehn Ordnungshüter auf Distanz blieben, kam der Sheriff wichtigtuerisch herbei und erkundigte sich bei den Kollegen von der Polizei.

»*What's going on here?*« Der Angesprochene listete einen Katalog von Verkehrsübertretungen auf. Dann richtete der Dicke das Wort an mich: »Können Sie sich ausweisen?«

»Nein, kann ich nicht.«

In Amerika gab es keine Ausweispflicht. Es reichte, wenn man seinen Namen sagte.

»Aber einen Führerschein, den haben Sie doch sicherlich?«

»Den habe ich vorhin verloren«, sagte ich, wobei mir klar war, dass das nun nicht gerade glaubwürdig klang. Obwohl es den Tatsachen entsprach. Der Sheriff und der Cop wechselten einen vielsagenden Blick. Aber noch ehe sie auf die Idee kamen, mir Handschellen anzulegen und das Verhör auf dem Revier fortzusetzen, spielte ich meine Trumpfkarte aus: Die schwarze Dame.

»Vor etwa einer Stunde habe ich meinen Geldbeutel mit allen Dokumenten in einer Telefonzelle vor dem Seven-Eleven am Ortsausgang liegen lassen. Eine Ihrer Kolleginnen war dabei und half mir sogar, danach zu suchen.«

Bingo.

»Das werden wir sofort überprüfen«, sagte der Polizeibeamte, schnallte sein Walkie-Talkie vom Gürtel und gab eine Suchmeldung durch.

»Hier spricht Officer Bradley. Ich suche eine Kollegin, die vor etwa einer Stunde beobachtet hat ...« Und so weiter.

Es knackte ein paar Mal in dem Gerät, dann meldete sich klar und deutlich die Polizistin, die mir zuvor ihre Taschenlampe geliehen hatte. Sie bestätigte, was ich gesagt hatte, klärte die Truppe darüber auf, dass ich ein Tourist aus Deutschland sei, ein höflicher junger Mann, der ganz gewiss nichts angestellt habe.

»Der Bursche ist mit 90 Meilen durch die Stadt gerast«, korrigierte sie der Polizist.

»Er fährt einen roten Firebird«, sagte die Frau, um jede Verwechslung auszuschließen.

»Genau der. Aber gut, Karen, du hast uns geholfen, vielen Dank.«

Jetzt endlich entspannte sich die Situation ein wenig.

»Dürfen wir einen Blick in Ihren Kofferraum werfen?«, fragte der Sheriff, dem die jüngste Entwicklung scheinbar nicht behagte. Zu gerne hätte er mich festnehmen lassen. Wie ich so lässig dastand, ohne zu zittern, mit bunten Bali-Klamotten bekleidet, einen Wuschelkopf unfrisierter Locken und ein mexikanisches Bärtchen auf der Oberlippe. Typen wie ich, so vermutete ich, waren genau das Gegenteil von dem, was er sich als Schwiegersohn wünschte. Nachdem aber eine optische Revision des Kofferraumes ebenfalls nichts ergab und man mir wohl oder übel die Geschichte mit den verlorenen Dokumenten glauben musste, wandte er sich den Insassen des Fahrzeugs zu. Er forderte Lynn, Nora und Joey auf, sich auszuweisen, das heißt, ihre Namen zu nennen, denn zu mehr waren sie nicht verpflichtet. Das taten sie, und der Deputy des Sheriffs gab sie an eine Zentrale durch, wo jemand die Angaben überprüfte. Bei Joey wurden sie dann fündig.

»Sir«, sprach einer der Polizisten ihn durch das offene Fenster an, »Sie haben noch ein Ticket für Falschparken im Staat Kalifornien offen. Macht 85 Dollar. Entweder Sie bezahlen jetzt, oder wir müssen Sie mitnehmen.«

»Was!«, empörte sich mein Freund. »Ich war im ganzen Leben noch nicht in Kalifornien, erst recht nicht mit dem Auto. Wann und wo soll das denn gewesen sein?«

Dazu musste der Mann weitere Auskünfte einholen, was eine Weile in Anspruch nahm. Nach und nach fuhren die übrigen Streifenwagen wieder ab und glitten mit dem Abendverkehr die Hauptstraße hinunter. Ich zündete mir eine Zigarette an, was der Sheriff missbilligend zur Kenntnis nahm. Der Verkehrspolizist war unterdessen dabei, mir eine Liste mit meinen Verfehlungen zusammenzustellen: 60 Meilen zu schnell im Stadtgebiet, die Gegenfahrbahn befahren, eine rote Ampel missachtet und der Versuch, sich der Kontrolle zu entziehen.

»Da werden Sie tief in die Tasche greifen müssen. Das kostet Sie 245 Dollar. Wollen Sie sofort bezahlen?«

»Das kann ich leider nicht. Mein Geld habe ich ebenfalls mit dem Geldbeutel verloren.«

Ihm blieb nichts anderes übrig, als mir das Strafmandat auszuhändigen.

»Innerhalb eines Monats müssen Sie den Betrag persönlich auf unserem Revier in San Rafael einzahlen. Wie lange sind Sie denn noch in Kalifornien, beziehungsweise, wann können Sie bezahlen?«

»Vor Ablauf eines Monats mit Sicherheit«, kündigte ich an. »Geben Sie mir doch bitte die Adresse und Telefonnummer Ihrer Dienststelle. Ich rufe morgen ohnehin wegen des verlorenen Geldbeutels bei Ihnen an. Sollte er gefunden werden, dann komme ich ihn abholen und bezahle sofort.«

Der Stempel mit den Daten des Reviers war auf dem Strafzettel, aber noch waren wir nicht durch, denn inzwischen stand Joey im Mittelpunkt des polizeilichen Interesses.

»Am 23. Dezember 1978 haben sie vor dem Flughafenterminal B in der Halteverbotszone geparkt«, erklärte ihm der Deputy gerade.

»Ich sagte Ihnen doch, dass ich vor zwei Tagen zum ersten Mal im Leben in San Francisco war«, beteuerte Joey. »Außerdem sitze ich im Rollstuhl. Es muss sich um eine Verwechslung handeln. Von mir bekommen Sie jedenfalls keinen Cent!«

»Seien Sie nicht unvernünftig«, erwiderte der Beamte. »Sollte sich das Ganze als Irrtum herausstellen, bekommen Sie das Geld zurück. Mir bleibt nichts anderes übrig, als die Forderung einzuziehen oder Sie müssen mitkommen und werden morgen dem Verkehrsrichter vorgeführt.«

Doch Joey blieb stur. Und weil ich sah, dass er es darauf ankommen lassen wollte, gab ich Nora einen diskreten Wink, mir die 85 Dollar zu geben. Hinter Joeys Rücken bezahlte ich die Strafe, die keine war, denn Joey war wirklich noch nie mit dem Auto am Flughafen gewesen. Zwei Monate später wurde ihm das Geld dann auch zurückerstattet.

Endlich ließen die Gesetzeshüter von uns ab und wir konnten weiterfahren. Kaum, dass wir uns eine Meile entfernt hatten, blickte Joey auf den Tacho und meinte: »Du fährst ja schon wieder 30 Meilen zu schnell.«

»Das wirst du Harry auch nicht abgewöhnen können. Ich kenne ihn noch aus München. Er ist schon immer zu schnell unterwegs gewesen und machte sich einen Sport daraus, den Bullen abzuhauen.«

»In Amerika ist das nicht so einfach. Die haben hier bis zu 400 PS unter der Haube. Hast ja gesehen, wie schnell sie dich eingeholt hatten«, grinste er.

Ich sah zu, dass wir aus Marin County verschwanden. Über den Highway One und die Golden Gate Bridge fuhren wir in die Stadt zurück, wo, jedenfalls hatte ich den Eindruck, die Polizisten gelassener waren.

Am Tag darauf brachte ich Lynn im Firebird nach Santa Cruz. Die Küstenstraße kannte ich schon, seit ich im letzten Sommer mit dem Mexikaner nach Los Angeles gefahren war. Diesmal nahmen wir die Autobahn bis nach Los Gatos, wechselten dann auf die Bundesstraße 17 nach Santa Cruz, das am Pazifik liegt. Die Stadt ist erheblich kleiner als Frisco, aber ich hatte den Eindruck, es herrsche dort ein ähnlich toleranter Geist, was Lynn bestätigte. Sie lebte in einer kleinen Wohngemeinschaft, hatte dort ein möbliertes Zimmer und mehrere Mitbewohner, die sich mit Kreativität und Risikobereitschaft durchs Leben schlugen: Die Kreativen komponierten Musik, schufen Skulpturen oder malten Aquarelle, die Risikobereiten dealten mit den Drogen, die die Künstler konsumierten. Letzteres wunderte mich nicht, denn sowohl in der Münchener Bohème als auch später auf Ibiza und auf Bali hatte ich beobachtet, dass Künstler, insbesondere wenn sie sich der Avantgarde zurechneten und versuchten, die Randbereiche der Kunst zu transzendieren, gerne mit Drogen experimentierten. Dadurch fanden sie Mittel und Wege, Farben und Töne, Worte und Ideen, die es ihnen gestatteten, Gefühle und Gedanken auszudrücken, die dem nüchternen Geist nur schwer oder gar nicht zugänglich sind. Dass Besitz und Konsum vieler inspirierender Drogen in der westlichen Gesellschaft illegal waren, brachte diese Künstler zwangsläufig mit dem Gesetz in Konflikt. Anders ausgedrückt, zwischen der Kunst und dem Verbrechen besteht eine enge Verwandtschaft. Und weil auch Künstler ihre Freiheit schätzen und ungern im Gefängnis malen oder musizieren, outen sie sich selten, was ihre Inspirationsquellen angeht. Ich behaupte, die Dunkelziffer der Künstler, die sich mit Alkohol, Kokain, Marihuana, Meskalin oder Opium stimulieren, ist höher als wir für möglich halten. Werke wie »On The Road« von Kerouac, »Chinatown« von Polanski und Towne, sowie von Dunaway und Nicholson, der Surrealismus Salvador Dalís, die Musik Bob Marleys, »Stairway to Heaven« von Led Zeppelin, die düsteren Texte Jim Morrisons und das Lied »White Rabbit« von Grace Slick wären ohne die chaotische Kraft der Rauschdrogen nicht entstanden, jedenfalls nicht so entstanden, wie wir sie kennen und bewundern.

Diese Erkenntnisse gewann ich zwar nicht während der drei Stunden, die ich bei Lynn in Santa Cruz verbrachte, aber ich nahm dort deutlich das Ambiente wahr, aus dem heraus solche Kunst entsteht, eben jene Randgebiete, in denen der freie Gedanke von gesellschaftlichen Normen eingeschränkt wird und in denen es vom Künstler Mut erfordert, das symbolisch auszudrücken, was er denkt und fühlt. Ein Künstler, der sich von den Normen der Bourgeoisie einschränken lässt, ist in dem Sinne kein Künstler, weil er eine zentrale Quelle der Kunst nicht ausschöpft: das Potenzial der Freiheit. Gut möglich, dass Lynn und ihre WG-Gefährten mit mir über ihr Kunstverständnis philosophierten, denn noch heute assoziiere ich die Szene, die mir in Santa Cruz damals einen Einblick gewährte, mit Widerstand und Gesetzlosigkeit im besten Sinne der Kunst.

Als ich mich von Lynn verabschiedete, ahnte ich nicht, dass wir uns danach während vieler Jahre nicht mehr begegnen sollten. Unser beider Leben folgte verschiedenen Pfaden. Wir blieben zwar in Kontakt, tauschten weiter Gedanken in Briefen aus, aber gesehen haben wir uns seither nicht mehr. Sie war (und ist) eine bemerkenswerte Frau, an der ich vor allem ihre Unbekümmertheit und ihren Mut schätzte.

4.2 Vorhersehbare Risiken

Den Flug nach Hawaii trat ich mit Nora und Joey an. Während der USA-Reise hatte ich des Öfteren mit meiner Frau telefoniert und wusste somit, dass unsere Tochter Mirabell nach vier Wochen aus dem Krankenhaus entlassen worden war. Sie sah zwar nach wie vor nicht so aus, wie ein gesundes Kind mit zehn Monaten aussehen sollte, aber sie hatte Gewicht zugelegt und trank wieder ihre Flasche leer. Das Klima von Hawaii, wo wegen der Lage der Inseln inmitten des Pazifischen Ozeans möglicherweise die sauberste Luft überhaupt zu atmen ist, bekam ihr besser als die feuchte Hitze auf Bali, wo Agung dabei war, uns ein Haus zu bauen.

Wir hatten keine Vorstellung, ob Mirabell jemals wieder in Bali würde leben können. Wäre das aus medizinischer Sicht auf absehbare Zeit nicht angeraten, stellte sich die Frage, wozu hatten wir das Haus in Auftrag gegeben? Ich hatte nicht geplant, dort ohne Lisa und unsere beiden Kinder zu leben. Vorerst waren wir zusammen auf Maui, und hier wollte ich eine Weile bleiben. Was Maui von Bali am augenfälligsten unterschied, waren die Lebenshaltungskosten. Hawaii war nicht bloß ein Staat der USA mit allem, was sozial- und wirtschaftspolitisch dazugehört, sondern Hawaii war und ist auch eines der beliebtesten Urlaubsziele, für Amerikaner und Japaner gleichermaßen. Entsprechend hoch waren die Preise für Unterkunft und in der Gastronomie. Ein weiterer Unterschied, wenn man die Bewohner der beiden tropischen Inseln verglich: Lebte auf Bali eine homogene Gesellschaft hinduistischer Balinesen und wenigen muslimischen Javanern, so fanden sich auf den Hawaii-Inseln weiße Amerikaner, sowie die Nachkommen japanischer, chinesischer und philippinischer Arbeiter, die im 19. Jahrhundert zur Bewirtschaftung der Ananas- und Zuckerrohrfelder angeworben worden waren.

Eine Minderheit bildeten jeweils die eingeborenen Hawaiianer, die Nachkommen europäischer Walfänger, vereinzelte Schwarze und Latinos. Bemerkenswert war der unterschiedliche Zugang zur Kultur: Verbrachten die Menschen auf Hawaii ihre Abende in klimatisierten Villen vor dem Fernseher, so besuchten die Balinesen ihre Gemeindehäuser und Tempel, sie feierten Feste mit

Gamelan-Musik, sie bevölkerten die Märkte und die Strände, sie waren offener für die Kunst, herzlicher den Touristen gegenüber, und sie hatten eine klare Vorstellung davon, was sie von ihrem Leben erwarteten.

Auf Hawaii hingegen herrschte Zwietracht zwischen den Hawaiianern und den weißen Migranten. Die Dekadenz, die in den USA die Unterschicht kennzeichnet, war auch hier zu spüren, und einen vor Leben pulsierenden Marktplatz habe ich auf Hawaii nirgends gesehen. Zwar lebten insbesondere auf den Inseln Maui und Kauai Intellektuelle und Künstler, deren Gesellschaft spannend und inspirierend war, aber viele dieser Leute lebten zurückgezogen, schotteten sich ab und blieben unter sich. Bali wurde klar von mir favorisiert, weil die Insel natürlicher war, die Bevölkerung authentischer, und weil wir dort erheblich preiswerter leben konnten. Auf Bali fühlte ich mich einfach wohler, man war dichter bei den Menschen, an der Kunst, am Leben.

Als Nora, Joey und ich in Maui ankamen, hatte Lisa B. ein Haus in Kihei gemietet und Lisa Stones Angebot, bei ihr zu wohnen, ausgeschlagen. Meine Frau traute meiner Freundin nicht, was zugegebenermaßen nicht ganz ungerechtfertigt war, denn ein paar Tage, nachdem wir angekommen waren, tauchte sie frühmorgens im Hause Stone in Kula auf und fand ihren Ehemann bei der Dame des Hauses im Bett. Es hatte sich zwischen uns zwar kein Sex ereignet, aber das konnte meine Frau nicht wissen.

Meine Liaison mit dem Heroin hatte den Sex längst zu einer lästigen Routine werden lassen, und das galt nicht nur für den ehelichen, sondern für jegliche Form von Beischlaf. Nach außen reuig, innerlich belustigt, begleitete ich meine Frau nach Kihei, wo Joey und Nora mich ebenfalls erwarteten.

Joey hatte einen Freund aus Florida eingeladen, sodass unser Haus sich füllte. Zufällig traf ich Susan, eines der Mädchen, die ich vor drei Jahren fotografiert hatte und lud sie ein, uns zu besuchen. Joey fand sogleich Gefallen an ihr und Susan an ihm, sodass der Verlust seiner Freundin Sunny ihn bald nicht mehr bedrückte. Ich nahm Kontakt zu Lila auf, die seinerzeit mit Paco, Mauricio und mir nach Kolumbien aufgebrochen war. Sie lebte mit Rev zusammen, einem sympathischen Esoteriker, der mich dazu überredete, ihm irgendwelche Metallkügelchen abzukaufen, die ich eine Woche lang schluckte, ehe ich den esoterischen Unfug ernüchtert aufgab. So hatten wir bald einen kleinen Freundeskreis auf der Insel, wir wurden eingeladen, und wir luden ein.

Die Tage verbrachten wir faulenzend am Pool oder an einem der kleinen Sandstrände, von denen es auf Maui so viele gibt. Susan packte Joey und dessen Freund Bruce ins Auto und zeigte ihnen die Insel. Abends fuhren wir nach La Haina, aßen frischen Fisch und lernten anschließend in Longhis Bar Aktivisten einer Umweltschutzorganisation namens »Greenpeace« kennen, die sich vor Ort für die Buckelwale einsetzten. Wir tauschten Gedanken aus, gerieten zuweilen in kontroverse Debatten, etwa über die Bedeutung der sechziger Jahre für die politisch-kulturelle Entwicklung der Weltgesellschaft, denn man traf zuweilen unbedarfte Zeitgenossen wie Joeys Freund Bruce, die behaupteten, die Lebensphilosophie der Hippies sei ein Irrweg gewesen, und um das zu untermauern, führten sie immer wieder zwei Beispiele an: Charles Manson, das Mastermind einer durchgeknallten Kommune, die Sharon Tate, eine Schauspielerin und Lebensgefährtin Roman Polanskis ermordet hatten; und um das Scheitern des Haight-Ashbury-Lifestyles zu beweisen, den Mord an Meredith Hunter, einem Schwarzen, der auf dem Festival von Altamount während des Auftrittes der Rolling Stones von einem Mitglied der Hells Angels erstochen worden war. Damit wollten die Kritiker wohl sagen, die Hippie-Bewegung habe in einem Gewaltrausch geendet, sei somit als psychopathisch entlarvt, ergo als gescheitert anzusehen, was ich damals für einen abenteuerlichen Blödsinn hielt und heute schlicht für eine Verfälschung der Geschichte.

Diese unerfreulichen Ereignisse hatten zwar stattgefunden, aber ob und wo die dabei aufgetretene Aggressivität überhaupt in der Weltanschauung der explizit friedfertigen Hippie-Bewegung wurzelte, konnte mir bis heute niemand erklären. Ich meine, damals war es ohnehin noch zu früh, historische Betrachtungen anzustellen, mit dem Abstand mehrerer Jahrzehnte wissen wir mehr und vor allem wurden die Auswirkungen der dreißig Jahre nach dem Ende des Zweiten Weltkriegs inzwischen empirisch untersucht. Der ohnehin schwer zu definierende Begriff der »68er«, mal für die sechziger Jahre als historische Epoche gebraucht, mal für die Kunst, die in diesen Jahren Quantensprünge vollzog, mal für die Protagonisten, also die kalifornischen Hippies und die Woodstock-Generation, die aufbegehrenden Studenten, insbesondere in den USA, Frankreich, Italien und Deutschland, die Black Panther-Bewegung der zornigen Neger in den Vereinigten Staaten, die Befreiungsbewegungen in der Dritten Welt und das Ende des Kolonialismus.

Hierzu gehören auch die sich in den westlichen Ländern emanzipierenden Feministinnen, sowie die Botschaften der Künstler dieser Epoche (Fluxus und Nouveau Réalisme, Performance und Fotografie, Jazz und Rock'n'Roll, Pop-Art mit Andy Warhol, Charles Wilp, Joseph Beuys und Roy Liechtenstein), last not least die Rebellen unter den Folk-, Blues- und Rockmusikern (Woodie Guthrie, Franz-Josef Degenhardt (die Folklore-Festivals auf Burg Waldeck), Bob Dylan und Joan Baez, Nina Simone, die Rolling Stones, Jim Morrison und viele mehr), die aufklärerischen Gedanken von Philosophen und Schriftstellern (Noam Chomsky, Herbert Marcuse in den USA, Jean-Paul Sartre und Michel Foucault in Frankreich, Ernst Bloch und Theodor Adorno in Deutschland), Filme wie »Der Wilde« mit Marlon Brando, »Jenseits von Eden« mit James Dean, »Einer flog über das Kuckucksnest« von Ken Kesey und mit Jack Nicholson, »Zabriskie Point« von Michelangelo Antonioni, »Easy Rider« mit Dennis Hopper und Peter Fonda, der Film Noir in Frankreich, Stanley Kubrick und die zornigen Streifen Rainer Werner Fassbinders. Last not least dazu zu zählen sind die Frauenbewegung, die Kriegsdienstverweigerer, insbesondere die vor dem Vietnamkriegsdienst in den USA desertierten jungen Männer, deren prominentester wohl Cassius Clay war; dazu gehörten das emanzipatorische Aufbegehren im damaligen Ostblock, sowie die Jungkader, die Mao Tse Tung während seiner »Kulturrevolution« von der Kette gelassen hatte; schließlich die Drogenkonsumenten und deren Vordenker wie Timothy Leary und die Rastafari-Bewegung mit ihrem Motor Bob Marley.

Diese weltweite und vielschichtige Entwicklung, die vereinfachend als 68er-Bewegung bezeichnet wird, ist nichts anderes als die Nachkriegszeit, die drei Jahrzehnte nach dem Zweiten Weltkrieg, der auf jedem kulturellen Feld Krater, Narben und Traumata hinterlassen hatte. Die Bemühungen der Jugend, sich politisch, sozial und kulturell neu zu orientieren, und speziell in Deutschland Antworten der Eltern bezüglich ihrer Rollen im Nazi-Staat einzufordern, waren legitim, sie hatte neben verschiedenen Irrwegen (Kulturrevolution in China, Terrorismus in Europa, Weathermen* in den USA) zu paradigmatischen Veränderungen in der westlichen Kultur geführt, etwa indem Begriffe und Beziehungen wie Autorität, Bourgeoisie, Kapitalismus und Establishment hinterfragt und neu definiert wurden. Statt von »der 68er Bewegung« zu reden, und damit die 60er Jahre zu meinen, sollten wir die Epoche vom 8. Mai 1945 bis zum 1. Mai 1975 als eine Einheit betrachten, von der Kapitulation Deutschlands bis zum Fall von Saigon. Ihr philosophischer Oberbegriff war der einer neuen Aufklärung.

Da ich nicht vorhabe, einen Essay über die Nachweltkriegsjahre zu schreiben, nur noch ein paar Stichpunkte zum Thema: Die sexuelle Befreiung (Stichworte: Oswald Kolle, der »Playboy«, die Antibabypille), die technologische Entwicklung (bezahlbare Autos für junge Leute; Musik, die sich per Kassettenrekorder vervielfältigen und transportieren ließ; die Verbreitung des Fernsehens;), der ökonomische Aufschwung in den USA und Westeuropa (Wirtschaftswunder, auch für den Arbeiter erschwingliche Konsumgüter wie Auto, Kühlschrank und Fernsehgerät;), die Entstehung der Öko-Bewegung und die Vorbereitung zur Gründung entsprechender Organisationen und Parteien. Wer angesichts all dieser teils erkämpften Errungenschaften allen Ernstes behauptet, die sogenannten 68er hätten insbesondere uns westlichen Gesellschaften nichts gebracht, der hat offenbar einiges übersehen. Freund Bruce jedenfalls wurde an besagtem Abend immer kleinlauter, angesichts der erdrückenden Fakten, mit denen Nora, Joey und ich ihm Paroli boten.

Am Tag vor meiner Abreise charterten wir einen Hubschrauber, um in den Krater des Haleakala zu fliegen, ein Abenteuer, welches Lisa und Joey sich gewünscht hatten. Mir ist der Augenblick in Erinnerung geblieben, als der Helikopter dicht über den Rand des Kraters glitt und sich unter uns der Kessel auftat. Die erloschene Caldera dokumentierte deutlich die Reste des letzten

* linksradikale militante Untergrundorganisation in den USA

Ausbruchs: Hundert Meter hohe Kegel mit rötlicher, blauer und gelber Lava, die selbst aussehen wie kleine Vulkane, und die es wohl auch einmal waren.

Eine Woche blieb ich mit meiner Familie und meinen Freunden auf Maui, dann packte ich meine Koffer, um mich mit Ming in Manila zu treffen. Die Philippinen kannte ich damals noch nicht, wenn man von der Zwischenlandung absieht, bei der Paco seinerzeit die spätkolonialistische Feststellung »*nuestra tierra*«* gemacht hatte.

Wie üblich, hatte Ming ein Luxushotel als Treffpunkt bestimmt, ich glaube, der Laden hieß Sheraton. Eigentlich gab es keinen Grund, weshalb wir uns ausgerechnet in Manila trafen, außer dass Ming dort mit Mitgliedern der Triade eine Besprechung hatte. Als ich eintraf, hatte er seine Termine schon hinter sich. Also stürzten wir uns in das von amerikanischen Soldaten in Gang gehaltene Rotlichtviertel Makati, eine der Dutzend Städte, die zusammen den Großraum Manila ausmachen. Hier stellte ich erstmals fest, dass die Malaien, die die Inselgruppe bewohnen, zu den freundlichsten Menschen des Fernen Ostens gehören. Und was das Nachtleben, den Sex und die Go-Go-Szene anbelangte, so brauchte sich Manila nicht hinter Bangkok zu verstecken. Was eine gewagte Feststellung ist, denn wir kannten nur einen Ausschnitt dieser Städte, und was wir gesehen hatten, sahen wir durch die Augen von Touristen. Weder konnten wir viel zur Ökonomie sagen, noch waren die dortigen sozialen Probleme für uns von Belang. Wir betraten diese Länder und Städte als Touristen, ohne uns nach dem Lebensstandard der Menschen zu erkundigen, ohne zu fragen, wie die Lage in den dortigen Gefängnissen sei. Ming kannte sich in Manila aus: Er führte mich in ein erstklassiges China-Restaurant, wo wir uns durch zehn Gänge schlemmten. Anschließend besuchten wir eine Bar, ein gastronomischer Hybrid aus Tanzlokal, Bordell und Nachtbar, von mindestens einem Prozent der 50.000 Marinesoldaten bevölkert, die in Subic Bay stationiert waren. An dieser Stelle könnte ich *en détail* berichten, was ich in puncto Erotik lernte, aber da ich mir mein Verhältnis zur katholischen Kirche nicht

* unser Land

völlig verderben möchte, lasse ich es bei der vielsagenden Feststellung unserer französischen Freunde: Oh la la!

Am nächsten Tag flogen wir zusammen nach Bangkok, wo es ums Geschäftliche ging. Als ich Odt besuchte, erfuhr ich, dass Paco seit ein paar Tagen im *White Inn* logierte. Da es damals noch keine Mobiltelefone gab, war es schwierig, in Kontakt zu bleiben, zumal wir ständig auf dem Globus unterwegs waren.

Wollte ich wissen, wo sich Paco gerade aufhielt, musste ich versuchen, seine Freundin in Bogotá oder seine Mutter Josefina in Madrid anzurufen, die allerdings schwerhörig war und mich erst verstand, wenn ich in den Hörer brüllte. Mich konnte man erreichen, indem man bei Lisa oder bei meiner Mutter anrief, sofern ich dort meinen jeweiligen Aufenthaltsort hinterlassen hatte.

Ich ging also zum *White Inn* und fand Paco am Pool in Begleitung von Angel und Umberto, die beide vor lauter Schlafmohn kaum aus den Augen schauen konnten. Die Stimmung war im Keller. Paco hatte wieder einmal zu viele Freunde eingeladen, und irgendwann war ihnen auf Bali das Geld ausgegangen. Ich begleitete ihn auf sein Zimmer.

»Was ist das?«, fragte er, als ich ihm 10.000 Dollar auf der Bettdecke abzählte.

»Für dich. Du sagtest doch, dass du nur noch ein paar tausend Baht besitzt, und dass Angel und Umberto ebenfalls pleite sind. Also nimm!«

Ich hielt ihm das Bündel hin, aber er sah mich bloß mit ernster Miene an.

»Was ist los? Nimmst du von mir kein Geld mehr? Es steht dir gewissermaßen zu, denn ich habe in Detroit mit Jerry einen Deal gemacht. Und da ich Jerry durch Basil kenne, der ja dein Mann ist, steht dir eine Kommission zu.«

»Eine Kommission? Spinnst du! Mir steht die Hälfte deines Verdienstes zu«, sagte er und an seinem Tonfall merkte ich, dass er es ernst meinte. »Also, was hast du bei dem Geschäft in Detroit verdient?«

»Genug, um euch aus der Klemme helfen zu können. Aber die Hälfte, das wäre ein wenig übertrieben, schließlich hast du zum Gelingen ja keinen Finger krumm gemacht. Als ich Bali vor mehr als einem Monat verlassen habe, bot ich dir an, nachzukommen. Du hättest mir bei der Geldwäsche helfen können. Aber du wolltest auf Bali bleiben und mit Angel die Insel erkunden. Derweil habe ich gearbeitet. Jetzt daher zu kommen und die Hälfte vom Profit zu verlangen, das finde ich alles andere als fair. Das kannst du vergessen. Andererseits möchte ich unsere Freundschaft wegen der Sache nicht überstrapazieren: Ich gebe dir 20, aber damit muss die Sache erledigt sein«, erklärte ich.

Paco erkannte, dass ich keine weiteren Zugeständnisse machen würde und akzeptierte.

»Und Umberto und Angel? Was sollen die machen? Die beiden sind pleite, sie wissen nicht einmal, wie sie von hier fortkommen können.«

Was Angel anging, so wunderte ich mich nicht, denn er war pleite, seit er den Bauch seiner Mutter verlassen hatte. Die Insolvenz hatte sich sozusagen als eine Art Charaktereigenschaft an ihn geheftet. Dennoch schätzte ich ihn, und deshalb machte ich Paco einen Vorschlag.

»Was hältst du davon, wenn wir beide jedem einen Tausender geben? Das dürfte reichen, um zurück nach Bali oder nach Spanien zu fliegen.«

»Was sollen sie denn mit zwei Mille anfangen?«, warf Paco mir vor, als sei ich verantwortlich für die unbekümmerte Lebensführung der Leute.

»Du hast doch hier so gute Kontakte. Lass dir von Ming vier Kilo auf Kommission geben, und wir schaffen dir den Stoff nach Amerika. Dabei könnten wir uns genug in die Tasche stecken, um nach Kolumbien zu fliegen, wo ich wieder ein größeres Koks-Geschäft vorhabe. Osiris und Toni haben einen Kontakt, über den sie in Peru gute Pasta* besorgen können. Sie warten schon auf mich.«

Wie mir plötzlich klar wurde, hatte Paco fast die gesamten 240.000 $, die er vor sechs Wochen in Amerika von mir erhalten hatte, nach Kolumbien überwiesen, und das war nicht das erste Mal, dass er dort sein ganzes Geld investiert und verspekuliert hatte. Auch wenn ich selbst nicht gerade sparsam mit Geld umging, aber wie man eine solche Summe investieren konnte, das musste

* ein Vorprodukt bei der Kokainherstellung

ich erst noch lernen. Ich versprach dem spanischen Trio, mit Ming zu reden und zu sehen, was sich machen ließe.

Gegen Mitternacht nahm ich ein Tuk-Tuk zum Ambassador, wo Ming mich am nächsten Morgen zum Frühstück abholen wollte. Ich erledigte noch einige Telefonate, eines nach Hawaii, um mit Joey und Lisa zu sprechen. Den Kindern ging es gut, und Joey war in Susan verliebt. Ich versprach, mich mit den Geschäften zu beeilen und sobald wie möglich nach Maui zurückzukehren.

Am nächsten Morgen tauchte Ming in seinem neuen BMW auf.

»Man leistet sich ja sonst nichts«, lachte er, während er mir stolz den Wagen zeigte.

Meinen Vorschlag, mir zwei beladene Koffer für Paco zu übergeben, der sie dann mit Hilfe seiner Komplizen nach Amerika schmuggeln würde, akzeptierte er ohne lange zu überlegen. Das ersparte ihm einen Trip nach Hongkong und das Organisieren einer weiteren USA-Reise. Wir vereinbarten eine den neuen Umständen angemessene Abrechnung und besiegelten den Deal per Handschlag. In zwei Tagen wollte er mir die beiden Koffer übergeben.

Als ich gegen Mittag im *White Inn* auftauchte und Paco darüber informierte, vereinbarten wir, dass ich ihm für jedes der vier Kilo in den USA 50.000 $ übergeben würde, die Summe, auf die Ming verzichtet hatte. Zahlbar eine Woche, nachdem er mir die Koffer auf den Bahamas übergeben hätte. Von dort aus konnte die Ware mit Basils und Barrys Hilfe per Schiff nach Florida gebracht werden. Wie Paco sich mit seinen beiden Transporteuren arrangierte, war seine Sache. Ich schlug ihm vor, jedem für das Risiko, welches sie einzugehen bereit waren, 20.000 zu geben. Auf diese Weise blieb genug für ihn übrig, zumal er nichts anderes zu tun hatte, als mitzufliegen und darauf zu achten, dass alles glatt über die Bühne ging. Mit Ming hatte ich 200.000 $ dafür vereinbart, dass er die Ware auf Kommission lieferte und für eine professionelle Verpackung sorgte. Aus den vier Kilos würde ich, wie gehabt, sechs machen und sie Barry, Basil und Jerry für 120.000 pro Kilo verkaufen, was nichts anderes bedeutete, dass ich am Ende 320.000 $ daran verdiente, wie ich fand, ein faires Arrangement. Ming stellte das Heroin zur Verfügung, Paco organisierte den Transport bis auf die Bahamas, Barry würde es in die USA bringen und ich sorgte für den Absatz in Detroit und dafür, dass das Geld gewaschen würde; eine gleichwertig verteilte Aufgabenstellung. Die Verantwortung dafür, dass alles korrekt abgewickelt würde, lag bei mir. Ebenso lag es bei mir, für Verluste aufzukommen, wie etwa die erst kürzlich verlorene Summe am Flughafen von Miami. Der flapsige Spruch: »Ein wenig Schwund ist immer« traf in unserer Branche anscheinend des Öfteren zu. Und wenn ich so kalkulierte wie ich kalkulierte, konnte ich auftretende Probleme mit Geld lösen, ohne dass es zu Auseinandersetzungen kam. Sollte eine Sache schiefgehen, so wurde von den Betroffenen erwartet, dass ich den Schaden geringhielt und vor allem, dass ich den Anwalt bezahlte. Wie zuletzt im Falle von Pacos Verhaftung in Miami erforderlich.

Am verabredeten Tag traf ich Ming im Hotel Dusit Thani. Wir tranken einen Cocktail an der Bar und besprachen das weitere Vorgehen. Ming hatte vor, mich, nachdem Paco, Umberto und Angel abgereist wären, nach Hongkong zu begleiten, wo er seinem Boss über den Verlauf der Geschäfte berichten sollte. Für den Abend plante er, mit dem Luftkissenboot nach Macau überzusetzen und eine Nacht im Casino Lisboa zu zocken.

Das Glückspiel ist eine große Leidenschaft der Chinesen, und Ming war ein echter Chinese. Mich zogen Glücksspiele weniger in den Bann, mein Spiel war Schach, wobei es auf eine andere Art von Glück ankommt: nämlich das Glück, sich im entscheidenden Moment konzentrieren zu können, oder das Glück, zum rechten Zeitpunkt ein Risiko einzugehen. Andererseits konnte ich mich durchaus am Roulette-Tisch amüsieren, jedoch relativ leidenschaftslos. Anschließend würde ich in die USA aufbrechen, wo Ming gegen Ende des Monats seinen Anteil abholen wollte. Um unsere Verabredungen am Telefon auf ein Minimum zu reduzieren, und um nicht in den Hotels aufzufallen, in denen wir uns einquartierten, legten wir wieder das Hotel Stouffers in Detroit fest. Als mein Komplize sich verabschiedete, legte er einen Zimmerschlüssel auf den Tisch. Kurz darauf fuhr ich mit dem Aufzug nach oben und fand die beiden Koffer auf dem Zimmer. Ich ließ sie von der Conciergerie abholen und in ein Taxi verladen. Auf direktem Weg fuhr ich zum *White Inn* und übergab sie an Paco. Wir besprachen, was es noch zu besprechen gab. Unter anderem, dass Paco mich am 20. April zu einer bestimmten Uhrzeit in Detroit anrufen sollte. Dann verabschiedeten wir uns mit der üblichen Umarmung und dem Bruderkuss auf beide Wangen. Ich wünschte ihnen Glück, denn in diesem Fall benötigte Paco besonders viel Glück. Wenn zwei breitgespritzte Fixer wie Angel und Umberto von Thailand in die Bahamas reisten, und sie bei der Ankunft in Nassau den Menschenkennern vom Zoll ihre Koffer auf den Kontrolltisch stellten, dann war just in diesem Augenblick eine Menge Glück erforderlich.

Wäre ich selbst bei klarem Verstand gewesen, ich hätte diese Reise verhindert, denn es war abzusehen, wie und wo sie enden würde. Für den Fall, dass die Sache schief ginge, vereinbarte ich mit Ming, dass ich lediglich den Einkaufspreis der Ware in Thailand zu zahlen hätte: 3.000 Dollar pro Kilo.

4.3 Unerwartete Zwischenfälle

Den Flug nach Hongkong hatte ich bei Cathay Pacific gebucht. Da ich keinen Platz mehr in der Raucherzone bekommen hatte, musste ich zum Qualmen den hinteren Teil der Kabine aufsuchen. Im Gang vor den Toiletten stehend wurde ich Zeuge, wie in der letzten Sitzreihe ein Chinese und ein Afrikaner in einen Streit gerieten. Ich merkte, dass der schwarze Mann sich neben dem gelben Mann unwohl fühlte und bot dem Afrikaner daher an, den Platz mit mir zu tauschen. Für mich hatte das den Vorteil, dass ich so zu einem Raucherplatz kam. Der Mann nahm mein Angebot dankbar an, und auch der Chinese war froh, dass er den »streitsüchtigen Kerl« los war.

Mein neuer Sitznachbar und ich machten uns miteinander bekannt. Herr Tong, der mich stark an Charles Bronson in seinen besten Jahren erinnerte, war Schiffsingenieur und auf der Rückreise von einem Einsatz in Venezuela, wohin ihn eine zypriotische Reederei beordert hatte, um den Dieselmotor eines Öltankers zu reparieren. Nachdem ich mein Handgepäck geholt und neben ihm Platz genommen hatte, schlug er mir vor, mich anzuschnallen. Vom Anschnallen hielt ich seinerzeit nicht viel, weder im Auto, noch im Flieger. Anschnallen hatte für mich die unangenehme Bedeutung des Freiheitsverlustes, der Sicherheitsgurt das Brüderchen der Handschelle. Aber mein Nachbar ließ nicht locker, er packte Argumente aus, und ehe ich mit ihm über eine solche Lappalie in Streit geriete (der Afrikaner konnte ein Lied davon singen), schnallte ich mich an. Er bot mir eine chinesische Zigarette an, angeblich die Marke, die Mao am liebsten geraucht habe! Da ich aber sah, dass die Stewardessen begonnen hatten, das Essen zu servieren, lehnte ich mit Verweis auf später ab.

Ich hatte Appetit und freute mich auf die kleine Mahlzeit, denn den Sky-Chefs der Cathay eilte ein guter Ruf voraus: Es gab Lachsfilets in Sojasauce mit Bandnudeln und zum Nachtisch Vanillepudding mit Sauerkirschen. Selbstverständlich boten sie auch ein Menü für den asiatischen Gaumen an: Gebratenes Hühnerfleisch mit Morcheln, Ingwer-Gemüse und Bambussprossen nebst Reis und als Dessert gekochte Pflaumen. Ich erwähne die Speisefolge deshalb so minutiös, weil sie im weiteren Verlauf des Fluges noch eine Rolle spielen sollte. Die Stewardessen hatten sich uns bis auf fünf Reihen genähert, ich hatte schon den Duft der in Zimt gekochten Pflaumen in der Nase, als das Flugzeug mit einem Mal in eine Turbulenz geriet und innerhalb kürzester Zeit mehrere hundert Meter absackte. Augenblicklich verwandelte sich die Kabine in ein Chaos: Stewardessen krachten mitsamt ihren Trolleys gegen die Decke und fielen wieder herab; jeder Passagier, der nicht angeschnallt war, hob ab, schlug ebenfalls mit dem Kopf gegen die über ihm befindlichen Gepäckfächer oder die Deckenverkleidung und landete in vielen Fällen mit dem Allerwertesten auf der Rückenlehne, oder, noch schmerzhafter, auf der Armlehne, einige auf dem Schoß des hinter ihnen sitzenden Passagiers; ausnahmslos jedes Tablett, inklusive der Weinflaschen und Gläser, knallte an die Decke, sodass die Flüssigkeiten herabregneten und nachtropften; Nudeln vermischten sich in der Luft mit Pflaumen, Eiswürfel mit Pudding; Messer und Gabeln, Gepäckstücke und Handtaschen, Bücher und Brillen flogen wie Wurfgeschosse durch die Kabine und viele Passagiere schrien aus Panik oder vor Schmerz, denn nicht wenige hatten sich dabei verletzt. Unsere Stewardess, die sich gerade über den Servicewagen gebeugt hatte, wurde zwischen der Decke und dem hochschnellenden Trolley eingequetscht. Nachdem sie drei Reihen vor uns auf der Armlehne neben einer Frau gelandet war, blutete sie am Kopf und konnte nicht mehr weiterarbeiten. Als der Flieger nach einigen Schrecksekunden wieder in eine stabile Lage gefunden hatte, kam das Zeichen, sich anzuschnallen. Zu spät: Die Frisuren der Damen waren mit Nudeln und Morcheln in Sojasauce drapiert, bei den freizügigen Vertreterinnen der Weiblichkeit waren Eiswürfel und Hühnerstücke im Dekolleté verschwunden, den Männern klebten Reiskörner und Vanillepudding auf den Glatzen, praktisch jedes Kleidungsstück war besudelt, aber das Schlimmste waren die Verletzten. Dutzende von nicht angeschnallten Passagieren hatten Prellungen und Platzwunden erlitten, insbesondere ältere Menschen waren betroffen. Lediglich die hinteren drei Sitzreihen waren vom Speisenregen verschont geblieben, und sofern angeschnallt, wie mein Nachbar und ich, hatten sie den Fall unbeschadet überstanden. Besonders unappetitlich erlebte eine Dame, die gerade auf der Toilette saß, den Sturz ins Leere.

An eine weitere Essenausgabe war nicht mehr zu denken, nachdem die Trolleys einmal Kontakt mit der Kabinendecke aufgenommen hatten und dann zurück in die Gänge gekracht waren. Das Bordpersonal war ausnahmslos verletzt, dutzende Fluggäste brauchten Erste Hilfe.

Jetzt kam die Stunde der Passagiere in den hinteren Reihen, soweit sie schadlos geblieben und zu helfen bereit waren. Ich wartete eine Weile, bis ich vermutete, das Luftloch sei vorbei, dann sammelte ich Tabletts und Geschirr ein und deponierte alles auf dem Servierwagen, den ich zusammen mit einem indischen Passagier in die Bord-Küche bugsierte. Dort lag eine zierliche Chinesin am Boden und wurde medizinisch betreut, sie war ohnmächtig oder im Koma oder gar tot, ich konnte es nicht sagen, jedenfalls sah die Miene des Arztes, der neben ihr kniete, sehr besorgt aus (später erfuhr ich, dass er sie reanimiert hatte). Es dauerte eine halbe Stunde, bis wir das gröbste Durcheinander beseitigt und die Verletzten versorgt hatten.

»Ich hatte es Ihnen noch gesagt!«, triumphierte mein Nachbar, als ich endlich wieder Platz genommen und mir auf den Schreck hin eine mit Heroin gestopfte Zigarette angezündet hatte.

»Damit muss man über dem chinesischen Meer immer rechnen.«

»Warum haben Sie denn nicht geholfen, die Leute zu versorgen?«, fragte ich ihn mit dem Unterton eines Vorwurfes.

»Ich bin Ingenieur, kein Doktor«, war seine lapidare Antwort. »Außerdem hätte jederzeit ein weiteres Luftloch auftreten können.«

Später erfuhr ich, dass solche Phänomene in der Luftfahrt *»clear air turbulence«* genannt werden und dass selbst die größten Flugzeuge (wir waren in einem Jumbo unterwegs) davon betroffen sein können. Es kann passieren, dass sie innerhalb von Sekunden bis zu tausend Meter in die Tiefe sacken. Es handelt sich dabei nicht wirklich um »Löcher« im Luftraum, sondern um schnell fallende Abwinde, die die Illusion eines Lochs hervorrufen. Wie tief wir absackten, habe ich nicht erfahren, aber es war ein Ereignis, welches ich so schnell nicht vergessen sollte. Dies geschah am 13. April 1981. Dank meines chinesischen Gefährten war ich unverletzt und sogar von herabfallenden Speisen und Getränken verschont geblieben. Trotz meiner vielen Flüge hatte ich so etwas noch nicht erlebt, und ich war meinem Retter mehr als dankbar, dass er mich überredet hatte, den Sicherheitsgurt anzulegen.

Nach knapp zwei Stunden Flug landeten wir auf dem Flughafen Kai Tak, dessen abenteuerliche Landung ich in einem der vorhergehenden Kapitel schon beschrieben habe. Aber egal wie oft man mit dem Flugzeug nach Hongkong reiste, der Landeanflug war jedes Mal aufs Neue spannend. Nicht, dass ich Angst vorm Fliegen gehabt hätte, aber wie gerade erlebt, kann man einen Zwischenfall niemals ausschließen. Die Passagiere der Cathay aus Bangkok schlichen wie eine geschlagene Armee ins Terminal, einige mussten von Sanitätern abgeholt werden.

Ming war ein paar Stunden vor mir mit Thai International geflogen, denn er wollte Bonusmeilen sammeln, um irgendwann einmal in den Genuss eines internationalen Freifluges zu kommen. In Kowloon wurde an diesem Tag ein neues Luxushotel eröffnet, das Regent, und Ming hatte für sich und für mich dort Zimmer reserviert; anlässlich der Eröffnung zu einer Vergünstigung von 50 Prozent. Am frühen Abend wollten wir uns in der Hotelbar treffen.

Wahrscheinlich um mich wohlgesonnen zu stimmen, schickte Mings Triaden-Boss eine Limousine mit Chauffeur zum Flughafen. Keine Ahnung, wie der Mann mich erkannte, jedenfalls wurde ich in der Ankunftshalle von einem elegant gekleideten jungen Chinesen angesprochen und zu dem draußen wartenden Wagen geführt. Er brachte mich ins Hotel und nannte mir Mings Zimmernummer. Da ich vorher keine Ahnung hatte, dass mir seitens meiner Geschäftspartner eine solche Aufmerksamkeit zuteilwerden würde, hatte ich mich bei einem deutschen Geschäftsmann angekündigt, der in China den Exporthandel einer großen deutschen Handelsfirma organisierte. Ich hatte vor, mich über den damals gerade in Schwung kommenden Handel zwischen China und Deutschland zu informieren, mit dem Hintergedanken, gegebenenfalls auf diesem Sektor zu investieren. So war Herr Holzmann ebenfalls zum Flughafen gekommen, um mich abzuholen. Da es mir jedoch nicht zustand, ihn einzuladen, mich in dem Triaden-Schlitten zu begleiten, verabredeten wir, uns zwei Stunden später im Restaurant des Hotels zu treffen. Bei unserem Gespräch während des Essens wurde mir recht schnell klar, dass der Mann von einer indiskreten Neugier angetrieben wurde und eine Philosophie des ausbeuterischen Kapitalismus vertrat, also exakt die Sorte Mensch, mit der ich nichts zu schaffen haben wollte. Seine inquisitorischen Erkundigungen nach meinen chinesischen Freunden (er hatte mich in die Limousine einsteigen sehen) outeten ihn als uncoolen Zeitgenossen, sodass ich mich vorsah, Andeutungen zu meinen Geschäften zu machen. Mir war ein seriöser Mafioso erheblich angenehmer als dieser skrupellose Geschäftemacher, der sich in China den Kommunisten andiente, um von der Ausbeutung chinesischer Tagelöhnerinnen zu profitieren und der sonntags seelenruhig in der Kirche kniete und öffentlich das Abendmahl zelebrierte. Ein Pharisäer also. So ganz stimmte mein erster Eindruck allerdings nicht, wie ich Jahre später feststellen sollte, er hatte, wie die meisten Menschen, auch angenehme Eigenschaften. Aber damals in Hongkong beschloss ich, den Kontakt vorerst nicht weiter zu vertiefen.

Nachdem ich mich von Herrn Holzmann verabschiedet hatte, traf ich Ming in der Hotelbar, wo er mir seinen Komplizen Harry Wong vorstellte, der uns nach Macau begleiten sollte. Ich kannte Macau schon von einem Ausflug zusammen mit Walter und Roman, als wir einen Hotelangestellten dabei ertappt hatten, wie er unser Zimmer durchsuchte. Wir ließen uns vom Hoteltaxi zum Hongkong-Macau-Terminal bringen und nahmen die nächste Fähre, die uns innerhalb einer Stunde über die Mündung des Perlflusses an unser Ziel brachte. Harry Wong war Ming von seinem Vorgesetzten als rechte Hand beigesellt worden. Er würde ihn demnächst in die USA begleiten und dann dort in die Abwicklung der Geschäfte eingeführt. Harry war erst zwanzig Jahre alt, er sprach fließend Englisch (besser als Ming) und gab sich Mühe, einen guten Eindruck bei mir zu hinterlassen. Ein gutaussehender Junge, was mich nicht überraschte, denn ich fand ohnehin, dass von allen Menschen, die ich bis dahin gesehen hatte, sich die schönsten unter den Chinesen befinden.

Ich kannte nicht viele Spielcasinos, hatte vor Jahren einmal eine kleine Summe in Canet-Plage gewonnen, dann der Abend mit

Roman und Walter im Casino Lisboa in Macao. Ein anderes Mal hatte ich in Nassau auf den Bahamas gezockt, an dem Abend, als Neris plötzlich hinter mir stand. Wir begannen an den einarmigen Banditen, wo ich in kürzester Zeit 100 Dollar verlor, dann wechselten wir zum Roulette und nach ein paar Stunden zum Black-Jack. Ich verlor noch mehr, aber es hielt sich in Grenzen. Ming und Harry erging es ebenso, aber auch sie nahmen ihr Schicksal gelassen, zumal sich keiner von uns ruiniert hatte. Der einzige Gewinner war Stanley Ho, der Glücksspiel-Tycoon von Macau, der dort ein Dutzend Casinos betrieb. Macau war seinerzeit noch eine portugiesische Kolonie, hier herrschten die Gesetze Portugals. Auch wenn sich die Bevölkerung nur zu fünf Prozent aus Portugiesen zusammensetzte und der Rest Chinesen waren. Aber Ming und Harry waren nicht wegen einer touristischen Stadtbesichtigung nach Macau gekommen, sondern um das Glück beim Spiel zu bezwingen, und nachdem das wieder einmal nicht gelang, reisten wir am Morgen wieder zurück nach Hongkong.

Von Macau aus hatte ich mit meiner Frau telefoniert und ihr versprochen, so schnell wie möglich zu ihr zu fliegen, das heißt, sobald der Termin vorüber war, den Ming und ich bei seinen Chefs hatten. Sie hatten uns eingeladen, um zu erfahren, ob alles nach meinen Vorstellungen organisiert sei. Inzwischen war ihnen nämlich klar geworden, dass es im Heroinhandel eine Menge zu verdienen gab und sie waren bestrebt, den Kontakt zu mir nicht zu verlieren.

Auf meine Anregung hin vereinbarten wir Lieferungen zu sechs oder acht Kilogramm alle drei Monate. Dabei war das Problem nicht die bereitzustellende Menge, sondern die Zahl der Schmuggler, die sich anwerben ließen. Bedingung war nämlich, dass sie aus Hongkong stammten (britische Pässe), älter als 70 Jahre waren und gesund genug, um eine lange Flugreise zu überstehen. Fitte Greise, sozusagen. Und natürlich mussten sie bereit sein, das Risiko auf sich zu nehmen, im unwahrscheinlichen Fall einer Entdeckung, sich mit einer mehrjährigen Gefängnisstrafe abzufinden. Da die Unterhaltung, die wieder im Hinterzimmer eines Restaurants stattfand, auf Kantonesisch geführt wurde, verstand ich nichts, bis es mir von einer jungen Frau gedolmetscht wurde. Ein Vorschlag, den ich dankend ablehnte, war der, mir für die Zeit der Geschäftsabwicklung, einen »Sicherheitsagenten« zur Seite zu stellen, der in der Lage wäre, im Falle eines Betruges die Dinge wieder gerade zu rücken.

Die Tatsache, dass ich meinem Geschäftspartner Jerry die Ware jedes Mal auf Kommission überließ, verunsicherte einen der Männer. Er äußerte die Befürchtung, der Amerikaner könne mit der unbezahlten Ware untertauchen und mich mit leeren Händen stehen lassen. Ich versicherte den Leuten, dass dieses Risiko zwar bestehe, ich es aber für kalkulierbar gering einschätzte. Ming bestätigte meine Sicht der Dinge und so wurde der Posten eines Sicherheitsmannes nicht besetzt. Im Grunde waren es dieselben Befürchtungen, die Paco dazu bewogen hatten, mir in Miami diesen Joe Smoker vorzustellen. Aber ich hatte zu meinen direkten Kontaktleuten Ming, Basil und Jerry inzwischen ein derart freundschaftliches Verhältnis, dass ich glaubte, auf zusätzliches Personal verzichten zu können, zumal alles Gewaltstrategien zu sein schienen: Smoker kannte sich mit Messern und Revolvern aus, der Chinese wollte Konflikte mit Kung Fu und notfalls mit dem Nunchaku klären. Ich lehnte lächelnd ab, und damit war das Thema durch. Ehe Ming und ich uns bei der Familie verabschiedeten, vereinbarten wir noch, uns jedes halbe Jahr in Hongkong zu treffen. Offenbar hatten meine chinesischen Partner vor, den Heroinschmuggel in die USA langfristig aufzuziehen, während ich seit einiger Zeit mit dem Gedanken spielte, meine Sucht endgültig zu kurieren und folgerichtig auch aus dem Drogengeschäft auszusteigen, denn eines hatte ich erkannt: Das eine würde ohne das andere nicht funktionieren. Mir war klar geworden, dass die Droge sich in mir verschanzt hatte und nur darauf wartete, den rechten Moment für den entscheidenden Angriff zu finden. Dabei musste ich ihr unbedingt zuvorkommen.

Am nächsten Morgen verabschiedete ich mich von Ming und Harry, die noch ein paar Tage in Hongkong bleiben wollten. Ich flog zunächst nach Tokyo, wo ich einen Flug nach Los Angeles erwischte. Beim Zwischenstopp in Honolulu stieg ich allerdings aus und nahm die nächste Maschine nach Kahalui/Maui. Lisa und mein Sohn Santi waren gekommen, um mich abzuholen. Unterwegs erzählte mir meine Frau, dass Nora vor einer Woche abgereist sei, weil sie sich mit Joey zerstritten habe. Um was es dabei ging, ist mir entfallen, aber ich kannte Nora und deren aggressive Art, in Konflikte einzusteigen. Sie agierte zuweilen undiplomatisch und es war eine Kleinigkeit, sie zu einer ehrabschneidenden Beleidigung zu provozieren, was auch mit ihrer Hautfarbe zu tun hatte, denn Nora litt, wie viele Afroamerikaner, unter Komplexen. Sie war misstrauisch auf der Hut, schon beim geringsten Verdacht, ihr Gegenüber lasse es an Respekt mangeln, stellte sie den Betreffenden militant zur Rede. Wahrscheinlich hatte es auch damit zu tun, dass sie in diesem prekären Bedford-Stuyvesant-Viertel in Brooklyn aufgewachsen und dass sie in München ein Jahr lang auf den Strich gegangen war, Milieus, in denen vieles mit Gewalt geklärt wurde.

Mir fiel mein erster Abend mit ihr in New York ein, als sie in einem Club in Harlem einem Schwarzen ins Gesicht geschlagen hatte, weil der einen ihrer Ansicht nach rassistischen Witz gerissen hatte. Hinzu kam, dass sie mit *mir* befreundet war und dass, kaum war ich nach Manila aufgebrochen, in dem Haus in Kihei die Funken sprühten. Leider weiß ich nicht mehr, um welchen Vers aus den Sprüchen Salomos es konkret ging, jedenfalls packte Nora ihre Koffer und verschwand nach New York. An unserer Freundschaft änderte das allerdings nichts.

Am Tag nach meiner Ankunft auf der Insel hatte Lisa Stone zu einer Fete eingeladen, wozu sie eine lokale Reggae-Band engagiert hatte. Mir fiel das erste Fest ein, an dem ich in ihrem Haus in Kula teilgenommen hatte, damals noch als Anhängsel Mauricios, der Paco und mich mitgebracht hatte.

Mauricio hatte ich schon länger nicht gesehen, vermutlich lebte er wieder in München. Seit ich meine Geschäfte in Amerika ausgeweitet hatte, waren wir verschiedene Wege gegangen, was ich bedauerte, denn wir mochten uns. Zudem gehörte er zu den wenigen meiner Freunde, die von meiner Frau bedingungslos akzeptiert wurden, unter anderem deshalb, weil er so ein herzliches Verhältnis zu unseren Kindern pflegte. Er war für jeden Blödsinn zu haben und beschäftigte sich zuweilen stundenlang mit Santiago. Ich nahm mir vor, ihn zu besuchen, sobald wir wieder in München wären. Denn darauf lief alles hinaus, nachdem Mirabell das tropische Klima nicht vertrug. Insbesondere Lisa bestand darauf, mit den Kindern nach Deutschland zurückzukehren, denn unsere Vagabondage mit inzwischen fünfzehn Koffern alle paar Tage in ein anderes Haus oder Hotel umzuziehen, hatte längst ihren Reiz verloren und bedeutete nichts als Arbeit und Stress für sie. Ich befürwortete zwar immer noch die nomadische Lebensweise, aber die Kinder waren Fakten, die auch ich nicht unberücksichtigt lassen konnte. Zumal ich die Arbeit mit den Kids weitestgehend meiner Frau überließ, da ich ja viel unterwegs war.

Von Lisa Stones Fete ist mir nicht allzu viel in Erinnerung geblieben. Ich unterhielt mich mit Marvin S., einem Grasanbauer, dem ich am Ende des Tages eine Unze klebriges Maui-Wowie abhandelte, und was ich damals in eine Blechschachtel presste, hielt fast ein halbes Jahr und gehörte zu den potentesten Marihuana-Sorten überhaupt. Wo immer ich in den folgenden Monaten diese Dose hervorholte und einen Joint damit drehte, war ich der Anerkennung der Kenner sicher, egal ob das in Florida, Paris oder auf Bali war: Maui-Wowie mit seiner psychedelischen Qualität schlug (fast) alle Konkurrenten, sei es die aus Indien, Kalifornien oder Kenia.

Es war seinerzeit szenetypisch, Gespräche über Drogen zu führen und damit anzugeben, das stärkste Zeug in der Tasche zu haben, fast so, als habe der Angeber es selbst ausgebrütet. Mir gingen derartige Unterhaltungen ziemlich bald auf die Nerven. Leute, die den Drogenkonsum als Selbstzweck betrachteten, die ihre Rituale zelebrierten und voller Kiffer-Pathos Reden schwangen, langweilten mich. Zumal ich immer wieder feststellen musste, dass die wenigsten Leute wirklich Ahnung von der Materie hatten. Allein die Sottise vom Opiumrauchen per Joint oder Tabakpfeife, der man immer wieder in Kifferkreisen begegnete, regte mich jedes Mal aufs Neue auf, denn wie wir längst wissen, gehört zum Opiumrauchen eine spezielle Opiumpfeife. Erst nachdem Rohopium zu Morphinbase synthetisiert wurde, kann man es mit Tabak vermischt im Joint rauchen, nicht aber das unbehandelte Opium. Dennoch begegnete ich immer wieder selbst ernannten Fachleuten, die eben Letzteres behaupteten.

Ein weiterer Gast auf der Fete in Kula war ein rothaariger Mann aus Kalifornien, der, so wurde gemunkelt, zu den Organisatoren des Woodstock-Festivals gehören sollte. Da er andauernd von Leuten umlagert war, kam ich nicht dazu, ihn selbst zu fragen, aber als ich Lisa später darauf ansprach, bestätigte sie mir, dass Roger, so hieß er, zu den Leuten gehörte, die dort investiert und zunächst ihr Geld verloren hatten, denn finanziell rechnete sich das Festival erst, nachdem die Schallplatte und der Film vermarktet worden waren.

Schon am Tag nach der Fete verabschiedete ich mich bei Kindern, Frau und Freunden, denn währenddessen war Paco unterwegs und wir hatten vereinbart, dass er mich am 20. April um die Mittagszeit in Detroit anrufen würde. Den Termin musste ich einhalten und so machte ich mich auf den Weg zum Flughafen. Zuweilen kam es mir so vor, als spiele sich mein Leben mehr in Flugzeugen als auf der Erde ab.

In San Francisco machte ich einen Tag Station. Der Ordnung halber mietete ich einen Wagen und fuhr nach San Raphael, wo ich schließlich noch eine Strafe zu bezahlen hatte. Völlig überrascht wurde ich, als eine Beamtin eine Plastiktüte auf den Tisch legte, in der sich mein verlorener Geldbeutel nebst Papieren befand. Tatsächlich hatte derjenige, der ihn gefunden hatte, das Geld und die Drogen an sich genommen und den Rest in einen Briefkasten geworfen, wo er erst bei der Post und dann bei der Polizei gelandet war. Dass sich kein Kokain mehr in dem Portemonnaie befand, ersparte mir wahrscheinlich eine weitere Ausweisung aus den USA. Also verbuchte ich die Sache unter »Glück gehabt!«

Da ich allein unterwegs war, stattete ich Ruth und David Fisher einen Besuch ab. Mein letztes Telefonat mit David, das so unerfreulich geendet hatte, weil er sich partout weigerte, mich in Begleitung von Joey zu empfangen, blieb nicht unerwähnt. Unter anderen Voraussetzungen und versöhnlich gestimmt sprachen wir uns aus. Wir verbrachten den Abend zusammen, Ruth kochte, David entkorkte erst eine und später noch eine Flasche Roten aus dem Sonoma County, einem Weinanbaugebiet weiter nördlich am Highway One. Der Wein unterschied sich für meinen Gaumen kaum von einem Bordeaux, sodass ich am Ende nicht mehr fahren konnte und bei den Fishers auf dem Sofa schlief. Am nächsten Morgen frühstückten wir noch zusammen, dann machte ich mich wieder einmal auf den Weg zum Flughafen von San Francisco, gab den Leihwagen ab, und kurz darauf blickte ich aus dem Fenster einer DC-10, und sah, dass wir die schneebedeckten Gipfel der Rocky Mountains überflogen.

4.4 Paco II

Jerry hatte mir das Hotelzimmer im *Stouffer's Inn* reserviert, und Paco rief zum vereinbarten Zeitpunkt bei mir an.

»*Holá hermano*, wo steckst du denn?«, wollte ich wissen.

Nach Plan sollten er und seine beiden Kuriere inzwischen auf den Bahamas eingetroffen sein. Von dort aus würde Basil das wertvolle Frachtgut in einem Schnellboot nach Fort Lauderdale bringen lassen.

»In Nassau, Bahamas«, bestätigte er.

»Sehr gut. Dann hat also alles geklappt?«

»Bei mir bis jetzt schon, aber ich mache mir Sorgen, ob es auch auf deiner Seite klappt.«

»Wieso sollte bei mir etwas schiefgehen?«, fragte ich erstaunt.

»Indem du *uns* nicht korrekt bezahlst. Die Jungs fragen sich, ob sie für das Risiko, welches sie eingehen, die vereinbarte Kohle sehen«, erklärte er mir.

»Wir haben doch letzte Woche in Bangkok besprochen, wie das abläuft. Du lieferst mir das Zeug, und sieben Tage später kriegst du die 200.000. Wo ist das Problem?«

»Angel und Umberto bestehen auf Vorkasse. Mit denen hast du nichts vereinbart.«

»Stimmt, mit denen habe ich nichts vereinbart, aber mit dir. Es klingt fast so, als seiest *du* derjenige, der auf Vorkasse besteht«, sagte ich.

»Du hast mich verstanden. Erst wenn du mich und die Jungs bezahlst, bringen wir dir die Koffer«, sprach er endlich Klartext.

»Wo sind die beiden denn eigentlich?«

»In Athen, und sie werden keinen Schritt mehr tun, ehe sie nicht bezahlt wurden. Ich habe vor zehn Minuten mit ihnen telefoniert. Umberto sagte, anderenfalls würde er das Zeug in Italien verhökern. Er kennt dort Leute, die ihm die Ware abkaufen.«

Langsam wurde mir klar, dass ich von meinem Freund Paco erpresst wurde, und das gefiel mir überhaupt nicht. Ich schwieg und überlegte. So etwas war in den fünf Jahren, die wir uns kannten, noch nie vorgekommen. Ich war sprachlos. Dann hatte ich plötzlich die Lösung vor Augen.

»Also, was ist? Wann kann ich damit rechnen, dass du mir die Kohle hier vorbeibringst?«

»Das kann ich so nicht sagen. 200.000 kann ich nicht so einfach aus dem Ärmel schütteln«, sagte ich und gab vor, auf seine Bedingung einzugehen. »Ich schaue mal, wie viel ich auf die Schnelle auftreiben kann«, erklärte ich. »Wann kann ich dich zurückrufen?«

»Ich bin auf dem Sprung. Habe Slim vorhin getroffen und mich zum Essen mit ihm verabredet. In zwei, drei Stunden bin ich wieder im Hotel. Schreib dir mal die Nummer auf.«

Dann gab er mir die Ziffern durch.

»Hör zu, Paco: Ich rufe dich morgen im Laufe des Nachmittags an und gebe dir Bescheid. Ich denke, die Sache kriegen wir irgendwie geregelt«, sagte ich und legte auf.

Nachdem dieses unerfreuliche Gespräch beendet war, überlegte ich, was nun zu tun wäre. Keineswegs wollte ich auf Pacos Forderung eingehen. Andererseits war ich Ming gegenüber verantwortlich. Sollten die vier Kilo abhandenkommen, wäre ich in der Bredouille. Zunächst musste ich wissen, wo genau Angel und Umberto sich aufhielten. Ich wartete eine halbe Stunde und rief dann in dem Hotel auf den Bahamas an. Ich gab mich der Rezeptionistin gegenüber als Mr. Paco Carrillo aus und bat sie, mir die Nummer des Hotels in Athen zu geben, wo ich vor etwa einer Stunde angerufen hatte. Ich sei in der Stadt und hätte vergessen, die Nummer einzustecken. Die freundliche Dame erinnerte sich an das Ferngespräch, und da sie nicht merkte, dass sie nicht mit dem echten Herrn Carrillo sprach, gab sie mir die Telefonnummer. Ich bedankte mich und legte auf. Fünf Minuten später rief ich in Athen an. Es meldete sich ein Hotel Olympia. Ich erkundigte mich, ob Angel und Umberto dort als Gäste bekannt seien. Angel war dort registriert, und als der Mann mich zu seinem Zimmer durchstellen wollte, unterbrach ich ihn und kündigte an, das sei nicht nötig, ich käme persönlich vorbei, ich habe bloß wissen wollen, ob er noch dort sei. Ich bedankte mich und beendete das Gespräch.

Mit diesen Informationen konnte ich planen. Zunächst rief ich Joey in Fort Lauderdale an und fragte ihn, ob er einen stabilen Burschen kenne, der ein paar Tage mit mir nach Europa fliegen könne, um dort zwei kleine Ganoven ein wenig zu erschrecken. Ich stellte eine angemessene Gage in Aussicht. Der Mann sollte einen Pass besitzen und gewisse Fähigkeiten, einen Konflikt mit den Fäusten lösen zu können. Joey begriff die Lage und versprach, in einer Stunde zurückzurufen.

Als er sich nach einer halben Stunde meldete, hatte er den geeigneten Mann gefunden. Das Problem war, Bobby, so sein Name, befand sich gerade auf den Florida Keys, der Inselkette, die wie ein Kometenschweif im Süden an der Halbinsel Florida hängt. Aber der Mann war bereit, sofort abzureisen. Offenbar war er flexibel, was mir sehr gefiel. Joey gab mir Bobbys Nummer. Ich rief ihn an. Wir vereinbarten, dass er mit der nächsten Maschine nach New York/JFK kommen sollte, wo ich ihn treffen würde. Alles Weitere würde ich ihm persönlich mitteilen. Wir verabredeten uns am Meeting Point im Terminal der TWA. Sollte zwischenzeitlich ein Problem auftauchen, so würden wir die Kommunikation über Joey koordinieren.

Nachdem das erledigt war, kümmerte ich mich um meinen Flug von Detroit nach New York. Ich packte meine Reisetasche und machte mich unverzüglich auf den Weg zum Flughafen. Von dort aus rief ich Jerry an, um ihn über den Stand der Dinge in Kenntnis zu setzen. *Bref:* Bobby und ich trafen uns drei Stunden später an der vereinbarten Stelle in New York JFK. Joeys Beschreibung entsprechend machte er einen stabilen Eindruck auf mich. Als er mir die Hand gab, war mir, als sei ich einem Grizzly in die Pranke geraten. Unterdessen hatte ich zwei Plätze auf der TWA-Nachtmaschine nach Athen gebucht, in anderthalb Stunden sollte es losgehen. Kaum, dass wir Platz genommen hatten, begannen die Flugbegleiterinnen mit der Sicherheitsinstruktion und dann bohrte sich der Jumbo in den abendlichen Himmel über Long Island. Endlich hatten wir Zeit, uns kennenzulernen und über die Details der vor uns liegenden Operation zu sprechen. Bobby hatte seine Karriere als Türsteher in einer Touristendisco in Miami begonnen, war anschließend auf einem Charterboot ein paar Jahre in der Karibik unterwegs gewesen und hatte sich einen Namen bei Schlägereien in Seemannskneipen gemacht. Joey hatte mir nicht zu viel versprochen, rein körperlich schien er überqualifiziert, Angel und Umberto einen Schrecken einzujagen. Er hatte derartige Aufträge schon des

Öfteren ausgeführt und während er mir berichtete, wie er im vergangenen Jahr einen arabischen Politiker zwei Wochen in Miami beschützt hatte, wurde klar, dass Joey mir den Richtigen vermittelt hatte. Sollten die beiden Spanier so vermessen sein, Widerstand zu leisten, wären sie für Bobby keine Gegner. Ich ging jedoch davon aus, dass ich in der Lage wäre, sie zu überzeugen, mir die Koffer freiwillig zu übergeben. Gewaltanwendung war definitiv nicht meine Strategie, und ich versuchte immer, Probleme friedlich zu lösen. Selbst wenn ich provoziert wurde, wenn ein Betrunkener oder ein intellektuell auf halber Strecke stecken Gebliebener meinen ironischen Spaß nicht verstand und aggressiv reagierte, nahm ich es in Kauf, den Rückzug anzutreten und unter Umständen sogar als Hasenherz verdächtigt zu werden. Mich wegen einer Nichtigkeit auf eine Prügelei einzulassen, wäre mir nie eingefallen, denn mit den Fäusten kann der Mensch wenig beweisen. Ich kann mich lediglich an zwei Situationen erinnern, bei denen ich selbst handgreiflich wurde: einmal mischte ich mich in der Diskothek *Pacha* auf Ibiza ein, als ein Besoffener Walters Freundin Gerda einen Faustschlag ins Gesicht versetzte. Im Affekt schlug ich ihn gegen die Brust, dass er taumelte und stürzte. Ein andermal schlug ich zu, weil mich ein Autofahrer ausgebremst hatte, es zu einem heftigen Disput kam und er mich anspuckte. Auch das geschah im Affekt. Niemals wäre ich auf die Idee gekommen, auf eine Beleidigung hin eine Schlägerei anzuzetteln. Andererseits erdreistete ich mich zuweilen, anderen Prügel anzudrohen, was, wenn es mir gelang, meine Gewaltbereitschaft überzeugend vorzutragen, den Gegner zum Rückzug veranlasste. Ganz ähnlich hielten es meine Freunde Paco, Wacki und Roman, wo hingegen Nora kleine Konflikte gerne mit der Faust regelte. Im Vorliegenden Fall hatte ich also nicht vor, Bobby an die Front zu schicken, denn allein sein Auftauchen an meiner Seite sollte genügen, dass ich mein Ziel erreichte, also die beiden Koffer mit dem Heroin sicherzustellen.

Während Paco in Nassau auf meinen Anruf wartete, waren Bobby und ich unterwegs, um dem Aufstand ein Ende zu bereiten. Dass mir die ganze Sache höchst unangenehm war, versteht sich von selbst. Paco war einer meiner besten Freunde, ein zuverlässiger Komplize und in vielen Dingen mein Mentor. Der Umstand, dass ich inzwischen fließend Spanisch sprach, verdankte ich größtenteils ihm. Wir hatten zahllose Gespräche geführt, über den Zeitgeist, über die Kunst, über Religionen und über Frauen. Paco und ich waren hochgradig kompatibel, wir hatten ähnliche Interessen und vor allem: Wir kannten uns gegenseitig sehr gut.

Mit Gewalt gegen meinen besten Freund vorzugehen, das kam für mich nicht in Frage, andererseits konnte ich es unmöglich hinnehmen, auf die geplante Weise über den Tisch gezogen zu werden. Während ich neben Bobby im Flugzeug saß und wir uns alle tausend Meilen einen Cognac genehmigten, hoffte ich sehr, dass der muskulöse Seemann mit den blauen Augen nicht würde zuschlagen müssen.

Als wir in Athen landeten, ging gerade die Sonne auf. Zunächst quartierten wir uns in einem renommierten Hotel am Omonia-Platz ein, ehe wir uns im Taxi auf den Weg zum *Hotel Olympia* machten. Es handelte sich um eine bescheidene Herberge mit einer ebenso bescheidenen Anzahl an Zimmern. Der Mann an der Rezeption war gerade mit zwei Neuzugängen beschäftigt, als Bobby und ich unbemerkt die Lobby durchschritten und im Treppenhaus verschwanden. Angel wohnte in Zimmer 27 im zweiten Stock.

Geräuschlos schlichen wir zur Zimmertür und lauschten, ob Stimmen zu vernehmen wären. Es war nichts zu hören. Ich klopfte an die Tür. Sobald Angel öffnete, packte Bobby ihn beim Hals und drängte ihn zurück ins Zimmer. Um unserem für Angel überraschenden Auftritt Nachdruck zu verleihen, warf er ihn aufs Bett, behielt dabei aber immer die Kontrolle über ihn. Zwar hatte ich den Amerikaner zuvor instruiert, dass von Angel kein Widerstand zu erwarten sei (Angel wog, solange ich ihn kannte, nie mehr als 50 Kilo), aber ein Profi wie er lässt sich auf nichts ein, denn schnell hat ein Gegner eine Waffe gezogen und schon hat der Angreifer das Nachsehen.

Inzwischen hatte Angel mich erkannt und flehte mich an, ihm den Dobermann vom Hals zu schaffen. Die Situation kippte in dem Augenblick ins Komische, als ich Angel auf dem Bett zappeln sah. Ich musste mich sehr beherrschen, um nicht lauthals loszulachen.

»Lass ihn los, Hektor«, sagte ich zu Bobby (wir hatten uns auf diesen Namen verständigt, weil Bobby nicht wollte, dass Angel oder Umberto seinen wirklichen Namen zu hören bekämen). »Sollte er Faxen machen, dann wirf ihn einfach aus dem Fenster!«

»Das werde ich ganz gewiss tun, wenn er mir nicht augenblicklich sagt, wo er die verdammten Koffer versteckt hat«, fauchte er Angel theatralisch an.

Für Bobby war der Einsatz in Athen Arbeit, übrigens gut bezahlte Arbeit (ich hatte ihm im Erfolgsfall 10.000 Dollar versprochen) und er wollte wenigstens dafür sorgen, dass wir schnell zum Ziel kämen. Wir brauchten Angels Antwort nicht abzuwarten, denn einer von Mings Hartschalenkoffern stand zwischen dem Bett und der hinteren Wand. Angel deutete darauf, und ich bedeutete Bobby, von ihm abzulassen.

»Was zum Teufel ist euch eingefallen, mir einen solchen Streich zu spielen?«, wandte ich mich nun an Angel. »Hattet ihr tatsächlich geglaubt, damit durchzukommen?«

»Das war Pacos Idee. Er meinte, beim letzten Deal hättest du ihn zu schlecht bezahlt. Diesmal wollte er sicher gehen, dass er die Kohle kriegt, die ihm zusteht«, erklärte Angel.

»Zuweilen zweifle ich an eurem Verstand. Was meinst du, hätten die Chinesen unternommen, wenn ich sie angerufen und ihnen gesagt hätte, die Spanier halten ihr Versprechen nicht ein und versuchen, uns um die vier Kilo zu prellen?«

Er saß auf dem Bett und blickte zu Boden, und wenn Angel zu Boden blickte, dann hatte er etwas verstanden, denn üblicherweise waren seine Augen geradeaus auf den Gesprächspartner gerichtet.

»Wo ist denn der zweite Koffer? Und wo steckt Umberto?«, wollte ich wissen.

»In Rom.«

»Wo in Rom?«

»In einem Hotel in der Nähe des Flughafens.«

»In welchem Hotel? Lass dir nicht alles aus der Nase ziehen!«, sagte ich mit gespielt schlechter Laune.

»Ich hab's mir aufgeschrieben.«

Er stand auf und ging hinüber zu dem kleinen Tisch, auf dem sein geöffneter Aktenkoffer stand. Während er den Namen und die Nummer des Hotels in Rom suchte, ging ich um das Bett herum und öffnete den Koffer, um nachzusehen, ob alles noch so war, wie bei der Übergabe vor einer Woche. Bobby hatte sich vor der Zimmertür postiert, um Angel an der Flucht zu hindern, sollte er dies versuchen. Aber Angel kooperierte. Ich nahm seine Klamotten aus dem Koffer und warf sie aufs Bett, dann nahm ich ihn an mich. Da ich wusste, dass Angel kaum Geld in der Tasche hatte, gab ich ihm 2.000 Dollar für die bis dahin geleistete Arbeit. Immerhin hatte er das Risiko auf sich genommen und zwei Kilo Heroin von Bangkok nach Athen geschmuggelt.

»Paco sagte, wir kriegten jeder 10 Mille«, beschwerte er sich.

»Dann lass dir den Rest von Paco geben. Ausgemacht war, dass ihr das Zeug in den Bahamas abliefert. Von Athen war nie die Rede. Ich muss mich jetzt nach einem neuen Mann umsehen, der eure Arbeit zu Ende bringt. Der macht das auch nicht umsonst.«

Angel gab mir den Zettel, auf dem Umbertos Hotel vermerkt war. *Residence La Maison Jolie*. In der Nähe des Flughafens Fiomicino gelegen. Was nichts anderes bedeutete, als dass Bobby und ich nach Rom fliegen mussten, um dort Umberto zu finden und ihm den zweiten Koffer abzunehmen. Ich schlug Angel vor, entweder zurück nach Bali zu fliegen oder nach Ibiza, wo er immer noch die größten Überlebenschancen hatte.

Drei Stunden, nachdem wir in Athen gelandet waren, gingen wir an Bord einer Al Italia mit Flugziel Rom. Die Sache war nicht ungefährlich, denn ich hatte einen Koffer voll Heroin dabei, den ich zuvor auf einem Straßenmarkt noch rasch mit billigen Klamotten gefüllt hatte. Aber die Italiener vom Zoll waren gut drauf an dem Tag, sie kontrollierten niemanden.

Den Taxifahrer bat ich, uns zu einem guten, nicht zu weit entfernten Hotel zu bringen, worauf der grauhaarige Mann uns zu dem auf einem Hügel gelegenen *Hilton Cavalieri* brachte. Wir erfrischten uns in dem luxuriösen Bad, ehe wir uns auf die Suche nach Umberto machten. Ähnlich wie bei Angel, überraschten wir ihn auf dem Zimmer. Er hatte sich wohl kurz zuvor einen Schuss gesetzt, jedenfalls war er kaum in der Lage, einen zusammenhängenden Satz zu sprechen. Wie seinem Komplizen, drückte ich auch ihm 2.000 Dollar in die Hand und riet ihm, er solle zusehen, dass er wieder nach Bali komme. Ich war mir nicht sicher, ob er in seinem zugedröhnten Zustand überhaupt mitbekommen hatte, dass wir den Koffer mitnahmen, den ich hinter der Schiebetür des Wandschranks entdeckt hatte.

Zurück im Hilton begann ich, die Reise nach Amerika zu planen. Bobby, dem Europa gefiel, beschloss, noch ein paar Tage Urlaub in Rom zu machen. Ich zahlte ihm den vereinbarten Lohn, und wir verabredeten uns in Fort Lauderdale, wo er lebte, wenn er nicht gerade mit Touristen auf seinem Boot in der Karibik unterwegs war.

Dann überlegte ich, wie die beiden Koffer am sichersten in die USA zu bringen seien, und vor allem, wem ich diese riskante Mission anbieten sollte. Leider kannte ich in Rom niemanden, denn es war das erste Mal, dass ich die Hauptstadt des Römischen Reiches besuchte. Mein Reisegefährte Bobby war gewiss keine Option. Ich ging meine Freunde und Freundinnen in München durch, dachte zunächst an Hansi, dann an TomTom, an Wacki, an Walter, an Santi und an Werinher, wobei letzterer mein Wunschkandidat war. Ich hatte ja vor ein paar Jahren die große Thailandrundreise mit ihm gemacht, und er war mir als besonnener Reisegefährte in Erinnerung geblieben.

Oft im Leben, wenn ich rationale Entscheidungen zu treffen hatte, richtete ich mich nach dem Gefühl. Ich sagte mir, das Weltall ist chaotisch, einen freien Willen hast du eh nicht, ergo bist du auch nicht schuld daran, was als Folge von Bewegungen geschieht, die du angestoßen hast. Dass diese Gleichung nicht immer aufging, wurde mir in solchen Augenblicken klar, wo es an mir lag, dem Schicksal eines Menschen eine Richtung zu geben, bewusst die Chancenverteilung zu beeinflussen. So wie mir vor acht Jahren ein Angebot unterbreitet wurde, welches ich nicht ablehnen konnte, nämlich ein Auto von Marokko nach Deutschland zu steuern, in dem 16 Kilogramm Haschisch versteckt waren und dafür 10.000 Mark zu erhalten, eine Geldsumme, die Anfang der siebziger Jahre für einen 22-jährigen eine enorme Versuchung darstellte. Inzwischen war ich 30 Jahre alt und relativ vermögend. Wenn ich einem Bekannten ein Angebot machte, war dies immer mit einem guten Gewinn dotiert und die Wahrscheinlichkeit, dass er oder sie auf mein Angebot eingehen würde, war hoch. Was hingegen die Wahrscheinlichkeit betraf, dass die Sache ein gutes Ende nähme, so waren daran so viele Parameter beteiligt, dass der Ausgang unberechenbar würde. Ich entschied mich für Werinher. Ich rief ihn an und fragte ihn, ob er Lust habe, sich noch am Abend in ein Flugzeug nach Rom zu setzen und am nächsten Tag mit mir nach New York zu fliegen. Ich spekulierte, dass sowohl die Bezahlung als auch das Reiseziel ihn reizen würden. Er hatte vor ein paar Jahren in New York ein halbes Jahr lang für einen bekannten Fotografen gearbeitet, den er aus München kannte. Dabei hatte sich Werinher, wie so viele Künstler, in die Stadt New York verliebt, und ich wusste, dass dies eine Versuchung für ihn darstellte. Ich rief ihn an, und er gab mir spontan seine Zusage. Als Sahnehäubchen des riskanten Arrangements bot ich ihm einen Flug mit der Concorde an. Am späten Abend holte ich ihn am Flughafen in Rom ab, am nächsten Morgen saßen wir beide in einer DC-10 der Saudia Air nach Paris Charles De Gaulle, wo unser Gepäck direkt in die Concorde verladen wurde. Das alles verlief sehr schnell, um zehn Uhr gingen wir an Bord der Air France nach New York JFK, wo wir nach einem üppigen Déjeuner und dreieinhalb Stunden Flugzeit landeten. Der US-Zoll, normalerweise eine nicht zu unterschätzende Hürde, war für Concorde-Passagiere so gut wie nicht existent. Leute, die das Jahresgehalt eines Briefträgers für ein Flugticket hinblätterten, um drei Stunden Zeit zu sparen, konnte man schlecht einer zeitraubenden Zollinspektion unterziehen. Alle Passagiere, die mit der Air France angekommen waren, wurden nach der Passkontrolle durchgewinkt. Kein Zöllner stellte Fragen. Wir nahmen den Helikopter nach Manhattan und vom Heliport am East River ein Yellow Cab zum Hyatt in der 52. Straße. Sobald wir auf dem Zimmer waren, wählte ich die Nummer von Pacos Hotel in Nassau, und als man ihn am Pool gefunden hatte und er sich am anderen Ende der Leitung meldete, entschuldigte ich mich für den verspäteten Anruf. Ich erklärte meinem Freund, dass ich auf seine Forderung nach Vorkasse nicht eingehen könne. Es sei mir nicht gelungen, die geforderte Summe aufzutreiben, er möge sich mit Umberto in Italien arrangieren. Dann legte ich auf. Allzu gerne hätte ich sein Gesicht gesehen, als er feststellte, dass sich seine Komplizen nicht mehr in Athen beziehungsweise in Rom aufhielten.

Dieser Konflikt mit Paco war der Härtetest für unsere Freundschaft, was mir recht bald klar wurde. Für mich war die Sache mit der versuchten Erpressung erledigt, ich hatte sie zu meinen Gunsten entschieden, und es gab keinen Grund, nachtragend zu sein. Um Paco nicht völlig leer ausgehen zu lassen, beschloss ich, ihm den vereinbarten Anteil zur Hälfte zu zahlen, allerdings abzüglich der Unkosten, die sein Störmanöver verursacht hatte. So stellte ich ihm die Kosten für Bobby in Rechnung, die Gage für Werinher, alle Flüge, das Geld, welches ich seinen beiden Kurieren bezahlt hatte, die Hotelrechnungen und eine Spesenpauschale von 2.000 Dollar, alles in allem brachte ich aufgerundete 30.000 in Abzug. Aber zunächst galt es, die Ware zu verkaufen.

Werinher begleitete mich nach Detroit, wo wir von Jerry und seinen Freunden schon ungeduldig erwartet wurden. Wir wechselten wieder einmal das Hotel, eine Vorsichtsmaßnahme, wenngleich ich mich im Renaissance Center am wohlsten fühlte. Diesmal stiegen wir im Sheraton Airport Hotel ab, welches, wie der Name schon andeutet, unweit des Flughafens lag. Eine Stunde nachdem wir angekommen waren, tauchten Jerry und sein Kumpel Jerome auf, um das erste Paket abzuholen. Diesmal war mein Kunde in der Lage, sofort zu bezahlen, sozusagen *cash on delivery*. Am Abend kamen sie zurück und brachten zwei gutaussehende Frauen mit, die sich verdächtig zielstrebig an Werinher und mich heranpirschten. Außerdem hatte Jerrys Kollege einen Beutel Koks-Base mitgebracht, dazu zwei Glaspfeifen und das restliche Zubehör, das man zum Rauchen benötigt. Werinher, Jerome, Jerry und ich fingen mit dem Freebasen an, während die Damen uns dabei zusahen. Mir war längst klar geworden, dass es sich um von Jerry bezahlte Edelhuren handelte, aber da ich mir ungern von anderen Männern die Frauen ins Bett legen ließ, und weil wir mit dem Base-Rauchen eine alternative Freizeitbeschäftigung aufgenommen hatten, schickte ich die Frauen nach einer Stunde fort. Kaum dass sie abgezogen waren, kippte Werinher aus den Latschen. Er füllte sich die Lungen zum soundso vielen Mal mit dem potenten Kokain, erwischte offenbar ein wenig zu viel und sackte in Zeitlupe auf den Teppichboden. Ohne auf einen derartigen Zwischenfall vorbereitet zu sein, packten Jerry und ich ihn, schleppten ihn ins Bad, hoben ihn in die Wanne und duschten ihn mit kaltem Wasser ab. Das tat seine Wirkung, er schlug die Augen auf und suchte nach Orientierung.

»Hey, spinnt ihr!«, empörte er sich.

»Du bist ohnmächtig geworden«, erklärte ich ihm, weil er offenbar noch nicht registriert hatte, was passiert und wie er in die Wanne gelangt war. Er kletterte heraus, schüttelte sich wie ein nasser Dackel und entledigte sich der Klamotten. Wir stellten das Rauchen ein und unterhielten uns mit Jerome und Jerry. Sie berichteten vom wirtschaftlichen Niedergang der Stadt Detroit, von der Migration, die seit ein paar Jahren im Gange war: Die wohlhabende weiße Mittelschicht verließ die Innenstadt und siedelte sich im Speckgürtel jenseits der *Eight-Mile-Road* an, unterdessen die Schwarzen die Innenstadt besetzten und sich irgendwie durchschlugen. Während der Fahrten durch die Stadt war mir längst aufgefallen, wie viele Schaufenster mit Brettern vernagelt waren, wie viele Häuser leer standen und wie viele Menschen obdach- und mittellos durch die Straßen vagabundierten. Die Nachkommen afrikanischer Zwangsarbeiter waren wieder im Dschungel angekommen. Viele von ihnen fanden im Heroin und anderen betäubenden Drogen Mittel, die ihnen wenigstens kurzfristig erlaubten, ihr wirtschaftliches Elend zu verdrängen. Da ich selbst Heroin konsumierte, konnte ich sie nur zu gut verstehen, auch wenn mir längst bewusst war, dass betäubende Drogen nicht geeignet sind, langfristig psychische Probleme zu beheben. Jerry hielt seine Nase sauber, seine Problemdroge war das Kokain, dem er ausgiebig zusprach. Seit wir zusammen Geschäfte machten, ging es ihm finanziell so gut wie nie zuvor. Ich schätze, dass er am Kilo bis zu 40.000 verdiente. Jedes Mal, wenn er einen guten Deal abgeschlossen hatte, fuhr er zum Juwelier seines Vertrauens und kaufte sich eine Kette aus massivem 24-karätigem Gold, die er sich um den Hals hängte. Inzwischen baumelten dort schon vier oder fünf solcher Schmuckstücke, was mich zu der Frage veranlasste, wozu er sich solche »Bullenketten« anschaffe?

»Die Ketten sind unsere Versicherung. Jeder Nigger, der es sich leisten kann, trägt ein paar Goldketten um den Hals. Sollte ich mal verhaftet werden, und dafür stehen die Chancen für Unsereins immer gut, habe ich die Mittel, einen Anwalt zu bezahlen«, grinste er schelmisch. »Die Bullen nehmen uns nämlich das Bargeld weg, wenn sie welches finden. Den Schmuck dürfen sie nicht anrühren, und daran halten sie sich in der Regel. Zudem komme ich nicht in die Verlegenheit, mein auf diese Weise angelegtes Geld für irgendwelchen Unsinn auszugeben. So eine Kette ist Gold wert, *if you know what I mean!*«

Eine zwar eigenwillige, aber nachvollziehbare Erklärung. Seinen Rat, ich solle es auch so halten, befolgte ich allerdings nicht. Ich zog es vor, mein Geld bei verschiedenen Banken auf Sparkonten anzulegen. Jede Behörde, egal ob in den USA oder in Europa, würde sich schwertun, an meine Konten auf den Bahamas, in Hongkong oder in Zürich heranzukommen.

Nach zwei Tagen verabschiedete sich Werinher, er hatte vor, noch Freunde in New York zu besuchen. Ich bedankte mich für seine spontane Bereitschaft, ein großes Risiko eingegangen zu sein, denn hätte man ihn mit den vier Kilo Heroin bei der Einreise erwischt, wären zwanzig Jahre Haft nicht unrealistisch gewesen. Ein zweifelhafter Trost wäre lediglich in dem Umstand begründet gewesen, dass er »nur« ein Drittel davon hätte absitzen müssen, und das in einem relativ komfortablen Bundesgefängnis, nicht etwa in den menschenunwürdigen *state-prisons*, die man aus amerikanischen Filmen kennt.

An dem Tag, als Werinher nach New York abreiste, traf Ming in Detroit ein, um seinen »Scheck« abzuholen. Blieb mir noch, mit meinem Problemfreund Paco abzurechnen. Da Paco kein Bankkonto besaß (er hatte sein gesamtes Barvermögen meist bei sich in der Tasche), musste ich jemanden finden, der es ihm überbrachte. Zunächst galt es zu ermitteln, wo Paco sich gerade aufhielt. Mit ziemlicher Sicherheit war er nicht mehr auf den Bahamas, seit er herausgefunden hatte, dass seine beiden Kuriere »desertiert« waren. Mir war bis dahin noch nicht einmal klar, inwieweit Paco über meinen Coup in Athen und in Rom im Bilde war. Beide, Angel und Umberto waren, nachdem sie mir die Koffer herausgerückt hatten, mit unbekanntem Ziel abgereist. Ob sie Paco inzwischen in Kenntnis gesetzt hatten, ich wusste es nicht. Wie zuvor schon bemerkt, gab es damals noch keine Mobiltelefone. Um seinen Aufenthaltsort herauszufinden, rief ich seine Freundin Elsa in Bogotá an, denn ich wusste, dass Paco alle paar Tage mit ihr telefonierte.

Tatsächlich war Elsa auf dem neuesten Stand der Dinge. Sie sagte mir, dass ihr Freund sich in Deutschland befinde, genauer gesagt, bei Enrico und Rainbow, seinen Freunden aus Lohr. Außerdem wusste sie, dass Angel und Umberto ihm einen üblen Streich gespielt hatten, indem sie Paco auf den Bahamas hatten sitzen lassen und sich »mit dem verdienten Geld aus einem Geschäft nach Bali abgesetzt hatten«. Ich behielt den Rest der Geschichte für mich, musste aber grinsen, während Elsa mir von Pacos misslungener Operation berichtete. Paco sei einfach zu gutgläubig, denn immer wieder falle er auf irgendwelche Schurken herein, die ihn am Ende abkochten. Ich sei der Einzige, mit dem er in den letzten Jahren gute Geschäfte gemacht habe. Ich bedankte mich bei Elsa für das Kompliment und versprach ihr, Paco aus der Klemme zu helfen.

Nachdem ich nun wusste, wo er sich aufhielt, rief ich ihn in Deutschland an. Er war sichtlich überrascht, denn er hatte gewiss nicht mit meinem Anruf gerechnet. Ich setzte ihn soweit nötig in Kenntnis und fragte ihn, wie ich ihm seinen verbliebenen Anteil zukommen lassen könne. Keinesfalls hatte ich vor, zu ihm zu fliegen, denn meine Familie und Freunde erwarteten mich auf Hawaii.

Da fiel Paco sein Freund Smoker ein, den er mir Anfang des Jahres als Bodyguard empfohlen hatte und der seinen eigenen Angaben zufolge zuverlässig sei. Ansonsten war er sehr zurückhaltend während unseres zehnminütigen Gesprächs, er machte mir keine Vorwürfe. Die Aussicht, demnächst wieder flüssig zu sein, hatte ihn versöhnt. Was hätte er auch sagen sollen! Er selbst wusste nur zu gut, dass sein Verhalten nicht in Ordnung war, als er versucht hatte, mich zu erpressen. Die Sache war ihm peinlich, und ich hatte längst einen Strich unter die Angelegenheit gezogen. Aus meiner Sicht sollte unsere Freundschaft nicht darunter leiden. All die gemeinsamen Abenteuer in Spanien und Marokko, in Thailand und in Kolumbien, die Reisen nach Indien, Japan, Hawaii und Kalifornien, der Treck zu den Indianern in der Sierra Nevada, die Aufenthalte auf Ibiza, Bali und Jamaika, die Gespräche auf unzähligen Hotelbalkonen und Losmen-Terrassen, all das hatte uns zu Freunden werden lassen. Das heißt, diese Geschichte musste unter

Freunden besprochen und ad acta gelegt werden. Und das wurde sie schließlich auch.

Ich rief Smoker in Florida an und bat ihn, nach Detroit zu kommen. Am nächsten Tag holte ich ihn am Flughafen ab. Ich teilte ihm Pacos Adresse mit und ließ mir sein Wort geben, dass er seinen Auftrag als Geldbote zuverlässig ausführen werde. Wie ich seinerzeit in Miami schon festgestellt hatte, war Smoker ein Mann, dem man schnell Vertrauen entgegenbrachte. Er war klein, aber korpulent, und von all seinen Eigenschaften stach sein Sinn für Witz und Selbstironie hervor. An vielen Problemstellungen, die andere ins Grübeln brachten, entdeckte Smoker eine komische Seite, Pessimismus in jeglicher Form lag ihm fern, er glaubte an den Himmel und verneinte die Hölle. Nach zwei Stunden, die er in Gesellschaft von Ming, Jerry und mir beim Dinner in einem Nobelrestaurant verbracht hatte, war ich zuversichtlich, dass ich den Mann mit der Mission betrauen konnte, die 700 Hundert-Dollar-Scheine nach Deutschland zu bringen, um sie Paco zu übergeben. Den Flug zahlte ich, einen Tausender für Spesen steuerte Jerry bei, aber Ming, der im Fall Smoker ein gesundes Restmisstrauen behielt, riet ihm, keine krumme Tour zu versuchen, anderenfalls werde er ihm einen Chinesen vorbeischicken, gegen den Bruce Lee wie ein Saalordner im Stadttheater von Lauderhill aussehe. Smoker lachte zwar auch über diesen Vergleich, hatte aber den warnenden Unterton verstanden. Mit chinesischen Saalordnern wollte er gewiss keinen Ärger haben.

Am nächsten Tag nahmen Ming, Smoker und ich einen Nachtzug nach New York, wo Werinher im *Plaza Hotel* auf uns wartete.

Smoker verschwand nach Harlem, wo er eine Freundin besuchen wollte, ehe er sich auf den Weg zu Paco machte. Ming fuhr zu seinem Geldwäscher nach Chinatown und verbrachte anschließend noch eine Woche bei Nora. Um meinen Verdienst aus dem Land zu transferieren, benötigte ich wieder einige Tage, aber mit Werinhers Hilfe klappte es. Vorher versäumten wir es aber nicht, noch ein paar Beweisfotos für Interpol zu knipsen: auf dem Hotelzimmer leerten wir den prall mit Dollarnoten gefüllten Koffer über dem Bett aus und verschossen eine Rolle Kodachrome: Werinher auf dem Bett, komplett mit Dollars bedeckt, lediglich sein Kopf schaute noch aus dem Papierhaufen heraus. Ich selbst zog mir den blauen Anzug an, setzte einen Hut auf und stellte mich neben den Sekretär, auf dem mein geöffneter und mit Dollarbündeln bepackter Attaché-Koffer stand. Mit ironischer Geste deutete ich auf den Inhalt, der Traum eines jeden Kleinganoven, um zu signalisieren: Seht her, alle, die ihr euch tagtäglich abrackert und eure Lebensenergie investiert, um einem dahergelaufenen Kapitalisten das Vermögen zu vergrößern: So macht man Kohle, ohne sich den Buckel krumm zu schuften.

Werinher ließ die Bilder später in München beim Fotoladen seines Vertrauens entwickeln und wenn er sie in vertraulicher Runde zeigte, sackte den Betrachtern regelmäßig das Gebiss in die Backen. Die Frage, die vielen auf den Lippen lag, die aber niemand offen stellte, lautete: Wie dreist und wie dumm kann ein Ganove denn noch sein, wenn er seinen Verfolgern derart aussagekräftige Beweise auf dem Präsentierteller serviert? Aber wir wollten damals nichts beweisen. Schätze, wir wollten den Augenblick des Erfolges zeigen, jenen Moment, in dem das Verbrechen sich materiell auszahlte: Eine Performance, in der das Verbrechen zur Kunst mutierte, in dem sich die Anspannung des risikoreichen Geschäfts auflöste und sich der Haufen Kohle in einen Haufen Papier verwandelte. Ein kurzes Aufflackern von Glück, das aber nicht lange vorhielt. Was am Ende zählte, war nicht der materielle Gewinn, der durch das Geld symbolisiert wurde, sondern das gute Gefühl, das uns das bestandene Abenteuer gab. Eine weitere gewonnene Schlacht im Mutterland des *War on Drugs*, den der neue Präsident Ronald Reagan während des Wahlkampfes zu gewinnen versprach. Mit unserer Fotosession brachten wir den Gegenentwurf auf den Punkt: Der Handel mit Drogen war, ist und wird immer ein lohnendes Geschäft bleiben, darin unterscheidet er sich nicht von der Korruption, der ureigenen Domäne der Politiker. Erst die Legalisierung wird Schmuggler, Dealer und die Mafia in die Insolvenz treiben, aber danach sieht es derzeit in Deutschland noch nicht aus.

Zwei Tage danach flog Werinher mit seiner Gage zurück nach München, wo vermutlich einige Gläubiger ungeduldig auf ihn warteten. Mein Weg führte mich nach Westen: An Bord eines Jumbos der United Airlines flog ich mit Zwischenstopps in Denver und in San Francisco nach Honolulu, wo ich am 3. Mai eintraf, zwei Tage, nachdem unsere Tochter Mirabell ihr schwieriges erstes Lebensjahr vollendet hatte.

4.5 Begegnung am Tegernsee

Zur selben Zeit, als ich an den Gestaden des Pazifiks unterwegs war, stand Hagen hinter dem Tresen seiner Bar am Tegernsee. Seine Geschäfte in Florida waren ins Stocken geraten, weil der Smaragdhandel in den letzten Monaten zu gefährlich geworden war. Irgendwer hatte offenbar ein starkes Interesse daran, das Monopol beim Vertrieb der grünen Edelsteine zu behalten, denn spätestens als Ben Hansen, Hagens Auftraggeber in Miami, im März von seiner Motoryacht »gefallen« und im Bermudadreieck verschollen war, wurde es den Juwelendealern in Florida zu heiß, sie zogen sich kurz entschlossen aus diesem Geschäft zurück, für Ben freilich ein paar Wochen zu spät. Resultierend aus der letzten Reise im Dezember 1980 hatte Hagen zwar noch eine Rechnung mit einem von Bens Partnern offen, aber der Mann war in panischer Angst aus Florida verschwunden und seither hatte Hagen keine Adresse mehr, an die er seine Mahnbriefe hätte schicken können. So stand er wieder allnächtlich hinter dem Tresen, füllte Champagner in Gläser, ließ sich auf Smalltalk mit Dummschwätzern ein und legte Schallplatten von Count Basie, Duke Ellington oder Oscar Peterson auf, als eines Abends ein dunkelhäutiger Mann um die vierzig im Lokal auftauchte und blieb, bis Hagen die Lichter löschte. Der unbekannte Gast bedankte sich, erkundigte sich überflüssigerweise, ob er am nächsten Tag wiederkommen dürfe und ließ sich von einem Taxi in die Ringbergklinik bringen. Der Fremde, ein hagerer Mann mit Glatze und dunkler Hautfarbe, kehrte am darauffolgenden und an zwei weiteren Tagen zurück, saß an der Bar und machte auf Hagen den Eindruck eines in sich gekehrten, kontemplativ veranlagten Menschen. Er trank ein paar Cocktails, schwieg die meiste Zeit und lauschte dem Jazz, den Hagen in seiner Kneipe auflegte. Eines Tages brachte er einen Stapel Reggae-Alben von Bob Marley mit und bat den Barkeeper, einige davon aufzulegen. Skeptisch nahm Hagen sie in die Hand, denn in seinem Nachtclub wurde ausschließlich Jazz gespielt, in erster Linie Big Band und Be-Bop. Von Popmusik wollte Hagen nichts wissen, Reggae oder den Namen Bob Marley kannte er nicht einmal. Die Höflichkeit verlangte es, dass er sich die Musik wenigstens anhörte, ehe er seinem afrikanischen Gast freundlich erklären würde, dies sei wohl nicht der rechte Ort für Reggae und dergleichen, aber kaum hatte er die erste Scheibe aufgelegt, fing eine Gruppe junger Leute an zu tanzen.

»Super Sound«, rief eines der Mädels. »Mach's mal lauter, Dicker!«

Im Nu hatte sich das kleine Parkett gefüllt, das zwischen Bar und den Tischen Platz zum Tanzen bot, und weil keiner der jazzverliebten Gäste protestierte, blieb es an diesem Abend beim Reggae. Nach einer Weile nahm Hagen die Platten erneut in die Hand und las, was dort über *Bob Marley and The Wailers* geschrieben stand. Und irgendwann, zu fortgeschrittener Stunde und nach einigen Gläsern, die Hagen gemeinsam mit seinem Gast geleert hatte, boten die Männer sich das Du an. Als der Fremde sich als »Bob« vorstellte, dämmerte es Hagen endlich, dass der Mann am Tresen identisch war mit dem Mann, dessen Konterfei auf den Plattenhüllen zu sehen war. Der Umstand, dass Bob Marley auf den Bildern seine Dreadlocks zeigte, in der Bar am Tegernsee aber eine Glatze trug, erklärte, dass auch die jungen Tänzer, die offenbar mit der Musik vertraut waren, den berühmten Musiker aus Jamaika nicht erkannt hatten. Die traurige Erklärung war nämlich, dass Bob Marley an Krebs litt und sozusagen in einem letzten Versuch, die Heilkünste des ebenso bekannten wie umstrittenen Mediziners Dr. Josef Issels in Anspruch nahm. Die Chemotherapie, die er zuvor schon über sich hatte ergehen lassen, hatte ihm die Dreads vom Kopf gefressen. Dem Krebsarzt vom Tegernsee gelang es zwar, mit Hilfe seiner Diät und bestimmter Naturheilmittel den Krankheitsverlauf zu verzögern, aber schließlich sahen der Arzt und sein Patient ein, dass es wohl besser wäre, wenn Bob sich auf den Tod vorbereitete. Dazu wollte er zurück nach Jamaika fliegen. Den letzten Abend allerdings verbrachte er, wie die Abende davor, in Hagens Jazzclub in Rottach-Egern. Und ehe er sich von Hagen verabschiedete, erzählte er ihm die Geschichte seiner Krankheit und seines baldigen Todes. Gewiss hatte er schon lange keinen Menschen mehr getroffen, für den er einfach nur ein Mensch war und nicht die Person, die die Medien von ihm gezeichnet hatten. Denn Menschen, die über Jahrzehnte von Journalisten und Fans vereinnahmt werden, die idealisiert werden und glorifiziert, wie das im Falle des Superstars aus Jamaika der Fall war, wissen am Ende wahrscheinlich selbst nicht mehr, was für sie und ihr Leben relevanter ist, ihr Selbstbild oder das ihnen von ihrer Umwelt zugeschriebene Image, denn in dem Moment, wenn sich die Medien und die Öffentlichkeit eines Menschen und seiner Biografie bemächtigen, wird dessen Charakter verzerrt, glorifiziert oder geschändet. Ich wäre gerne dabei gewesen, bei diesem wahrscheinlich letzten längeren Gespräch Bob Marleys mit einem Mann, der ihn nicht aus der öffentlichen Perspektive betrachtete, sondern aus der von Mensch zu Mensch, wo keine störende Asymmetrie den Gedankenfluss beeinträchtigte. »Kinky Reggae« wurde zu Hagens Lieblingslied:

I went downtown
I saw Miss Brown
She had brown sugar
All over her booga-wooga
I think I might join the fun
But I had to hit and run
See I just can't settle down
In a kinky party of town
Ride on! Don't you know I've got to ride on, oh baby
Ride on! See I just can't settle down
Ride on! OH, I'm a leavin' town
Kinky reggae, take me away!
Kinky reggae now!
Oh, kinky reggae!

Ehe der todkranke Musiker sich von Hagen verabschiedete, ließ er ihm den Stapel Platten da, den er mitgebracht hatte. Er signierte jede einzelne von ihnen, und als die beiden sich mit einer Umarmung verabschiedeten, waren sie Freunde.

Diese Geschichte erzählte mir Hagen Jahre danach und eher beiläufig, und ich gebe sie an dieser Stelle weiter, weil Bob Marley am nächsten Tag in Miami seiner Krankheit erlag, an dem Tag, als Joey und Susan, Lila und Rev, Lisa und ich und noch einige Freunde in Kapalua auf Maui eine Abschiedsparty gaben.

Ebenfalls zu einer spontanen Fete hatte Nelson Algren am 9. Mai 1981 einige Freunde eingeladen. Der Dichter und Autor von »Der Mann mit dem goldenen Arm« wollte seine Aufnahme in die *American Academy of Arts and Letters* mit ein paar Gläsern Whiskey begießen. Als die Gäste eintrafen, fand man ihn auf dem Fußboden seiner Wohnung liegend. Angeblich soll er noch im Tod sein Glas in der Hand gehalten haben.

In derselben Woche wurde in Frankreich der Sozialist François Mitterrand Staatspräsident und Robert Badinter sein Justizminister. Dessen erste Amtshandlung war die Begnadigung seiner ehemaligen Mandantin Christina von Opel und eine seiner nächsten die Abschaffung der Todesstrafe, die bis dahin in Frankreich noch vollstreckt werden konnte.

4.6 Ausstiegsplan

Mitte Mai war es dann soweit: Wir verabschiedeten uns von unseren Freunden auf Maui und flogen nach San Francisco, und von dort nach kurzem Aufenthalt weiter nach Miami. Joey hatte seine neue Freundin Susan eingeladen, mit ihm zusammenzuleben. Sie hatte ein freundliches Wesen und ich konnte mir gut vorstellen, dass die beiden harmonieren würden.

Lisa, die Kinder und ich quartierten uns bei Joey in Fort Lauderdale ein. Seine beiden Buben kehrten nach Hause zurück, nachdem sie die Zeit, die ihr Vater auf Hawaii verbracht hatte, bei den Großeltern gewesen waren. Joey rief Sunny an und bat sie, ihre Sachen abzuholen. Sie tauchte noch am selben Tag auf, lud einen Kofferraum voll Klamotten ein und verschwand mit unbekanntem Ziel. Da hatten Joey und sie fast ein Jahr zusammengelebt, hatten sich geliebt, geredet, zusammen gegessen, dann war es zu diesem Missverständnis in San Francisco gekommen, einer Lappalie, und dann die Trennung. Mich hatte das unvorbereitet getroffen, ganz allgemein erschreckte mich die Banalität, mit der Menschen sich befreunden und dann wieder auseinandergehen, alle Gefühle erkalten lassen, so als wäre in der Zwischenzeit nichts von Belang geschehen, als hätten die gemeinsam gegangenen Wege nichts Bleibendes hinterlassen.

Wenn ich selbst zurückblickte, war es mir mit Carmen ebenso ergangen, mit der ich eine der verrücktesten Marokkoreisen erlebt hatte und von der ich seit unserer Trennung nichts mehr gehört hatte. Oder Werner Sauber, der Kapitän, der mir damals im Orkan das Segelschiff anvertraut hatte. Und Lolita, die mich nachts am Nürburgring beklaut hatte, der ich allerdings nicht lange gram war, weil sie einfach so ein lebensfrohes Gemüt hatte und 24 Stunden gute Laune verströmte. Warum war der Kontakt zu diesen Leuten irgendwann abgerissen, fragte ich mich und wusste keine Antwort außer der Vermutung, dass eben alles im Leben vergänglich ist.

Am nächsten Tag besuchte ich Joe Smoker in Lauderhill, einer Nachbargemeinde von Fort Lauderdale. In New York hatte er mich eingeladen, ihn demnächst in Florida zu besuchen. Er und seine Frau Nelly lebten mit ihren vier Buben (im Alter zwischen sechs und elf) in einem Viertel, wo in erster Linie wohlhabende Schwarze wohnten. In einem Zwinger neben der Garage lag Napoleon auf der Lauer, ein Dobermann, dem man ansah, dass er sein Dasein nicht bloß zur Verteidigung von Haus und Herrschaft begriff. Als ich den Wagen in der Auffahrt abstellte und an dem Hund vorbei zum Eingang ging, begrüßte er mich mit einem bösartigen Knurren und folgte mir mit den Augen, bis ich im Haus verschwunden war.

»Wenn es nach mir ginge, wäre dieses Tier längst nicht mehr am Leben«, sagte Nelly. »Außer Joe kann niemand zu ihm in den Käfig, jeden anderen greift er sofort an. Eine Bestie ist das, kein Hund!«

»Wahrscheinlich ist er psycho«, vermutete ich. »Geht Joe wenigstens mit ihm spazieren?«

»Schon lange nicht mehr. Vor zwei Jahren hat er einen anderen Hund angegriffen, der anschließend eingeschläfert werden musste. Nicht mal an der Leine ist Napoleon unter Kontrolle zu halten. Seither ist er nicht mehr aus dem Zwinger gekommen. Inzwischen traut sich selbst mein Mann kaum mehr zu ihm rein.«

»Das klingt wirklich nicht gut. Vielleicht solltet ihr den Hund in ein Tierheim geben«, schlug ich vor.

»Oder ihn erschießen«, setzte Nelly hinzu. »Ehe ein Unglück passiert! Rede du mal mit Joe, vielleicht sieht er es ja ein, wenn du es ihm sagst. Auf mich hört er jedenfalls nicht!«

»Das tue ich. Wir wollen in der kommenden Woche zusammen auf die Jagd gehen. Da haben wir dann Zeit zu reden.«

»Ja, sprich mit Joe! Wir können uns ja einen neuen Hund anschaffen, einen mit dem auch die Kinder spielen können«, sagte sie.

Zum Kaffee im Schatten hinter dem Haus versammelte sich die ganze Familie. Insbesondere die Kinder waren neugierig auf den weißen Mann, den ihr Papa da eingeladen hatte. Sie wollten wissen, wo ich zuhause wäre, eine Frage, die zu beantworten mir nicht leichtfiel.

Joe half mir aus der Verlegenheit.

»Harry ist ein Nomade. Er ist überall und nirgends daheim. Heute ist er bei uns zu Hause, nächste Woche auf Bali.«

Das war das Stichwort. Der Älteste holte seinen Schulatlas, und ich musste den Kindern zeigen, wo Bali liegt. Und dann erzählte ich ihnen die Geschichte von den Balinesen, die in hellen Mondnächten ihre Drachen steigen lassen.

Smoker hatte einen ansprechenden Sinn für Humor, was mir bei unserer ersten Begegnung im Januar schon aufgefallen war. Er verstand es, sich diskret anzubieten, zwar selbstbewusst, aber nie großspurig, wie Paco und ich es in den USA so oft erlebt hatten: Wichtigtuer, die sich breit in Szene setzten und voller Selbstüberschätzung verkündeten: »*I'm your man!*«, was so viel bedeuten sollte wie: »Den Job übernehme ich. Einen besseren Mann als mich kannst du gar nicht finden!«

Joe Smoker hingegen war bescheiden, genau das Gegenteil eines Angebers. Und er war klug, zumindest klug genug, dass er es schaffte, ein Doppelleben zu führen: In der Baptistengemeinde predigte er am Sabbat, seine Frau hielt Religionsunterricht und organisierte Bibelstunden, den Buben hatten die Eltern Manieren beigebracht, die Familie genoss Ansehen im Viertel und in der Gemeinde. Dass ihr Prediger vorzugsweise nachts als Geldeintreiber für ein Casino arbeitete, ahnten die Nachbarn nicht. Die Familie Smoker hatte es geschafft, sich im schwarzen Mittelstand einen Namen zu machen.

Ich war anfangs, als ich sie kennenlernte, auch ein wenig verblüfft, aber Ambivalenz übte auf mich schon immer einen besonderen Reiz aus. Ich mochte Pfarrer, die gleichzeitig Rocker waren und Matrosen, die nicht schwimmen konnten. Somit hatte ich kein Problem damit, dass der Baptistenprediger von Lauderhill eine Waffe besaß. Immerhin erkundigte ich mich, ob er denn schon einmal im Namen des Herrn einem säumigen Schuldner das Licht ausgeblasen habe, was er verneinte. Soweit lasse Gott es nicht kommen, erklärte er mir mit verschmitztem Grinsen.

»Ich bin eigentlich Psychologe«, erklärte er. »Die Knarre ist lediglich dazu da, den Schuldner einzuschüchtern. Wenn ich ihn davon überzeugen kann, dass ich den Hahn abdrücke, falls er keine Zahlung leistet, dann habe ich meinen Job gut erledigt. Und glaub mir, es funktioniert.«

»Immer?«

»Nicht immer, aber meistens.«

»Und was ist, wenn einer sich von dir und deinem Ballermann nicht beeindrucken lässt?«, wollte ich wissen.

»Dann hat mein Auftraggeber eben eine Abschreibung. Aber in vier von fünf Fällen steht am Ende eine Zahlung, nachdem ich die Schuldner besucht habe. Betrachte mich als Ein-Mann-Inkasso-Firma.«

Die Art, wie Smoker sich und seine Arbeit darstellte, gefiel mir. Vielleicht wäre es doch keine so schlechte Idee, den Kerl an meiner Seite zu haben, zumal er ein aufmerksamer Beobachter war.

Schließlich sprachen wir über seine Deutschland-Reise und vor allem interessierte es mich, wie Paco auf den unerwarteten Geldsegen reagiert hatte. Smoker zufolge hatte Paco die ganze Geschichte am Ende sportlich genommen. Was blieb ihm auch anders übrig? Nach unserem letzten Telefonat, ich in New York, Paco auf den Bahamas, hatte er vergeblich versucht, Umberto und Angel zu erreichen. Er konnte sich nicht erklären, wieso ausgerechnet sein Freund Angel ihm einen derartigen Streich spielte. Erst zwei Tage später hatte der sich aus Thailand gemeldet und von meinem plötzlichen Auftauchen in Athen berichtet. Umberto hatte sich unterdessen in Bangkok mit Stoff versorgt und war nach Bali weitergereist. Angel hingegen war vor Ort geblieben, um im *White Inn* auf Paco zu warten, in der Hoffnung, der würde bald in den Fernen Osten zurückkehren. Doch Paco war froh gewesen, in Nassau die Hotelrechnung bezahlen zu können. Am Ende reichte es gerade noch für einen Billigflug nach Luxemburg, wo er einen Bus nach Frankfurt nahm. Er war gerade dabei, seinen Freund Enrico um einen Kredit zu bitten, als ihn völlig unerwartet mein Anruf erreichte, bei dem ich ankündigte, ihm die Hälfte der vereinbarten Gage zukommen zu lassen.

Sichtlich erleichtert habe Paco die 700 Scheine abgezählt, erzählte mir Smoker mit einem Schmunzeln. Zur Feier des Tages lud er Rainbow, Enrico und den Geldboten in ein spanisches Restaurant nach Frankfurt ein. Kaum, dass er ein wenig Bargeld in der Tasche hatte, machte er sich eifrig an die Arbeit, es wieder auszugeben. Viel Zeit, im Spessart bei seinen Freunden zu bleiben, blieb ihm nicht, denn Angel wartete im *White Inn* auf ihn. Smoker flog, wie geplant, nach zwei Tagen zurück nach Amerika.

»Ich will mich ja nicht einmischen«, sagte Smoker abschließend zu mir. »Aber ich finde, dass ihr diesen Konflikt sauber geklärt habt. Hier in den USA wäre höchst wahrscheinlich Blut geflossen.«

»Doch nicht unter Freunden?«

»Doch. Auch unter Freunden!«

Der Besuch in Lauderhill war sehr angenehm verlaufen, was unter anderem an der Gastfreundschaft von Nelly lag. Ehe ich mich verabschiedete, vereinbarten Joe und ich eine Alligatorjagd in den Everglades, ein schon damals verbotener Eingriff in den Naturschutz und aus heutiger Perspektive ein schwer verzeihlicher Unfug. Aber als ich Joes Waffensammlung sah, erinnerte ich mich an Erlebnisse mit meinem Vater, und wenngleich ich die Jagd längst an den Nagel gehängt hatte, kam die frühere Leidenschaft wieder hoch, und Joe hatte wenig Mühe, mich zu einem Ausflug in die Sümpfe zu bewegen. Vielleicht schon in der kommenden Woche.

Ein paar Tage nach unserer Ankunft in Florida fiel mir ein, dass Barry, Ming, Jerry und ich ein Treffen in New York verabredet hatten, um den weiteren Fortgang unserer Geschäfte zu besprechen.

Auf Joeys Bitte hin vertagte ich die Reise um einen Tag, denn er hatte einen seiner besten Freunde eingeladen und wollte, dass ich diesen kennenlerne. Sein Name war Ralph Petrucci. Ralph war einer von jenen *»I'm your man«* Amerikanern, die großspurig von sich behaupten, den großen Durchblick zu haben und die einem versichern, sämtliche Probleme, deren Lösung gerade ansteht, aus dem Weg zu räumen. Das dies nicht der Fall war, fand ich leider erst ein Jahr später heraus.

Zunächst machten er und seine Frau Caren einen seriösen Eindruck auf mich, zumal Joey ihn mir als guten Freund vorstellte. Ralph wohnte mit seiner Familie in Detroit, sie hatten zwei Kinder. Ralph Petrucci war ein Ganove, der ähnlich den Leuten, mit denen Hagen Geschäfte machte, im Schwarzhandel mit Edelsteinen seinen Lebensunterhalt verdiente. Für mich war er deshalb interessant, weil er in Detroit lebte und dort eine Menge Leute kannte. Da ich mich in jüngster Zeit oft in dieser Stadt aufhielt, glaubte ich, der Kontakt zu ihm könne sich als vorteilhaft erweisen. Wir verbrachten einen geselligen Abend zusammen, an dem er mir eine Menge über Edelsteine erzählte und mir empfahl, einen Teil meines Geldes in Diamanten und Smaragde zu investieren, wobei er sich als Experte und Berater beim Ankauf empfahl. Ehe ich am nächsten Morgen nach New York aufbrach, gab Ralph mir seine Adresse. Er lebte in einem Vorort von Detroit, wo in erster Linie weißer Mittelstand anzutreffen war. Ich versprach, ihn bei meinem nächsten Aufenthalt in der Motor-City zu besuchen.

Am 19. Mai verabschiedete ich mich wieder einmal von Lisa und den Kindern und nahm die erste Maschine von Fort Lauderdale nach New York La Guardia. Jerry und Barry waren schon am Tag zuvor eingetroffen, sie hatten sich im Sheraton Manhattan einquartiert, Ming wohnte bei Nora in Brooklyn, schließlich waren die beiden verheiratet. Für mich war in ihrer Wohnung in der Carrollstreet ebenfalls noch ein Plätzchen frei, und weil ich die Gesellschaft meiner Freunde einem sterilen Hotelzimmer vorzog, nahm ich Noras Angebot an, bei ihr zu übernachten. Unsere Komplizen aus Detroit und Freeport kamen im Taxi nach Brooklyn und Nora kochte uns eine leckere Fischsuppe, deren Zubereitung sie während ihrer Zeit auf Ibiza gelernt hatte. Sie war überhaupt eine virtuose Köchin, was sie schon in München unter Beweis gestellt hatte, als wir in der Wohngemeinschaft in der Prinzregentenstraße zusammenlebten.

Das Gespräch zwischen Ming, Jerry und mir dauerte länger als erwartet, weil es unterschiedliche Meinungen über den Fortgang der Geschäfte gab. Ming und Jerry meinten, wir sollten, da doch alles so gut rolle, sofort die nächste Lieferung auf den Weg bringen. Ich hingegen hatte mir vorgenommen, zwei bis drei Monate Pause einzulegen, denn ich wollte ernsthaft mein Suchtproblem beheben und zweitens beim Hausbau in Bali vor Ort sein. Schließlich hatten wir alle gut verdient und es gab keinen wirtschaftlichen Grund, sofort nachzulegen.

Jerry argumentierte, dass ihm die Kundschaft fortlaufen würde, wenn er wochenlang nicht liefern könne. Ming war generell der Ansicht, dass man Geschäfte dann macht, wenn eine Nachfrage besteht. Nicht bloß die Qualität der Ware sei entscheidend, sondern auch das Timing. Das war zweifellos richtig, aber ich beharrte auf meinen Plänen und betonte, dass es wichtigere Dinge im Leben gebe als Geschäfte, die Gesundheit zum Beispiel, oder die Lösung familiärer Konflikte. Ich schlug den beiden vor, sich ebenfalls um Dinge zu kümmern, die bei ihnen im Argen lagen oder ganz einfach einmal auszuspannen und Urlaub zu machen. Ausschlaggebend, dass ich mich durchsetzte, war meine Ankündigung, einen Entzug in Angriff zu nehmen, zu dem ich mindestens zwei Monate benötigen würde. Das mussten sie anerkennen, zumal sowohl Jerry als auch Ming mir andauernd in den Ohren lagen, den Konsum der Droge einzustellen.

Wir fassten einen Termin Ende Juli ins Auge, Jerry gab an, innerhalb von zwei Wochen zwischen zehn und zwölf Kilo absetzen zu können. Barry, der mit der Abwicklung weiter nichts zu tun hatte, fügte sich drein und nahm zur Kenntnis, dass die Kasse auf den Bahamas erst wieder im Sommer klingeln würde. Nora, die bei dem Gespräch ebenfalls anwesend war, mischte sich zwar nicht ein, sagte mir aber später, dass sie sich freue, dass ich mir ernsthaft vorgenommen hatte, clean zu werden. In Form einer Frage äußerte sie die Befürchtung, Ming und Jerry könnten den Deal ohne mich abwickeln, aber ich erklärte ihr, unter Freunden sei so etwas ausgeschlossen, denn ich vertraute den beiden. Außerdem wusste ich, dass Ming Muffensausen hatte, allein mit einem Koffer voller Heroin in der gewalttätigen Stadt Detroit aufzuschlagen.

Am Tag darauf – unsere schwarzen Freunde hatten sich verabschiedet – lud ich Nora und Ming zu einem Helikopterflug über Manhattan ein. Wir umkreisten das World-Trade-Center, überquerten Chinatown und Little Italy, folgten dann der Madison Avenue in Richtung Uptown, ließen das Empire State Building links und das Chrysler Building rechts liegen, schwebten über den Central Park hinauf nach Harlem, wo wir hinüber zum East River abdrehten und zurück zum Heliport am Ende der 34. Straße flogen. Der ganze Spuk hatte zwar bloß eine Viertelstunde gedauert, aber der Blick aus der Vogelperspektive hinab in die Straßenschluchten war beeindruckend.

Anschließend fuhr ich mit Ming zu einer Bank, wo wir jeder ein Konto eröffneten, denn bei den Mengen an Bargeld, die wir in letzter Zeit bewegten, konnte es nicht schaden, ein weiteres Depot zu haben. Nach ein paar Tagen, an denen wir das Guggenheim

Museum besuchten und einen Punker-Klub namens *Mudd-Club*, kehrte ich nach Florida zu meiner Familie zurück.

Wir planten, einen Ausflug auf die Florida Keys zu machen, wurden aber unterwegs abgelenkt. In Süd-Miami entdeckten wir abseits der Straße einen Toyota-Händler, der ein Dutzend Landcruiser auf dem Hof stehen hatte, jeder Wagen in einer anderen Farbe. Seit Wacki vor unserer Abreise den roten Alfa Romeo zu Schrott gefahren hatte, besaßen wir kein Auto mehr. Spontan schlug ich Lisa vor, eines der Autos zu kaufen, das Geld dazu hatte ich zufällig einstecken. Wir fuhren also auf den Hof des Autohändlers und ich denke, nie zuvor hatte der einen Wagen so schnell und so mühelos verkauft wie damals diesen Toyota an uns. Er nannte mir den Kaufpreis, die technischen Daten (150 PS bei 3.000 ccm) und damit ich sofort losfahren konnte, stellte er mir eine vorläufige Versicherungspolice aus. Ein Nummernschild hatte er ebenfalls im Angebot, und als ich sah, wie unbürokratisch das in den USA geregelt war, musste ich kopfschüttelnd an das Heer von Beamten denken, die einen Autokäufer in Deutschland schikanieren, ehe er auf die Straße darf. Santiago, damals dreieinhalb Jahre alt, lief hinaus und kletterte auf einen kackgelben Jeep, der sollte es sein. Lisa hätte der weiße besser gefallen, und ich war für den marineblauen, aber wir hatten dem Kind versprochen, es dürfe sich das Auto aussuchen, und daran hielten wir uns. Im Handumdrehen waren die Schilder montiert, die Rechnung bezahlt, und mit zwei Autos fuhren wir zurück nach Fort Lauderdale, wo wir Joey den neuen Wagen präsentierten. Und weil ich noch einige Sonderwünsche an die Ausstattung hatte, brachte ich ihn sofort zu einem Autoschrauber, den mein Freund mir empfahl.

Die Liste der Sonderwünsche war lang: Zunächst sollten neue Felgen und Reifen dazu beitragen, dass schon von Ferne jeder Bürger erkannte, schau an, da kommt ein cooler Typ daher! Dann sollte ein superstabiles Stoßgitter mit integrierter Winsch (5 Tonnen Zugkraft) montiert werden, Differentialsperren rundum, ein CB-Funk an Bord, eine Kassetten-Anlage, ein Überrollbügel, spezielle Sicherheitssitze (auch für die Kinder), eine Alarmanlage und als Gag ein Megafon und eine deutsche Polizeisirene unter der

Haube, ein Sound, der unter hippen Amis damals gerade in Mode gekommen war. Larry, der Automechaniker *(»I'm your man!«)* kalkulierte, die Umbauarbeiten würden zwei Wochen in Anspruch nehmen. Zwischenzeitlich würden wir weiter mit dem geliehenen Avis-Ford vorliebnehmen müssen.

In den Tagen danach fuhren wir zum Einkaufen in einen dieser gigantischen Supermärkte mit hundert Meter langen Regalen, Kühltruhen, die 250 gebratenen Truthähnen Platz bieten, 49 Kassen und tausend Einkaufswagen, in denen ein bescheidener Konsument seinen Jahresbedarf unterbringen konnte. Joeys jüngster Sohn Scott nahm den Wagen, Santiago kletterte hinein und ab ging die Post, die lange Flucht zwischen den Regalen hinunter. Irgendwo unterwegs kollidierten sie mit den Einkäufen einer Frau, Scott verlor die Kontrolle, der Wagen krachte in die Gemüsekonserven, stürzte um und unser kleiner Bub lag eingeklemmt darunter und schrie vor Schmerz. Ich eilte hinzu, befreite ihn und versuchte, ihn zu beruhigen, doch das war nicht möglich. Also brachten wir ihn zum Röntgen in eine Klinik. Das Ergebnis war: Santiago hatte sich ein Bein gebrochen. Man legte einen Gipsverband an, mit dem er sich die nächsten drei Wochen abplagen sollte.

Dann tat ich schließlich einen entscheidenden Schritt: Am nächsten Tag betrat ich die Praxis von Dr. Serrano und erklärte, heroinsüchtig zu sein und aussteigen zu wollen. Der Arzt nahm die Sache ernst und überwies mich umgehend ins Broward General Hospital, wo man mich allerdings erst aufnahm, nachdem ich 3.000 Dollar Kaution hinterlegt hatte. Sobald ich bezahlt hatte, war ich offiziell Patient. Als ich das Büro im Erdgeschoss verlassen wollte, zwängten mich zwei Pfleger unter Protest in einen Rollstuhl. Wie ich später erfuhr, geschah dies aus versicherungstechnischen Gründen, denn sollte ich mir auf dem Weg zur Station ein Bein brechen, so sei das Krankenhaus verantwortlich und müsse mit einem fetten Schmerzensgeldprozess rechnen.

Die Pfleger brachten mich aufs Zimmer, wo ich mich umkleidete und ins Bett legte. Da ich den Rest des Heroins vor den Augen des Arztes vernichtet hatte, wartete ich auf das Substitutionsmedikament. Es dauerte Stunden, bis der Stationsdoc endlich kam und die notwendige Entgiftung mit mir besprach. Er erklärte, dass er mich eine Woche lang mit Methadon behandeln wolle, danach sei ich körperlich clean. Kaum hatte er sich verabschiedet, standen plötzlich zwei Polizisten im Zimmer.

»*No pot smoking in this hospital!*«, sagte der Ältere und schnupperte den würzigen Duft, der im Zimmer hing. Dass der allerdings von meinen indonesischen Zigaretten herrührte, wussten sie nicht, denn wie sich herausstellte, hatten die beiden noch nie von Kretek-Zigaretten gehört. Ich klärte sie auf und bot ihnen eine Gudang Garam an. Während wir so das Zimmer vernebelten (Rauchen war generell gestattet, eben bloß kein Marihuana), trat die Stationsschwester ein, die mich verpfiffen hatte. Man mag sich ihr Gesicht vorstellen, nachdem sie erwartet hatte, dass die Bullen mich in Handschellen legen und abführen würden, musste sie jetzt feststellen, dass ich die Ordnungshüter zum Kiffen verführt hatte. Ihre Miene verriet, dass sie die Welt nicht mehr verstand, sie erledigte pro forma etwas und verschwand. Danach habe ich die Verräterin nicht mehr gesehen, unser Verhältnis war zerrüttet. Nach zehn Minuten verabschiedeten sich die Polizisten höflich, jeder von ihnen nahm noch eine Zigarette mit, für unterwegs.

Die Sache mit der Entgiftung klappte von Anfang an nicht. Wahrscheinlich verabreichte man mir zu wenig Methadon, denn ich litt die ganze Zeit unter Entzugsschmerzen, sodass ich nach einer Woche unter diesen Qualen abbrach und wieder zum Heroin zurückkehrte.

Ich erinnere mich an meinen 30. Geburtstag, den ich im Krankenbett durchlitt. Joe und Lisa waren gekommen und hatten eine Flasche Champagner dabei. Ich ertappte mich bei dem Gedanken, dass mir eine Prise Heroin oder ein Klümpchen Opium lieber gewesen wäre. Fälschlicherweise glaubte ich fortan, Methadon sei ein unzulängliches Mittel, um Heroin zu substituieren, was natürlich Unfug ist, denn es eignet sich sehr wohl dazu, nur muss es den Konsumgewohnheiten des Patienten angepasst werden. Wahrscheinlich hätte ich die dreifache Dosis benötigt, ich kann es nicht sagen. Jedenfalls ließen sie mich kommentarlos verschwinden, lediglich das Rührstück mit dem Rollstuhl wurde wieder aufgeführt: Ein Krankenwärter schob mich bis an die Bordsteinkante vor dem Portal, wo ich aus dem Versicherungsschutz aus- und in ein Taxi einstieg.

Meine Frau reagierte natürlich enttäuscht, als ich zwei Tage nach dem Entzugsversuch wieder zum Heroin griff. Eine Reaktion, die ich durchaus nachvollziehen konnte, andererseits war ich es, der die innere Unruhe verspürte, die einen noch monatelang quält, nachdem man die Droge abgesetzt hat. Man kann einen Suchtkranken, der seit drei Jahren kontinuierlich konsumiert hat, nicht nach einer Woche Methadonbehandlung auf die Straße schicken, wenn anschließend keine Psychotherapie von mindestens sechs Monaten folgt. Leider hatte ich damals keine Erfahrungswerte, was diese Dinge angeht, und so ist es kaum verwunderlich, dass ich rückfällig wurde. Immerhin war mir nach diesem gescheiterten Entzugsversuch klar, dass es einiges an Energie kosten würde, aus der Falle herauszukommen, zu der mein Heroinkonsum mir geworden war. Ich nahm mir vor, demnächst einen neuen Versuch zu starten, dann allerdings besser vorbereitet.

Einige Tage, nachdem ich aus dem Krankenhaus entlassen war, musste ich geschäftlich nach München. Lisa und die Kinder blieben in Fort Lauderdale bei Joey, während ich für eine Woche nach Deutschland flog. Ich nahm die Gastfreundschaft meiner Freundin Christine in Anspruch, sagte Wacki hallo und lud Mauricio und Werinher zum Essen ein. Ehe ich zurück nach Amerika reiste, besuchte ich meine Eltern im Hunsrück, die ich seit mehr als einem halben Jahr nicht gesehen hatte. Sie waren weder im Bilde, was meine Geschäfte in den USA betraf, noch dass ich seit Jahren heroinabhängig war, zumindest sprach ich nicht darüber, um sie nicht zu beunruhigen. Um mit ihnen, was unsere völlig unterschiedlichen Lebensweisen angeht, auf einen gemeinsamen Nenner zu kommen, hätte ich einen großen dialektischen Bogen schlagen müssen, und selbst dann hätten sie mich wohl nicht verstanden. Meine Mutter wunderte sich zwar, dass ich ihr von Zeit zu Zeit größere Geldbeträge überwies, aber sie vermied es, mich nach deren Herkunft zu fragen. In der Hinsicht war sie pragmatisch, sie hielt sich an das Motto: *Pecunia non olet!* Und wenn der Absender ihr Sohn war, erst recht nicht.

Hier fällt mir eine Stelle aus Jacques Mesrines Autobiografie* »Der Todestrieb« ein: »Meine Mutter war eine Frau von Charakter, die ihrem Schicksal fest gegenüberstand. Es war uns immer schwergefallen, uns zu verstehen, aber sie war eine gute Mutter für mich gewesen – und sie war es immer noch. Sie machte mir keine unnützen Vorwürfe über mein Leben … Man urteilt nicht über seinen Sohn, man begnügt sich damit, ihn zu lieben.«

Ich blieb ein paar Tage, dann brachte mich mein Bruder nach Lohr im Spessart, wo ich mit Paco verabredet war. Die Stimmung war in dem Augenblick konfliktfrei, in dem wir uns umarmten. Klar, die Geschichte mit der durch Angel und Umberto unterschlagenen Lieferung konnte erst ad acta gelegt werden, nachdem Paco und ich uns ausgesprochen hatten. Dazu hatte ich ihn aufgesucht. Die Tatsache, dass ich ihn trotz des Erpressungsversuches bezahlt hatte, erleichterte unsere Versöhnung. Es hatte sich ohnehin herausgestellt, dass Paco lieber mit seinen Freunden in Kolumbien Kokaingeschäfte organisierte, während ich dazu tendierte, mit den Chinesen Heroin zu schmuggeln. Heroin war die Droge, die ich konsumierte, also war es irgendwie logisch, dass ich mit ihr Geschäfte machte. Da Paco allerdings seit unserer ersten gemeinsamen USA-Reise 1978 mein Partner war, und weil er es war, der mir den Kontakt zu Basil Mitchell vermittelt hatte, der mir letztlich den Zugang zum profitablen Markt von Detroit ermöglicht hatte, fühlte ich mich verpflichtet, ihn an jedem Geschäft zu beteiligen. Ich schlug ihm vor, mich von dieser Verpflichtung freizukaufen. Ich bot ihm 50.000 $ an und er war einverstanden. Von nun an gingen wir geschäftlich getrennte Wege, er blieb seinen Kolumbianern treu, ich den Chinesen. Was nicht bedeutete, dass wir in Zukunft keinerlei gemeinsame Sache mehr machten, jedenfalls trübte das Finanzielle fortan unsere Freundschaft nicht mehr.

Ich blieb eine Nacht im Haus von Rainbow und Enrico, der mich am nächsten Tag nach Frankfurt brachte, von wo ich einen Flug nach London nahm, um von dort mit der Concorde zurück in die USA zu fliegen.

In New York überraschte ich Nora mit meinem Besuch. Sie klang ein wenig desorientiert, war unschlüssig, was sie mit dem Rest

* Jacques Mesrine: »L' instinct de mort«

ihres Lebens anfangen sollte. Als sie mich um einen Rat bat, musste ich passen. Keinesfalls wollte ich ihr eine Schule, ein Studium oder einen Job einreden, von dem ich selbst wenig hielt. Unverdächtig war in meinen Augen bloß die Kunst. Ihre Arbeit als Hure war Episode, keine wirkliche Option für die Zukunft. Eigenartigerweise erinnere ich mich nicht, dass wir diese Zeit ihres Lebens je thematisiert hätten. Wir fanden es wohl beide nicht für nötig, darüber zu sprechen.

Vorerst half sie mir bei der Geldwäsche, und sie verdiente gut dabei. Da sie unser Vertrauen genoss, hatte sie Einblick in die Geschäfte und wusste auch, was Ming und ich dabei absahnten. Das weckte Begehrlichkeiten. In den Romanen von Stefan Zweig fand ich einmal folgende Beobachtung: »Unvermeidlich wie Rost an Eisen, setzt sich scharfer Neid an großen Gewinn.« Ich versprach Nora, sie nicht hängen zu lassen. Und ich reflektierte, ob all das vertretbar sei, was wir so machten und was von der Gesellschaft für illegal deklariert wurde. Schwierig, auf festen Grund zu kommen, wo doch alles auf der Welt vernetzt ist, wo um uns herum die Korruption blüht, wo wir Nomaden an keinen Gott glaubten und den Halt im Leben allein in unseren Weltbildern finden mussten. Über diese Dinge konnte ich mit Nora reden, ich vertraute ihr und war mir sicher, dass sie die Rolle, die ich in ihrem Leben gespielt hatte, dankbar und mit Freundschaft erwiderte. Es wäre mir damals im Traum nicht eingefallen, dass Nora mich ein Jahr später an die Polizei verraten würde.

Als ich wieder in Fort Lauderdale eintraf, galt mein erster Besuch Larry, dem Mann, dem ich den neuen Landcruiser anvertraut hatte. Alle Arbeiten waren ausgeführt, die Winsch installiert, auf dem Dach war ein Gepäckträger mit zwei Fernstrahlern montiert, mit denen man gut und gerne 300 Meter weit sehen konnte. Die Reifen hatten die Spurbreite eines Rennwagens. Bis auf die Farbe entsprach das Auto meinen Vorstellungen von einem alltagstauglichen Geländefahrzeug.

Um alles zu testen, fuhren Larry und ich nach Einbruch der Dunkelheit auf ein mit Büschen bewachsenes Brachland, durchzogen von sumpfigen Gräben und gesprenkelt mit Bauschutthügeln. Prompt fuhr ich mich in einem etwa zwei Meter breiten und halb so tiefen Graben fest, sodass die Winsch zum Einsatz kommen musste. Das Stahlseil hatte eine Länge von 50 Metern, was bedeutete, dass ich mich selbst aus dem Dilemma befreien konnte, sofern im Radius der Winsch ein Baum, ein Laternenmast oder dergleichen zu finden war. Tatsächlich stand da ein Baum, an dem Larry das Seil befestigte. Im Allradmodus und mit Hilfe der Winsch schaffte ich es aus dem Graben und war anschließend überzeugt, ein geländegängiges Auto zu besitzen, mit dem man beruhigt Ausflüge abseits der Straße machen konnte. In den USA waren derartige Luxusspielzeuge beliebt und verbreitet, jede kleine Stadt hatte ihr Offroadgelände, auf denen man seinen Mumm testen konnte, denn zuweilen hatte der Parcours Gefällstrecken, dass einem das Herz in die Hose rutschte. Ehe der Wagen an einer Steigung oder vor einem Gefälle kapitulierte, hatte mich zuvor längst der Mut verlassen, das heißt, wann immer ich beschloss, eine schwierige Strecke in Angriff zu nehmen, meisterte der Jeep sie auch. Es machte Spaß!

Der erste Einsatz unter Realbedingungen war die Alligatorjagd, die ich zusammen mit Smoker geplant hatte. Wir bewaffneten uns mit einer Elefantenbüchse und einem Schnellfeuergewehr und fuhren hinaus in die Sümpfe der Everglades. Ein mit einem Auto, selbst mit einem Offroadjeep schwierig zu meisterndes Gelände, denn es gab nur wenige befahrbare Wege und abseits der befestigten Fahrspuren war der Untergrund tückisch, da mit hohem Gras und Büschen bewachsen, welche die Grenze zwischen festem Boden und Sumpf verdeckten und es uns schwer machten, voranzukommen. Zu Fuß war das Gelände gefährlich, da die Alligatoren überall lauern konnten und es zudem Schlangen gab, denen wir misstrauten. Immerhin gelang es uns, abseits der als »Alligator-Alley« bekannten Trasse, die die Everglades in Ost-West-Richtung durchschneidet, einen befahrbaren Weg zu finden, der uns mehrere Kilometer hinein in die Sümpfe führte. Wir folgten der Spur eines speziell für dieses Gelände ausgerüsteten Pick-Ups, der eine Bodenfreiheit von fast einem Meter hatte und der auf Reifen daherkam, die man anderswo in der Landwirtschaft einsetzt. Mein Landcruiser war definitiv nicht für den Sumpfbetrieb geeignet, zumal ich, falls wir steckenbleiben sollten, kaum gefahrlos nach einem Baum für die Winsch suchen konnte. Schließlich hatten wir einen Platz gefunden, eine Furt durch eine zehn Meter breite Lagune, vor der wir anhielten und beschlossen, uns am Rand eines kleinen Teichs zu postieren und nach vorbeischwimmenden Alligatoren Ausschau zu halten. Bei der Ankunft hatten wir nämlich mehrere Wirbel im Wasser beobachtet, was darauf hindeutete, dass dort gerade welche abgetaucht waren. Sie waren schwer auszumachen, denn sie bewegten sich sehr langsam, wobei nur ihre Augen aus dem Wasser ragten, und weil überall Schilf wuchs und Äste im Wasser lagen, war es schwierig, die vorbeigleitenden Echsen zu erkennen.

Ich ging davon aus, dass wir für die größeren unter ihnen ebenso als Beute betrachtet wurden, wie sie für uns. Es war somit ein gegenseitiges Belauern und mir wurde bewusst, dass ich zum ersten Mal auf der Jagd nach Kreaturen war, die ihr Heil nicht unbedingt in der Flucht suchen würden. Das hier war keine Hasentreibjagd am Niederrhein und auch keine Drückjagd im Soonwald. Wir waren hinter wehrfähigen Bestien her, die eine gute Chance hatten, den Kampf für sich zu entscheiden. Im Abstand vieler Jahre gebe ich zu, dass ich ziemlich angespannt war und dem Prediger drei Büsche neben mir ging es nicht anders, wie er mir später am Abend gestand. Die Nachmittagssonne schoss Pfeile in die Everglades, Moskitos umschwirrten lästig unsere Köpfe, Hitze lag bleiern über dem Gewässer. Ab und zu wechselte ein Häher warnend den Baumwipfel, wobei mir nicht klar war, wen er vor wem warnte. Wir wussten, dass wir in unmittelbarer Nähe mehrerer Alligatoren standen, bloß wo genau sie lauerten, das wussten wir nicht.

Als ich ein paar Schritte Richtung Lagunenufer machte, um einen Zweig abzubrechen, der in meine Schussbahn ragte, peitschte plötzlich keine fünf Meter vor mir ein Schwanz das Wasser auf und die Echse, die dort wohl die ganze Zeit über gelegen hatte, verschwand in der Tiefe. Joe, der zehn Meter weiter unten postiert war, gab eine Salve aus dem Schnellfeuergewehr in die Richtung, in der er den Alligator vermutete, aber dabei kam nicht viel heraus, außer dass jetzt alle Tiere in der Lagune gewarnt waren. Mehr als eine halbe Stunde standen wir angespannt da, als ich endlich ein Augenpaar entdeckte, welches uns offenbar seit geraumer Zeit beobachtete. Die Entfernung betrug etwa dreißig Meter. Mit halblauter Stimme machte ich Joe aufmerksam, der den Feldstecher umhängen hatte. Er spähte hinüber und bestätigte meine Vermutung. Wir verständigten uns, dass ich schießen sollte, denn schließlich hatte ich den Alligator entdeckt. Stehend freihändig legte ich die schwere Büchse an und senkte den Stachel des Zielfernrohres ab, bis ich glaubte, die richtige Stelle im Visier zu haben. Der Schuss rollte krachend über die Lagune, der Rückschlag der Büchse brachte mich kurz aus dem Gleichgewicht, und als ich endlich wieder soliden Stand hatte, sah ich dort, wo der Alligator gelegen hatte, eine Fontäne zurückfallen und den gelben Bauch der Echse kurz über die Wasseroberfläche wälzen. Zweifellos hatte ich sie getroffen.

Als sich das Wasser wieder beruhigt hatte, hielten wir Ausschau nach dem Tier, aber offenbar war es abgetaucht und noch am Leben. Zwar hatte ich den Eindruck, gut abgekommen zu sein, aber Tatsache war, dass drüben am Anschussort kein Alligator tot auf dem Wasser trieb. Um dorthin zu gelangen, hätte es eines Bootes bedurft, über das wir nicht verfügten. Joe war sich sicher, dass ich getroffen hatte, darauf deutete die Reaktion auf den Schuss hin. Er schätzte die Echse auf eine Länge von drei Meter, also ein ausgewachsenes Tier.

Ratlos besprachen wir, was nun zu tun sei, aber uns blieb nichts anderes übrig, als darauf zu warten, dass der verwundete Alligator verendete und an die Oberfläche käme. Den Gefallen tat er uns aber nicht, und als es nach weiteren zehn Minuten plötzlich in unmittelbarer Nähe der Stelle, an der Joe stand, im Wasser gurgelte, beschlossen wir, den Ort zu verlassen. Frustriert, aber auch irgendwie erleichtert bugsierte ich den Jeep zurück auf die Fahrspur. Wir benötigten fast eine halbe Stunde zurück zur Alligator Alley, wobei wir von einem Helikopter der Park-Rangers im Tiefflug beobachtet wurden. Spätestens jetzt nahmen wir von einem weiteren Jagdansitz Abstand, denn mit den Rangers wollte sich Joe nicht anlegen.

Die Everglades waren ein Nationalpark und sofern man kein Grundstücksmakler war, der sich die Genehmigung erkauft hatte, einen Streifen Sumpf trockenzulegen und als Bauland zu vermarkten, wurde jeder Verstoß gegen die Parkordnung verfolgt und bestraft. Wie die Rangers mit Wilderern und Parkfrevlern verfuhren, wusste ich nicht, aber der Grimasse nach zu urteilen, die Joe Smoker zog, als er den Helikopter über unserem Wagen hörte, würde es nicht lustig für uns enden, falls man uns die Ballerei nachweisen könnte. Gelänge es den Piloten, unserer Spur zu folgen und an deren Ende einen Alligator bäuchlings auf dem Wasser treibend zu entdecken, würden die Indizien ausreichen, uns in einen hässlichen Prozess zu verwickeln. Das war es uns am Ende nicht wert, und so kehrten wir ohne Jagdbeute nach Lauderhill zurück.

Wenn ich mich im Nachhinein frage, was Smoker und mich damals antrieb, diesen völlig sinnlosen Jagdausflug in die Everglades zu unternehmen, so fällt mir keine stichhaltige Begründung ein. Wollten wir unseren Mut unter Beweis stellen oder war es vielleicht das Abenteuer, welches die Jagd auf ein wehrhaftes Tier zu werden versprach? Mit Bestimmtheit kann ich es nicht mehr sagen, aber inzwischen kommt mir unsere gescheiterte Alligatorjagd wie ein Ritual vor, ähnlich dem von Rüden, wenn sie an einen Baum pinkeln.

Am Tag darauf musste ich nochmals zu Larry, weil irgendein kleines Teil für den Wagen nachgeliefert worden war. Als ich in die Einfahrt seines Anwesens einbog, welches übrigens nicht weit vom Clubhaus der Outlaws entfernt lag, verstellte mir ein Hänger mit einem Motorboot den Weg. Ich hielt an und als ich Larry nach dem Boot fragte, meinte der, es gehöre ihm, ob ich Interesse hätte, es zu kaufen. Sobald er merkte, dass ich nicht grundsätzlich abgeneigt war, ließ er nicht mehr locker.

Als ich eine Stunde später zurück nach Lauderdale fuhr, war ich Besitzer eines sechs Meter langen Motorbootes inklusive Anhänger. Das Boot war seetüchtig, es wurde von einem 65 PS starken Außenborder angetrieben. Für den nächsten Tag hatten wir eine Probefahrt vereinbart. Ein Führerschein war nicht erforderlich, was mich schmunzeln ließ, weil ich daran dachte, welche bürokratischen Hürden ich in Deutschland dazu hätte nehmen müssen.

Leider ging die unbeschwerte Zeit, während der wir Joeys Gäste waren, abrupt zu Ende, weil Lisa und Susan über eine Lappalie in Streit gerieten. Ich kann mich nicht mehr an den genauen Sachverhalt erinnern, jedenfalls kannte ich meine Frau gut genug, um zu wissen, sie war mit ihrer unversöhnlichen und oft nachtragenden Art gewiss nicht unschuldig an der Missstimmung. Und da ich den Hausfrieden nicht stören wollte, fragte ich Smoker, ob ich mit meiner Familie für ein paar Wochen bei ihm wohnen könne. Nachdem auch seine Frau Nelly einverstanden war, zogen wir um. Parallel dazu packte auch Susan ihren Koffer und kehrte Florida und ihrem Liebhaber im Rollstuhl den Rücken. Sie flog zurück nach Hawaii.

Auf dem Weg nach Lauderhill überraschte mich Joe mit einem Szenenbild der besonderen Art. Als wir an einer Ampel anhalten mussten und eine Gruppe verwahrloster Schwarzer die Straße überquerte und einer von ihnen uns den Stinkefinger zeigte, meinte Smoker trocken: »Bruder, sollte ich mal so viel Kohle machen wie du, dann würde ich diesen Pennern zeigen, wie Joe Smoker sich das Leben vorstellt.«

Ich sah fragend zu ihm hinüber.

»Ich würde mir Downtown einen Laden mieten, einen goldenen Sessel ins Schaufenster stellen, mich nur mit einem Leopardenfell bekleidet hineinsetzen, die Auslage mit Dollarscheinen zuschütten und auf jedem meiner Beine säße eine weiße Braut mit blond gelockter Pussy, und sie ließen sich von mir die Titten kneten, und all die Nigger, die da draußen vorbeilaufen, würden sich die Nasen platt drücken und glauben, sie schauten mitten hinein ins Paradies, und alles was ihnen danach noch einfallen würde, wäre: ›*Shit, man! Look at dis Mothafucka!*‹«

Dabei zeigte er das breite Lachen, das seine Vorfahren aus Afrika mitgebracht hatten, sodass ich dem Komiker und nicht dem Chauvinisten in ihm diese Vision zuschreiben musste.

»Müssen es denn unbedingt weiße Frauen sein?«, hakte ich nach. »Wie wär's zur Abwechslung mal mit 'ner Indianerin oder 'ner Asiatin?«

»Nichts gegen Asiatinnen, die sollen ja angeblich auch schnell feucht werden, aber wir Nigger träumen von der weißen Pussy. Glaub mir, ich weiß, wann bei den schwarzen Kerlen das Blut in Wallung kommt. Die beste Nummer, mit der ein schwarzer Junge im College punkten konnte, war, wenn er am Wochenende eine weiße Mitschülerin gevögelt hatte. Das konnte er direkt in Prestige ummünzen! Das trieb die Neidkurve bei den anderen steil nach oben.«

»Bei uns Weißen ist das nicht so stark ausgeprägt. Schwarze Frauen gelten zwar als exotisch, aber eine neurotische Neugier sehe ich beim Weißen Mann nicht«, sagte ich, ohne danach gefragt worden zu sein. »Allerdings gebe ich zu, dass eure Ladies besser blasen als unsere, denn die haben wenigstens richtige Lippen!«

»Weißt du«, fing er nach einer Weile gedanklicher Versunkenheit wieder an. »Ich träume seit Jahren davon, mal mit Bo Derek ins Bett zu gehen.«

Dabei blickte er schelmisch zu mir herüber. Ich schwieg.

»Im Ernst. Ich hab nämlich gelesen, die steht auf Schwarze.«

»Wenn es sonst nichts sein soll! Und du meinst, die Dame fährt ausgerechnet auf dich ab?«

»Weiße Frauen stehen auf mich. Das habe ich schon oft festgestellt.«

»Das mag ja sein, aber wie willst du an Bo Derek rankommen? In Lauderhill wird sie dir wohl kaum auf der Straße begegnen«, sagte ich. »Und bei Burger King auch nicht.«

»Aber am Strand in Santa Monica.«

»Gratuliere. Sollen wir etwa nach Kalifornien fliegen, nur damit du deine Chance erhältst?«

»Das wäre doch mal eine freundliche Geste von dir«, lachte Joe.

»Zugegeben, Bo Derek gehört zu den hübscheren Frauen, aber als Schauspielerin taugt sie nicht viel. Sie hätte Model werden sollen«, räsonierte ich. »Und dass sie eine Granate im Bett sein soll, kann ich mir auch nicht wirklich vorstellen.«

»Das macht nichts. Wenn sie erst einmal in meinen Armen liegt, kommt der Rest von allein.«

»Davon bin ich überzeugt.«

Das brachte Joe zum Schmunzeln, und so verlor sich der Rest der Heimfahrt bei tiefschürfender Verbalerotik.

Lange nahmen wir die Gastfreundschaft der Familie Smoker allerdings nicht in Anspruch. Lisa hatte sich schon seit geraumer Zeit voller Unzufriedenheit geäußert. Über ihren heroinabhängigen

Mann, unsere unstete Lebensweise, und nicht zuletzt über die Stagnation, die sie bei sich feststellte. Inzwischen waren es acht Monate her, dass wir Deutschland verlassen hatten, seit sechs Wochen waren wir in Florida, ohne dass unser Leben eine interessante Wendung genommen hätte. Ich hatte immerhin die Geschäfte, die mich motivierten, während Lisa sich ausschließlich um die Kinder kümmerte.

Ende Juni teilte sie mir mit, dass sie beschlossen habe, mit Santi und Mirabell nach München zurückzukehren. Ich war einverstanden. Die Kinder brauchten Strukturen, das war auch meine Meinung. Die Tatsache, dass wir dort keine Wohnung hatten, beunruhigte sie nicht. Sie war zuversichtlich, bei Freunden unterzukommen. Immerhin hatte sie ausreichend Geld, um notfalls eine Wohnung anzumieten. Ich wollte noch eine Weile in den USA bleiben, bis das nächste Geschäft mit Ming und Jerry über die Bühne gegangen wäre. Außerdem war ich davon überzeugt, dass uns ein paar Wochen Trennung gut bekämen. Am 30. Juni brachte ich meine Familie nach Miami zum Flughafen, wo Lisa und die Kinder an Bord eines Fliegers nach Frankfurt gingen.

What's a woman when a man
Don't stand by her side?
What's a woman when a man
Has secrets to hide?
She'll be weak
She'll be strong
Struggle hard
*For so long**

---

* Vaya Con Dios: What's a Woman

4.7 Routine und Abenteuer

Ein paar Tage danach zog ich wieder bei Joey ein. Nicht dass es mir im Hause der Smokers nicht gefallen hätte, aber Joey und ich waren Freunde. Außerdem vermisste ich die abendlichen Schachpartien sowie die erbaulichen Gespräche. Joey Palmano war zwar ebenso wenig wie ich akademisch gebildet, aber er las viel, kannte sich für einen Amerikaner vergleichsweise gut in europäischer Geschichte aus und interessierte sich für Psychologie und Philosophie. Er sprach kultiviertes Amerikanisch und brachte mir im Laufe der Zeit die amerikanische Literatur nahe, von der ich außer Hemingway und Jack Kerouac noch nicht viel kannte. Er empfahl mir die großen Romane von Faulkner und Steinbeck, ebenso die Amerika-Trilogie von Dos Passos, sowie die Geschichten von Mark Twain und Jack London, die er sehr schätzte. Von Joey hörte ich zum ersten Mal etwas über die »Grashalme« von Walt Whitman und das »Geheul« von Alan Ginsberg. Ohne es bewusst zu registrieren, empfand ich es im Vergleich zum Hause Smoker, wo sich allabendlich die Familie vor dem Flimmerkasten versammelte, als wohltuend, dass bei Joey der Fernseher nur selten lief, und wenn, dann hauptsächlich der Kinder wegen, die von der Werbeindustrie frühzeitig auf ihre Rolle als Konsumenten eingestimmt wurden. Dabei fiel mir auf, dass die Werbespots derart suggestiv konzipiert und dramaturgisch arrangiert waren, dass sie mir besser gefielen als etwa die Vorabendserien, in denen es um patriotische Familien und die heile Welt ging, in denen die obligatorisch auftretende *family of colour* sich ganz nebenbei den amerikanischen Traum verwirklichte, als wäre der amerikanische Traum eine der leichtesten Übungen für die Nachkommen der schwarzen Sklaven. Werbung im US-Fernsehen war spannend, und zuweilen schaute ich bei den Spots über Schlaftabletten und Hornhauthobel fasziniert zu.

Eines Tages entdeckte ich in der Garage eine weiße Corvette. Als ich Joey danach fragte, sagte er, den Wagen habe er im vergangenen Jahr von einem Schuldner in Zahlung genommen, er sei fahrbereit und falls mir der Sinn danach stehe, könne ich die Kiste benutzen. Ich hieß seine beiden Buben Joe Junior und Scotty einsteigen und wir brausten nach Boca Raton, wo es eine Go-Kart-Bahn gab. Am späten Nachmittag kamen wir an, und weil die Rennstrecke abends beleuchtet war, blieben wir, bis sich plötzlich der Himmel zuzog und es heftig zu regnen begann. Die Überraschung hätte kaum größer sein können, als wir nach Fort Lauderdale zurückkehrten, war nämlich ein Tornado heraufgezogen und hatte eine Schneise der Zerstörung durch die Stadt gelegt. Die Cypress-Creek-Avenue, in der Joeys Haus lag, war davon betroffen: Wir sahen entwurzelte Palmen, umgestürzte Autos, Wohnwagen, die in den Garten jenseits der Straße gewirbelt worden waren, und bei Joey selbst hatte der Sturm nicht bloß den Swimmingpool abgesaugt, sondern sogar Teile des Mosaiks herausgerissen, mit denen der Pool innen ausgekleidet war. Außen am Haus fehlten mehrere Jalousien und die Fernsehantenne hatte sich ebenfalls verabschiedet. Feuerwehrautos und Polizeifahrzeuge rasten mit Warnlicht und Sirene durch die Nacht, an vielen Stellen wurden Straßen freigeräumt und Stromleitungen repariert.

Es war dies das erste Mal, dass ich einen tropischen Wirbelsturm erlebte, und auch wenn ich selbst nicht dabei gewesen war, sondern lediglich seine Verheerungen sah, war ich beeindruckt, denn Stürme von solcher Wucht kannte man in Europa damals nicht. Einige Menschen sollen sogar dabei ums Leben gekommen sein. Zum Glück stand Joeys Cadillac noch in der Auffahrt zum Haus, und auch der Bungalow selbst hatte der Kraft des Windes standgehalten, was nicht bei allen Häusern entlang der Straße der Fall war.

An einem der nächsten Tage rief Nora an und bat mich, nach New York zu kommen. Sie habe ein Apartment am Central Park entdeckt, welches zu einem ihrer Ansicht nach günstigen Preis zum Verkauf angeboten werde. Sie schlug mir vor, es zu kaufen und dort einzuziehen. Eigentlich keine schlechte Idee, aber ich hatte nicht vor, länger in New York zu leben. Ich mochte die Stadt, schon allein wegen der kulturellen Angebote, auch wegen der vielen Verrückten, die man sonst in dieser Dichte nur auf Gefängnishöfen trifft, aber wenn ich eine Woche dort war, hatte ich meist genug abgefahrene Vögel gesehen, und es wurde Zeit für einen Ortswechsel. So ging es mir mit den meisten Städten, in denen ich von Zeit zu

Zeit Station machte. Das Landleben behagte mir mehr, Wälder, Täler, Strand und Berge, aber am meisten liebte ich es, unterwegs zu sein. Ich hatte das Reisen als Lebensmodus entdeckt, weil mir die ständigen Wechsel von Landschaft und Klima, sowie die immer neuen Begegnungen mit Menschen und Kulturen behagten. Längst hatte ich gute Bekannte und Freunde an den meisten Orten, die ich frequentierte, Osiris und seine Familie in Kolumbien, Rashid und seine Opiumhöhle in Bombay, Maro und ihre Clique in Athen, Nora in New York, Odt und Oi in Bangkok, Agung auf Bali, Saiko in Tokyo, Lisa Stone auf Maui; ich kannte Menschen in Los Angeles und San Francisco, in Fort Lauderdale und in Detroit. Und ich hatte eine Familie, die inzwischen wieder in München lebte. Hingegen fand ich den Gedanken, irgendwo dauerhaft sesshaft zu werden, wenig attraktiv. Am ereignisreichsten fand ich das Leben, wenn ich in Bewegung war. Heimweh war ein Fremdwort für mich, Heimat war dort, wo ich mich wohlfühlte, und ob ich mich wohlfühlte, lag in erster Linie an den Menschen, mit denen ich an den jeweiligen Orten verkehrte. Für mich war Heimat kein Ort mehr, sondern eine Befindlichkeit: Wo immer ich eine sinnvolle Aufgabe für mich fand, wo mir Respekt und Freundschaft entgegengebracht wurden, wo ich meine Tage mit Menschen verbrachte, die mich faszinierten. Und da der Mensch von allen Orten, an denen er heimatliche Gefühle entwickelt hat, beim Weiterziehen etwas von diesen Orten mitnimmt, wird sein Wesen von all diesen Heimaten geprägt. *Bref*: Überall da, wo meine Seele sich einpendelte, da lag meine Heimat. Der Ort von Heimat ist die Seele! Davon bin ich überzeugt.

Als ich in Fort Lauderdale bei Eastern Airlines den Flug nach New York La Guardia buchte, waren nur noch Plätze in der ersten Klasse zu haben. Im Flugzeug kam ich neben einen jungen Mann zu sitzen, mit dem ich noch vor dem Start ins Gespräch gekommen war. Sein Name war Rob Snyder, er lebte in Brooklyn. Seine Freundin Carrie betrieb eine Boutique am Sunrise Boulevard in Lauderdale. Rob hatte gerade ein paar Tage mit ihr verbracht und war jetzt auf dem Weg nach Hause, wo sein Job auf ihn wartete. Er arbeitete als Brooker an der Wall Street.

»Woher kommst du denn?«, fragte er mich, nachdem wir uns miteinander bekannt gemacht hatten.

»Aus Spanien«, log ich. Im außereuropäischen Ausland hatte ich mich schon oft als Spanier ausgegeben, und in der Regel kam ich damit auch durch. Ich schämte mich nämlich in dieser Zeit, einen deutschen Pass zu haben, denn nicht selten kam die Rede auf Adolf Hitler, sobald man sich als Deutscher geoutet hatte, und wegen Hitler wollte ich mich nicht rechtfertigen müssen, aber genau das wurde zuweilen von mir erwartet. Wegen Franco, der ebenfalls ein kranker Narzisst war, wurden keine kompromittierenden Fragen gestellt, denn der hatte seine Verbrechen ein wenig diskreter begangen als der »Führer der Herrenrasse«. Die übrigen Völkermorde, die auf das Konto der Spanier gehen, waren schon zu lange her, um damit den Spaniern noch die gute Laune zu verderben. Jedenfalls umging ich als »Spanier« unappetitliche Schmähungen darüber, dass ich dem Volk der Nazis angehörte.

»Wo genau in Spanien?«, wollte Rob wissen. Scheinbar kannte er sich dort aus.

»Ibiza«, sagte ich.

»Wirklich! Ich habe eine Freundin, die auch dort gelebt hat. Vielleicht kennst du sie? Ihr Name ist Bea Sarro«, sagte Rob.

In solchen Augenblicken wird einem klar, wie klein die Welt doch ist. Da setze ich mich in Amerika in einen Flieger und lerne zufällig einen Menschen kennen, der mit Richies Freundin Bea bekannt ist.

»Ich kenne sie sehr gut«, sagte ich. »Sie war ein paar Jahre lang die Lebensgefährtin eines meiner besten Freunde ... Woher kennst du Bea denn? Und was mich noch mehr interessiert: Hast du eine Ahnung, wo ich sie finden kann? Ich weiß bloß, dass sie seinerzeit in Brooklyn wohnte. Sie ist Jüdin.«

»Ich weiß«, sagte Rob. »Ich übrigens auch.«

»Halb New York ist jüdisch«, ergänzte ich. »Ich bin allerdings kein Spanier, ich lebte bloß ein paar Jahre dort. Ich bin von Geburt Deutscher«, wagte ich vor dem Juden ein Geständnis.

»Man hört es an deinem Akzent«, lachte Rob. Ansonsten schien ihm meine Herkunft keinen weiteren Kommentar wert zu sein. Ich brachte das Gespräch zurück auf Bea Sarro, mit der ich allzu gerne über Richie gesprochen hätte.

»Wann hast du Bea denn zuletzt gesehen?«, wollte ich von Rob wissen.

»Das dürfte schon zwei Jahre her sein. Sie hat ein Feuer in meinem Apartment verursacht. Genaues habe ich nie in Erfahrung bringen können, jedenfalls brannte die Bude komplett aus und das Schlimmste war, ihr Bruder ist dabei ums Leben gekommen. Bea ist seither verschwunden. Bei mir hat sie sich nicht mehr gemeldet, und ihre Mutter weiß angeblich auch nicht, wo sie sich aufhält oder ob sie überhaupt noch lebt.«

»Und die Wohnung?«, fragte ich.

»Zum Glück war sie versichert. Wir mussten alles renovieren und seit einem Jahr ist sie wieder vermietet. Eine japanische Pianistin lebt dort, so ziemlich das Gegenteil von Bea: sauber, zuverlässig, und was für mich das Wichtigste ist, sie zahlt zweimal im Jahr ihre Miete im Voraus«, erklärte Rob.

Als wir mit dem Thema Bea durch waren, erkundigte sich Rob nach meinen beruflichen Verhältnissen und nachdem ich ihm erklärt hatte, als Fotograf für deutsche Reiseveranstalter unterwegs zu sein, beneidete er mich wegen der häufigen Reisen und der schönen Orte, die ich auf diese Weise kennenlernte. Ich bestätigte das und bot ihm schließlich an, die Telefonnummern auszutauschen und uns in den kommenden Tagen in New York zum Essen zu verabreden. Außerdem schlug er mir vor, ihn auf einem Einkaufsbummel in Manhattan zu begleiten, denn ich wollte meiner Frau etwas Schönes zum Anziehen kaufen. Da er am La Guardia-Flughafen von einer Limousine abgeholt wurde, schlug er vor, mich in die Stadt mitzunehmen. Der Wagen setzte mich vor dem Plaza Hotel ab, und ich war gespannt, ob sich mein neuer Bekannter tatsächlich melden würde.

Das Plaza gehörte damals zu den besseren Herbergen der Stadt, viel mondänere Häuser gab es nicht. Es liegt an der südöstlichen Ecke des Central-Parks, dort wo die Pferdekutscher auf Kunden warten. Was ich am Plaza besonders schätzte, war das unaufdringliche und diskrete Benehmen des Personals, angefangen mit der Rezeption bis hin zum Zimmerservice. Jeder Bellboy und jedes Zimmermädchen agierten mit bescheidener Souveränität, dass man den Eindruck hatte, man habe es mit alten Bekannten zu tun.

Obwohl ich überzeugt war, dass die Sicherheit der Gäste hohe Priorität genoss, hatte ich den Eindruck, unbeobachtet zu sein. Von allen Hotels in New York, in denen ich im Laufe der Jahre abstieg, hatte das Plaza die familiärste Atmosphäre. Es versteht sich von selbst, dass die Zimmer und Suiten geschmackvoll eingerichtet waren, dass die Bäder über silberne Badewannenarmaturen verfügten, dass die Gemälde an den Wänden echt waren, die Betten riesig und die übrigen Möbel aus Kirschbaum gefertigt waren. Längst hatte ich es mir angewöhnt, der Hausdame, die für Hygiene und Sauberkeit eines Stockwerks verantwortlich war, schon beim Einchecken zwanzig Dollar Trinkgeld zu geben. Auf diese Weise stellte ich sicher, dass, sollte mir einmal der Fauxpas unterlaufen, ein Briefchen Heroin auf dem Nachttisch zu vergessen oder eine ähnliche Nachlässigkeit, die auf illegale Aktivitäten schließen ließe, das Personal kein Aufhebens machte.

Rob Snyder rief am nächsten Morgen an und fragte, ob ich ihn zum Einkaufen an der Fifth Avenue begleiten wolle. Ich hatte ohnehin vor, mir neue Stiefel anzuschaffen, also sagte ich zu. Eine Stunde später kam er im Hotel vorbei, um mich abzuholen. Wir gingen zu Fuß. Unterwegs erklärte er mir, in welchen Läden in der Stadt es die besten Klamotten gebe, welcher Plattenladen am besten sortiert sei, in welcher Kellerkneipe die coolsten Jazzer ins Horn bliesen und ähnliche Infos mehr. Unser erster Stopp hieß Cartier. Wir klingelten und es dauerte nicht lange, bis die gläserne Sicherheitstür (ich vermutete, dass es sich um sogenanntes Panzerglas handelte) sich öffnete und uns den Weg freigab. Sobald die Geschäftsführerin Rob erkannte, kam sie auf uns zu, um uns zu begrüßen.

»Schön, dass Sie mal wieder bei uns reinschauen, Mr. Snyder«, freute sie sich, während sie erst ihm, dann mir die Hand gab. »Sie haben Glück, denn gestern sind aus Paris einige sehr schöne Stücke eingetroffen. Haben Sie einen speziellen Wunsch?«

»Meine Freundin feiert in zwei Wochen ihren Geburtstag und da möchte ich ihr ein kleines Präsent machen«, erwiderte Rob.

»Denken Sie an etwas Bestimmtes?«

»Nicht unbedingt. Ich lasse mich wie üblich gerne von Ihnen inspirieren. Bisher lagen Sie mit Ihren Empfehlungen immer richtig.«

»Wie alt ist die junge Dame denn?«, wollte die Frau wissen.

»Sie wird 30.«

»La femme de trente ans«, erklärte sie in tadellosem Französisch. »Sie kennen sicher den Roman von Balzac?«

Ich kannte weder den Autor noch dieses Buch, soviel stand fest, und irgendwie beruhigte es mich, als auch Rob passen musste.

»Dann wäre dies schon mal das erste Geschenk, das Sie ihr machen sollten. Eine wunderbare Geschichte aus der Zeit Napoleons. Ich liebe Balzac«, ergänzte die Frau, die scheinbar französische Literaturgeschichte studiert hatte, um bei Cartier Geschäftsführerin werden zu können. Jedenfalls war sie eine Meisterin im gehobenen Smalltalk.

Schließlich winkte sie mit diskreter Geste eine Mitarbeiterin herbei und ließ sich von ihr eine Vitrine aufschließen, die inmitten des Ladens auf einer Stele stand. Sie entnahm ihr ein kleines Samtkissen, auf welchem ein Paar goldene Ohrringe mit eingearbeiteten Jadetropfen lagen, eine Kreation des Meisters aus dem Jahr 1892, wohlfeil für lumpige 16.000 Dollar. Ich glaubte, mich verhört zu haben oder im falschen Laden zu sein, aber Rob betrachtete den zugegebenermaßen beeindruckend schönen Schmuck mit Interesse, sodass ich annehmen musste, er habe ein seriöses Kaufinteresse.

»Was haben Sie sonst noch, was einer Frau von dreißig Jahren gefallen könnte?«, fragte Rob, während er die Ohrringe wieder auf das kleine Kissen drapierte.

»Wie wäre es mit einer antiken Damenuhr?«

Die Frau ging hinüber zu einem Mahagonischrank und holte aus einer Schublade eine Halskette hervor, an der ein emaillierter Globus baumelte, Durchmesser etwa zwanzig Millimeter. Wenn man die Kugel am Äquator aufklappte, kam innen eine winzige Uhr zum Vorschein. Sehr elegant und nicht eben preiswert: 28.000 Dollar.

Fast wäre ich zusammengezuckt, aber Rob nahm die Kette mit der Globusuhr und spielte damit herum. Weitere Schmuckstücke wurden hervorgeholt und vor meinem Begleiter ausgebreitet. Die Preise überstiegen gerade die 100.000 Dollar Marke. Offenbar trug er sich wirklich mit dem Gedanken, seiner Carrie ein so teures Geschenk zu machen. Entweder er liebt sie über allen Maßen, so spekulierte ich, oder er ist bloß stinkreich. Nie im Leben wäre ich auf die Idee gekommen, eine derartige Summe für ein Schmuckstück auszugeben, weder für meine Frau und schon gar nicht für mich selbst.

»Was kann ich denn für Sie tun, Sir?«, riss mich plötzlich eine zweite Verkäuferin aus meinen Gedanken. Sie hatte gerade eine Kundin verabschiedet. Ich erschrak und suchte nach Worten, um ihr zu sagen, dass ich Herrn Snyder lediglich begleite und nicht beabsichtige, heute brillantenmäßig zuzuschlagen.

»Vielleicht ein andermal, meine Frau hat erst im November Geburtstag«, erklärte ich, Verbindlichkeit mimend.

Bref: Nachdem Rob noch einige Stücke prüfend in der Hand und gegen das Licht gehalten hatte, entschied er sich für die Miniaturweltkugel mit der integrierten Uhr. Er stellte der Firma Cartier einen Scheck aus und bat darum, dass das wertvolle Stück seiner Freundin am Geburtstagsmorgen von einem Sicherheitsdienst zugestellt werde. Abschließend wurden wir diskret, aber herzlich verabschiedet.

»Und denken Sie an den Balzac!«, rief die Chefin Rob noch hinterher, als wir schon fast auf der 52nd Street waren. So beiläufig wie möglich fragte ich meinen Shopping-Guide, ob er denn öfter bei Cartier einkaufe.

»Genau zweimal im Jahr. An den Geburtstagen meiner Mutter und meiner Freundin.«

Danach führte er mich durch den fließenden Verkehr auf die andere Straßenseite, und wir statteten Botticelli einen Besuch ab.

Die Stiefel, die mir gefielen, kosteten schlappe 700 Dollar, eine Summe, die mich nicht in Verlegenheit brachte, die aber weit höher war als das, was ich jemals für Schuhe ausgegeben hatte. Nachdem wir drei weitere Geschäfte besucht hatten, in denen Rob jeweils mit einem Scheck bezahlte, beschlossen wir, ein jüdisches Lokal im Süden von Manhattan aufzusuchen, wo wir zu Mittag essen wollten. An die Adresse des Lokals erinnere ich mich nur undeutlich, es lag, glaube ich, im Stadtteil Tribeca. Innen war es gefliest und machte den Eindruck einer Kantine auf mich, jedenfalls war es nicht so eingerichtet, wie man es üblicherweise in New Yorker Restaurants erwartet. Ein Dutzend Gäste saßen, bis auf eine dreiköpfige Familie, verteilt im Raum, fast ausschließlich ältere Männer. Vor der hinteren Wand, die weiß gestrichen war, stand ein klobiges Möbel, welches sowohl als Bartresen als auch als Schreibtisch genutzt wurde. Als wir eintraten, hockte der Kellner mit baumelnden Beinen auf der Platte und diskutierte lebhaft mit den Gästen, es ging um die Autonomie der Palästinenser. Das Tagesthema nahm allerdings eine abrupte Wende, als Rob, der dort bekannt war, mich als Freund aus Deutschland vorstellte. Ich war gerade dabei, darüber nachzudenken, ob man unsere kurze Bekanntschaft schon als Freundschaft bezeichnen könne, als mich die erste Frage aus dem Publikum festnagelte.

»Wann bist du geboren, mein Junge?«

Der so direkt und inquisitorisch fragte, war ein alter Mann, dessen grimmige Miene mir schon beim Betreten des Lokals aufgefallen war.

»1951, Sir«, sagte ich mit übertriebener Höflichkeit. Mir war schlagartig bewusst, dass das hier kein fideles Falafel-Essen werden würde. Bis Rob, der einen Herrn begrüßte, mäßigend eingreifen konnte, waren die Veteranen schon über mich hergefallen. Dass ich mehr als sechs Jahre nach der Befreiung der Konzentrationslager geboren war, interessierte sie nicht. Ihre anklagenden Fragen trafen mich wie Pfeile. Zudem war ich völlig unvorbereitet darauf, meinen Vater und all die anderen Väter verteidigen zu sollen. Davon, dass Schuld keine wissenschaftliche Kategorie ist, wusste ich damals noch nichts. Die Alten, von denen mindestens zwei ein Konzentrationslager überlebt hatten, wollten wissen, wo mein Vater im Krieg gewesen sei, was genau er für eine Funktion hatte, am liebsten noch Name und Todesart der von ihm erschossenen Menschen; sie fragten mich, warum ich meinen Vater nicht längst wegen seiner Mitgliedschaft in der NSDAP zur Rede gestellt hätte und dergleichen suggestive Vorwürfe mehr. Normalerweise war ich nicht maulfaul, wenn es darum ging, mich zu verteidigen oder herauszureden, aber angesichts dieser Holocaust-Überlebenden und ihren bohrenden Fragen fiel mir keine Strategie ein, mit der ich ihnen hätte Einhalt gebieten können.

Ich konnte einen alten Mann, dessen ganze Familie unter Umständen ermordet worden war, ja nicht maßregeln und auffordern den Mund zu halten. Zu monströs war das Schicksal, das die Juden in Deutschland erlebt hatten, als dass Zorn und Bitterkeit der Überlebenden normalen psychologischen Verhaltenskriterien unterworfen werden konnten. Mit meiner ansonsten stabilen Alltagstauglichkeit war es vorbei in diesem jüdischen Lokal in New York, auch wenn es Rob nach einer Weile gelang, die Ankläger von mir abzulenken. Kein Wunder, dass mir das Essen nicht schmecken wollte und dass ich bald zum Aufbruch drängte. Rob nahm's gelassen und meinte, man müsse diesen Menschen ihre Verbitterung nachsehen, denen das Schicksal so übel mitgespielt habe. Darüber dachte ich noch nach, als wir draußen in der windigen Straßenschlucht standen und vergeblich versuchten, ein Taxi heranzuwinken. Wir gingen zu Fuß, bis wir eine U-Bahn-Station erreichten und in einen lauten, windigen Zug einstiegen, der uns hinauf zur 42nd Street brachte. Dort war ich mit Nora verabredet. Rob verabschiedete sich, und ich versprach, ihn anzurufen, wenn ich wieder einmal in der Stadt wäre.

Als ich das Café betrat, in welches Nora mich bestellt hatte, war sie nicht allein. Sie wurde von einem Deutschen begleitet, den sie aus München kannte und von dessen sadistischen Neigungen sie mir zuvor berichtet hatte. Sein Name war Rudi Hundt, ein Möchtegern-Loddel und Großmaul, mit Vorsicht zu begegnen, da er im Falle, dass er sich nicht durchsetzen konnte, insbesondere Frauen gegenüber bevorzugt Gewalt anwendete. Es hieß, dass er eine Ausbildung in Karate hatte und von Nora, die in ihrer Münchener Zeit mehrere Monate mit ihm zusammen gewesen war, wusste ich außerdem, dass er sie schlug und beim immer wieder erzwungenen Sex quälte. Insbesondere ärgerte es mich, dass er in den Monaten, als sie in München als Hure zu überleben versuchte, bei ihr abkassierte, ohne ihr den dafür üblichen Schutz bieten zu können. Daher war ich irritiert, dass ich sie mit diesem dubiosen Vogel zusammen sah. Wie sich herausstellte, hatte Nora ihm von mir und meinen Geschäften erzählt, und da wollte er halt mal sondieren, ob es für ihn nicht auch ein paar Dollars abzugreifen gäbe.

Meine Blödheit, mich von Süßholzgeraspel zuweilen beeindrucken zu lassen, bewirkte, dass ich mich versöhnlich zeigte und die beiden sogar zum Essen einlud. Ausschlaggebend war, dass ich Nora nicht in den Rücken fallen wollte, zumal sie Rudi sein früheres Verhalten offenbar verziehen hatte. Er war vor einigen Monaten in die USA gekommen, um sich von einer Kokainabhängigkeit zu befreien, was ihm angeblich auch gelungen sei. Wir unterhielten uns ungezwungen, Rudi tat sein Bestes, mich zu überzeugen, dass er sich geändert habe und dass er nur das Beste für Nora wolle. Am Ende lud ich die beiden ein, mit mir nach Atlanta zu fliegen, wo Joe Smoker in ein paar Tagen mit meinem Auto samt Boot auftauchen sollte. Von Atlanta aus wollten wir zusammen nach Detroit fahren, wo ich beabsichtigte, das neue Boot beim Schmuggel einzusetzen. Ich hatte nämlich überlegt, die Chinesen in Zukunft nach Kanada zu bestellen. Kanada war nämlich, wie Hongkong, Mitglied im Commonwealth. Bürger der Kronkolonie konnten dort ohne Visum einreisen, was einiges erleichtern würde.

Von der Stadt Atlanta sahen wir nicht viel, außer der Skyline beim Landeanflug. Wir trafen Smoker, wie verabredet, im Howard-Johnson-Hotel in der Nähe des Flughafens. Er war nonstop von Fort Lauderdale heraufgekommen, um mir den Wagen und das Boot zu bringen. Am nächsten Morgen flog er zurück, während Nora, ihr Freund Rudi und ich auf den langen Weg nach Norden aufbrachen. Die Reise auf dem Interstate Highway 75 führte uns durch die Staaten Georgia, Tennessee, Kentucky, Ohio nach Michigan, quer durch die USA von Süd nach Nord. Unterwegs schaltete ich den CB-Funk ein, auf dem sich in erster Linie die Trucker verständigten. Irgendwann in Tennessee hören wir einen Typen, der sich damit brüstete, in einem Puff unweit der Straße, eine »Niggerschlampe« verprügelt zu haben, weil sie ihre Dienstleistung offenbar anders verstand als er. Von dem bescheuerten Gelaber angewidert, griff Nora zum Mikrophon und erklärte, der Mann, der sich Dakota-Tom nannte, habe wahrscheinlich keinen hoch gekriegt und gab ihm den Rat, mit seinem schlappen Lollo in Zukunft auf Bordellbesuche zu verzichten. Das wiederum provozierte den Burschen und er hörte gar nicht auf, per Funk Verwünschungen an unsere Adresse abzusetzen. Zum Glück hatte er keine Ahnung, in welchem Fahrzeug wir unterwegs waren. Aber das sollte sich nach ein paar Meilen ändern.

»Hier spricht Texas-Mike. Direkt vor mir fährt so ein scheiß Japsenjeep mit Bootsanhänger, der mich gerade zum dritten Mal überholt hat und der jedes Mal, wenn's bergauf geht, nicht von der Stelle kommt.«

»Ja, den kenn ich. Mich hat er kurz hinter Knoxville auch aufgehalten, und als ich ihn anhupte, grinste er blöd rüber zu mir.«

»Sollte ich das Arschloch irgendwo anhalten sehen, fahre ich ihm nach und gebe ihm ein paar Ohrfeigen«, meldete sich ein weiterer Kollege.

Ohne über die Konsequenzen nachzudenken, nahm ich das Mikro vom Haken und mischte mich ein: »In Kentucky scheint heute Deppentag zu sein. Es wimmelt von Vollidioten auf dem Highway, und du, Texas-Wixer, scheinst der Bescheuertste von allen zu sein!«

Damit war die Jagd eröffnet. Eine Kakophonie an Verwünschungen drang aus dem Lautsprecher, und sie galten uns, dem »Japaner« oder mir persönlich. Fehlte bloß noch, dass der beleidigte Texaner ein Kopfgeld nach Wildwestmanier auf mich ausgesetzt hätte. Als ich hörte, wie ein Kollege durchgab, dass er sich mir von hinten nähere und ankündigte, mich samt dem »beschissenen Boot« von der Straße zu rammen, fing ich an, mir Sorgen zu machen, und als ich das Ungetüm von Lastwagen im Rückspiegel erblickte, trat ich aufs Gaspedal und holte alles aus der Maschine heraus, was die Toyota-Ingenieure unter die Haube gepackt hatten, allein, mit dem Boot im Schlepp, brachte mein neuer Wagen keine nennenswerte Geschwindigkeit auf die Straße. Bergauf hatten die *Eighteen-Wheeler* leichtes Spiel. Der riesige Laster rauschte heran, setzte zum Überholen an und als wir auf gleicher Höhe waren, zog er tatsächlich nach innen und zwang mich, auf den grasbewachsenen Seitenstreifen auszuweichen. Dabei kam der Anhänger mit dem Boot ins Schlingern und ich hatte Mühe, das Gefährt in der Spur zu halten. Unter den höhnischen Kommentaren der Trucker verließ ich die Autobahn an der nächsten Ausfahrt.

Unversehens fanden wir uns auf dem Land in Kentucky wieder, unweit der Stadt Lexington. Die Landschaft war hügelig, kleine und große Bäche suchten sich einen Weg zum Kentucky-River, der das Land in den Ohio entwässert. Landschaftlich ist Kentucky mit dem Hunsrück vergleichbar, alles liegt in harmonischer

Proportion nebeneinander. Ich musste an Lederstrumpf und die historischen Waldläufer Simon Kenton und Daniel Boone denken, deren abenteuerliche Biographien ich gelesen, und an Tecumseh, den großen Häuptling der Shawnees, der in dieser Gegend den Widerstand gegen die über die Appalachen drängenden weißen Siedler organisiert hatte.

Wir verließen die Straße, folgten einem Weg, der an einer Farm entlangführte. Auf einer Waldwiese hielt ich an. Nora und Rudi legten sich ins hohe Gras, konnten allerdings nur kurz in der Sonne liegen bleiben. Von zwei schwarzen Hunden begleitet, näherte sich nämlich eine Art Buggy. Das Gebell schien zu signalisieren, dass sie die Wiese als ihr Territorium betrachteten. Karate hin, Courage her: Rudi sprang auf und brachte sich im Auto in Sicherheit. Nora schaffte es gerade noch, ehe die beiden Köter heran waren und uns wütend anbellten. Auf dem Hof hatte man uns bemerkt, als wir vorbeigefahren waren. Offenbar waren wir hier nicht willkommen. Ich startete den Wagen, noch ehe der Buggy herangekommen war, zog eine Kurve durch das hohe Gras und verschwand in die Richtung, aus der wir soeben gekommen waren, verfolgt von den Hunden und dem grimmigen Blick, mit dem uns der Alte im Buggy im Vorüberfahren bedachte.

Zurück auf dem Highway dauerte es keine fünf Minuten, ehe die Trucker uns wieder entdeckt hatten, allerdings andere Fahrer als die, mit denen wir es zuvor zu tun gehabt hatten. Der CB-Funk, den scheinbar alle eingeschaltet hatten und über den sie andauernd kommunizierten, hatte jeden im Umkreis von fünfzig Meilen erreicht und alle wussten Bescheid, wer heute der Schurke war. Noch ehe ich Fahrt aufgenommen hatte, tauchte der nächste Laster auf und drängte uns von der Fahrbahn. Wie ein Sensationsreporter kommentierte er seine Aktion. Mir blieb nichts anderes übrig, als bei der nächsten Ausfahrt erneut abzufahren. Diesmal steuerte ich einen Landgasthof an, wo wir Ofenkartoffeln, Steaks und Krautsalat aßen, ehe wir uns nach fast zwei Stunden wieder auf die Autobahn wagten, wo zum Glück keiner mehr Jagd auf uns machte. Nach einigen Stunden erreichten wir den Ohio bei Cincinatti. Wir verließen die Schnellstraße kurz vor der Brücke über den Fluss. An einer geeigneten Stelle fuhr ich rückwärts eine Böschung hinab, bis Hänger und Boot im Wasser lagen. Nora öffnete die Hecktür, sodass wir trockenen Fußes über die Deichsel balancierend auf das Boot klettern konnten. Nora löste die Persenning, Rudi drehte die Winde auf, ich startete den Außenborder und bald waren wir in der Fahrrinne des Flusses unterwegs. Wir fuhren flussaufwärts, vorbei an der Skyline der Innenstadt, wo, wie in den meisten amerikanischen Großstädten, ein Ensemble von Hochhäusern das Stadtbild bestimmte. An der Stadtbesichtigung mit dem eigenen Boot fanden wir schnell Gefallen. Der Fahrtwind kühlte uns, Gedränge gab es auf dem Fluss ebenfalls nicht und jeder saß in der ersten Reihe, während die große Stadt an uns vorüberzog. Als wir nach einer Viertelstunde den östlichen Stadtrand von Cincinatti erreichten, kehrten wir um. Zwei Millionärstöchter schlossen auf und wollten uns zu einer Wettfahrt animieren, aber deren Schiff war eine Chris Craft neueren Baujahrs, sodass mir sofort klar war, dass wir gegen diesen Gegner keine Chance haben würden. Wir wünschten den Mädels Ahoi und tuckerten gemächlich zurück zu unserem Auto.

Eine halbe Stunde später waren wir wieder auf dem Highway unterwegs. Bis wir in Detroit ankamen, dauerte es noch einen Tag und die Nacht. Im Morgengrauen des dritten Tages *on the road* tauchten wir in den Tunnel ein, der die Interstate 75 unter der Innenstadt hindurch zum Renaissance-Center führt.

Zunächst brachten wir das Boot zu Ralph Petrucci, der jenseits der 14-Mile-Road in Clawson, einem »weißen« Vorort, lebte. Wir stellten es vor seinem Haus unter eine Platane und suchten uns ein Motel, wo wir bald von der langen Fahrt ermüdet einschliefen.

Der Grund, das Boot von Florida nach Detroit zu bringen, war der, dass die nächste Lieferung nach Kanada gebracht werden sollte. Und da Detroit direkt an der Grenze liegt, wollte ich mit dem Boot über den Detroit River nach Windsor fahren, um die Ware dort zu übernehmen. Auf diese Weise umgingen wir die Zollkontrolle an einem US-Flughafen, die immer ein Risiko bedeutete. Nachdem der erste Teil des Planes erledigt war, Auto und Boot jederzeit verfügbar vor Ralphs Haus standen, flogen wir am folgenden Tag zurück nach New York.

Unterwegs hatten wir uns vertragen, was wohl daran lag, dass Nora und Rudi sich die meiste Zeit unterhielten, während ich das

Fahren besorgte. Die Stimmung war immer noch gut, als wir in New York landeten. Die beiden fuhren nach Brooklyn, während ich im Chelsea Hotel in Manhattan übernachtete. Ich hatte vor, am übernächsten Tag nach Florida zu fliegen, wo ich mit Joe Smoker verabredet war.

Inzwischen kannte ich mich in Manhattan recht gut aus, ich kannte gute Jazz-Clubs und Diskotheken, hatte in bekannten Restaurants gespeist, die großen Museen besucht, kannte die Avenue D in der Lower East Side, wo Puertoricaner Drogen an der Bordsteinkante verhökerten. Außerdem kannte ich einige New Yorker, der jüngste war Rob Snyder, den ich meistens kontaktierte, wenn ich in der Stadt war. Wie ich die beiden Tage verbrachte, ist mir nicht in Erinnerung geblieben, jedenfalls langweilte ich mich nie in New York. Ich spielte mit dem Gedanken, ein Apartment zu mieten, denn die besseren Hotels kosteten am Tag ebenso viel wie eine Woche in einer Wohnung.

Als ich nach zwei Tagen in Florida ankam, holte mich ein gut gelaunter Smoker am Flughafen von Miami ab. Zusammen fuhren wir nach Lauderdale, wo Joey uns willkommen hieß. Unterdessen hatte ich zu Smoker so viel Vertrauen gefasst, dass ich beschloss, ihn mit nach Detroit zu nehmen, wenn Ming dort gegen Ende des Monats mit der nächsten Lieferung eintreffen würde. Diesmal, so hatten wir vereinbart, sollte er acht Kilo nach Kanada bringen. Auch Joey meinte, einen Kerl wie Smoker an der Seite zu wissen, sei nicht verkehrt. So heuerte ich ihn per Handschlag an und versprach ihm 200 Dollar Tagesgage.

Mitte Juli brachen wir auf. Da Smoker seiner Frau Geld dalassen musste, gab ich ihm einen Vorschuss, was meinen Bargeldbestand schrumpfen ließ. Nach wie vor hatte ich keine Kreditkarte, da ich keine digitalen Spuren hinterlassen wollte. So flogen wir zunächst nach New York, wo ich ein Konto bei der Bank of Tokyo besaß, auf welchem eine ansehnliche Summe lag, die aber bloß kleine Zinsen brachte. Unsere Maschine der Eastern Airlines landete auf dem La Guardia-Airport. Guter Dinge verließen wir die Ankunftshalle und reihten uns in die Schlange ein, die sich vor dem Taxistand gebildet hatte. Ein Flughafenangestellter winkte die Fahrzeuge heran, die er den Fahrgästen zuwies und notierte sich die Nummern. Als wir nach ein paar Minuten an der dritten Position standen, erkannte ich, dass erst der vierte Wagen ein Checker-Cab war, eine Sonderanfertigung, bei der man im Fahrgastraum einen guten Meter Beinfreiheit hatte, im Unterschied zu den Buicks und Pontiacs, in denen man eine vergitterte Barriere mit einem Fenster aus Panzerglas vor der Nase hatte. Ich machte Joe darauf aufmerksam und wir beschlossen, den Passagier hinter uns vorzulassen.

Auf diese Weise bestiegen wir das geräumigere Checker-Taxi. Ich nannte dem Fahrer unser Fahrtziel und der setzte sich in Bewegung. Der Mann war Afro-Amerikaner und sein Name war Louis Witherspoon, fünfzig Jahre alt, wie ich seinem Ausweis entnehmen konnte, der vorne am Armaturenbrett in einer Halterung steckte. Gewiss hatte der Mann registriert, dass er einen Weißen und einen Schwarzen beförderte, eine selbst in New York ungewöhnliche Gäste-Konstellation.

»Was wollen Sie denn bei der Bank of Tokyo?«, fragte er indiskret. »Sie sehen nicht aus wie Japaner«, setzte er lachend hinzu. Louis schien gut gelaunt zu sein.

»Wir rauben die Bank aus«, war Smokers sachlich und nüchtern vorgetragene Antwort.

Der Mann drehte sich um, um festzustellen, ob wir dabei grinsten. Den Gefallen taten wir ihm indes nicht.

»Hör zu Louis«, griff ich Joes Szenario auf. »Wir haben dein Taxi ausgesucht, weil wir wissen, dass du ein guter Fahrer bist. Später wirst du Gelegenheit haben, das unter Beweis zu stellen, wenn wir nämlich mit der Beute verschwinden, und du uns mit Vollgas aus der Gefahrenzone bringst.«

»Habt ihr deshalb vorhin den Mann vorgelassen?«

»Gut beobachtet, Bruder«, sagte Joe. »Und jetzt tust du genau, was wir dir sagen.«

»Ich fahre euch wohin ihr wollt, Gentlemen, aber mit einem Bankraub will ich nichts zu tun haben«, erwiderte unser Chauffeur, indem er einen ängstlichen Blick nach hinten warf.

»Keine Bange«, nahm ich den Faden wieder auf. »Du bringst uns nach Manhattan. Die Bank befindet sich an der Ecke Park Avenue und 50ste Straße. Du hältst vor dem Portal an, ich steige aus, und mein Komplize hier bleibt bei dir im Wagen. Dann fahrt ihr solange um den Block, bis ich an der Ecke 49ste Straße auftauche. Dann hältst du an, ich steige ein und du gibst Gas. Ich sage dir dann, in welche Richtung wir abhauen.«

»Hast du uns verstanden?«, setzte Joe mit ernster Miene nach.

Louis Witherspoon, dem arglosen schwarzen Taxifahrer, war ein derartiger Einsatz höchstwahrscheinlich in seiner langen Karriere noch nicht vorgekommen, und er blickte immer wieder nervös nach hinten, weil er sich nicht sicher war, was er von uns beiden halten sollte. Aber inzwischen waren Joe Smoker und ich uns einig: Dem Mann würden wir eine kleine Show vorspielen.

»Ihr seid doch nicht etwa bewaffnet?«, fragte der Fahrer.

»Klar sind wir bewaffnet«, sagte Joe. »Wie sollen wir denn ohne Kanone eine Bank machen?«

»Selbstverständlich«, pflichtete er Joe bei. »Ich meine, ist die Sache nicht gefährlich?«

»Ungefährlich ist ein Bankraub nie«, erklärte Joe ernst. »Jetzt scheiß dir nicht gleich in die Hosen, Bruder. Wir haben dich unter knapp zwanzig Kandidaten ausgesucht. Jetzt enttäusche meinen weißen Freund hier nicht.«

»Ich werde mein Bestes geben. Aber ein mulmiges Gefühl habe ich dabei schon.«

Inzwischen waren wir auf der Queensboro Bridge unterwegs und tauchten in die Schluchten von Manhattan ein. Ehe wir in die Park-Avenue bogen, gab ich unserem Fluchtwagenfahrer noch einmal Anweisungen, die Joe befehlend verstärkte. Der Mann schwitzte. Dann ging es schnell. Louis hielt vor der Bank, ich stieg aus und ging hinein, während Smoker im Taxi sitzen blieb und mit ihm Runden um den Block drehte. Ich begab mich zum Schalter, legte einer Angestellten mein Sparbuch vor und bat um die Barauszahlung von 20.000 Dollar.

»20.000 Dollar in bar?«, erkundigte sich die Dame ein wenig verunsichert.

»So ist es. Ich habe eine Immobilie gekauft und der Verkäufer besteht auf einer Anzahlung in bar. Fand ich ja auch ungewöhnlich, aber was will man machen. Einen Scheck will er nicht akzeptieren«, erklärte ich verbindlich. »Ein Deutscher.«

»Verstehe«, nuschelte sie, »ein Deutscher also.«

»So ist es. Die Deutschen sehen am liebsten Cash«, erklärte ich.

»Sollen wir ihm das Geld nicht lieber durch unseren Sicherheitsdienst liefern lassen?«, war die nächste Frage. Die Frau schien es für zu gefährlich zu erachten, in New York mit einer derartigen Summe auf der Straße herumzulaufen.

»Keine Sorge. Ich habe zwei Sicherheitsleute im Wagen. Zudem weiß außer uns beiden ja niemand, was ich hier abhole. Bitte bringen Sie mir das Geld in Zwanzig-Dollarnoten. Ich hab's ein wenig eilig.«

»Wie Sie wünschen. Das dauert aber ein paar Minuten«, erklärte die Angestellte und verschwand durch eine holzgetäfelte Tür.

Ich packte meinen ledernen Attaché-Koffer auf den Schaltertisch und wartete. Durch die verglaste Front sah ich Joe und Louis vorbeifahren. Schließlich erschien die Dame mit einem Tablett, auf dem das Geld gestapelt lag. Es waren zwanzig banderolierte Bündel zu je 50 Scheinen, insgesamt 20.000 Dollar. Die Frau begann, die Banderolen aufzureißen und die einzelnen Bündel zu zählen. Beim vierten oder fünften bat ich sie, es gut sein zu lassen.

»Ich gehe davon aus, dass die Bank of Tokyo weiß, wie man Geld zählt. Geben Sie her, ich quittiere Ihnen den Empfang!«

»Wie Sie meinen«, sagte die Dame und schob mir den Auszahlungsbeleg zur Unterschrift hin. Ich quittierte und begann, die Geldbündel in meinem Koffer zu arrangieren. Obendrauf packte ich die losen Scheine. Dann bedankte ich mich und ging ohne mich umzusehen auf den Ausgang zu. Ich war kaum an der Ecke 49ste Straße angelangt, als ich das Taxi herankommen sah. Louis hielt an, und Smoker öffnete die Tür. Ich sprang hinein.

»Hat alles geklappt?«, wollte Joe von mir wissen.

»Was denn sonst? Aber jetzt ist keine Zeit zu verlieren. Nimm den kürzesten Weg zum FDR*«, wandte ich mich an den Fahrer. »Dann nach Lower Manhattan und in die Housten Street.«

Louis tat, wie ihm geheißen. Konzentriert fuhr er hinunter zum FDR und weiter in die Richtung, die ich ihm bedeutet hatte. Unterwegs riskierte er immer wieder einen Blick in den Rückspiegel.

* Franklin D. Roosevelt Drive, Uferstraße am East River entlang

Dabei spitzte er die Ohren, um mitzukriegen, was Smoker und ich besprachen.

»Wie viel hast du denn geschnappt?«, wollte Joe von mir wissen.

»Keine Ahnung, es dürften aber mindestens zweihunderttausend sein.«

»Zeig her.«

Ich öffnete das prall mit Geld gefüllte Köfferchen (unter dem Geld lagen Zeitungen und Dokumente, die freilich vollständig von den Dollarnoten verdeckt waren, sodass es aussah, als sei der Koffer komplett damit gefüllt) und ließ meinen Partner staunen. Da konnte sich auch Louis nicht länger zurückhalten: Durch das geöffnete Innenfenster warf auch er einen Blick auf die »Beute«.

»Du sollst dich auf den Verkehr konzentrieren!«, schnauzte Smoker ihn an.

»Du kriegst schon noch deinen Anteil«, ergänzte ich etwas freundlicher.

Bref: Wir bogen in die Housten Street ein und bedeuteten unserem Fluchthelfer, anzuhalten. Ehe wir ausstiegen, griff ich in den Koffer und warf Louis eine Handvoll Scheine auf den Beifahrersitz.

»Nimm, das ist für dich!«, rief ich ihm zu, ehe ich die Tür zuschlug.

»Männer, hier ist meine Karte. Ruft an, wenn ihr mich wieder einmal braucht!«, sagte er begeistert, indem er mir seine Visitenkarte durchs Fenster reichte. Dann setzte er den Checker in Bewegung und entschwand unseren Blicken. Smoker und ich standen auf der Straße, zündeten uns eine Zigarette an und lachten, dass vorbeieilende Passanten misstrauisch herübersahen und sich fragten, was es wohl zwischen dem Bleichgesicht und dem Schwarzen zu lachen gab.

Nach einer Weile winkten wir ein Taxi heran und ließen uns nach Brooklyn zu Noras Wohnung bringen. Als ich später auf dem Küchentisch das Geld zählte, fehlten etwas über tausend Dollar, eine gute Gage für 45 Minuten Taxifahrt. Ich bin sicher, Louis Witherspoon hat diesen Einsatz noch seinen Enkelkindern erzählt.

Wir hielten uns ein paar Tage in New York auf. Nora, die die meiste Zeit bei Rudi wohnte, hatte mir ihre Wohnung überlassen. Am Sabbat besuchten wir einen Gottesdienst, bei dem mein neuer Freund inbrünstig mitsang. Joe, der sich zu meiner Überraschung in der Stadt auskannte, nahm mich mit in einen Jazzclub nach Harlem, und am Abend faulenzten wir auf Noras Bett und sahen uns die Sendung »*Soul Train*« im Fernsehen an, wo von Schwarzen für Schwarze aktuelle Musik präsentiert wurde. Wie Joe mir erklärte, hatte die Show Kultstatus und kam bei den afroamerikanischen Zuschauern auf die höchste Einschaltquote. Der Moderator nannte sich Don Cornelius, und wen er einlud, der eilte herbei: Ich glaube, dass jeder berühmte Blues- und Soulmusiker im Laufe der Jahrzehnte, in denen die Sendung ausgestrahlt wurde, im Soul Train aufgetreten ist, allen voran James Brown.

Mitte Juli bestiegen wir ein Flugzeug nach Detroit. Ende des Monats wollte Ming mit der nächsten Drogenlieferung eintreffen. Wir hatten vereinbart, dass die acht Kilogramm diesmal nach Windsor gebracht werden sollten. Windsor liegt gegenüber von Detroit auf der kanadischen Seite des Detroit River. Mit dem Boot wollte ich hinüberfahren und das Material übernehmen. Daher war es an der Zeit, dass ich mich mit dem Boot vertraut machte und die Gegend kennenlernte. Schließlich war ja nicht auszuschließen, dass ich von der *Coast Guard* entdeckt und verfolgt würde.

Vom Flughafen aus fuhren wir direkt zu Ralph Petrucci, der dabei war, seinen Wohnort von Detroit nach New Jersey zu verlegen, wo er sich bessere Geschäfte versprach. Mein Jeep und das Boot standen noch so vor seinem Haus, wie ich sie vor einer Woche dort abgestellt hatte. Zunächst lud ich Smoker zu einer Probefahrt mit dem Landcruiser ein. Auf einem Moto-Cross-Gelände ein paar Meilen außerhalb von Detroit gab es einen Parcours, der für jeden Schwierigkeitsgrad etwas zu bieten hatte. Ich wollte wissen, was mein neuer Wagen zu leisten imstande wäre, welche Steigungen und welches Gefälle er meistern würde. Schon beim ersten nennenswerten Steilhang gab es Probleme. Diese lagen allerdings nicht beim Auto, sondern bei mir. Ich konnte nämlich den Mut nicht aufbringen, die Kante in den steilen Hang zu überwinden, geschätztes Gefälle: 45 Grad. Ich war überzeugt, der Wagen würde, einmal in der Schräglage, Purzelbäume schlagen und vierzig

Meter weiter unten am Fuß des Hügels demoliert liegen bleiben. Der eigens installierte Überrollkäfig würde uns zwar vor Verletzungen schützen, aber wer hat schon Lust, sein neues Auto wegen einer Mutprobe aufs Spiel zu setzen? An den Reifenspuren, die auf der Gefällstrecke zu sehen waren, erkannten wir allerdings, dass andere Fahrer offenbar mehr Mumm besaßen. Und, so sagte ich mir schließlich, wo ein Renegade-Jeep durchkommt, da sollte ein Landcruiser nicht schlapp machen. Ich legte den Kriechgang ein und schob den Wagen Zentimeter für Zentimeter über die Kante in den Hang. Wie sich herausstellte, war die Teststrecke technisch kein Problem für mein Auto, einzig und allein der Mut des Fahrers war es, auf den es ankam. Einmal bestanden, fuhren wir den Hügel noch mehrmals hinauf und auf der anderen Seite wieder hinab. Smoker überredete einen anderen Off-Road-Piloten zu einem kleinen Rundrennen, bei dem viel Staub aufgewirbelt wurde und währenddessen wir, als das nachfolgende Fahrzeug, zuweilen nicht wussten wie die Strecke verlief.

»Fahr einfach immer in die dichteste Wolke«, meinte Smoker, »dann bleibst du auf Kurs.«

Nachdem wir genug Staub geschluckt hatten, und ich überzeugt war, mit dem Landcruiser ein wahrhaft geländegängiges Fahrzeug erstanden zu haben, machten wir uns auf den Weg zurück nach Detroit.

Am Abend besuchten wir Ralph, der in seinem leergeräumten Haus dabei war, die letzten Umzugskisten in einen gemieteten Transporter zu laden. Seine Frau Caren und die beiden Kinder waren am Vortag schon nach New Jersey aufgebrochen. Wir trafen ihn zusammen mit einer Dame an, die er uns als Barbara vorstellte, und von der ich erfuhr, dass sie seit einem Jahr Ralphs Geliebte war. Die beiden würden sich also fortan nicht mehr so oft sehen können. Smoker und ich halfen, die letzten Kisten zu verladen, dann schloss Ralph zum letzten Mal das Haus ab, und gemeinsam fuhren wir nach Highland Park, dem Stadtteil von Detroit, wo Barbara mit ihrer dreizehnjährigen Tochter Lisa wohnte.

Nachdem ich mich aus geschäftlichen Gründen inzwischen öfter in Detroit aufhielt als an anderen Orten der USA, hielt ich Ausschau nach einer alternativen Unterkunft. In den Hotels der Stadt, in denen ich regelmäßig abstieg, begann mich nämlich das Personal zu grüßen, ein Umstand, der mich zum Nachdenken brachte. Die Angestellten an der Rezeption des Westin-Hotels hatten mich unlängst wiedererkannt.

Auch wenn ich stets bemüht war, unauffällig zu wirken, stellte ich fest, dass ich in Hotels zuweilen vom Personal erkannt wurde. Zum ersten Mal war mir das in Marokko aufgefallen, wo mich in Fes Leute angesprochen hatten, die mich Monate zuvor schon einmal im Hotel gesehen hatten. Hier im Westin wurde mir klar, dass gutes Hotelpersonal darin geschult ist, äußerlichen Gleichmut zu demonstrieren, dabei aber sehr genau zu registrieren, was in der Lobby vor sich geht, und dazu gehörte wohl auch, sich die Gäste einzuprägen.

Als ich im Verlauf des Abends erwähnte, ein Apartment zu suchen, schlug Ralph Barbara vor, sie möge mir ihr Haus für einen Monat überlassen. Im Gegenzug bot ich an, ihr und ihrer Tochter einen vierwöchigen Karibik-Urlaub zu finanzieren, Flug, Unterkunft und Taschengeld inklusive. Das Einfamilienhaus in einer bürgerlichen Wohngegend war nämlich ein idealer Unterschlupf, von wo aus ich die Geschäfte, die demnächst anstanden, abwickeln konnte. Der Vorschlag gefiel allen Beteiligten, sodass ich Barbara ermunterte, die Reise sobald wie möglich zu buchen. Für mich hatte dieses Arrangement den Vorteil, dass ich mich fortan nicht mehr in Hotels einquartieren musste.

Die Wohnung lag im ersten Stock. Sie hatte außer Wohnzimmer, Küche und Bad zwei Schlafzimmer. Das Erdgeschoss war nicht vermietet und stand leer, was mir sehr entgegen kam. In dem Haus konnte ich inkognito wohnen. Den Nachbarn erzählte Barbara, ich sei ein Cousin aus Deutschland (sie hatte schwäbische Vorfahren und schrieb sich Schäuble), der ein paar Wochen in die Staaten gekommen sei, um an einem Fotoband über die sterbende Stadt zu arbeiten. Das klang plausibel und sollte die Neugier der Nachbarn befriedigen. Ich hatte vor, dort einzuziehen, sobald Mutter und Tochter abgereist wären, was schon ein paar Tage später der Fall war.

Für mich gab es keinen Grund, dass Smoker nicht auch dort einziehen sollte, aber Barbara und Ralph meinten, es sei besser, er wohne woanders. Ein Schwarzer und ein Weißer zusammen in einem Haus, das würde Misstrauen bei den weißen Nachbarn wecken. So quartierte Joe Smoker sich in einem Motel an der Woodward Avenue ein, wo ich ihn täglich abholte. Mit Jerry und seinen Leuten verstand sich mein Kumpel aus Miami sofort, was mich nicht wunderte, denn wie ich inzwischen festgestellt hatte, stiftet die Hautfarbe in den USA Solidarität, ähnlich wie sich anderenorts Angler, Bergsteiger oder Segler untereinander wertschätzen.

Das östliche Stadtgebiet von Detroit wird in Ufernähe von Kanälen durchzogen, zu denen es öffentlich zugängliche Zufahrten gibt, über die man Boote ins Wasser lassen kann. Eine solche Stelle hatte mir Ralph gezeigt. Am Tag, an dem Barbara mit ihrer Tochter in den Urlaub aufbrach, machten Smoker, Jerry und ich eine erste Erkundungsfahrt auf dem Fluss. In der Mitte des Detroit River, der die Grenze zwischen Kanada und den USA markiert, liegen zwei Inseln. Die größere der beiden gehört zu den USA und trägt den Namen Belle Isle; sie ist bebaut und auf ihr befinden sich die maritime Station der Küstenwacht, der Detroiter Yacht-Club mit eigenem Hafen sowie ein Park.

Das kanadische Pendant Peche Island hingegen war damals unbewohnt, und als wir langsam an deren Ufern vorbeiglitten, stellten wir fest, dass lediglich ein Barbecue-Platz auf die gelegentliche Anwesenheit von Menschen hindeutete. Der Rest war Urwald, in den an einer Stelle eine schmale Lagune hineinragte, eine Art toter Flussarm, den wir mit dem Boot befahren konnten, bis uns ein umgestürzter Baumriese den Weg blockierte. Ich lenkte das Boot hinaus in Richtung Lake Saint Clair, wo ich den Motor voll aufdrehte. Ich wollte sehen, wie schnell er beschleunigte, denn schließlich war es nicht auszuschließen, dass ich während des Einsatzes von der Küstenwache verfolgt würde und mein Heil in einer schnellen Flucht suchen müsste. Allerdings gab ich mich nicht der Illusion hin, den Schnellbooten der *Coastguard* auf offener See entkommen zu können, das heißt, ein gewisses Risiko musste in Kauf genommen werden, wenn wir auf kanadischer Seite den Kurier mit dem Drogenpaket an Bord nahmen.

Auf dem Rückweg fuhren wir entlang der Uferpromenade der Stadt Windsor, um nach einem günstigen Ort Ausschau zu halten, an dem wir den illegalen Passagier zusteigen lassen konnten. Joe entdeckte in der Nähe des Lakeview Park Marina, einem im Stadtteil Riverside gelegenen Yachthafen, einen Steg, auf dem zwei Angler saßen und ihre Schwimmer beobachteten. Dort konnte ich anlegen und trockenen Fußes auf kanadischen Boden gelangen. Nachdem wir alles gesehen hatten, worauf es uns ankam, drehte ich voll auf und stoppte die Zeit, die das Boot benötigte, um den Fluss zu überqueren, ehe wir auf US-Seite in dem Kanal verschwanden, an dessen Ufer der Wagen parkte. Keine fünf Minuten später war das Boot auf dem Hänger befestigt, und wir waren wieder unterwegs auf der Straße. Sofern uns niemand verriet, sollte der Plan aufgehen, und da außer mir und Joe niemand eingeweiht war, waren wir zuversichtlich.

Am nächsten Tag flog ich nach New York, um Ming abzuholen, der seit zwei Tagen im Land war und bei Nora auf mich wartete. Wir folgten einer Einladung Rob Snyders ins Palm Two, einem Speiserestaurant, welches seinerzeit gerade »in« war. Er kam in Begleitung seiner Freundin Carrie, die am Vortag aus Fort Lauderdale eingetroffen war. Während des Essens bemerkte ich die Goldkette mit der emaillierten Weltkugel, die sie trug und von der niemand ahnte, welchen Wert sie darstellte.

Carrie, die von Rob mit ausgesuchter Höflichkeit behandelt wurde, war englischer Abstammung, blond mit auffällig grünen Augen. Sie bestellte einen Hummer und als das rotgekochte Krustentier auf ihrem Teller Platz genommen hatte, nahm ich den Kontrast wahr, der zwischen der zierlichen Frau und dem riesigen Hummer ins Auge fiel, dessen Schwanz und Scheren jenseits des Tellerrandes auf der Tischdecke ruhten. Diskret beobachtete ich, wie sie dem Hummer mit den Spezialwerkzeugen zu Leibe rückte, um an das schmackhafte Fleisch zu gelangen. Aber irgendwie tat mir das Tier leid, sodass ich Robs Aufforderung widerstand, selbst einen Hummer zu bestellen, sondern mir von Carrie ein Häppchen in den Mund schieben ließ. Ich betrachte es als obszönen Frevel an der Meeresfauna, diese anmutigen Tiere zu fangen und lebendig zu kochen, bloß weil ein paar Snobs ihre Show abziehen wollten. Mein Opa ist auch alt geworden, ohne je einen Hummer verspeist zu haben, pflegte ich bei solchen Gelegenheiten zu sagen. Bis heute habe ich keinen Hummer gegessen, Bärentatze übrigens auch nicht, wobei man von beidem sagt, es seien Leckerbissen.

Am 28. Juli kehrte ich in Begleitung Mings nach Detroit zurück, wo Jerry und Smoker auf uns warteten. Am nächsten Tag sollte Mings Adlatus Harry in Windsor an dem Anglersteg warten, der Harry von Ming beschrieben worden war. Letzterer hielt sich bis auf Weiteres im nahe gelegenen Toronto auf. Ich gab Ming Barbaras Telefonnummer, dort sollte er mich anrufen, sobald Harry in Windsor eingetroffen sei.

Ming war auf Jerrys Anraten nicht im luxuriösen Renaissance-Center abgestiegen, sondern im Holiday Inn in Southfield. Barbaras Wohnung behielt ich aus Sicherheitsgründen für mich, weder Jerry, noch Ming kannten das Haus, in dem ich seit ein paar Tagen wohnte. Lediglich Ralph und Smoker waren eingeweiht. Dahinter stand kein Misstrauen, es war eine Entscheidung praktischer Vernunft: Gesetzt den Fall, Ming oder Jerry würden auffliegen, dann fühlte ich mich einfach sicherer, wenn ich wusste, dass mich niemand in die Sache hineinziehen könnte, weil er meinen Aufenthaltsort nicht kannte. Denn so reibungslos unsere illegalen Geschäfte liefen, ein Eingreifen der Polizei oder der DEA würde die Karten neu mischen. Niemand konnte sicher sein, ob sein Geschäftspartner einem Verhör standhielte. Mut und Charakter des Menschen – so viel hatte ich inzwischen begriffen – zeigen sich erst in Ausnahmesituationen, wenn hoch gepokert wird, wenn Schmerz (Folter) und Freiheit (Gefängnis) im Spiel sind. Daher hatte sich die Devise bewährt: Man gibt seinen Komplizen nicht mehr Informationen, als sie zur Erledigung ihrer Aufgabe wissen müssen. So kannte ich weder Jerrys Wohnung in Detroit, noch Mings richtigen Namen und Adresse, umgekehrt wussten sie nie, unter welchem Namen ich meine Flüge buchte und mich in Hotels registrierte. Um gegenseitig Kontakt aufzunehmen, hatten wir die Telefonnummern von Mittelsmännern. Niemand kannte die Familie des anderen – was man nicht weiß, kann man auch nicht ausplaudern.

Von daher war Hunter seinerzeit äußerst unprofessionell vorgegangen, indem er mich bei sich zu Hause in Marin County beherbergt hatte. Dadurch, dass er mich am Ende betrogen hatte, lief er ein unkalkulierbares Risiko, denn hätte ich mich an ihm rächen wollen, es wäre mir ein Leichtes gewesen.

Am nächsten Morgen rief Ming an und teilte mit, dass Harry gegen Mittag in Windsor eintreffen werde. Ab 15 Uhr wollte er an der vereinbarten Stelle am Lakeview Park Hafen auf uns warten. Zwei Stunden vorher verließ ich das Haus. Zunächst koppelte ich den Hänger mit dem Boot an den Wagen, dann machte ich mich auf den Weg nach Southfield, um Ming abzuholen. Unterwegs kam ich an einem Waffengeschäft vorbei, in dessen Auslage eine Reihe von Langwaffen zu sehen waren. Ich hielt an und erstand ein Fernglas, ein Zubehör, welches an Bord nicht fehlen durfte. Sollte sich uns ein fremdes Boot nähern, so wäre es von Vorteil, sich die Besatzung näher anzusehen. Als ich vor dem Holiday Inn vorfuhr, stand Ming auf dem Hotelparkplatz in der Sonne. Er trug einen Kapuzenanorak und machte den Eindruck, als wolle er ein paar Tage in See stechen.

»Was hast du vor?«, lachte ich, als ich vor ihm anhielt und auf sein Seemanns-Outfit deutete.

»Ich dachte, wir fahren mit dem Schiff?«

»Richtig. Und du bist der Kapitän!«

Ironie ist in China ein heikles Sprachmanöver, denn allzu leicht kann es dabei vorkommen, dass der Angesprochene sein Gesicht verliert.

»Ich habe doch gar keine Ahnung, wie man so ein Schiff steuert«, gab Ming zu bedenken.

Ohne weiter darauf einzugehen, stieg er in den Wagen und wir machten uns auf den Weg zur nächsten riskanten Mission. Schließlich hatte ich eine solche illegale Grenzüberquerung mit dem Boot bislang noch nie gewagt.

Schwer zu sagen, wie gut die Grenze überwacht wurde. Bei der Risikoeinschätzung verließ ich mich auf Vermutungen. Die *Coastguard* fuhr wahrscheinlich mehrmals am Tag Patrouille, aber bei der hohen Fluktuation der Boote, die auf dem Fluss herrschte, war es schier unmöglich, den Überblick zu behalten. Selbst wenn der *Detroit River* radarüberwacht sein sollte, waren dort so viele Boote unterwegs, dass es schwer gewesen sein dürfte, ein einzelnes Boot zu identifizieren. Es hing alles davon ab, dass die Küstenwache keine Kenntnis von uns hatte.

Vermutlich würde unser Trip ans kanadische Ufer glatt gehen. Wir fuhren auf dem nächsten *Freeway* bis in die Innenstadt und folgten dann ein paar Meilen der *Jefferson Avenue*, die parallel zum Fluss verläuft. Nach der Mobil-Tankstelle bog ich in die Alter Road ein, folgte ihr nach Osten, bis sie in einer weiten Rechtskurve in den *Riverside Blvd.* mündete, wo die Rampe lag, über die wir das Boot in den Kanal setzten. Ming vertäute es, während ich das Auto mit dem Hänger gleich nebenan auf einer Wiese abstellte, kostenfrei im Schatten einer Akazie. Das alles dauerte nur wenige Minuten, und kurz darauf tuckerten wir durch den *Fox Creek* hinaus ins offene Wasser des *Detroit River,* den wir etwas südlich des Leuchtturms erreichten. Bei lebhaftem Wind und kräuselnder See steuerte ich zwischen den beiden Inseln hindurch.

Ming entdeckte Harry schon von Weitem. An der verabredeten Stelle saß er im Gras, die Angelroute in der Hand und den Köder im Wasser. Ich brachte das Boot so dicht wie möglich an die Uferbefestigung, an der sich die Wellen brachen, die von vorbeifahrenden Ozeanriesen herrührten. Erleichtert reichte Harry Ming den Nylonsack, in welchem sich die acht Kilo Heroin befanden. Dann packte Ming seine Hand und half ihm an Bord. Ohne zu zögern legte ich den Rückwärtsgang ein, brachte die Nase des Bootes in den Wind und tuckerte Richtung Peche Island davon. Als wir aus dem kanadischen Windschatten der Insel ins offene Wasser des Flusses einfuhren, brachte ich den Motor auf Touren. Der Detroit River dürfte an dieser Stelle anderthalb Kilometer breit gewesen sein. Nach wenigen Minuten erreichten wir die Mündung des *Fox Creek*, eigentlich kein fließendes Gewässer, sondern ein Kanal, eine Wassersackgasse sozusagen. Die Landestelle war bald erreicht. Ich lief hinüber zum Wagen, setzte rückwärts den Anhänger ins Wasser, ein paar routinierte Handgriffe, und das Boot war wieder auf dem Hänger vertäut, wo Ming die Abdeckplane mit einem zusätzlichen Sicherungsgurt festzurrte. Wir stiegen in den Wagen, und nach kurzer Fahrt bog ich in die Jefferson Avenue ein. Erst als wir mit dem Stadtverkehr flossen, senkte sich der Adrenalinspiegel im Auto allmählich. Auch wenn ich kein Kantonesisch verstand, blieb mir nicht verborgen, dass meine chinesischen Komplizen ein Thema diskutierten, welches insbesondere Ming hörbar die Laune verdarb. Wenn mich nicht alles täuschte, klang seine Stimme ungehalten.

»Gibt es ein Problem?«, erkundigte ich mich.

»Das kann man so sagen. Einer der Kuriere ist kurz vor dem Abflug in Hongkong abgesprungen.«

Da ich Ming bloß fragend ansah, fuhr er fort: »Wir hatten ursprünglich vier Kuriere. Jeder sollte einen Koffer nach Vancouver bringen. Weil dieser Hosenscheißer aus dem Norden plötzlich kalte Füße bekam, fehlen uns jetzt zwei Kilo«, erklärte er verärgert.

»Wie kam das denn?«, wollte ich wissen. »Wer hatte den Mann denn angeheuert?«

»Harry natürlich. Und jetzt nimmt er den alten Penner auch noch in Schutz.«

»Und was ist mit dem Koffer? Hat der Alte den zu sich nach Hause mitgenommen?«, erkundigte ich mich arglos, ohne zu ahnen, dass uns dieser Koffer in nicht allzu ferner Zukunft eine Menge Ärger bereiten würde.

»Den müssen wir als verloren betrachten. Der Idiot hat ihn bei der Gepäckaufgabe am Flughafen zur Aufbewahrung gegeben. Einen Koffer mit zwei Kilo Heroin darin! Da ist es bloß eine Frage der Zeit, dass die Bullen Wind davon kriegen. Nein, den Koffer müssen wir wohl abschreiben.«

»Na ja«, sagte ich. »Den Verlust wirst du verschmerzen können, oder?«

»Was bleibt mir sonst übrig? Am liebsten würde ich Harry den Verlust vom Lohn abziehen. Wozu begleitet er die Kuriere eigentlich?«

»Jetzt reg dich nicht zu sehr auf!«, versuchte ich, Ming zu besänftigen. »Harry konnte doch nicht ahnen, dass der Kurier kalte Füße bekommen würde.«

Hätte ich damals geahnt, inwieweit ich selbst in diesen Vorfall auf dem Hongkonger Flughafen noch verstrickt werden sollte, ich hätte Ming empfohlen, auf Harrys Dienste künftig zu verzichten. Aber der Reihe nach, alles zu seiner Zeit.

Ich brachte die Chinesen zum Hotel nach Southfield und fuhr anschließend nach *Highland Park* in meine Wohnung, wo ich das Pulver wog, es auf die bewährte Konzentration streckte und in Tüten zu je einem Kilo abpackte. Dann rief ich Jerry an. Wir verabredeten uns in einem eigens für geschäftliche Transaktionen angemieteten Apartment unweit der Woodward Avenue, wo ich ihm die ersten beiden Keys übergab. Den Rest der Ware, noch sieben Kilo »*China White Commercial*« hatte ich in Barbaras Kleiderschrank deponiert.

Gegen Mitternacht rief Jerry bei mir an und bat mich, bei ihm »im Büro« vorbeizukommen. Als ich kurz darauf in seinem Apartment den schweren Koffer anhob, ahnte ich, dass es eine Nachtschicht für mich werden würde.

»Das sollten etwa 320 Tausend sein«, sagte Jerry, indem er den Koffer auf das Sofa legte und öffnete. Alles, was ich auf die Schnelle feststellen konnte, war, dass es sich um Dollarnoten handelte, viele Bündel in kleinen Scheinen, die zu zählen Stunden in Anspruch nehmen würde. Ein Glück, dass wir uns gegenseitig vertrauten. Sollte sich bei der Zählung ein kleiner Fehlbetrag herausstellen, so würde Jerry ihn später ausgleichen, oder ich würde kein Aufhebens davon machen – in Streit gerieten wir darüber nie. Zuweilen erhielt ich von der Bank ein paar Scheine zurück (!), die offenbar als Fälschungen erkannt worden waren. Anstatt sie einzuziehen und die Polizei zu verständigen, gab man sie mir diskret zurück mit dem Hinweis, dass mit den Scheinen etwas nicht stimme. Da es sich aber maximal um drei oder vier Banknoten pro Koffer handelte, nahm ich sie stets zurück und beteuerte, keine Ahnung gehabt zu haben. Die Scheine legte ich dann beiseite und tauschte sie in Asien irgendwo bei einem Geldwechsler in Landeswährung um.

Nachdem ich Jerry neu »verproviantiert« und mich verabschiedet hatte, fing ich mit dem Zählen an, und weil mich das stundenlange Nachzählen und Bündeln bald langweilte, fiel mir Nora ein, die mir dabei schon wiederholt geholfen hatte. Ich rief in New

York bei ihr an und bat sie, mit der nächsten Maschine nach Detroit zu kommen.

Am nächsten Mittag meldete sie sich vom Detroiter Flughafen aus, und eine halbe Stunde später stand Nora in *Highland Park* vor der Haustür. Wir ließen uns Pizza kommen, und als wir satt waren, begannen wir mit der Arbeit. Später rief Smoker an und erklärte, sich allein im Hotel zu langweilen. Ich bat ihn, vorbeizukommen. Zu dritt gingen Zählen und Banderolieren ohnehin schneller vonstatten.

Was folgte, war Routine: Alle zwei Tage meldete sich Jerry und forderte mich auf, ihn im »Büro« zu besuchen. Ich packte dann frische Ware ein und fuhr im Wagen in die Alexandrine Street, wo das Apartmenthaus lag. Und jedes Mal, wenn er die Tür öffnete, hatte er eine weitere Goldkette um den Hals hängen. Einmal begleiteten Smoker und ich ihn abends durch die Innenstadt. Mir fiel auf, dass viele Leute ihn grüßten. Offenbar kannte man ihn im Viertel. Zuweilen blieb er bei einem Stromer stehen, unterhielt sich eine Weile, und ehe wir unseren Weg fortsetzten, schenkte er dem Mann zwanzig Dollar.

Ein nennenswerter Zwischenfall ereignete sich, als ich Harry im Boot zurück nach Windsor brachte. Ming und Jerry wollten uns begleiten. Wir schickten uns an, den Detroit River zu überqueren, als mitten auf dem Fluss plötzlich der Motor abstarb. Einfach so. Ich hatte keine Ahnung, was die Ursache war. Bei hoher Drehzahl setzte er plötzlich aus und streikte. Zunächst dachte ich an die Benzinleitung, die verstopft sein könnte. Also stöpselte ich den Reservetank an und versuchte erneut zu starten. Der Motor orgelte, aber er sprang nicht an. Da machte Jerry mich darauf aufmerksam, dass wir mitten in der Fahrrinne der Hochseeschiffe dümpelten und sich ein großes Containerschiff näherte. Der Ozeanriese hatte uns bereits bemerkt und betätigte das Nebelhorn – er war auf Kurs und konnte unmöglich auf die kurze Distanz ausweichen. Unterdessen versuchte ich den Motor zu starten, aber der weigerte sich hartnäckig anzuspringen. Das große Schiff hatte sich uns auf weniger als hundert Meter genähert und ich hatte keinen Plan, wie ich uns aus der Gefahrenzone bringen sollte, denn eines stand fest, käme es zu einer Kollision, würden wir kentern.

Im Boot kam Panik auf. Verzweifelt betätigte ich immer wieder den Starter, das war alles, was mir einfiel. Um den Motor einer näheren Inspektion zu unterziehen, fehlte einfach die Zeit. Der Frachter hupte jetzt in einem fort, und er näherte sich bedrohlich.

»Wo sind die Schwimmwesten?«, rief Ming aufgeregt.

»Schwimmwesten?«

»Ja! Die Rettungswesten!« An so etwas hatte ich nicht gedacht.

»Es gibt keine!«

»I not can swim!«

»Ich auch nicht«, schrie Harry gegen das immer näherkommende Tuten des Nebelhorns an.

»Tu was!«, schrie Jerry. »Sonst saufen wir ab!«

»Keine Ahnung, was mit dem Motor los ist. Er will nicht anspringen«, rief ich ratlos.

Erneut stöpselte ich den Tank um, sprang zum Starter und machte einen weiteren Versuch. Ich konnte zwar schwimmen, aber unmöglich hätte ich drei Ertrinkende retten können. Inzwischen war der Riese ganz nah.

Ich unternahm einen letzten verzweifelten Versuch, ehe ich mich mit einem Sprung ins Wasser retten wollte. Der Gedanke, dass der Kapitän das Schiff als letzter verlässt, kam mir erst gar nicht in den Sinn. Ich wusste bloß, jetzt hört der Spaß gleich auf, und wenn ich nicht sehe, dass ich meinen Arsch ins Wasser bringe, ist es mit uns allen vorbei.

Im buchstäblich allerletzten Augenblick vor der Kollision – der Frachter war bis auf wenige Meter herangekommen – sprang der Motor an. Ich warf den Vorwärtsgang ein, und mit einem kräftigen Schub stoben wir aus der Gefahrenzone. Meine drei Passagiere starrten paralysiert auf das gigantische Schiff, das jetzt mit mächtiger Bugwelle dicht hinter uns durchs Wasser pflügte. Erst jetzt sah ich den Matrosen hoch oben an Deck, der uns über ein Megafon beschimpfte. Wahrscheinlich dachte er, wir hätten uns einen schlechten Scherz erlaubt, jedenfalls klopfte mein Herz und die Herzen meiner Freunde gewiss noch mehr.

Wir brachten Harry ans kanadische Ufer, setzten ihn am Anglersteg ab und machten uns unverzüglich auf den Rückweg nach Detroit.

Jetzt, da ich diese Geschichte aufschreibe, entfaltet sie ihre Bedrohlichkeit noch immer. Wäre damals der Motor nicht wieder angesprungen, wir hätten eine Katastrophe erlebt, denn ganz sicher wäre ich bestenfalls in der Lage gewesen, mich selbst ans Ufer zu retten, keineswegs jedoch einen meiner Freunde. Mir ist, als höre ich sie noch durchatmen.

Am nächsten Tag brachten Smoker und ich das Boot in eine Werkstatt an der Gratiot-Avenue, wo wir den Motor checken ließen. Es stellte sich heraus, dass er einer Generalinspektion bedurfte, und weil ich gerade nicht schlecht verdiente, beschloss ich, einen ganz neuen, stärkeren Motor zu kaufen. Zusätzlich ließ ich das Boot mit einem Segelverdeck ausrüsten (ein sogenanntes *»Bimini-Top«)* und weil wir schon mal dabei waren, orderte ich einen neuen zweiachsigen Hänger, mit dem das Boot leichter zu transportieren sein würde, da zwei Achsen die Spur besser halten als eine, was sich insbesondere bei hoher Geschwindigkeit auszahlt. Das waren Momente, in denen mir das Leben sichtbar Freude machte: Als wir die Werkstatt betraten, gedachte ich einen Satz neuer Zündkerzen für zwanzig Dollar zu kaufen, und am Ende hatte ich für alles zusammen mehr als 6.000 ausgegeben. Der Gedanke, ob ich mir die Investition leisten könne, kam erst gar nicht auf, denn damals konnte ich mir eine Menge leisten, sofern es mit Geld zu bezahlen war.

Nachdem der größte Teil des Heroins verkauft und das meiste Geld ins Ausland transferiert worden war, verabschiedeten sich Nora und Smoker aus Michigan. Smoker hatte daheim in Florida eine Familie zu ernähren, und er sollte am kommenden Sabbat während des Gottesdienstes eine Predigt halten. Nora benötigte die Kohle, um eine Kaution für eine Wohnung in Manhattan zu hinterlegen, denn sie wollte unbedingt umziehen; fort aus dem miserabel beleumundeten Bedford-Stuyvesant-Viertel in Brooklyn. Ming und ich wollten noch zwei Tage bleiben und uns in der Musikszene von Detroit umtun. Schließlich war die Stadt eines der kulturellen Zentren der afroamerikanischen Kultur, es gab immer irgendwo ein Konzert, eine Ausstellung, oder wir besuchten einen der Jazzclubs. In Detroit war der Groove daheim! Der beste Jazz wurde seinerzeit in Baker's Keyboard Lounge gespielt, also lud Jerry Ming und mich dorthin ein.

In dem Club hatte ich vor einigen Monaten die Querflötistin Althea Rene kennengelernt und als ich mir an den Wänden die Fotos der Musiker anschaute, die alle schon im Laufe der fast 50 Jahre ihres Bestehens im Baker's aufgetreten waren, wusste ich, dass wir uns an einer historischen Stätte befanden. Art Tatum und Oscar Peterson, zwei der besten Pianisten aller Zeiten, hatten jahrelang hier in die Tasten gegriffen: Was das Crazy Horse für die Erotik in Paris darstellte, galt für Baker's Keyboard Lounge in puncto Jazz in Detroit. An besagtem Abend trat ein Trio auf (Flügel, Bass und Schlagzeug), dessen Namen ich vergessen habe. Sie spielten, dass das überwiegend schwarze Publikum begeistert war.

Als wir kurz nach Mitternacht aufbrachen, stellte Ming fest, dass er sein Buddha-Amulett verloren hatte. Diese in ein kleines Silberkästchen eingearbeitete Reliquie, die ihm der Abt des Klosters verliehen hatte, in dem er vor Jahren als Mönch gelebt hatte, bedeutete ihm offenbar sehr viel. Also gingen wir noch einmal hinein und suchten alles ab, indes, der Buddha fand sich nicht, und Ming war äußerst besorgt. Er betrachtete das Amulett als Glücksbringer und die Tatsache, dass er es verloren hatte, als schlechtes Omen. Ich setzte ihn im Hotel ab und hoffte, er würde es wieder finden. Doch es fand sich auch am nächsten Tag nicht. Fortan lief Ming neben der Spur.

»Ich muss sobald wie möglich zurück nach Thailand und mir bei meinem Abt einen neuen Talisman abholen«, erklärte er. »Der Buddha ist meine Lebensversicherung!«

Was sollte ich ihm antworten? Die Weltanschauung eines Menschen, sofern er kein aggressives Sendungsbewusstsein an den Tag legt, gehört zur geistigen Intimsphäre, die zu tolerieren ich mir angewöhnt hatte. Ich selbst hatte zu dieser Zeit esoterische Vorstellungen von der Welt und war auf der Suche nach dem Sinn des Lebens, so dass das Äußerste an Reaktion auf anderer Menschen Religion oder Weltsicht, die ich mir gestattete, kritische Rückfragen oder Schweigen waren. Wenn ein Mensch nach vielen Jahren des Erlebens und Reflektierens zu einer Lebensphilosophie gefunden hat, die als das Ergebnis all dessen zu betrachten ist, was ihn als fühlendes und denkendes Wesen auszeichnet, so wird dieser persönliche Schatz in seiner Mitte bewahrt und von dem, was wir als Würde bezeichnen, wie von einem Kokon geschützt. Den Glauben oder das Weltbild eines Menschen zu verspotten oder leichtfertig zu beschädigen, verbietet sich schon vom Grundsatz der Gleichwertigkeit aller Menschen her. So beließ ich es dabei, Mings absonderlichen Aberglauben innerlich zu belächeln, ähnlich ironisch, wie ich schon dem Glauben und den Ritualen der Balinesen begegnet war. Umso nachdenklicher wurde ich, als ich meinen Komplizen am nächsten Tag zum Flughafen brachte, wo er, obwohl pünktlich beim Einchecken, den Flug nach Newark verpasste und so einen prall mit Dollars gefüllten Koffer verlor.

Ich war gerade vom Airport zurück und zur Haustür hereingekommen, als das Telefon klingelte. Und dann glaubte ich, meinen Ohren nicht trauen zu können, als Ming am anderen Ende der Leitung sagte: »*I missed my flight.*«

Obwohl ich meinen Termin mit Ralph Petrucci absagte und unverzüglich zurück zum Flughafen fuhr, um gemeinsam mit Ming nach New York zu fliegen und nach dem Koffer zu fahnden, blieb der spurlos verschwunden. Das Gepäckstück, welches er in meinem Beisein bei Eastern Airlines aufgegeben hatte, war nicht mehr aufzufinden.

Ming nahm das Schicksal stoisch oder besser lethargisch zur Kenntnis und brachte sein Missgeschick mit dem tags zuvor verlorenen Amulett in Verbindung. Ich selbst bin nie daraus schlau geworden, wie ihm diese Geschichte zustoßen konnte, denn ich hatte mich eine halbe Stunde vor dem Boarding in einer Cocktail-Lounge im Flughafen von ihm verabschiedet, und so blieb mir die Frage: Wie ist es möglich, dass ein ausgeschlafener Bursche wie Ming einen Koffer mit 300.000 $ als Fluggepäck aufgibt und dann eine Stunde danach selbst den Flug verpasst, obwohl er seit einer halben Stunde auf den Abflug wartete?

Jetzt hatte mein chinesischer Freund ein Problem. Wie sollte er seinem Boss in Hongkong das Verschwinden von fast der Hälfte des Profits erklären? Würde der sich mit dem verlorenen Amulett als Erklärung zufriedengeben? Es war schließlich einiges zusammengekommen: Erst der in Hongkong zurückgelassene Koffer und dann auch noch der in Amerika fahrlässig verschlampte. Ich wollte nicht in Mings Haut stecken. Den Umständen entsprechend nachdenklich trat er am nächsten Tag den Rückflug an.

Zu allem Überfluss fingen die Mitarbeiter der Flugsicherung am 3. August 1981 landesweit an zu streiken. Sie hatten allerdings nicht mit der Reaktion ihres Präsidenten Ronald Reagan gerechnet: Der warf sie nämlich alle aus ihrem Job und gab so den Gewerkschaften einen Vorgeschmack von dem, was er von Demokratie und den Forderungen des kleinen Mannes hielt. Mit mehrstündiger Verspätung ging Ming an Bord der Maschine, die ihn via Los Angeles und Tokyo nach Hongkong bringen sollte.

4.8 Hans im Glück

Es war schon eine Weile her, dass ich Hans Hass zuletzt begegnet war. Es dürfte im Spätjahr 1979 gewesen sein, kurz bevor Lisa und ich Ibiza verließen, als Hans wieder einmal mit einer neuen Freundin in Talamanca vorbeischaute, die er mir augenzwinkernd als Ehefrau Nummer 52 vorstellte. Die junge Dame hieß Elie und sah, wie fast alle »Ehefrauen«, die Hans verfielen, blendend aus.

Elie stammte aus Toronto und verbrachte ihre Ferien in Spanien, Hans hatte sie im Cafe Montesol auf der Terrasse entdeckt und ihr Herz mit einer seiner legendären Charmeoffensiven erobert. Die beiden nahmen ein paar Tage unsere Gastfreundschaft in Anspruch, ehe sie sich wieder verabschiedeten. Da Elie mehr von Spanien sehen wollte als nur die Balearen, bot Hans sich an, sie auf der Rundreise durch das Land zu begleiten. Hans und Elie schienen unzertrennlich, und sie waren noch ein Paar, als Lisa und ich Ibiza endgültig den Rücken kehrten. Das war das Letzte, was ich von ihm gehört hatte. Danach trennten sich unsere Wege, und so war ich angenehm überrascht, als ich von Werinher am Telefon erfuhr, dass Hans sich in Toronto bei Elie aufhalte und er mich gerne in Detroit besuchen kommen wolle.

Meine Geschäfte vertrugen sich zwar nicht mit privaten Besuchen alter Weggefährten, aber im Falle von Hans machte ich eine Ausnahme. Er kannte die Natur meiner Geschäfte, und wenn er sich wieder einmal verspekuliert hatte oder eines seiner tausend Projekte nicht die erhoffte Kohle abwarf, dann wusste er, dass ich ihm helfen würde, den finanziellen Engpass zu überbrücken. Werinher deutete an, dass Hans in Kanada die Devisen ausgegangen seien und er Unterstützung benötige. Er gab mir eine Nummer, und ich rief in Toronto bei Elies Eltern an. Hans war so klamm, dass er nicht einmal über die Mittel verfügte, den kurzen Flug von Toronto nach Detroit zu finanzieren. Zudem besaß er kein Visum für die USA, was sich allerdings nicht als Problem erwies, da ich ihn in Windsor mit dem Boot abholen konnte. Flexibel wie ich ihn kannte, war Hans sofort zur Ab- und zur illegalen Einreise bereit. Also kontaktierte ich mein Reisebüro in San Francisco und bat Susan, ihm ein Ticket bei Air Canada zu hinterlegen. Hans bat ich, mich von Windsor aus anzurufen, sobald er dort eingetroffen wäre. Anschließend sollte er sich zu dem Anglersteg am *Lakeview Park Marina* begeben, wo wir vor ein paar Tagen Harry Wong abgesetzt hatten. Dort solle er auf mich warten, ich würde mit dem Boot anlanden, um ihn an Bord zu nehmen. An dieser Stelle will ich einen Text einfügen, den Hans geschrieben, vertont und gesungen hat, und der etwas von seinem Wesen enthält: Kaufen Sie Blumen!

Ich steh an meinem Blumenstand, die Leute eilen vorbei.
Sie eilen durch die Welt hindurch und fühlen nichts dabei.
Kaufen Sie Blumen, kaufen Sie Blumen,
kaufen Sie ein bisschen Glück,
denn jede Blume gibt davon ein kleines Stück!

Ich steh an meinem Blumenstand und freu mich auf den Tag,
an dem auch jedermann die Lebensblume mag.

Nicht jeder wird mein Lied versteh'n, ich lad euch alle ein.
Dann könnt ihr meine Blumen sehn und auch so glücklich sein.
Kaufen Sie Blumen, kaufen Sie Blumen,
kaufen Sie ein bisschen Glück,
denn jede Blume hat davon ein kleines Stück …

Hans stand grinsend am Steg und hüpfte gut gelaunt ins Boot. Die Überfahrt in die USA klappte wie zuvor die mit Harry.

Meine Komplizen waren inzwischen abgereist, ich wartete lediglich darauf, dass Jerry den Rest der Ware verkaufte.

Ich nahm Hans mit in meine Wohnung in Highland Park, wies ihm das Zimmer von Barbaras Tochter zu. Nachdem ich ihn mit Bargeld versorgt hatte, stießen wir auf unsere Freundschaft an, die inzwischen schon sechs Jahre währte. In München hatten wir 1975 ein halbes Jahr in der WG an der Prinzregentenstraße zusammengewohnt, wir hatten in Bogenhausen so manche LSD-Fete gemeinsam gefeiert, ebenso auf Ibiza (Hans war bei der legendären Musiknacht mit Alkin und Nelson dabei gewesen), nicht zu vergessen unsere gemeinsame Reise nach Marokko. Nun erzählte er mir, was er in den beiden letzten Jahren erlebt hatte. Während er sprach, bemerkte ich eine Narbe quer über seiner Nasenwurzel.

»Wo hast du denn die Narbe her?«

»Von einem Marokkaner. Kurz nachdem Elie und ich Ibiza verlassen hatten. In Barcelona.«

»Was ist passiert?«

»Wir waren drei Tage in Barcelona, als uns der Shit ausging. Also hielt ich auf den Ramblas nach einem Dealer Ausschau. Vor dem Hotel Oriente trafen wir auf drei Marokkaner, die aber bloß ein kleines Piece einstecken hatten. Das Zeug war gut, der Preis akzeptabel und so willigte ich ein, die Jungs nach Hause zu begleiten, wo sie angeblich noch ein paar Kilos liegen hatten. Die Bude lag irgendwo in einer schmalen Gasse im alten Hafenviertel. Wir folgten ihnen dorthin, ohne uns etwas dabei zu denken, du kennst mich. Ich denke ja nie an etwas Böses.«

»Ich weiß, weil du an das Gute in den Menschen glaubst. Bhagwan lässt grüßen. Und weiter?«

»Apropos Bhagwan. Der ist letzte Woche mit seinem Ashram und tausenden von Sanyassin von Indien nach Oregon umgezogen«, wusste Hans zu berichten.

»Und seine Roller-Flotte*? Hat er die auch mitgenommen?«

»Keine Ahnung. Darüber wird man sicher demnächst was in der Zeitung lesen.«

»Ist aber auch nicht wirklich wichtig, zu wissen, was der Bhagwan mit seinen Autos macht. Mir kommt dieser ganze Luxus-Wahn des Gurus wie eine Verhöhnung seiner Jünger vor«, sagte ich. »Ohne dir zu nahe treten zu wollen, dein Rashneesh war mir von Anfang an suspekt. Du weißt sicher, dass ich auch mal in Poona im Ashram vorbeigeschaut habe. Mit Dennis zusammen vor drei Jahren.«

»Ich weiß. Schade, dass wir uns damals nicht in Indien begegnet sind. Ich hätte dir eine Menge guter Leute vorstellen können.«

»Dafür sind wir uns jetzt in Amerika begegnet«, sagte ich. »Aber jetzt erzähl weiter, wie die Sache in Barcelona ausging!«

---

* Der Guru besaß eine Flotte von angeblich mehr als 20 Rolls-Royce-Limousinen

»Na ja, kaum dass Elie und ich in der Küche Platz genommen hatten, hörten wir die Typen im Nebenzimmer streiten. Ich dachte, sicher geht es um den Preis, denn einer von ihnen hatte mir auf der Straße ein sehr gutes Angebot gemacht, mit dem seine Kumpels von Anfang an nicht einverstanden waren. Nach zwei Minuten kamen sie zurück und bedrohten mich plötzlich mit einem Messer. Wie sich herausstellte, hatten sie gar kein Haschisch. Sie hatten es auf mein Mädchen abgesehen.«

Ich musste wohl eine ungläubige Miene aufgesetzt haben, denn er fuhr fort: »Die Kerle hatten beschlossen, sich im Zimmer nebenan mit Elie zu vergnügen, während einer von ihnen mich mit dem Messer am Hals in Schach hielt.«

»Und Elie, wie hat sie reagiert?«

»Wie soll sie schon reagiert haben, sie hatte panische Angst!«

»Und wie ging die Geschichte aus?«

»Unter Anderem mit dieser Narbe.«

Ich musste grinsen, schüttelte dann den Kopf und sagte: »Unglaublich!«

»Die Sache war überhaupt nicht lustig. Ich lasse mich ja in der Regel nicht auf Schlägereien oder gar Messerstechereien ein, aber hier war voller körperlicher Einsatz gefordert.«

Ich schaute Hans fragend an. Ihn mir in einer Schlägerei mit drei Ganoven vorzustellen, war nicht leicht. Nie hatte ich erlebt, dass der ehemalige Adept des Bhagwans die Hand gegen jemanden erhob. Hans zog es vielmehr vor, seine Konflikte mit einem Blumenstrauß zu regeln.

»Als ich sah, wie einer der Kerle Elie bei den Haaren packte, so dass sie schrie, drehte ich durch. Das Messer war mir in dem Moment scheißegal. Ich rammte dem Typen hinter mir den Ellenbogen in den Solarplexus, dass der taumelte und dabei das Messer verlor. Dann sprang ich auf, nahm den Stuhl und schlug solange auf die Bande ein, bis sie sich nicht mehr rührten. Leider gelang es einem von ihnen, mich mit einem Küchenmesser zu erwischen. Die Wunde zwischen den Augen blutete stark, da sah ich dann rot.«

»Was heißt das, sie rührten sich nicht mehr? Hast du sie erschlagen?«

»Das wäre mir in dem Moment auch egal gewesen. Nein, sie lebten noch. Aber glaub mir, sie sahen übel aus. Einen habe ich mit dem Stuhlbein so in die Visage getroffen, dass ich die Zähne habe brechen hören. Und der mit dem Messer rührte sich gar nicht mehr, als ich mit ihm fertig war. Zum Glück hatte ich bloß eine kleine Schnittwunde, aber um ein Haar hätte er meine Augen erwischt.«

»Und Elie? Hat sie auch was abgekriegt?«

»Sie hat mitgekämpft, was denkst du denn? Dem Typen mit dem großen Küchenmesser hat sie eine marokkanische Teekanne gegen die Schläfe geknallt. Der rührte sich dann auch nicht mehr.«

»Und dann? Habt ihr den Notarzt verständigt oder die Bullen?«

»Spinnst du? Wir sahen selbst zu, dass wir zu einem Arzt kamen. Du kannst dir nicht vorstellen, wie ich aussah! Von oben bis unten voller Blut.«

»Und der Arzt? Wollte der nicht wissen, woher du die Verletzung hattest?«

»Ich sagte, ich sei am Hafen in eine Schlägerei geraten.«

»Er hat deine Wunde versorgt und das war's?«, fragte ich ungläubig.

»Was denn sonst noch? Wir legten 1.500 Peseten auf den Tisch und fuhren anschließend direkt zum Flughafen. Abends waren wir dann in Madrid. Seither weiß ich, was Messer auf Spanisch heißt: *navaja*!«

Mir fiel dazu nichts mehr ein. Auf all meinen bisherigen Reisen hatte ich nichts Derartiges erlebt. Hans, der friedliebende Hippie war offenbar über sich selbst hinausgewachsen. Niemand kann wissen, wie er in solchen Ausnahmesituationen reagiert, wenn es darum geht, existenzielle Werte verteidigen zu müssen. Dabei fällt mir der Satz von Milan Kundera ein: »Es gibt Situationen im Leben, da verbietet es sich, feige zu sein …« Dies war so eine Prüfung gewesen, die Hans und Elie instinktiv bestanden hatten. Und jetzt saßen wir in Detroit in Barbaras Küche und lachten darüber.

Die Geschichte erinnerte mich an den Überfall, der vor fünf Jahren auf Lisa und mich in Marokko verübt worden war. Damals reagierte auch ich instinktiv und spontan, allerdings indem ich die Flucht ergriff und uns so aus der Affäre zog. Ich goss uns noch ein wenig von dem kalifornischen Rotwein ein und erzählte Hans dann, wie Mohammed und seine Leute uns nachts auf der Fahrt von Ketama nach Fes überfallen hatten. Auch ein Abenteuer, über das wir im Nachhinein grinsen konnten. Galgenhumor.

Am Abend nahm ich Hans mit zu einer Gartenparty irgendwo im Speckgürtel der Stadt. Wer mich dazu eingeladen hatte, kann ich nach all den Jahren nicht mehr sagen, jedenfalls fand die Fete bei Weißen statt, die in einem geräumigen Bungalow mit Pool lebten. Ich weiß noch, dass sich im Laufe des Abends attraktive Frauen einfanden, teilweise in Begleitung ihrer Partner, offensichtlich alles gut situierte junge Amerikaner, die in fetten Pick-ups und europäischen Sportwagen vorfuhren. Fragen der Gastgeber, was um alles auf der Welt mich ausgerechnet nach Detroit verschlagen habe, eine Stadt, die üblicherweise nicht auf dem Routenplan einer touristischen USA-Reise auftaucht, beantwortete ich, indem ich mich als Fotograf vorstellte, der an einem Bildband über die im Niedergang befindliche Metropole arbeite. Das wiederum konnten die Detroiter gut nachvollziehen, wobei das Gespräch auf die wirtschaftliche und demografische Misere der Stadt gelenkt wurde – ein ergiebiges Thema.

Es dauerte nicht lange, da hatte Hans einem betrunkenen Ehemann die Gattin ausgespannt. Als Europäer waren wir für viele Amerikanerinnen so etwas wie Exoten, der Weg vom Flirt ins Bett war kurz. Als ich von einer Knutscherei mit einem Cowgirl im hinteren Teil des parkähnlichen Gartens zum Pool zurückkehrte, war Hans verschwunden. Von einem der Gäste erfuhr ich, dass er mich gesucht habe, und da er mich nicht fand, war er mit besagter Dame »zum Zigarettenholen« weggefahren.

Als sich die Party am frühen Morgen auflöste, waren Hans und seine amerikanische Geliebte noch immer nicht mit den Kippen zurück, so dass ich beschloss, nach Hause zu fahren. Vorsichtshalber hinterließ ich Barbaras Adresse bei den Leuten, da ich nicht sicher war, ob mein Freund den Weg dorthin finden würde.

Am nächsten Tag wachte ich gegen Mittag auf. Von Hans war noch nichts zu sehen, angerufen hatte er auch nicht. Da in einer Stunde ein Treffen mit Jerry vereinbart war, welches ich nicht verschieben wollte, heftete ich einen Zettel an die Haustür (»Bin gegen 16 Uhr zurück«) und machte mich auf den Weg.

Als ich am Nachmittag von der Woodward Avenue in das Wohnviertel in Highland Parks einbog, glaubte ich zunächst meinen Augen nicht zu trauen: Auf der Straße vor Barbaras Haus gab es einen Menschenauflauf, ein halbes Dutzend Polizeiautos stand davor, Absperrbänder hielten die Schaulustigen zurück. Ich parkte den Wagen zwei Straßen weiter und näherte mich dem Schauplatz zu Fuß. Was war hier los? Wie hatten die Cops herausfinden können, dass sich in der Wohnung der alleinerziehenden Frau ein Drogendepot befand? Wer hatte mich verraten? Suchten sie schon nach mir? Das waren die Fragen, die mir in den Sinn kamen.

Zum Glück war kein Pulver mehr im Kleiderschrank gebunkert, denn Jerry hatte vor ein paar Tagen die restliche Ware abgeholt. So unauffällig wie möglich stellte ich mich zu einer Gruppe von Leuten, die gespannt verfolgten, wie die Polizei den Sturm des Hauses vorbereitete und wen immer per Megafon aufforderte, mit erhobenen Händen herauszukommen.

»Sorry«, wandte ich mich an ein älteres Ehepaar, »können Sie mir sagen, was da vorne los ist? Warum die Polizei?«

»Jemand hat beobachtet, wie ein Einbrecher über das Garagendach in die Küche eingestiegen ist. Jetzt sitzt er in der Falle, will sich aber nicht ergeben.«

»Ein Einbrecher?«, fragte ich ebenso irritiert wie erleichtert.

»Offensichtlich. Der Nachbar hat ihn einsteigen sehen, aber bis er seine Flinte aus dem Haus geholt hatte, war der Kerl schon drin. Ausnahmsweise mal ein Weißer. Das Küchenfenster stand wohl offen.«

Plötzlich hatte ich eine Ahnung, dass es sich bei dem »Einbrecher« um Hans handeln musste. Froh, dass der Einsatz nicht mir galt, bedankte ich mich für die Auskunft und näherte mich dem Haus. Die Polizei hatte die kleine Seitenstraße abgeriegelt und das Anwesen umzingelt. Der Einsatzleiter sprach fortwährend ins Megafon. Schließlich raffte ich meinen Mut zusammen und gab mich einem der Polizisten als Bewohner des Hauses zu erkennen. Ich erklärte ihm, dass ich einen Besucher aus Deutschland zu Gast habe, dass mein Freund keinen Haustürschlüssel in der

Tasche habe, und dass er wahrscheinlich derjenige sei, der durch das Fenster ins Haus geklettert war. Wahrscheinlich gebe es gar keinen Einbruch. Der Polizist hörte sich meine Version an und besprach sich dann mit seinen Kollegen.

Jetzt stand plötzlich ich im Mittepunkt der Geschichte. Minutenlang war ich gezwungen, den misstrauischen Beamten Rede und Antwort zu stehen, wieso ich überhaupt den Schlüssel hatte, wer mir erlaubt habe, dort zu wohnen, in welchem Verhältnis ich zu Frau Schäuble stünde und so weiter, bis endlich Barbaras Nachbar auftauchte, der meine Angaben bestätigte.

Meinen Vorschlag, die Haustür aufzuschließen und nachzusehen, ob jemand drinnen sei, der dort nichts zu suchen habe, lehnten die Männer kategorisch ab. Sie waren zu sehr Profis, um sich auf eine in ihren Augen riskante Situation einzulassen. Aber da ihnen auch nichts Besseres einfiel, ließen sie sich nach einigem Für und Wider auf mein Angebot ein, allerdings unter der Bedingung, dass ich in Begleitung von drei bewaffneten Mitgliedern eines Sondereinsatzkommandos hineingehe. Das besagte *Swat-Team* saß in einem Bus bereit und wartete auf den Einsatzbefehl.

Sehr wohl war mir bei der Sache zwar nicht, aber mir blieb nichts anderes übrig, als die Polizisten einzulassen und alles als Missverständnis aufzuklären. Was ich nicht verstehen konnte, war, dass mein Freund bei all dem Lärm nicht aufgewacht und herausgekommen war.

Um das Haus zu betreten, musste ich mich der polizeilichen Vorgehensweise fügen: Einer der maskierten Männer schloss die Haustür auf und dann arbeiteten sie sich, einer den anderen sichernd, ins Obergeschoss vor und stießen die Wohnungstür auf. Nach zwei Minuten, in denen ich unten im Hausflur warten musste, kam von oben die Entwarnung. Hans war offenbar nicht mehr im Haus. Auf dem Küchentisch lag ein Zettel: Bin was essen und gegen Sechs zurück. Nachdem sich die Polizei vergewissert hatte, dass es weder einen Einbrecher zu verhaften, noch einen Einbruch zu beklagen gab, verließen sie das Haus. Es dauerte danach noch eine halbe Stunde, bis alle Streifenwagen abgezogen waren und sich die Gaffer verlaufen hatten. Ich ging noch einmal hinaus, um mit dem Nachbarn zu sprechen, der Hans beim Einsteigen durch das Fenster beobachtet hatte.

»Da hatte Ihr Freund wirklich Glück, dass ich meine Schrotflinte oben im Schlafzimmer stehen hatte. Wäre ich ein paar Sekunden früher draußen gewesen, ich hätte ihm eine Ladung in den Arsch verpasst!«, sagte der Mann in einem Ton, dass es mir schien, als bedauere er, nicht zu Schuss gekommen zu sein. Ich ließ mir noch einmal die ganze Geschichte erzählen und riet ihm, jedenfalls solange ich dort wohnte, niemanden mit der Schusswaffe zu bekämpfen, selbst wenn tatsächlich einmal ein Einbrecher versuchen sollte, sich Zugang zum Haus zu verschaffen.

»Einbrecher sind doch auch Menschen!«, sagte ich. »Oder wollen Sie jeden Verdächtigen gleich umnieten?«

»In Germany mag man mit solchen Lumpen anders verfahren, aber hier in den Vereinigten Staaten haben wir kein Nachsehen mit Verbrechern. Insbesondere in Detroit nicht, die Innenstadt ist voller Gesindel!«, verteidigte sich der Mann, den ich auf Mitte fünfzig schätzte. »Diese sogenannten ›African Americans‹ haben sich noch immer nicht an unser Gesetz gewöhnt.«

Daher wehte also der Wind.

»Mein Freund, der Mann, den Sie um ein Haar erschossen hätten, ist weiß, und er hatte auch nicht vor, einzubrechen. Ich bin jedenfalls froh, dass er noch lebt«, erklärte ich.

»Wo ist er denn? War er nicht da, als die Polizei das Haus stürmte?«

»Nein. Er war offenbar nur kurz drin und ist durch die Haustür wieder verschwunden, was Sie aber von Ihrem Garten aus nicht sehen konnten. Im Übrigen, von Stürmen kann keine Rede sein. Wir gingen einfach hinein und die Treppe hoch. Alles in Ordnung.«

Mit dem halbherzigen Versprechen, nicht mehr auf meine Gäste zu schießen, selbst wenn sie sich auffällig verhalten sollten, verabschiedete der Mann sich und gesellte sich zu seiner Frau, die noch immer dabei war, den Vorfall mit weiteren Anwohnern zu diskutieren.

Etwa eine Stunde, nachdem sich die Aufregung gelegt hatte, tauchte Hans auf. Ich berichtete ihm von dem Aufruhr, den er durch sein unbesonnenes Verhalten verursacht hatte und gab ihm einen Haustürschlüssel. Aber wie zu erwarten, fand Hans das alles äußerst lustig und berichtete mir seinerseits von dem nächtlichen Abenteuer mit Frau Walker.

»Für eine Nacht mit Alice würde ich jederzeit wieder illegal in die Staaten kommen«, grinste er. »Ich habe den Verdacht, dass viele Frauen ihren besten Sex mit fremden Liebhabern zeigen und nicht mit den eigenen Männern.«

»Möglicherweise gilt das auch umgekehrt. Aber was ist das schon, der beste Sex? Schließlich geht es ums Erleben von starken Gefühlen, also um etwas ganz Persönliches, das sich schlecht vergleichen lässt. Um die Qualität von Sex zu beurteilen, müsste man sich erst einmal auf objektiv messbare Kriterien verständigen«, lachte ich. »Aber wer will denn sowas? Was war denn so besonders an dieser Frau Walker?«

»Sie ließ sich Zeit und baute die Spannung so langsam auf, bis ich es nicht mehr aushielt. Dann habe ich sie kurzerhand vergewaltigt.«

Hans grinste sein Markenzeichengrinsen. Ich wusste nicht, was ich dazu sagen sollte und wartete auf eine Erklärung.

»Physisch meine ich, nicht juristisch. Sie ist voll drauf abgefahren und brauchte anschließend, nachdem sie gekommen war, mindestens fünf Minuten, ehe sie wieder sprechen konnte.«

»Das klingt in der Tat nach 'ner besonderen Nummer.«

»Danach gab es noch eine halbe Stunde Chill-out im Hallenschwimmbecken.«

Zwei Tage blieb Hans mein Gast. Er half mir beim Geldzählen, und ehe ich ihn im Boot zurück nach Windsor brachte, stattete ich ihn mit ausreichend Devisen aus, um sich den Rückflug nach München leisten zu können. Er hatte in Kanada ein paar Songs komponiert, die er daheim aufnehmen wollte. Seine Romanze mit Elie war vorerst beendet, denn sie wollte ihr Studium wieder aufnehmen. Sie hat die beiden Jahre an der Seite des sympathischen Nomaden wahrscheinlich nicht vergessen. Soweit ich weiß, blieben Hans und Elie Freunde.

4.9 Detroit special

Wenige Tage, nachdem ich Hans zurück über den Fluss gebracht hatte, rief Jerry an und bat mich, am Nachmittag »im Büro« vorbeizukommen, er habe »die alten Fotos für mich sortiert«.

Ich setzte mich in den Wagen und fuhr in die Alexandrine Street. Den Wagen parkte ich um die Ecke auf dem Parkplatz der Wayne State University jenseits der John R Street.

Als ich Jerrys Apartment betrat, traf ich ihn in einem ungewohnten Zustand an. Er war allein, saß auf einem der wenigen Stühle und war damit beschäftigt, Heroin abzuwiegen und in kleine Plastiktüten abzufüllen.

So weit, so gut. Auf dem niedrigen Tisch stand eine Glaspfeife und auf einer Illustrierten lagen Brocken von Freebase. Er dürfte schon eine ganze Weile am Rauchen gewesen sein, denn er war hochgradig aufgedreht und zeigte, wie ich nach einer Weile feststellte, Anflüge von Paranoia. Zunächst musste ich erfahren, dass er die Kohle noch nicht hatte. Der Koffer mit den 320 Tausend Dollar sollte im Kofferraum eines blauen Chevy liegen, der demnächst auf dem Uni-Parkplatz abgestellt werden würde. Einen Wagenschlüssel hatte Jerry zuvor erhalten. Er erklärte mir, dass er das so veranlasst habe, denn so könne man es sich ersparen, den Koffer erst hinauf ins Apartment zu schleppen, bloß um ihn kurz darauf wieder hinunter tragen zu müssen. Das klang in der Tat logisch. Sobald der Chevy dort stünde, würde Jerry telefonisch informiert werden. Ich sollte dann den Wagen identifizieren, den Koffer herausnehmen, ihn hinüber zum Landcruiser tragen und verschwinden.

Die Sache hätte mich erheblich weniger Nerven gekostet, hätte Jerry nicht andauernd diese paranoiden Wahnvorstellungen bekommen, zweifellos eine Reaktion auf zu langes und intensives Base-Rauchen. Während wir noch auf den Anruf warteten, bedeutete er mir mehrfach durch Gesten, ich möge leise sein, draußen auf dem Flur stehe jemand vor der Tür und belausche unser Gespräch. Das hielt ich für baren Unsinn, denn erstens lagen zwischen dem Zimmer, in dem wir uns aufhielten, und dem Hausflur zwei verschlossene Türen. Zudem redeten wir ohnehin kaum, und wenn, dann recht leise. Sobald Jerry wieder einmal paranoid zur Haustür deutete, stand ich auf, ging hinüber und öffnete sie. Wie zu erwarten, stand niemand auf dem Flur. Ein wenig verlegen wandte er sich dann wieder seiner Wiegetätigkeit zu, bloß um zehn Minuten später erneut »Stimmen« auf dem Flur zu vernehmen.

Irgendwann kam dann der Anruf. Doch als ich mich von ihm verabschieden wollte, hielt er mich zurück.

»Ich habe ein ungutes Gefühl. Der Parkplatz wird von Kameras überwacht und außerdem könnten sich die DEA-Typen in einem der vielen parkenden Autos versteckt haben.«

Es sei sicherer, zu warten. Er wolle einen Kumpel anrufen und bitten, den Parkplatz auf Bullen hin zu überprüfen.

»Wenn du meinst, der Parkplatz sollte überprüft werden, so kann ich das auch selbst besorgen, dazu musst du nicht eigens jemand herbeiholen«, entgegnete ich.

Doch Jerry riet mir ab, aber ich war strikt dagegen, eigens einen Parkplatzkontrolleur zu bestellen. So ging das eine ganze Stunde, bis ich genug von dem Wahnsinn hatte. Ich nahm den Schlüssel des Chevy und verließ das Gebäude. Unterdessen hatte der Himmel sich zugezogen, und ein leichter Niesel fiel aus den Wolken. Der blaue Chevy stand an der zuvor bezeichneten Stelle. Ich lief zunächst daran vorbei und machte eine Runde über den Platz. Ich warf einen Blick in jeden einzelnen Wagen und entdeckte tatsächlich ein Paar, das auf dem Rücksitz eines Oldsmobile vögelte. Völlig überflüssigerweise entdeckte der Typ, ein kräftig gebauter Schwarzer, mich beim Spannen und drohte mir mit der Faust. Zum Glück stieg er nicht aus. Die beiden sahen jedenfalls nicht nach Agenten der DEA aus.

Durch das ganze Theater hatte ich die Coolness, mit der ich normalerweise solche Dinge erledigte, eingebüßt. Also ging ich zurück ins Haus, nahm den Aufzug in den sechsten Stock und klingelte bei Jerry. Doch der öffnete mir nicht die Tür. Da ich keinen Lärm machen wollte, zog ich wieder ab. Unterwegs im Aufzug ging ich noch einmal alles durch: Was für Gründe gab es, anzunehmen, der Chevy sei verbrannt und die Bullen lägen auf der Lauer, um mich zu verhaften? Keine. Auf einmal war ich mir sicher, dass alles nur Jerrys aufgeputschtem Hirn entsprungen war. Außerdem, so sagte ich mir, gibt es Situationen, da gilt es couragiert zur Tat zu schreiten. Ein gewisses Risiko muss man ohnehin in Kauf nehmen, insbesondere, wenn man in illegalen Drogengeschäften unterwegs ist, und es den letzten entscheidenden Schritt zu machen gilt: Die Ernte einzufahren, die Kohle für all die Arbeit und das Risiko zu kassieren.

Ich trat aus dem Haus und ging in einer Art Trance auf den blauen Chevy zu, wobei ich mir verbat, der Angst meine Seele zu überlassen. Sollte man mir tatsächlich auflauern und ich verhaftet werden, so wäre dies eben mein Schicksal.

Ich trat an den Chevy heran, steckte den Schlüssel ins Schloss und öffnete den Kofferraum. Vor mir lag ein großer Samsonite. Ich hob ihn an, er wog schwer. Dann warf ich den Deckel ins Schloss und ging hinüber zu meinem eigenen Auto. Ich startete und verließ den Parkplatz, drehte eine Runde um den Block und hielt anschließend direkt hinter dem Chevy.

Aussteigen, Kofferraumdeckel öffnen, den Koffer herausheben und im eigenen Wagen verstauen, Hecktür zu, einsteigen, Gas geben: Das alles kam mir wie eine einzige Bewegung vor. Niemand versuchte, mich aufzuhalten, aber erst, als ich auf dem Chrysler Freeway stadtauswärts unterwegs war, fiel die Anspannung von mir ab. Im Radio hörte ich ein neues Lied von Grace Jones: *Walking in The Rain*. Ich kam langsam herunter, indem ich eine Stunde auf den Stadtautobahnen herumfuhr. Ich beschloss, am nächsten Tag mit Jerry ein ernstes Wort zu wechseln, denn illegale Geschäfte mit Leuten zu machen, die auf Freebase abfahren, war mir zu stressig.

Als ich in Highland Park ankam und den schweren Koffer hinauf in Barbaras Wohnung schleppte, war es schon fast dunkel. Am Horizont klarte der Abendhimmel noch einmal auf und es schien, als gösse Petrus flüssiges Silber über die Wolken. Wie zu erwarten, stimmte die Kohle, wenngleich ich mich zunächst darauf beschränkte, die Tausender-Bündel zu zählen. Einen genauen *count* würde ich mit Smoker und Nora in New York durchführen. Ich spürte auf einmal, dass mich das Geld nicht wirklich interessierte, dass es mir nur am Rande ums Geld ging. Das, was mich innerlich antrieb, war nicht der Profit, sondern das Abenteuer.

Nach dem Abschluss dieses Geschäftes rechnete ich noch einmal alles durch: Harry hatte sechs Kilo nach Kanada geschmuggelt, die wir im Boot in die USA einführten. Seine Unkosten beliefen sich auf 4.000 $ für die Ware (der Einkaufspreis für die Triade betrug in China 500 $ pro Kilo; die zwei Kilo, die in Hongkong bei der Gepäckaufbewahrung lagen, würden sie abschreiben müssen), jeweils 10.000 $ für drei Kuriere und deren Begleiter im Flugzeug (Harry Wong), sowie Mings eigene Spesen (ca. 3.000 $) und schließlich noch die Kommission für den New Yorker Chinesen, der sich um den Geldtransfer nach Hongkong kümmerte, was ca. 3 % der verschobenen Summe, also etwa 13.000 $ ausmachte. Bei einem Einkaufspreis von 120.000 $ pro Kilo hatte ich Ming 720.000 Dollar bezahlt, von denen er 300.000 verloren hatte (!). Blieben der Triade abzüglich der Unkosten von 60.000 $ noch 360.000 $ Profit. Neun Kilo hatte ich an Jerry verkauft, zum Preis von 120.000 pro Key, macht zusammen 1.080.000 $. Davon gingen 720.000 an die Chinesen, 20.000 je an Smoker und Nora, 10.000 an Barbara, 10.000 an Ralph. Meine Spesen bezifferte ich auf 5.000, hauptsächlich Flugkosten und Hotelrechnungen. Blieben 295.000 $, die ich für mich verbuchte. Jerry dürfte am Kilo 20.000 verdient haben, ging also mit einem Profit von 180.000 aus der Sache heraus. Eine Provision ähnlicher Größenordnung dürfte zu Basil und Barry nach Freeport/Bahamas geflossen sein. Will heißen, alle Beteiligten machten einen unverschämt guten Schnitt.

Am Tag darauf traf Smoker in Detroit ein. Ich hatte ihn gebeten, demnächst mit mir im Auto nach New York zu fahren. Ich hatte nämlich vor, den Landcruiser nach Port Elizabeth zu bringen, wo ich ihn nach Bremerhaven einschiffen wollte. Der Wagen sollte uns in erster Linie in Europa zur Verfügung stehen. Eine erste Reise hatte ich für das kommende Jahr geplant: Mit Lisa und den Kindern wollte ich hinauf nach Lappland fahren, wo angeblich im Sommer die Sonne nie ganz untergeht.

Da sich eine größere Menge Bargeld in Barbaras Kleiderschrank angesammelt hatte, welche ich mitzunehmen gedachte, zog ich es vor, nicht allein fahren. Das Boot auf dem Anhänger wollte ich auf einem privaten Parkplatz abstellen, bis ich das nächste Mal in die

Stadt käme. Vorher gab es noch eine Kleinigkeit in Ordnung zu bringen, weshalb wir zur Werkstatt fuhren. Wir kamen gerade aus Dee's Garage und bogen in die vierspurige Gratiot Avenue ein, als wir von einem Verkehrsteilnehmer daran gehindert wurden, einen vor uns fahrenden Lastwagen zu überholen. Der Fahrer, ein Weißer um die fünfzig, hatte, obwohl er auf der Überholspur fuhr, seine Geschwindigkeit der unseren angeglichen, was Joe daran hinderte, zum Überholen auszuscheren. Ich suchte Blickkontakt zu dem Mann, und als er herüberschaute, deutete ich ihm mit einer Geste an, er möge bitte schneller fahren. Als Antwort zeigte er mir den nach oben gerichtetem Mittelfinger: *Fuck You*!

Wahrscheinlich ein Rassist, der, von der Tatsache angewidert, dass »der Nigger« so einen großen Wagen mit Boot im Schlepp fuhr, Joe ein wenig ärgern wollte (er selbst saß in einem verbeulten Buick). Ohne lange zu überlegen, holte ich ein Montiereisen unter dem Sitz hervor und schwenkte es drohend in Richtung des Buick, wodurch auch Joe auf den Mann aufmerksam wurde. Da mein Chauffeur mich fragend anblickte, erklärte ich ihm, was in der Kommunikation zwischen mir und dem Buick-Fahrer bislang an Informationen ausgetauscht worden war. Als ich erneut zu ihm hinübersah, glaubte ich, meinen Augen nicht zu trauen: Auf seinem Schoß lag jetzt ein Revolver mit offener Trommel, und der Typ war dabei, während der Fahrt Patronen in die Kammern zu schieben. Ein Profi.

»*Hey, brother,* schau dir den an!«, alarmierte ich Joe. »Ich glaube, der meint es ernst.«

Joe warf einen Blick nach links.

»Ich glaube, dem müssen wir eine Lektion erteilen!«, lachte Joe und hatte innerhalb von *no time* seinen eigenen Peacemaker gezogen und richtete ihn durch das geöffnete Fenster auf den Kerl im Buick. Dann drückte er auf die Hupe. Erschrocken blickte der Typ auf, sah den Lauf der Smith & Wesson auf sich gerichtet und ließ sich augenblicklich zurückfallen. Damit war die unmittelbare Gefahr zwar gebannt, aber zu wissen, dass ein Verrückter mit geladener Kanone hinter uns herfuhr, war nicht wirklich beruhigend. Zumal das ausladende Boot uns daran hinderte, im Rückspiegel den nachfolgenden Verkehr zu beobachten. Unvermittelt und ohne zu blinken, bog Joe daher in die Zufahrt zu einer Drive-In-Bank. Der Buick fuhr weiter geradeaus, und wir reihten uns hinter ihm wieder in den Verkehr ein. Jetzt kriegte der Typ Schiss und versuchte, uns zu entkommen, was ihm am Ende auch gelang. Das war während der Monate, die ich in Detroit lebte und »arbeitete«, eine der gefährlichsten Situationen, die ich erlebte.

Eine andere Episode, die ebenfalls nicht ohne war, erlebte ich zusammen mit Ralph Petrucci. Irgendwann hatte er mir erzählt, dass er vor ein paar Jahren in der *West-Side* der Stadt zwei Häuser gekauft habe. Als wir zufällig einmal in der Gegend zu tun hatten, bat ich ihn, mir die beiden Immobilien zu zeigen. Wir fuhren also hin und Ralph versuchte, seine Häuser zu identifizieren, was sich als gar nicht so einfach herausstellte, denn in der ganzen Straße sahen die Gebäude gleich aus: verfallen, ähnlich im Baustil, aus Holz gebaut mit jeweils einer Miniparzelle Land dabei, gerade genug, um zwei Büsche zu pflanzen und die Mülltonne dazwischen zu schieben.

»Was hast du denn für die Hütten hingeblättert?«, erkundigte ich mich, nachdem er sich endlich festgelegt hatte, welche der Häuser ihm gehörten.

»3.000 Dollar für jede.«

»Und was hast du damit vor? Ich meine, da muss einiges renoviert werden.«

»Keine Ahnung. Sollte die Stadt sich jemals erholen, habe ich zwei Grundstücke, die ich verkaufen kann. Im Augenblick interessiert sich niemand für Immobilien in Detroit«, erklärte er.

Wir stiegen aus und schickten uns an, eine der Baracken zu betreten, als plötzlich drei Kinder in der offenen Haustür standen und uns mit großen Augen anstarrten. Kurz darauf war die Mutter bei ihnen. Sie nahmen eine abweisende Haltung uns gegenüber an.

»Hast du das Haus vermietet?«, wollte ich von Ralph wissen.

»Nicht dass ich wüsste. Ich werde gleich herausfinden, mit wem ich es hier zu tun habe.«

»Was machen Sie denn in meinem Haus?«, fragte er die Frau, eine attraktive Afroamerikanerin.

»Wenn mich nicht alles täuscht, habe ich es Ihnen nicht vermietet.«

Anstatt zu antworten, verschwand die ganze Truppe im Inneren, um kurz darauf mit dem Familienoberhaupt wieder in der Tür zu erscheinen. Der Mann war offenbar aus dem Schlaf geweckt worden und schien deshalb seine gute Laune verloren zu haben.

»Was wollen Sie?«, herrschte er uns in barschem Ton an.

»Dies ist zufällig mein Haus, und ich frage mich, wer Ihnen erlaubt hat, hier zu wohnen«, entgegnete Ralph in ruhigem Tonfall. »Wir können darüber reden, aber Miete müssen Sie schon bezahlen.«

»Miete für diese Bruchbude? Wie unverschämt kann denn einer sein, für diese baufällige Baracke auch noch Miete zu verlangen?«, erklärte der Mann. »Hier gibt es ja nicht einmal einen Stromanschluss. Vergessen Sie das mit der Miete! Wie Sie sehen, habe ich eine Familie zu ernähren. Hab vor einem halben Jahr meinen Job bei den Dodge-Werken verloren und wir sind froh, dieses Haus gefunden zu haben.«

»Das mag ja alles zutreffen, aber wir haben Gesetze in diesem Land ...«, wollte Ralph gerade klarstellen, als ich ihn beim Ärmel fasste und auf das Haus nebenan aufmerksam machte, aus dem ebenfalls eine kinderreiche Familie auftauchte. Das Oberhaupt dieser Wohngemeinschaft hatte offenbar nicht vor, sich mit dem Hausbesitzer auf eine Diskussion einzulassen, was er mit einer Doppelflinte in der Hand demonstrierte. Ich hielt es für klüger, die Hausbesichtigung an dieser Stelle abzubrechen und den Rückzug anzutreten.

»Was wollen diese *whiteys*, Willie? Soll ich ihnen Beine machen?«, fragte der Mann mit der Waffe seinen Nachbarn.

»Weiß nicht. Der Typ behauptet, der Hausbesitzer zu sein und will Miete von uns haben.«

»Let's get out of here!«, sagte ich zu Ralph und bewegte mich, ohne seine Antwort abzuwarten, in Richtung Auto. Wie ich zuvor von Jerry erfahren hatte, waren in Detroit im letzten Jahr bei Schießereien mehr als 600 Menschen ums Leben gekommen, insofern hatte ich wenig Neigung, diesen *bodycount* unnötigerweise zu erhöhen. Bei den Unruhen im Jahr 1967 hatte es in Detroit 40 Tote gegeben,

und das war ja noch nicht so ganz lange her. Zum Glück hatte auch Ralph begriffen, dass dies nicht der Moment war, zornige Männer mit Mietforderungen zu konfrontieren. Detroit war aus den Fugen geraten, und das Gesetz galt nicht mehr viel. Irgendwie erinnerte mich die Stadt an Babylon, apokalyptisch in jedem Fall.

Wir stiegen in den Jeep und fuhren davon. Erst als die Straße in die nächste Querstraße mündete und wir um die Ecke verschwunden waren, ließ meine Anspannung nach. Es hätte mich nicht gewundert, wenn der bewaffnete Mann seine Flinte auf uns abgefeuert hätte, sozusagen als Warnung, dass wir uns dort nicht mehr blicken lassen sollten. Ralph nahm die Sache ernst. Schließlich hatte er zu lange in der Stadt gelebt, um nicht zu wissen, wie schnell aus einem harmlosen Streit eine kinotaugliche Auseinandersetzung und aus einer Schießerei ein Volksaufstand werden konnte.

Im Nachhinein habe ich mich mit der Geschichte der Stadt befasst und mich anschließend gefragt, wie Paco und ich so leichtsinnig hatten sein können, mit einem Koffer voll Heroin in diesem Tollhaus aufzuschlagen und irgendwelchen Gangs ins Geschäft zu pfuschen. Wäre Jerry nicht der Lieferant der Young Boys Inc gewesen, hätten wir in Detroit wohl nicht lange überlebt.

Barbara und ihre Tochter Lisa kehrten drei Tage, nachdem das Geschäft abgeschlossen war, aus der Karibik zurück. Strahlend und von südlicher Sonne verwöhnt, kamen Mutter und Tochter mir am Flughafen entgegen. Während wir nach Hause fuhren, erklärte sie mir, dass Highland Park eine eigenständige Stadt sei, die zwar vollständig von Detroit umgeben war, dennoch nicht als Stadtteil der Metropole galt, de facto aber einer war; im Übrigen hatte Highland Park mit denselben Problemen zu kämpfen wie ihre große Schwester. Ich übergab Barbara die Wohnung, bedankte mich mit einem Bonus und deutete an, ihre Gastfreundschaft in sechs Wochen erneut zu benötigen. Ming hatte die nächste Lieferung nämlich für die erste Oktoberwoche geplant. Unterdessen wollte ich den längst überfälligen Besuch bei meiner Familie in Deutschland machen und anschließend nach Bali fliegen, um beim Hausbau nach dem Rechten zu sehen. Aber zuvor würden Joe und ich mit dem Landcruiser und dem verdienten Geld nach

New York aufbrechen, von wo aus ich es ins Ausland zu transferieren gedachte. Spätestens jetzt, nachdem Ming sein Geld verloren hatte, stand für mich fest, dass Cash-Transporte nicht mehr mit dem Flugzeug durchgeführt werden würden.

4.10 Brooklyn

Die Strecke von Detroit nach New York war ich im Frühjahr schon einmal mit Ming gefahren, diesmal war Smoker mein Begleiter. Wir waren 13 Stunden unterwegs, am Steuer wechselten wir uns ab. Der Termin, den es einzuhalten galt, war der 22. August, denn da sollte der Landcruiser in Port Elizabeth eingeschifft werden. Die Zeit bis dahin wollten wir in New York verbringen, zumal ich mein hart verdientes Geld aus dem Land schaffen musste. Smoker und ich quartierten uns im Grand Hyatt an der 42nd Street ein. Dann fuhren wir nach Brooklyn, um Nora einen Besuch abzustatten. Den Koffer mit der Kohle nahmen wir mit in ihre Wohnung. In kluger Voraussicht, denn kaum, dass wir einen Kaffee getrunken hatten, den Nora uns gekocht hatte, ertönte draußen vor dem Haus die Alarmsirene. Zunächst dachte ich, die Bullen seien im Anflug, aber dann wurde mir mit einem Mal bewusst, dass es mein Auto war, das da protestierte. Ich sprang zum Fenster (wir befanden uns im ersten Stock), und was ich sah, war unerfreulich: Eine Gang von etwa einem Dutzend Jugendlichen war um meinen Wagen versammelt. Sie hatten die hintere Seitenscheibe eingeschlagen, was den Alarm ausgelöst hatte. Ein Junge versuchte gerade, den Außenspiegel abzureißen, was ihm aber ohne Werkzeug nicht gelang.

»Hey, was habt ihr denn mit meinem Auto vor? Macht dass ihr verschwindet!«, rief ich den Möchtegerngangstern zu.

Gelächter.

»Schaut euch den *whitey* an!«, sagte der Wortführer großspurig. »Komm runter und schließ uns die Karre auf, damit wir sie durchsuchen können«, forderte er mich auf. Dabei zog er ein Schnappmesser aus der Tasche und fuchtelte damit herum. Ich zog mich in den Raum zurück und wandte mich an meine Freunde.

»Streckt mal eure schwarzen Schädel aus dem Fenster und macht den kleinen Scheißkerlen da unten klar, dass sie meinen Wagen in Ruhe lassen sollen!«

»Spinnst du?«, entgegnete Nora. »Ich lebe hier und kann es mir nicht leisten, Streit mit einer Straßengang zu riskieren. Die Sache musst du schon selbst in den Griff bekommen. Ich halte mich da raus.«

»Lass mich mal sehen, was sich machen lässt. Notfalls ballere ich mal auf den Hydranten, das wird sie abschrecken«, sagte Joe.

Unterdessen heulte die deutsche Polizeisirene unablässig in den Abend, aber zu meinem Erstaunen blieben die Passanten nicht stehen, geschweige denn, dass einer sich eingemischt hätte. Was immer die Ursache für den Lärm war, die Leute vom Viertel taten so, als ginge sie die Sache nichts an. Und ob die Polizei in der Nähe patrouillierte und herbeieilen würde, war ebenfalls völlig offen. Schließlich hatte Joe seine Kanone aus der Reisetasche geholt und beugte sich aus dem Fenster.

»Ich komme jetzt runter und stelle diese Sirene ab«, erklärte Joe den Jungs. Einer von ihnen saß auf der Haube und versuchte mit einem Messerknauf die Windschutzscheibe einzuschlagen. Was ihm aber zum Glück nicht gelang.

»Sollte ich noch einen von euch an diesem Automobil antreffen, werde ich ihm ein zweites Loch in seinen schwarzen Arsch blasen. Habt ihr das verstanden? Ihr wisst ja sicher, was ich hier in der Hand habe?«

Er hatte den Revolver in der Handfläche liegen und hielt ihn so, dass die Burschen ihn sehen konnten. Dann schob er das Fenster zu und forderte mich auf, mit ihm hinunter zu gehen. Auch wenn ich zu Smoker Vertrauen hatte, war mir ein wenig mulmig. Was wäre, wenn die Jungs zuvor gerade Crack geraucht hatten? Das Zeug nimmt einem die Angst und es macht die Schritte des Berauschten unberechenbar, alles Mögliche war denkbar. Sollte es zu einem Kampf auf der Straße kommen, so wäre ich der falsche Mann, und Smoker wäre vielleicht gezwungen, abzudrücken. Gar nicht auszudenken, läge anschließend ein toter Junge auf der Straße. Selbst wenn niemand zu Schaden käme, ein Schuss auf der Carroll Ecke Bedford würde nicht ungehört verhallen.

Die Sache gefiel mir ganz und gar nicht. Doch Smoker war entschlossen, dem Überfall ein Ende zu setzen. Dafür wurde er von mir bezahlt, und wie schon zuvor in Detroit auf der Gratiot Avenue, war er zur Stelle, wenn es galt, einen Angreifer zu vertreiben. Als wir hinaus auf den Flur traten, stand schräg gegenüber eine Wohnungstür offen, wo zwei Männer auf der Schwelle hockten und den Luftzug genossen, der vom Treppenhaus her durch das Haus strömte.

»Was ist denn hier los?«, erkundigten sie sich, als sie einen weißen und einen schwarzen Mann mit einer Waffe die Treppe nehmen sahen.

»Wir wollen bloß eine Meuterei auf der Straße beenden«, sagte Joe, ohne stehen zu bleiben.

»Eine Gang hat meinen Wagen aufgebrochen«, ergänzte ich.

»Ist das deine Sirene?«

»So ist es.«

Die beiden Männer kamen hinter uns her, um zu sehen, was als nächstes passierte. Als wir die Haustür öffneten, prasselte ein Steinhagel gegen die Hauswand und die Briefkästen. Wir duckten uns und drängten zurück. Unterdessen waren Noras Nachbarn ebenfalls im unteren Hausflur angekommen. Steine auf ihren Briefkasten machten die Sache mit einem Mal zu ihrer. Sie drängten an uns vorbei nach draußen.

»Steck die Knarre weg, Bruder, ich regle das mit den Boys«, wies einer Smoker an.

Dann erscholl ein fürchterliches Gebrüll, eine Salve von Verwünschungen und Drohungen. Die beiden Männer brachten die Straße augenblicklich unter Kontrolle, mit nichts als ihrer Präsenz und ihren Stimmen. Als ich schließlich hinter Joe die Außentreppe hinabstieg, war von der Bande nichts mehr zu sehen.

»Das waren doch Kinder«, sagte der jüngere der Nachbarn vorwurfsvoll zu Smoker. »Was hattest du vor, wolltest du ein Kind erschießen?«

»Ich wollte lediglich das Eigentum dieses Gentleman aus Deutschland beschützen. Das ist mein Job, dafür werde ich bezahlt. Sollte es meine Arbeit erfordern, einen Angreifer zu erschießen, dann ist es eben so.«

Joe steckte den Revolver hinter den Gürtel und begleitete mich zum Auto. Ich schloss die Tür auf und schaltete die Sirene aus. Bis auf die geborstene Scheibe und ein paar Kratzer im Lack war der Wagen unbeschädigt. Wir standen auf dem Trottoir und beratschlagten, was jetzt zu tun sei. Da schob sich wie aus dem Nichts die schwarz-weiße Haube eines Streifenwagens hinter der Hausecke ins Blickfeld. Zwei Bullen mit Sonnenbrillen und Schirmmützen schauten herüber, hielten aber nicht an. Nachdem sie verschwunden waren, wusste ich, was zu tun war.

»Wir bringen den Wagen über Nacht in eine Garage«, erklärte ich. »Rufus, der Taxifahrer, der Jamaikaner, den ich beim letzten Mal hier kennengelernt habe, hat einen Innenhof mit zwei Garagen. Ich werde ihn anrufen und sehen, ob wir den Landcruiser bis morgen dort unterstellen können. Die Straße ist jedenfalls keine Option«, stellte ich fest.

»Das hätte ich dir vorher sagen können«, war Nora oben im Fenster zu vernehmen. »Jedes Auto, das nicht hierhergehört, weckt die Neugier der Kids. Erst letzte Woche haben sie einen Oldsmobile geklaut, gleich hinter dem Basketballfeld.«

»Na bravo!«, rief ich kopfschüttelnd. »Hättest du mir das nicht sagen können, ehe wir in Manhattan losfuhren?«

»Jetzt weißt du's«, entgegnete sie frech. Das hier ist Brooklyn. Was denkst du, weshalb ich mir eine neue Wohnung an der Upper East Side gesucht habe?«

»Was ist eigentlich damit, wann ziehst du denn endlich um?«

»Wenn ihr dabei helft, kommende Woche. Ich warte noch auf die Handwerker, der Abfluss im Bad muss nämlich neu gemacht werden.«

»So lang können wir nicht bleiben«, entgegnete ich. »Ich habe vor, den Landcruiser nach Deutschland zu verschiffen, und anschließend fliege ich nach München.«

Wir kehrten in Noras Wohnung zurück.

»Ich sehe schon, dass ich den Umzug allein bewerkstelligen muss«, sagte Nora.

»Ich schlage vor, du heuerst eine Umzugsfirma an, und ich bezahle dir den Transport. Was hältst du davon? Außerdem kann dir doch dein Freund Rudi zur Hand gehen.«

»Der ist nicht in New York.«

»Wo steckt er denn?«

»Geschäftlich in Miami.«

»Da schau her! Um was geht's denn gerade?«

»Um was schon, um Koks natürlich.«

»Hat er dir das gesagt?«, wollte ich von Nora wissen.

»Hat er. Er hat einen Käufer für ein halbes Kilo.«

»Wahrscheinlich die Bullen. Jedenfalls rate ich dir, dich aus seinen Geschäften herauszuhalten.«

»Was habe ich mit Rudis Geschäften zu tun? Unsere Geschäfte spielen sich im Bett ab«, sagte sie ein wenig eingeschnappt.

»Unsere *Sista* steht offenbar auf *White Boys*«, merkte Smoker grinsend an. *»Nigga got no chance!«*

»Bullshit«, wies Nora ihn zurecht. »Das Problem ist, die meisten Nigger respektieren ihre Frauen nicht.«

»Du willst doch nicht sagen, dass dein Rudi ein Gentleman ist?«, gab ich zu bedenken. »Wie dem auch sei, du bist ja jetzt mit einem Chinesen verheiratet.«

»So ist es«, erwiderte sie kurz angebunden.

Spät am Abend gingen uns die Kippen aus. Wir würfelten, wer vor zum Kiosk an der Flatbush Avenue laufen solle, und die Wahl fiel auf mich. Keiner meiner beiden dunkelhäutigen Freunde dachte daran, dass es vielleicht besser wäre, wenn einer von ihnen diese Besorgung erledigte. Ich nahm meine Jacke und verließ das Haus. Der Wagen stand noch da, allerdings lud das zerbrochene Fenster dazu ein, die Kiste zu öffnen und zu durchsuchen. Ich beschloss, den Wagen sobald wie möglich zu Rufus zu bringen.

Unterwegs zum Kiosk begegnete mir ein Mann, der es eilig zu haben schien, so wie er an mir vorbei hastete. Dann musste ich an zwei schwarzen Ladys vorbei, deren Angebot ich höflich ausschlug. Endlich erreichte ich die Flatbush Avenue und betrat den Laden, das heißt, den Vorraum, ein unmöbliertes Geviert, welches durch Gitter und Panzerglas zum eigentlichen Laden hin abgegrenzt war. Hinter der dicken Scheibe erkannte ich einen Mann, wie sich später herausstellte, ein Libanese.

»Was kann ich für Sie tun?«

»Ich brauche Zigaretten.«

»Was für welche?«

»Indonesische Kreteks.«

»Was?«, fragte er nach. Offenbar konnte er mit dem Begriff nichts anfangen.

»Kretek. Indonesische Nelkenzigaretten. Gudang Garam zum Beispiel.«

»Dann sagen Sie das doch gleich. Wie viele Schachteln sollen es sein?«

»Gegenfrage: Wie viele haben Sie?«

»Mehr als Sie rauchen können«, war die ungezogene Antwort.

»Dann geben Sie mir mal zehn Päckchen«, sagte ich, ohne auf die Provokation einzugehen. »Außerdem nehme ich noch eine Stange Marlboro mit.«

Er murmelte etwas vor sich hin und legte schließlich die gewünschte Ware in das in den Tresen integrierte Sicherheitsfach. Ich warf einen Schein in die Lade und nahm die legalen Alkaloide an mich. Blöd, dass ich keine Einkaufstasche mitgenommen hatte, aber ich hatte ja nicht ahnen können, dass ich gegen Mitternacht noch einen »Großeinkauf« tätigen würde.

Noch während ich überlegte, ob ich den mürrischen Verkäufer um eine Tasche bitten sollte, ging die Tür auf und meine Freunde vom Nachmittag standen plötzlich im Raum. Ganz so, als hätte ich die Gang erwartet, sprach ich sie sogleich an: »*Hi guys*! Ihr kommt wie gerufen. Ich suche nämlich jemand, der mir dabei hilft, diesen Kram hier nach Hause zu tragen.«

Erst dann spürte ich, wie mir das dämliche Grinsen aus dem Gesicht rutschte und ich weiche Knie bekam. Die Bande nahm hinter mir an der Wand Aufstellung. Im Winkel des Auges sah ich, wie der Ladenbesitzer eine Schrotflinte unter dem Tresen hervorholte und sie durch eine Öffnung in der Glaswand schob, eine kleine Schießscharte.

»Ok, Freunde. Ich schlage vor, ihr verlegt euer Klassentreffen nach draußen! Hier ist gleich Feierabend. Also: Abmarsch!«

Der Mann und sein Schrotgewehr lenkten die Jugendlichen von mir ab, zumindest einstweilen, sodass ich eine Chance für mich erkannte. Ich solidarisierte mich mit ihnen.

»Drehst du jetzt durch, oder was?«, wandte ich mich an den Libanesen. »Die Jungs haben dir doch gar nichts getan!« Und an die *boys from the hood* gewandt sagte ich: »Lasst uns hier verschwinden, der Wahnsinnige bringt es sonst fertig und ballert noch los.«

Ich raffte meine Zigaretten aus dem Sicherheitsfach und ging nach draußen. Niemand versuchte mich daran zu hindern. Vor dem Eingang blieb ich stehen und wartete auf die Jungs. Spontan fing ich an, jedem von ihnen, sobald er heraustrat, eine Schachtel Zigaretten in die Hand zu drücken. Völlig von meiner Bescherung überrumpelt, nahmen sie die Geschenke an, und damit waren Anspannung und Adrenalin verflogen.

»Hast du keine Angst, allein um diese Zeit auf der Straße herumzulaufen?«, wollte der Anführer von mir wissen, während er seine Schachtel aufriss und von einem Kumpel Feuer forderte.

»Auf der Straße weniger als bei diesem Irren im Laden«, erklärte ich. »Und wenn ihr schon mal da seid, könntet ihr mich auch bis in die Carollstreet begleiten. Das fänd ich cool.«

»Habt ihr gehört? Wir begleiten den Mann nach Hause!«

Während wir uns auf den Weg machten, erkundigten sie sich, wo ich herkomme und was ich in Brooklyn mache. Natürlich wussten sie, dass ich der Besitzer des Autos war, das sie Stunden zuvor beschädigt hatten. Aber das schien ihnen kein Anlass für eine Entschuldigung, geschweige für eine angebotene Wiedergutmachung zu sein. Darauf von mir angesprochen, meinte der kleine Gangsterboss lachend: *»Shit happens.«*

Als wir nach zehn Minuten endlich vor Noras Haus ankamen, lehnte Smoker im Fenster.

»Gibt es Probleme, Bruder?«

»Was für Probleme sollte es geben? Keine Probleme. Die Jungs waren so freundlich und haben mich heimbegleitet.«

Joe warf mir den Haustürschlüssel hinunter, ich verabschiedete mich von den Burschen mit dem eigenwilligen Handshake, den ich bei den Schwarzen in Detroit gelernt hatte. Dann schloss ich die Tür auf und ging hinein. Erst als die Tür ins Schloss fiel und Nora das Licht im Treppenhaus anknipste, merkte ich, wie angespannt ich die ganze Zeit über gewesen war.

»Tut mir leid, dass ich dich hab allein laufen lassen«, sagte Smoker, als ich oben ankam. »Erst als du fort warst, wurde mir bewusst, dass ich an deiner Seite hätte bleiben sollen.«

»Vergiss es. Wie du siehst, finde ich mich ganz gut allein zurecht. Ich war schon in Barcelona, Bombay, Bangkok und Bogotà nachts allein unterwegs und habe es überlebt, da werde ich doch wohl auch in Brooklyn klarkommen.«

Das, so waren sich alle Anwesenden einig, war ein gelungener Scherz von der Sorte Galgenhumor, über den wir herzlich lachen mussten.

Pünktlich am 22. August schiffte ich den Landcruiser in Port Elizabeth* auf der »Atlantic Span« nach Bremerhaven ein, wo ich ihn nach zehn Tagen auf dem Pier würde abholen können. Zwei Tage später war alle Arbeit getan, das illegal verdiente Geld ins Ausland transferiert, Joe und Nora für ihre Dienste entlohnt und meiner Reise nach Europa stand nichts mehr im Weg.

Am 26. August landete ich in München Riem, wo Lisa und die Kinder mich abholten. Sie wohnten in Schwabing bei Bekannten, die ihnen für die Dauer eines Aufenthaltes in Poona** ihr Apartment überlassen hatten. Ein Freund, der allein in seiner großen Wohnung in der Ismaninger Straße lebte, bot uns an, für eine Übergangszeit bei ihm einzuziehen. Nachdem ich den Jetlag ausgeschlafen und die Perspektiven mit meiner Frau besprochen hatte, kaufte ich mir eine Zeitung und fand das Inserat einer Familie, die ihre möblierte Wohnung im Olympiadorf für vier Monate vermietete. Wir fuhren hin, sahen uns die Bleibe an und konnten Anfang September dort einziehen.

Inzwischen war auch Hans Hass wieder in der Stadt. Ich traf ihn in Begleitung von Werinher im Café an der Münchener Freiheit, wo er noch einmal die Geschichte vom »Einbruch« in Barbaras Haus erzählte. Spätestens jetzt, wo wir das Abenteuer glücklich überstanden hatten, konnten wir darüber lachen. Als ich ihnen von unserem Umzug ins Olympiadorf erzählte, boten sie spontan an, dabei zu helfen. Möbel hatten wir zwar keine zu bewegen, aber eine Menge Kisten und Koffer.

Da mir nach einer Woche der Stoff auszugehen drohte und ich keine Lust verspürte, unfreiwillig in den nächsten Heroinentzug zu stolpern, bat ich Werinher, mich mit einem Dealer bekannt

* Frachthafen in New Jersey

** Sitz des Ashrams des Bhagwan Sre Rajneesh in Indien

zu machen, bei dem ich mich versorgen könnte. Wacki, den ich zunächst angerufen hatte, war nicht zu erreichen. So stellte mir Werinher einen Bekannten vor, der im kleinen Stil dealte und der mir etwas von seinem Zeug verkaufte. Sein Name war Ronny Feldmann.

Ich erwähne Ronny namentlich, weil er in absehbarer Zukunft eine Rolle in meinem Leben spielen sollte, aber dazu mehr, sobald Ronny die Bühne in New York betritt. Vorerst gefiel mir seine burschikose bayerische Art, direkt des Pudels Kern anzupeilen. Außerdem erzählte er skurrile Geschichten, denen ich gerne zuhörte. Über die gemeinsame Droge wurden wir »Freunde«, um diesen Begriff einmal mehr ein wenig zu strapazieren. Aus einer Laune heraus bot ich ihm einen Job in Amerika an, ohne zu ahnen, welche Schwierigkeiten ich mir damit eingehandelt hatte. Auch wenn Ronny noch nie über die Grenzen Europas hinausgekommen war, und zudem kaum Englisch sprach, willigte er ein, mir in Amerika zu helfen.

Wenn ich jetzt mit dem Abstand vieler Jahre an Ronny Feldmann denke, fallen mir als erstes Wild-West-Romane ein, aus denen er sein Wissen über Amerika hatte. Als ich ihm nämlich anbot, mit in die USA zu kommen, um mir im Drogenhandel behilflich zu sein, war mir, als habe ich ihn gefragt, ob er mit mir in den Saloon von Laramie kommen wolle, um ein paar Raufbolde zur Vernunft zu bringen. Mit Smoker, Ralph und Nora hatte ich eigentlich genügend Komplizen vor Ort, um die Dinge zu erledigen, die ich nicht selbst erledigen wollte oder konnte. Dennoch versprach ich Ronny, ihn in die Staaten zu rufen, sobald ich eine Aufgabe für ihn hätte, was vorerst noch nicht der Fall sei.

Nach ein paar Tagen erhielt ich die Nachricht von der Reederei, dass der Landcruiser in Bremerhaven abgeholt werden könne. Lisa und ich flogen mit den Kindern nach Bremen, im Taxi ging's von dort nach Bremerhaven, und kurz darauf fuhren wir im eigenen Auto zu meinen Eltern in den Hunsrück. Mit einem Auto mit Florida-Kennzeichen in Deutschland unterwegs zu sein, war insofern beruhigend, als dass ich mich nicht um jeden Blitzer sorgen musste, denn sollte je eine Mahnung bei Joey in Fort Lauderdale eingehen, dessen Adresse auf dem Zulassungsschein stand, so würde die Sache wohl im Sande verlaufen. Zudem besaßen US-Autos lediglich ein Kennzeichen am Heck des Fahrzeugs, konnten also, wenn sie von vorne geblitzt wurden, gar nicht identifiziert werden. Aber dazu sollte es während der ganzen Zeit, die ich den Landcruiser in Deutschland fuhr, nicht kommen.

Lange hielten wir uns nicht im Hunsrück auf, denn nach drei Tagen mussten wir nach München aufbrechen, da ich schon für den 7. September den Flug nach Bali gebucht hatte, um beim Bau des Hauses nach dem Rechten zu sehen. Vorher hatte ich noch diverse Dinge zu erledigen, vor allem wollte ich einige Leute besuchen, die ich lange nicht gesehen hatte. Ich erlag nämlich damals noch der Illusion, man könne Freundschaften auf Niveau halten, auch wenn man sich rarmachte und es kaum noch zu Kommunikation und gemeinsam verbrachter Zeit kam.

Das Thema Freundschaft hat mich ein Leben lang umgetrieben, mir war immer daran gelegen, Freunde um mich zu wissen, Frauen und Männer, zu denen ich eine seelische Verwandtschaft spürte und mit denen man offen über alles sprechen konnte. Darunter waren natürlich auch solche, die mir schmeichelten und die mich scheinbar bewunderten. Wollen wir uns von dem Image befreien, Tölpel des sozialen Netzes zu sein, müssen wir bereit sein, den Menschen zuzuhören und uns auf sie einzulassen. Bald wurde mir klar, dass nichts von Bestand ist, dass auch unsere sozialen Bindungen Änderungen unterliegen. Freundschaften werden nicht für die Ewigkeit geschlossen, meist sind es Zweckbündnisse. Das heißt, Menschen tun sich zusammen, etwa um gemeinsam Geschäfte zu machen, um zusammen zur Jagd zu gehen, um kulturellen Interessen nachzugehen, um gemeinsam die Welt zu bereisen oder um sich beim Sex kennenzulernen. Zuweilen befreunden wir uns, wenn wir zufällig zu Nachbarn werden, zu Arbeitskollegen, zu Zellennachbarn im Gefängnis oder zu Zeltnachbarn auf dem Campingplatz. Irgendwann las ich »*La Chute*« von Albert Camus, ein Buch, welches mich wie eine Ohrfeige traf. Dort machte sich der Autor Gedanken über seine Freunde und ich erlaube mir, eine seiner Beobachtungen dazu zu zitieren:

Meine Freunde sage ich übrigens dem Grundsatz zuliebe. Ich habe keine Freunde mehr. Ich habe nur noch Komplizen. Dafür hat ihre Zahl zugenommen, sie umfasst das ganze Geschlecht der Menschen. Und unter den Menschen kommen Sie an erster Stelle. Der just Anwesende kommt immer an erster Stelle.

Darin liegen zwei Beobachtungen, die mir plausibel erscheinen: Erstens die Ersetzung des Begriffs der Freundschaft durch den der Komplizenschaft. Zweitens die Tatsache, dass der just Anwesende den Anspruch hat, meine volle Aufmerksamkeit zu erfahren. Freundschaft hier und jetzt! Gefühle der Freundschaft sind schwer zu messen, weil sie ständigem Wandel unterliegen: Es werden immer wieder neue Momentaufnahmen erzeugt, während die Komplizenschaft an konkrete Projekte gebunden ist; mit ihr geht kein Ewigkeitsversprechen einher, ihr Ende ist emotional leichter auszuhalten. Von daher betrachte ich es als außerordentlichen Glücksfall, wenn Jugendfreunde zu Altersfreunden werden. Wenn ich nun einen Blick zurück über das soziale Trümmerfeld werfe, auf dem so viele meiner früher so unerschütterlich geglaubten Freundschaften gelandet sind, fällt mir auf, dass einige davon aufgrund der räumlichen Entfernung im Sand versickert sind; etwa die zu Osiris, andere, wie die zu Richie, hörten auf zu sein, weil der Tod sie auflöste. Aber in den meisten Fällen hatte man sich einfach nichts mehr zu sagen, die Weltbilder der früheren Freunde waren auseinandergedriftet, und in einigen Fällen hatte die Beziehung einfach nicht die Kraft, kleine Konflikte auszuhalten oder zu einem positiven Ergebnis geführt zu werden. Fälle, wie der von Hunter James, der aufgrund seiner Heroinabhängigkeit seine ihn früher auszeichnende Redlichkeit verlor und zum Betrüger wurde, die gab es auch. Oder wenn ich selbst meiner Verpflichtung zur Solidarität nicht nachkam, wie zum Beispiel im Fall meiner Freunde Pit und Justin, die ich nur halbherzig unterstützte, als sie verhaftet wurden und ins Gefängnis mussten. Diese Stelle bietet mir die Gelegenheit, quasi die oberste Autorität der deutschen Dichtkunst zu zitieren, Herrn von Goethe, der wieder einmal Recht hat:

Alte Freunde muss man nicht wiedersehen, man versteht sich nicht mehr mit ihnen, jeder hat eine andere Sprache bekommen. Wem es ernst um seine innere Kultur ist, hüte sich davor; denn der alsdann hervortretende Missklang kann nur störend auf uns einwirken, und man trübt sich das reine Bild des früheren Verhältnisses.

Als ich im September 1981 für ein paar Tage nach München kam, wo ich immerhin sieben Jahre lang eine Wohnung oder ein Haus bewohnte und wo ich eine Menge Leute kannte, kam so manche Freundschaft auf den Prüfstand. Und alle die ehemaligen Weggefährten, die ich damals nicht besuchte, waren soziale Abschreibungen, auch wenn mir das damals nicht so bewusst war. So erging es meinen Beziehungen zu TomTom und Hansi Heinz, zu Mauricio, zu Carmen, zu Jenny und Jorge, zu Norbert dem Maler und zu Tommy Parker, mit dem Lisa und ich vor ein paar Jahren nach Zypern gesegelt waren. Zeit für einen Besuch nahm ich mir lediglich bei Christel, die nach wie vor in Obermenzing, inzwischen aber von Heinz getrennt lebte; dann besuchte ich Wacki, der in der Nähe des Gärtnerplatzes in einem schäbigen Haus wohnte und den ich aufgrund seines langjährigen Heroinkonsums äußerlich wie innerlich verwahrlost antraf. Mein Vorhaben, ein ernstes Wort mit ihm zu wechseln, was die Art und Weise seiner Schmuggelreise Ende des vergangenen Jahres betraf, als er sich bei Tiger in Bangkok Ware hatte geben lassen, die ich dann später bezahlen sollte, gab ich auf, als ich die bedauerliche Verfassung sah, in der ich ihn und seine Freundin Michaela antraf. Ich hielt mich nicht lange dort auf, denn Wacki war so »breit«, dass er kaum sprechen konnte und ihm die Augen andauernd zufielen. Es sollte das letzte Mal sein, dass wir uns begegneten, denn ein paar Monate danach war er tot. Als ich mich damals von Wacki verabschiedete, hatte er noch gelebt, oder sollte ich besser schreiben, da atmete er noch. Danach fand ich noch Zeit, Walter Fleischer zu treffen, der sich mehr schlecht als recht in der Stadt durchschlug. Ich versprach, an ihn zu denken, wenn ich in den USA wieder einmal jemanden benötigte, der mir bei den Geschäften helfen könne. Walter war schließlich mein allererster Komplize im Drogenhandel gewesen, er hatte mich in das illegale Geschäft eingeführt, und auch wenn er mir im Laufe der Jahre einige »Streiche« gespielt hatte, ihm gegenüber konnte ich nicht nachtragend sein, dafür mochte ich ihn einfach zu sehr. Ich folgte der Einladung von Martin Pastorius, der sich in den vergangenen Jahren ein legales Geschäft in der Esoterik-Branche aufgebaut hatte, und dessen Firma inzwischen auf soliden Füßen stand. Mit diesen Besuchen bei Freunden glaubte ich, meinen sozialen Verpflichtungen in München Genüge getan zu haben und fuhr bereinigten Gewissens zum Reisebüro an der Leopoldstraße, um mir das nächste Ticket nach Bali abzuholen.

4.11 Guni

Am Morgen des 7. September 1981 landete ich auf dem Don Muang Airport von Bangkok. Diesmal war bloß ein Zwischenstopp mit einem Aufenthalt von 24 Stunden vorgesehen. Ich ließ mich zum Ambassador Hotel bringen und rief bei dem Kontaktmann an, der Ming informierte, dass ich in der Stadt sei. Nachdem ich ein paar Stunden geschlafen hatte, besuchte ich Odt, den ich, wie meist auf der Sukhumvit bei der Arbeit antraf. Er berichtete mir dann, was jüngst in seiner Welt geschehen war, meist positive Entwicklungen, und wenn es sich um Ereignisse handelte, denen man wenig Positives abgewinnen konnte, dann betrachtete er sie eben durch die rosarote Brille. Odt schien zur guten Laune verurteilt. Zum Abschied kaufte ich ihm einen Ebenholz-Elefanten ab. Dann nahm ich ein Tuk-Tuk zu einem Massagesalon, wo mir der Manager eine junge Frau empfahl, die mich nicht bloß hervorragend massierte, sondern anschließend auch erotisch verwöhnte. Ihr Name war Gunnika (ich nannte sie Guni) und ich lud sie ein, nach der Arbeit zu mir ins Hotel zu kommen.

Guter Dinge machte ich anschließend bei Tiger halt, der nach wie vor mit seiner kleinen Familie am Klong lebte. Er gab mir ein Beutelchen Heroin zum Eigengebrauch, denn nach wie vor war ich von dem Zeug abhängig. Tiger, der Händler, missbilligte das und gab mir den Rat, ein paar Wochen in ein Kloster im Norden des Landes zu gehen und dort mit einem von Mönchen gebrauten Wurzel- und Kräutersud den Entzug einzuleiten. Davon hatte ich schon gelesen, war allerdings durch die schmerzhaften Begleiterscheinungen abgeschreckt. Das Ganze ging nämlich so vonstatten, dass die Patienten mehrere Tage diesen Sud trinken mussten, ein offenbar ungenießbares Gebräu, welches sofortigen Brechreiz hervorrief: die Mönche waren der Ansicht, die Kranken müssten das Gift symbolisch auskotzen. Der Rest war erst einmal kalter Entzug oder Cold Turkey! Nein Danke!

Am frühen Abend tauchte Ming in seinem BMW auf. Was wiederum ich nicht cool fand, da der luxuriöse Schlitten auffiel und nicht zuletzt bei den Polizisten Neid und Interesse weckte. Andererseits war mir klar, dass Ming das Risiko des Schmuggelns nicht wegen des Abenteuers einging und auch nicht, weil er, wie Paco und ich, die Welt kennenlernen wollte. Ihm ging es ausschließlich ums Geld, und was er damit machte, deutete der für seine Verhältnisse protzige Wagen an.

Er hatte gebratene Ente mitgebracht, Nudeln und Gemüse. Aus der Hotelküche des Ambassador ließen wir uns Teller und Stäbchen bringen, sowie eine Flasche Rotwein aus Australien. Ming berichtete mir von seinem letzten Besuch in Hongkong, wo sich der Chef der Triade wegen des verloren gegangenen Koffers furchtbar aufgeregt habe. Es hatte nicht viel gefehlt und er hätte Ming die weitere Organisation der Herointransporte entzogen. Nach wie vor bestand ihm gegenüber ein gewisses Misstrauen, weshalb Ming mich bat, demnächst nach Hongkong zu kommen und bei einem Familientreffen für ihn auszusagen, also zu bestätigen, dass er den Koffer mit den 300.000 $ tatsächlich verloren hatte. Damit hatte ich schon gerechnet, und es verstand sich von selbst, dass ich zusagte. Vorher wollte ich aber noch nach Bali fliegen, weil Agung wieder Geld benötigte, um Baumaterial zu kaufen. Ming und ich verabredeten uns in zehn Tagen in Hongkong, wo er im Hotel Mandarin ein Zimmer für mich zu reservieren versprach.

Guni war ein so angenehmes Mädchen, und ich fühlte mich in ihrer Gegenwart so wohl, dass ich sie fragte, ob sie Lust hätte, für ein paar Wochen mit mir nach Bali zu reisen. Lust hatte sie, aber ihr fehlte der Reisepass. Also nahm ich sie am nächsten Tag mit zum Fotografen, der Passbilder knipste, und anschließend gingen wir zum Passamt, um einen Reisepass für sie zu beantragen. Das würde ein paar Tage in Anspruch nehmen, ebenso eine medizinische Untersuchung, die sie von sich aus anregte, denn Bangkok war die Welthauptstadt der Krankheitserreger und Präservative waren nach wie vor kein Top-Thema.

Ich gab ihr das nötige Geld und versprach, in einer Woche zurück zu sein. Dann verabschiedete ich mich von Guni und verließ Thailand in Richtung Singapur, wo ich wieder im Cairnhill Hotel abstieg.

Durch meinen Kontakt zu Ali, dem Sicherheitschef der Indonesischen Botschaft, verkürzte sich die Wartezeit auf das Visum erheblich. Ich füllte den Antrag aus, übergab ihn Ali zusammen mit meinem Pass inklusive Bakschisch und konnte ihn eine Stunde später im Café entgegennehmen, sodass ich am nächsten Morgen weiterfliegen konnte. Um irgendwann einmal ganz auf das Visum verzichten zu können, erkundigte ich mich, was ich tun müsse, um eine Aufenthaltsgenehmigung für Indonesien auf Dauer zu bekommen. Wie zu erwarten, war auch das eine Frage des Geldes. Und da ich ja jetzt Geld hatte und dabei war, noch mehr davon zu verdienen, war das Problem mit der Einreise so gut wie gelöst. Ich bat Ali, den hochrangigsten unter den korrupten Botschaftsbeamten ausfindig zu machen und ihn mir bei einer der nächsten Gelegenheiten vorzustellen. Er teilte mir auch mit, was ein Botschaftssekretär damals im Schnitt verdiente, und auch wenn ich mich nicht mehr an den Betrag erinnere, war es unverschämt wenig, was der indonesische Beamte monatlich überwiesen bekam. Es kam einem so vor, als habe der Staat unter General Suharto von vorneherein so kalkuliert, dass der Beamte von Natur aus korrupt sei und sich den Löwenhappen in der Schattenbürokratie erwirtschafte. Wer wollte es dem kleinen Mann in der schlechtsitzenden Uniform da verdenken, wenn er die Krümel aufklaubte, die bei den Geschäften der Bonzen vom Tisch fielen? Korruption ist wahrscheinlich deshalb weltweit so manifest und unausrottbar, weil die Raffgier in der Natur vieler Menschen angelegt ist, weshalb man getrost von einer Kultur der Korruption sprechen kann. Wenn ich allein daran denke, wen wir im Laufe der Jahre im Schmugglergeschäft alles bestochen haben, die Palette reichte vom Verwaltungsbeamten, der falsche Papiere verkaufte, bis zum Staatsanwalt, der ein Ermittlungsverfahren einstellte; vom Zöllner, der dafür sorgte, dass ein Luftfrachtpaket während seiner Schicht durchgelassen wurde, bis zum Polizisten, der Informationen zum Ermittlungsstand weitergab. Ich empfand es jedes Mal wie einen Sieg gegen das Gesetz, wenn jene dagegen verstießen, die eigentlich angetreten waren, um seine Einhaltung zu garantieren. Sozusagen als Beiprodukt dieser Schmierfinken der Bürokratie entwickelte sich die Heuchelei in Reinkultur, ein Vergehen an der Gesellschaft, welchem, ähnlich dem Verrat, völlig der Mut abging.

Meiner Erfahrung nach herrscht überall Korruption, es gibt lediglich von Kultur zu Kultur graduelle Unterschiede. Indonesien hatte seinerzeit eine bis in kleinste bürokratische Ebenen hinein sublimierte Bestechungskultur. Man entrichtete nämlich seinen Obolus im Vorfeld, ohne daran eine konkrete Erwartung zu knüpfen: Der Beamte stattete dem Bürger einen Besuch ab, aß und trank auf dessen Kosten, und ohne, dass ein Wort gesprochen wurde, steckte er am Ende den Schein in die Tasche, den der Gastgeber diskret unter das Teeglas geschoben hatte. Die Gegenleistung: keine weiteren Fragen und erst recht keine Ermittlungen. Das garantierte einem ein Jahr lang das Wohlwollen des Staates und man konnte sich darauf verlassen, dass es keine Visaprobleme gab und keine Hausdurchsuchung. Ich bin ziemlich sicher, hätte Harry es damals verstanden auf dieser Klaviatur zu spielen, er hätte Bali nicht verlassen müssen, nachdem er dem Ehemann seiner Geliebten die Zähne ausgeschlagen hatte. Das alles hätte man mit einem Scheinchen oder zwei auf der Polizeistation regeln können.

Ein Fall von Korruption, den ich zunächst im Zuge meines Berichtes übergangen habe, war der des Jorge Geisler, der anfangs in Gräfelfing unser Untermieter war. Zu der Zeit, als Paco und ich zum ersten Mal eine Tauchflasche voll Pulver in die USA einschmuggelten, hielt sich auch Jorge in Bangkok auf, wo ich ihm den Kauf eines halben Kilos Heroin vermittelte.

Die Sache ging allerdings schon schief, ehe Jorge überhaupt losgeflogen war: Noch während er sich im Hotel von zwei raffinierten Huren abzocken ließ, tauchte die Kripo bei ihm auf und fand den Stoff in seinem Koffer. Jorge wurde festgenommen, ein Anwalt wurde mit Bargeld ausgestattet, und am Ende stellte sich alles als bedauerlicher Irrtum heraus, denn, wen wundert's, der Koffer mit dem Pulver gehörte gar nicht ihm, denn der Vormieter hatte das brisante Gepäckstück unter dem Bett vergessen, als er abreiste.

Na also, höre ich den rechtsgläubigen Bürger sagen, die Wahrheit obsiegt am Ende doch. Die Wahrheit im Falle von Jorge Geisler war die, dass seine Freundin Jenny Geld sammelte, welches der Wahrheit zuliebe in die Taschen von deutschem Botschaftspersonal und thailändischen Anwälten floss, von wo aus es einem geheimen Schlüssel zufolge weiter in die geölten Finger der Polizei, der Staatsanwaltschaft und des Ermittlungsrichters glitt. Vielleicht war das der Grund, weshalb ich immer grinsen musste, wenn ich es mit Zöllnern oder Ermittlern zu tun hatte: Ich wusste, dass sie käuflich waren und zollte ihnen meinen Ganovenrespekt für die teilweise perfekte Kunst, mit der sie ihre Rolle spielten. Vielleicht spielte ich mit dem Hintergedanken, dass der Mensch dem Menschen, der ihn respektiert, kein Übel zufügt?! Ich erinnere mich noch meiner boshaften Schadenfreude, als Jorge aus Thailand heimkehrte und die Ermittler vom Münchener Landeskriminalamt, die ihn schon für Jahre im Zuchthaus von Bangkok wähnten, plötzlich keinen Fall mehr hatten, denn er hatte ja »unschuldig« in U-Haft gesessen. Würden diese durchaus unterhaltsamen Schelmenstücke nicht auf Kosten fühlender Menschen ausgetragen, man könnte sie zu Drehbüchern umschreiben und sich im Sessel zurücklehnen. Leider gibt es dabei immer Personal, welches die Zeche bezahlt, aber dieses gehört in den seltensten Fällen zur Truppe des Staates.

Ich erreichte Bali, wie so oft in dieser Zeit, an einem Tag voller Sonnenstrahlen und frischer Meeresbrise. Bali-Laune stellte sich ab dem Moment ein, als die Türen des Flugzeugs geöffnet wurden und der erste tropische Lufthauch in die Kabine wehte. Da ich nicht lange bleiben wollte, ließ ich mich im Taxi zum Hotel Bali Oberoi bringen, einem der besseren Häuser am Strand, wo der Gast pro Tag den fünffachen Monatslohn eines Hotelangestellten bezahlen musste. Wie demoralisierend mag das wohl auf die Leute gewirkt haben, fragte ich mich später. Jedenfalls genoss ich den Luxus, den man mir dort bot und besuchte Agung erst, nachdem ich mich in dem Bungalow häuslich eingerichtet hatte.

Die Familie Agung begrüßte mich wie einen alten Freund, alle waren gespannt, ob ich Wort halten würde und die versprochene Investition tatsächlich umsetzte. Das hatte ich vor, und als ich bei Agung hinten aufs Motorrad stieg und wir zusammen in die Hauptstadt Denpasar aufbrachen, wo wir auf der Bank Bumi Daya jeder ein Konto eröffneten (Agung hatte bis dahin noch nie einer Bank sein Geld anvertraut), auf welche ich zunächst ein paar Tausend Dollar einzahlte, wurde die Sache konkret. Anschließend besuchten wir den Architekten, der ebenfalls Wort gehalten hatte und mir einen Plan des Hauses vorlegte, gezeichnet nach den Ideen, die ich ihm bei unserer ersten Begegnung skizziert hatte. Gemeinsam fuhren wir zurück nach Legian, um den Bauplatz exakt zu bestimmen. Agung hatte sich dazu schon Gedanken gemacht.

Er erklärte mir, dass tatsächlich nur zwei Palmen gefällt werden müssten, um Platz für das Haus zu schaffen. Die Stelle, an der gebaut werden sollte, lag etwa auf halber Höhe zwischen der Straße und dem Strand, also etwa 150 Meter von beiden entfernt.

Noch am Abend baute sich der alte Agung neben dem Bauplatz einen Unterstand, wo er fortan Tag und Nacht ausharrte, um zu verhindern, dass böse Geister Gelegenheit hätten, sich an dem Ort einzunisten. Die Schwester Made eilte mit einer kunstvoll aus Palmblättern geflochtenen Opferschale herbei, auf der zwei Räucherstäbchen brannten und einige Reiskörner lagen. Ich nahm das vollkommen ernst zur Kenntnis, wenngleich ich eher einen Statiker bemüht hätte, der dafür Sorge tragen würde, dass die geplante Konstruktion auch ausreichend stabil wäre. Aber das hier war Bali, und ich war dabei, zu lernen. Anschließend wurde ein ganz in Weiß gewandeter Priester gerufen, um den Ort, an dem das Haus entstehen sollte, mit »Tirta«, dem Wasser aus der »heiligen Quelle«, zu besprengen. Erst danach stand dem Hausbau nichts mehr im Wege. Ich rollte den Bauplan ein und nahm ihn mit ins Hotel, wo ich ihn am Abend bei Kerzenlicht noch einmal in Ruhe studierte.

Auf der Rückfahrt zum Hotel führte mein Weg durch Legian Kaya, wo unser Freund Madé Tambùn wohnte. Madé lud mich für den Abend zur Disco-Party ins Kayu Api ein, die nach wie vor einmal wöchentlich dort stattfand. Inzwischen hatten aber auch andere Geschäftsleute erkannt, dass Disco und Party bei den jungen Touristen gut ankamen. Die Balinesen fingen an zu lernen, wie man Geld verdiente, wie man geschäftlich kalkuliert, wie man den »*Toris*«* den Dollar aus der Tasche holt. So hatte auch das Management des Oberoi erkannt, dass sich eine Poolparty einmal im Monat

* Touristen

mit Hunderten von Besuchern und gutem Umsatz rechnen konnte. Fortan waren wir Stammgäste bei diesen Feten, bei denen gute Musik gespielt wurde, meist Tonbänder, die Touristen aus Australien oder Europa mitgebracht hatten.

Im Kayu Api traf ich meinen Freund Roman Elder, der mit dem Maler Del Negro, den ich aus Ibiza kannte, in ein Gespräch vertieft war. Ich näherte mich Roman von hinten und legte meine Hand auf seine Schulter. Die Überraschung wurde zu einem breiten Grinsen, und dann umarmten wir uns. Spontan beschlossen wir, in Kürze eine Wiedersehensparty steigen zu lassen.

Roman war einer der ersten aus der Großfamilie der Nomaden, die ich kennengelernt hatte. Wir hatten schon einige Abenteuer gemeinsam bestanden, und da wir uns schon länger nicht gesehen hatten, gab es viel zu erzählen. Roman hielt sich in letzter Zeit oft auf Bali auf, hier gefiel es ihm, hier lernte er Menschen aus aller Welt kennen, von denen viele sich auf der Suche nach dem Sinn befanden, was so viel bedeutete, dass sie mit ihm kompatibel waren. Er wohnte im Three Brothers Inn, einer Bungalow-Siedlung gleich neben dem Palmenhain der Familie Agung. Wir hatten uns länger nicht gesehen und so ergab es sich, dass wir anschließend an die Disco-Party zu Fuß vom Kayu Api nach Legian liefen, wo wir den Rest der Nacht bei Kerzenlicht in der Bambushütte saßen, Wasser tranken, mit Heroin gestopfte Bongs rauchten und über alte Zeiten und zukünftige Pläne sprachen.

Roman gehörte zum harten Kern der globalen Nomaden, wir hatten gemeinsame Abenteuer in Marokko, im Fernen Osten, in Amerika und in München erlebt. Er war einer der geradlinigsten Menschen, die ich je traf, durch seine Schmuggelgeschäfte zwar nach bürgerlicher Lesart ein Krimineller, aber einer von der angenehmen Sorte. Da er Wort hielt, waren Geschäfte mit ihm immer unproblematisch. Außerdem hatten die Götter ihm eine fette Portion Glück mit auf den Weg gegeben, denn er konnte sich lange als Schmuggler behaupten, ehe auch ihn das Schicksal in den 90er Jahren in Brasilien einholte. Als ich ihm von Guni erzählte und davon, dass ich in ein paar Tagen nach Bangkok fliegen wolle, um sie zu holen, bat er mich, ihm einen persönlichen Vorrat an *China White* mitzubringen.

»Das sind ja ganz schön riskante Sachen, die du da von mir verlangst, alter Freund«, sagte ich augenzwinkernd. Auch wenn ich die Wahrheit gesagt hatte, einem Freund (und Leidensgenossen) würde man eine derartige Bitte kaum ausschlagen können, denn nach Sauerstoff und Wasser war Heroin unsere wichtigste »Nahrung«. Die Droge gehörte zu unserem Alltag wie Insulin zum Diabetiker oder Doping zum Leistungssport. Was unsere Sucht anging, so fühlten wir uns nur von anderen Süchtigen wirklich verstanden, und weil wir in unseren Kulturen einen denkbar schlechten Ruf erdulden mussten, hielten wir uns gerne in Indien oder Indonesien auf, wo die Leute, was den Lebensstil der sie besuchenden Touristen betrifft, erheblich toleranter waren als etwa in Europa. Und das ganz unabhängig davon, dass auch in Asien der Handel mit Opiaten verboten war. Mir kam es so vor, als habe der Balinese ein intuitives Verständnis von Menschenwürde, und dazu gehörte wohl, dass man seine Mitmenschen nach deren eigenen Vorstellungen leben lässt, solange sie kein öffentliches Ärgernis erregen. Es wurde spät an diesem Abend, ehe ich mein Motorrad anwarf und zum Oberoi zurückfuhr. Auf dem Heimweg durch die Reisfelder der südlichen Ebene sah ich Dutzende von Drachen im Mondlicht im Wind tanzen. Das Drachenbauen hat Tradition auf Bali, und es wunderte mich nicht, wenn nicht auch darin eine mystische Bedeutung läge.

Nach einer Woche Strand und Rausch mit Roman flog ich zurück nach Bangkok. Ich hatte Guni versprochen, sie abzuholen und nach Hongkong mitzunehmen. In der thailändischen Hauptstadt angekommen, rief ich sie an und bat sie, zum Hotel zu kommen.

Guni freute sich, dass ich an sie gedacht hatte, denn wie konnte sie sicher sein, dass ein Tourist, den sie im Massagesalon kennengelernt hatte, Wort halten werde? Sie hatte zwei Wochen Urlaub bekommen, einen druckfrischen Reisepass und große Vorfreude. Am Abend besuchten wir einen Nachtmarkt, wo sie mich mit Leckereien bekannt machte, die ich bis dahin noch nicht kannte, insbesondere fernöstliche Süßigkeiten, deren Namen ich mir zwar im Tagebuch vermerkte, allerdings ohne Gewähr, denn ich habe sie bloß phonetisch gespeichert: *Mankut, Farang* und *Noinaa. Som-*

kaia nannte sich ein mit Pudding gefüllter Kürbis: ein wunderbares Dessert!

Zurück im Hotel spekulierte Guni mit mathematischer Nüchternheit, dass ich ein »*good husband*« sei, den sie gerne heiraten würde. Als ich ihr daraufhin gestand, ich sei schon verheiratet und gewiss kein so guter *husband,* und als ich ihr Fotos von Lisa und den Kindern zeigte, akzeptierte sie das, ohne sich äußerlich anmerken zu lassen, dass ihr in diesem Augenblick wieder ein kleiner Traum zerschmolzen war.

Wir verbrachten die Nacht zusammen, frühstückten auf der Straße und nahmen gegen zehn ein Taxi zum Reisebüro in der Silom-Road, um die Tickets abzuholen: BKK-HKG-SIN-DPS-SIN-BKK. Als wir das Büro betraten, war Miss Pimon, die Reisebüroangestellte, gerade dabei, ihrem Chef die Glatze zu polieren, sprich, wir platzten mitten hinein in eine ausgewachsene Büroschlägerei! Was die Ursache dieser Auseinandersetzung war, habe ich vergessen, aber die resolute Angestellte, die ich zwei Tage zuvor an einer mobilen Straßenküche kennengelernt und die mich als Kunden angeworben hatte, befürchtete, ihr Chef könne, wenn ich ihm das Geld für die Tickets gebe, ihr die Provision vorenthalten, die ihr für jedes verkaufte Ticket zustand. Daher bat sie mich, ihren Anteil am Flugpreis einzubehalten und ihr persönlich zu übergeben. Ihr Chef war anfangs gegen dieses Prozedere, aber Guni vermittelte, und am Ende zahlte der Inhaber des Reisebüros seiner Ex-Mitarbeiterin die Provision in unserem Beisein aus. Anschließend räumte Miss Pimon den Schreibtisch, packte ihre persönlichen Sachen in eine Tasche und verließ gemeinsam mit uns das Büro. Hätte ich sie gefragt, ob sie uns auf die bevorstehende Reise begleiten wolle, sie wäre vermutlich dabei gewesen.

Nachdem Guni im komfortablen Sessel der DC-10 Platz genommen hatte, bestand ich darauf, dass sie sich anschnallte, wenngleich wir noch gar nicht gestartet waren. Auf meinem letzten Flug von Bangkok nach Hongkong hatte es schließlich diesen Zwischenfall mit dem Luftloch gegeben, wo mich »Charles Bronson« vor größerem Schaden bewahrt hatte. Aber Flug Nummer CX 732 der Cathay Pacific sollte ohne Zwischenfall verlaufen, wenn man einmal von dem spektakulären Landeanflug auf den Flughafen Kai Tak absieht, den ich zuvor schon beschrieben habe. Guni war, wie wahrscheinlich jeder Passagier, der das zum ersten Mal erlebt, beeindruckt.

Wie versprochen, hatte Ming mir ein Zimmer im Mandarin Oriental reserviert. Da ich einige Telefonate zu führen hatte, deren Inhalte privater Natur waren, gab ich meiner Begleiterin 100 US-Dollar und forderte sie auf, in die Stadt zu gehen und sich etwas Schönes zu kaufen. Ein wenig irritiert nahm sie den Schein entgegen und verließ das Zimmer, um schon nach einer knappen Stunde zurück zu sein. Sie legte mehr als 80 $ auf die Bettkonsole und verschwand im Bad.

»Das Geld hatte ich dir gegeben, damit du dir eine Bluse oder eine Jeans oder was immer davon kaufst. Ich hatte nicht damit gerechnet, etwas zurückzubekommen«, sagte ich, nachdem sie aus dem Bad trat und es sich neben mir auf dem Bett bequem machte. »Den Rest kannst du behalten.«

»Ich weiß. Aber ich habe nur 18 $ ausgegeben.«

»Was hast du denn gekauft? Lass mal sehen!«

Einer Tragetasche entnahm sie eine kunstlederne Handtasche, deren auffälligstes Merkmal ihre Größe war. Sie lachte, als sie sie mir hinhielt. Ich war ob der Banalität dieser Anschaffung so perplex, dass mir nicht einmal ein geheucheltes Kompliment einfiel. Sie betrachtete die neue Tasche mit großem Ernst, dass ich spürte, Lachen wäre jetzt fehl am Platz, damit würde ich sie beleidigen. Anschließend nahm ich sie dann noch einmal mit in die Stadt, denn ich hatte vor, meiner Mutter einige Meter Seidenstoffe mitzubringen, und auch für Lisa suchte ich nach einem geeigneten Mitbringsel. Als wir von unserer nachmittäglichen Einkaufstour durch Kowloon zurückkehrten, hatte ich 700 $ ausgegeben: für zwanzig Meter Seide, einen Kaschmirpullover, eine Armbanduhr, Aftershave von Nino Cerruti, eine Sonnenbrille und einen kleinen reisetauglichen Kassettenrekorder. Für Lisa hatte ich ein Goldkettchen mit einem mit Perlen besetzten Anhänger gefunden.

Guni schaffte es nicht, ihre verbliebenen 80 $ auszugeben, sie war offenbar ein sparsames Mädchen. Ich musste ihr zureden, damit sie überhaupt etwas einkaufte, ein Eau de Toilette zum Beispiel. Vermutlich kam sie aus einem Leben, wo man für Mode und Kosmetik kein Geld hatte. Guni entpuppte sich schon auf der ersten Station unserer Reise als das Gegenteil einer abgebrühten Dirne. Ihr Verhalten nötigte mir Respekt ab, und als ich sie in den Arm nahm und an mich drückte, spürte ich nicht bloß ihren Busen, sondern auch, dass ich sie gernhatte.

Am Abend klopfte ein Hotelpage an, um mir mitzuteilen, dass ein Herr in der Lobby auf mich warte. Ming war gekommen, um mich abzuholen. Zu dem Treffen mit seiner Familie wurden wir in einer Limousine in ein China-Restaurant gebracht, wo wie üblich, ein Nebenraum für die Zusammenkunft reserviert worden war. Dass dieser Unterredung ein Essen vorausging, versteht sich für all jene, die sich mit chinesischen Gepflogenheiten auskennen.

Die Versammlung war diesmal besser besucht als beim ersten Mal vor einem Jahr, als es grundsätzlich um unsere geschäftliche Zusammenarbeit ging. An diesem Abend im September 1981 wollten die anwesenden Triadenmitglieder etwas über den Verbleib der 300.000 $ wissen, die Ming angeblich verloren hatte. Da die Gespräche während des Essens in Kantonesisch geführt wurden, bekam ich nicht viel mit, spürte aber, dass Spannung in der Luft lag. Vermutlich gab es Kandidaten, die den Alten dazu überreden wollten, Ming die Verantwortung für das Amerika-Geschäft zu entziehen, zumindest vermutete der das später. Die Stimmung entspannte sich aber, als ich mich bereit erklärte, den Vorgang zu schildern und es mir gelang, plausibel zu berichten, was sich an dem Tag auf dem Flughafen von Detroit abgespielt hatte. Ich bezeugte, dass Ming die Wahrheit gesprochen hatte und legte als zusätzliches Indiz einen Artikel auf den Tisch, in dem eine Chicagoer Tageszeitung allgemein zum Thema »verlorenes Gepäck« recherchiert hatte. Dort war zu erfahren, dass auf US-Flughäfen jährlich mehr als eine Million Gepäckstücke als vermisst gemeldet werden, jeder 200ste Koffer bleibt verschollen.

Auch aus meiner eigenen Erfahrung heraus konnte ich berichten, dass mir schon etliches verloren gegangen war. Wobei die Zahlen sich auf jene Gepäckstücke bezogen, die tatsächlich aufgegeben worden waren. Fälle wie der von Miami, als ich das Gepäck einfach vor dem Schalter hatte stehen lassen, waren in dieser Statistik nicht berücksichtigt.

Auch der vorliegende Fall gestaltete sich ähnlich, denn Ming hatte den Koffer zwar aufgegeben, anschließend aber den Flug verpasst. Wir hatten zuvor vereinbart, dass wir dieses Detail dem Familienrat verschweigen würden, denn das hätte weitere Fragen aufgeworfen und Ming in Erklärungsnot gebracht. Mir ging es nur darum, meinen Komplizen Ming zu entlasten, und den anderen klarzumachen, dass er das Geld nicht gestohlen hatte. Ich schätze, ich war ein guter Zeuge, denn anschließend bedankte sich der Alte für mein Erscheinen und ordnete an, dass mir die Spesen erstattet würden, die mich die Reise nach Hongkong gekostet hatte. Mein Protest dagegen wurde ignoriert, aber als Geste akzeptiert. Ming wurde angewiesen, in Zukunft keine Geldkoffer mehr im Flugzeug zu transportieren.

Damit war mein Auftrag in Hongkong erledigt und ich verabschiedete mich. Mings nächste USA-Reise war für Mitte Oktober geplant. Bis dahin hatte ich Zeit, mich um den Hausbau zu kümmern und anschließend wollte ich endlich wieder einmal ein paar Wochen bei meiner Familie sein.

Spät am Abend, nachdem die Leuchtreklamen eingeschaltet waren, die der Stadt Kowloon dieses unverwechselbare Flair gaben, brachen Guni und ich zu einem Stadtbummel auf. Wir liefen die Des Voeux Road hinunter und kehrten über die Queens Road zurück. Guni fand die Stadt schöner als Bangkok, denn in Hongkong sei alles so sauber und gepflegt. Hier in Central auf der Insel Victoria mochte sie recht haben, aber es gab auch Viertel in der Kronkolonie, da wollte man sich nicht länger aufhalten als notwendig.

Weil ich die Stadt damals nur von einigen Kurzaufenthalten her kannte, konnte ich noch nicht beurteilen, was es damit auf sich hatte. Mir gefiel Hongkong, weil ich die Mischung der Menschen dort genial fand: Chinesen, Engländer und Inder, die alle ihren Beitrag leisteten, damit die Stadt prosperierte. Sie gab den chinesischen Brüdern und Schwestern jenseits der Grenze ein Beispiel dafür, wie viel wohlhabender die Menschen im demokratischen Kapitalismus lebten. Davon jedenfalls waren in Hongkong alle überzeugt, und ich fand auch, dass der im Ostblock und in China praktizierte Kommunismus ein Irrweg war, weil dort unter dem Deckmantel des Sozialismus ein totalitäres System errichtet worden war, welches mir wie ein großes Gefängnis erschien, und das war es ja wohl auch. Was andererseits nicht heißen soll, dass der Raubtierkapitalismus, der in Hongkong herrschte, das bessere System war. Auch in Hongkong gab es Verlierer, und ein Platz im sozialen Sediment der Kronkolonie war der Garant für ein ebenso miserables Leben wie auf dem Land in der Volksrepublik China.

Am nächsten Morgen verließen Guni und ich das Hotel zeitig, um die Maschine nach Singapur nicht zu verpassen. Der Flug dauerte viereinhalb Stunden, die ich im Gespräch oder lesend verbrachte. Oft nutzte ich die Zeit in den Flugzeugen, um meine Gedanken im Tagebuch festzuhalten. Im Abstand von Jahrzehnten muss ich indes gestehen: Viel Substanzielles habe ich dort nicht zu Papier gebracht, was in erster Linie daran lag, dass ich nonstop durch die Droge auf kleiner Flamme dachte.

Zum ersten Mal landete ich auf dem neuen Flughafen »Changi«, der auf dem Gelände eines im Zweiten Weltkrieg betriebenen japanischen Kriegsgefangenenlagers gebaut worden war. In der Nachbarschaft des neuen Airports befindet sich das berüchtigte Gefängnis »Changi«, in dem damals die Todesstrafen für Heroinhändler vollstreckt wurden. Irgendwie schien das zu Singapur zu passen.

Von einem schlecht gelaunten Taxifahrer ließen wir uns zum Cairnhill bringen, machten uns frisch und spazierten anschließend zu Fuß zum Newton-Circle, einem der vielen Nachtmärkte der Stadt. In einem Straßenrestaurant unter dem großen *Banyan-Tree* bestellten wir Krabben und Fisch, wobei insbesondere Guni bewies, dass sie wusste, was lecker schmeckt. Und wie es der Zufall zuweilen fügt, trafen wir Ali, den Sicherheitsbeamten der indonesischen Botschaft beim Abendspaziergang mit seiner Frau. Vorausblickend wie er war, hatte Ali einige Visa-Anträge einstecken, sodass wir uns an einen Tisch setzten und die Formulare ausfüllten, was uns am nächsten Morgen einiges an Zeit ersparte.

Nachdem wir die Pässe abgeholt hatten (wenn ich mich recht entsinne, benötigte meine Reisebegleiterin nicht einmal ein Visum) besuchten wir die Zweigstelle der Bank of America, bei der ich ein

Konto unterhielt. Ich ließ mir die Summe auszahlen, die ich Agung versprochen hatte. Mit Garuda verließen wir Singapur in Richtung Indonesien. Nach einem Zwischenstopp in Jakarta erreichten wir Bali am Abend.

Das Hotel Oberoi lag ziemlich abseits der nächsten Urbanisation am Strand von Seminyak, der nach Norden an den Legian- und den Kuta-Beach anschließt. Das heißt, hier hatte man seine Ruhe. Um das eigentliche Hotelgebäude herum lagen ein Dutzend Bungalows verstreut im Park, jedes mit einem kleinen Garten versehen, der von einer Mauer umgeben war, um so für Privatsphäre zu sorgen. Im Inneren der traditionell mit Gras gedeckten Häuser befanden sich das große Wohnzimmer mit einem Bett, das von einem Baldachin und herabhängenden Moskitonetzen überdacht war, sowie ein Badezimmer, das vor Komfort und Hygiene strahlte. Technisch war alles auf dem neuesten Stand: Eine Stereoanlage, ein Fernseher, eine Klimaanlage, mehrere Telefone und ein kleiner Kühlschrank sollten den Aufenthalt der Gäste zu einer wunschlos glücklichen Angelegenheit machen. Das Hotel Oberoi bot all den Komfort, den ich aus vergleichbaren Herbergen in der Karibik oder den USA kannte, plus den natürlichen Charme des balinesischen Personals, eine schwer zu toppende Kombination. Wenige Tage nach unserer Ankunft lud ich ein Dutzend Leute zu der Fete ein, die ich mit Roman in der Woche zuvor geplant hatte. Es kamen: Agung und sein Freund Ketut, Made Tambun und in seiner Begleitung eine bunte Frau aus Amsterdam, mein Freund Roman und seine Bali-Braut, Del Negro mit Freundin sowie einige Leute, die ich am Nachmittag am Strand getroffen und spontan eingeladen hatte.

Es war das erste Mal, dass ich zu einer Party einlud, auf der ich selbst nichts organisieren musste, alles wurde vom Personal des Hotels serviert und die Reste sowie das gebrauchte Geschirr wieder abgeholt. Wir konnten uns auf die Gespräche und den jeweiligen Drogenrausch konzentrieren, auf die leckeren Speisen und auf die Cocktails, die in nicht abreißen wollender Folge von der Hotelbar zu unserem Bungalow gebracht wurden.

Guni genoss den Abend besonders, denn sie hatte solchen Luxus und Überfluss noch nie erlebt. Sie traute sich gar nicht, einen Cocktail zu bestellen, der fast zehn Dollar kostete. Hingegen der Verzehr eines Schildkrötensteaks, das damals noch auf der Speisenkarte stand, bereitete ihr keine Sorgen. Mir übrigens auch nicht, zumindest während der ersten Bali-Aufenthalte nicht.

Erst als ich mitbekam, dass die Balinesen die Tiere selten selbst verspeisen, dass sie in erster Linie für die Touristen sterben mussten, strich ich Schildkrötenfleisch wieder von meinem Speiseplan. Andererseits (diese Frage stellte sich uns damals nicht) ist die rührselige Haltung der Tierfreunde, der Tierschützer und der Fleischverweigerer angesichts des irgendwann über das Universum kommenden thermodynamischen Kältetodes nicht ein Wind im Wasserglas? Liegt möglicherweise der Mensch mit seinen willkürlichen Ethiken nicht völlig daneben, wenn er im Chaos der galaktischen Bewegungen und der Unmöglichkeit, einen Gott oder wenigstens einen Sinn des Lebens zu finden hofft? Welche Bedeutung hat die Verlängerung des Daseins einer Spezies im Fleischwolf der Evolution? Fragen, die ihre Berechtigung haben, zumal für den Agnostiker, der das irdische Zwischenspiel in der galaktischen Bewegung als absurd und sinnfrei betrachtet. Aber diese Sichtweise lag seinerzeit weit abseits des Orbits meiner Gedankenbahnen. Ich war überzeugt, es gebe einen Lebenssinn, und ich war entschlossen, ihn zu finden!

Am Tag nach der Fete, die erst in den frühen Morgenstunden mit dem Sonnenaufgang zu Ende ging, erteilte mir Guni eine Lektion in Sachen Liebe. Wir waren in einem der damals noch üblichen »Bemos*«, nach Kuta gefahren und liefen am Strand entlang zurück zum Hotel, als ich vor dem Blue Ocean zwei Spanierinnen traf, die ich aus Ibiza kannte: Nieves und Pacific hatten ebenfalls den Weg nach Bali gefunden. Wie ich erfuhr, hatte Angel ihnen den Tipp gegeben, den sie vor nicht allzu langer Zeit auf dem Hippiemarkt von Es Cana getroffen hatten. Die Frauen erkundigten sich nach meiner Begleiterin, und als ich erklärte, dass ich der Thailänderin gegenüber kein Treuegelöbnis geschworen hätte, luden sie mich ein, sie am Abend in ihrem Losmen zu besuchen. Ich versprach, zum Abendessen da zu sein. Da die Unterhaltung auf Spanisch

* Sammeltaxi mit offener Passagierpritsche

geführt wurde, glaubte ich, Guni habe inhaltlich nichts mitbekommen. Doch als ich mich später im Hotel duschte und daran ging, meinen Marktwert mit Eau de Toilette zu erhöhen, hatte sie längst alles begriffen. Zum ersten Mal, seit wir zusammen unterwegs waren, leistete sie Widerstand. Sie wollte partout nicht, dass ich die Spanierinnen besuchte, sie lief hinter mir her, holte mich am Strand ein, und als ich sie zurückschicken wollte, umklammerte sie meine Beine und fing an zu weinen. Mir blieb nichts anderes übrig, als sie zu umarmen und bei ihr zu bleiben. Wir gingen zurück zum Oberoi und verbrachten einen wunderbaren Abend zusammen.

Bis dahin hatte ich Guni wie eine Angestellte behandelt, die sich den Anordnungen des Arbeitgebers zu fügen hatte. Mit einem Mal erkannte ich, dass diese junge Frau mich liebte und dass ich kein Recht hatte, mit ihren Gefühlen zu spielen. Doch wie schon so oft, konnte ich es mir nicht leisten, mich auf sie einzulassen, mehr als eine oberflächliche Freundschaft war bei mir nicht zu wecken. Immerhin hatte sie mich durch ihre Weigerung, mich zu Nieves und ihrer Freundin ziehen zu lassen, sehr beeindruckt. Danach schloss auch ich sie ins Herz, und als wir uns nach ein paar Tagen in Bangkok verabschiedeten, flossen noch einmal Tränen. Es fiel mir nicht leicht, mich von Guni zu trennen, zumal sich die Gefühle zu wiederholen schienen. Ähnliches hatte ich während der vergangenen Reisen mit Penny in Florida erlebt, danach mit Lisa Stone und mit Lynn auf Bali. Ich hatte jedes Mal den Eindruck, die Beziehungen entgegen meinem Gefühl viel zu früh abzubrechen, und das nur deshalb, weil ich schon eine Familie hatte. So wurde jede weitere Freundschaft mit einer Frau zu einem Stich in unseren beiden Herzen, weil ich sie gezwungenermaßen beenden musste. Ich beschloss, nach meiner Rückkehr nach Deutschland zu versuchen, die Leidenschaft, die zwischen meiner Frau und mir im Laufe der Jahre verblichen war, zu neuem Leben zu wecken.

4.12 Der Anfang vom Ende

Da ich einen Termin mit Ming in den USA hatte, blieb ich nur zwei Wochen in Deutschland. Offensichtlich war der Reiz, den Reisen und Geschäfte auf mich ausübten, längst stärker als das Verantwortungsgefühl Lisa und den Kindern gegenüber. Soweit ich überhaupt noch die emotionale Kraft besaß, tiefer in mich hinein zu hören, setzte ich falsche Prioritäten. Irgendwie war mir im Laufe der vergangenen Jahre durch die Abhängigkeit von der Droge das Gefühl für die Realität abhandengekommen. Ich wusste zwar, dass ich krank war, aber ich hatte noch keinen möglichen Ausweg aus der Sucht gefunden.

Am 3. Oktober 1981ging ich in München an Bord einer Boeing 727 der holländischen KLM, die mich zunächst nach Amsterdam brachte und von dort aus in einer 747 nach New York. Interkontinentale Flüge waren mir längst zur Routine geworden, aber dieser Flug ist erwähnenswert, weil es an Bord einen kleinen Aufruhr gab.

Ich saß in der Raucherabteilung der Ersten Klasse. Irgendwann hatte ich es mir angewöhnt, einen Sitzplatz am Gang zu reservieren. War ich während meiner ersten Flugreisen noch daran interessiert gewesen, Fensterplätze zu buchen, was meiner touristischen Neugier, die Welt von oben zu betrachten, entsprach, so lernte ich mit der Zeit die Bequemlichkeit schätzen, den ein Platz am Mittelgang bietet: Hier konnte man seinen Sessel verlassen, ohne Mitreisende zu behelligen, wenn man zur Toilette musste oder bloß, um sich die Füße zu vertreten. Besonders auf Langstreckenflügen war es oft erforderlich, den Sitznachbarn zu wecken, ehe man seinen Fensterplatz verlassen und später wieder einnehmen wollte, was jedes Mal einige Umstände machte. Während des langen Fluges von Schiphol nach John F. Kennedy* saß zwar niemand direkt neben mir, aber in derselben Reihe jenseits des Mittelgangs hatte ein englisches Ehepaar Platz genommen. Ihre Konversation und ihr Gehabe ließen vermuten, dass es sich um sogenannte bessere Herrschaften handelte, deren natürliches Habitat sozusagen die Erste Klasse war. Nachdem das Essen serviert und wieder abge-

* Die Flughäfen von Amsterdam und New York

tragen war, zündete ich mir eine Zigarette an. Kaum hatte ich die ersten Züge genossen, hörte ich, wie sich die Dame bei ihrem Gatten beklagte.

»Was raucht denn dieser Kerl da für ein widerliches Kraut? Das ist ja nicht auszuhalten.«

»Woher soll ich das wissen, frag ihn doch. Schließlich sitzt du ja neben ihm«, entgegnete ihr Mann.

»Ich weiß doch nicht einmal, ob er überhaupt Englisch spricht. Offenbar ein Deutscher.«

»Wenn er nach Amerika unterwegs ist, wird er die Sprache wohl beherrschen. Frag ihn einfach!«

»Ich will mich doch nicht mit dem Kerl unterhalten, ich will bloß, dass er das Rauchen einstellt«, sagte sie schnippisch. »Du bist mein Ehemann, an dir liegt es, ihn zur Räson zu rufen.«

»Ich wüsste nicht, dass derartige Ansinnen in unserem Ehevertrag geregelt wurden. Sprich ihn doch einfach mal freundlich an«, sagte der Gatte, wobei ich zwischen seinen Worten eine leise Ironie zu verspüren glaubte. »Vielleicht ist er ja ganz umgänglich und wechselt dir zuliebe den Platz. Bei deinem Charme wird es ihm schwerfallen, dir die Bitte auszuschlagen, Evelyn.«

»Früher warst du mal ein Gentleman, John«, erwiderte sie beleidigt. »Da hättest du dich im Falle eines Konflikts sofort vor mich gestellt.«

So wurde ich Zeuge, wie sich das anfangs harmlose Gespräch nach und nach zu einem kleinen Ehezwist entwickelte. Als die Flugbegleiterin vorbeikam, sprach die Dame aus England sie an.

»*Excuse me, Miss*, wären Sie so freundlich und würden dem Mann dort sagen, er möge aufhören zu rauchen. Das Zeug, das er da qualmt, beleidigt meinen Geruchssinn.«

Die junge Holländerin orientierte sich, wer oder was wen beleidigte, und als sie mich dabei ertappte, wie ich paffend vor mich hin grinste, sprach sie mich an.

»Entschuldigen Sie bitte, Mister Berger, was rauchen Sie denn da? Zigarren sind nämlich an Bord nicht gestattet, wegen der Geruchsbelästigung«, sagte sie höflich.

In der First Class war das Begleitpersonal angehalten, sich die Namen der Passagiere zu merken und diese auch mit dem Namen anzusprechen. Ich zog die Zigarettenschachtel aus meiner Brusttasche und hielt sie ihr hin.

»*Gudang Garam. Kretek Cigarettes*«, las sie laut. »Zigaretten also?«

»So ist es. Zigaretten. Die sind doch erlaubt, oder?«, entgegnete ich.

»Stimmt. Aber Sie müssen zugeben, Ihre Marke riecht ziemlich ungewöhnlich. Die Lady nebenan fühlt sich dadurch belästigt.«

»Dann schlage ich vor, die Lady setzt sich auf einen anderen Platz. Da vorne im Nichtraucherbereich sind noch genügend Sitze frei.«

Diesen Lösungsvorschlag trug sie der Beschwerdeführerin vor.

»Wenn hier jemand den Platz wechselt, dann doch wohl derjenige, der die Luft verpestet«, sagte sie ungehalten. »Ich verlange, dass der Kerl sich woanders hinsetzt! Oder er hört sofort mit dem Rauchen auf. John, jetzt sag du doch mal was!«

Als die Stewardess merkte, dass die Frau nicht zu einem Kompromiss bereit war, richtete sie erneut das Wort an mich, diesmal auf Deutsch.

»Sie haben ja gehört, was ich erreicht habe. Wie sieht es aus: Wären Sie bereit, auf die andere Seite der Kabine zu wechseln?«

»Unter anderen Umständen würde ich mit mir reden lassen, aber jetzt, nachdem die Frau das Porzellan zerschlagen hat, werde ich ihr diesen Gefallen nicht tun.«

»Bitte, Herr Berger!«, beschwor mich die Flugbegleiterin. »Wir müssen eine Lösung finden.«

»Die Lösung sitzt da drüben. Sie soll einfach den Platz tauschen. Ich sitze auf einem Raucherplatz und rauche Zigaretten, zugegebenermaßen aromatisierte Zigaretten aus Indonesien, aber das entspricht ja wohl den Vorschriften«, sagte ich. »Ich habe First Class gebucht und muss mich nicht schikanieren lassen. Ich bleibe definitiv hier sitzen, es sei denn, die Lady bittet mich höflich.«

Aber auch dieser gütliche Einigungsversuch schlug fehl. Selbst ihr Mann, der die Sache erheblich gelassener sah, schaffte es nicht, seine inzwischen hysterische Gattin zu einem Kompromiss zu bewegen.

»Du bist ein Feigling, John«, fuhr sie ihn an. »Nicht einmal in der Lage, dich couragiert vor deine Frau zu stellen. Wärest du ein

Mann mit Ehrgefühl, du wärest aufgestanden und hättest diesen Deutschen am Kragen gepackt und zur Räson gebracht!«

»*I beg your pardon, Evelyn!*«, empörte sich ihr Gatte. »Werde bitte nicht ausfallend!«

Sie hatte also herausgefunden, dass sie es mit dem ehemaligen Kriegsgegner zu tun hatte, ein Umstand, der sie in ihrem Kampf umso entschlossener machte. Ich hingegen tat so, als ginge mich das alles nichts an und paffte weiter. Die Holländerin hatte aufgegeben zu vermitteln und war nach vorne in der Pilotenkanzel verschwunden. Kurz darauf war sie mit dem Kapitän zurück. Dieser, ein hemdsärmeliger Niederländer, kam auf mich zu und forderte mich kumpelhaft auf, ihm Platz zu machen. Nachdem ich auf den Fenstersitz gerückt war, ließ er sich in meinen Sessel fallen.

»*Goede Dag!* Van Ackeren. Ich bin die Pilot von diese Maschine«, stellte er sich vor. »Bieten Sie mir mal eine von Ihre Stinker an!«

Ich schüttelte ihm eine Gudang Garam aus der Schachtel, und kurz darauf verpesteten wir die Luft zu zweit. Dann erkundigte er sich nach der Natur meiner Amerika-Reise, und ich erklärte ihm, beruflich unterwegs zu sein. Als Fotograf für einen deutschen Reiseveranstalter, meine übliche Legende. Ich konnte ihm ja schlecht von meinem geplanten Treffen mit Ming und unseren illegalen Geschäften erzählen.

»Als Kapitän bin ich nicht nur für den Flug und die sichere Landung in New York verantwortlich, sondern auch für Ruhe und Ordnung innerhalb der Kabine«, kam er schließlich zur Sache. »Sie würden mir einen großen Gefallen tun, mir dabei behilflich zu sein. Was halten Sie davon, sich auf die andere Seite zu setzen? Dort sind Sie allein und können rauchen, soviel es Ihnen behagt. Meine Stewardess meint, Sie seien der Vernünftigere in dieser Auseinandersetzung. Wären Sie dazu bereit?«

»Wenn Sie mich so höflich darum bitten, bleibt mir wohl nichts anderes übrig«, entgegnete ich ein wenig geschmeichelt.

Er bedankte sich, blieb aber noch eine Weile bei mir sitzen. Nebenan ging unterdessen das Gezänk zwischen John und Evelyn wieder los, wobei sie immer mehr die Contenance verlor. Jetzt waren sie es, die Unruhe in die Erste Klasse brachten, denn mehrere Passagiere in der Nähe drehten sich um und kommentierten den innerbritischen Zwist kopfschüttelnd. Als Kapitän von Ackeren sich erhob, das englische Ehepaar dabei komplett ignorierend, lud er mich noch zu einem Besuch in die Steuerkanzel ein, ein Angebot, welches ich gerne annahm, nachdem ich mich unter dem triumphierenden Blick der englischen Fregatte auf die andere Seite umquartiert hatte.

Während der Kopilot den Jumbo über die Nordküste von Schottland lenkte, erklärte der Kapitän mir im Schnelldurchgang die Steuerungsinstrumente, deren schiere Anzahl mich staunen ließ. Ich erzählte den Männern, dass ich beim Militärdienst als Fluglotse gearbeitet hätte, und schon hatten wir ein Thema. Er gab mir einige technische Daten des Flugzeugs, welches damals noch ziemlich neu in der Luft war. In der Kabine hörte ich zu, wie der Kopilot Funksprüche absetzte, wie Wetterdaten hereinkamen, und wie er den Passagieren die Position durchgab. Als ich die Pilotenkanzel nach einer halben Stunde verließ, hatte sich der Zank meiner ehemaligen Sitznachbarn offenbar gelegt: John döste vor sich hin und seine Frau blätterte im Bordmagazin. Es war dies übrigens das einzige Mal, dass ich während eines Fluges im Jumbo den Piloten eine Weile bei der Arbeit zusehen durfte.

Bei der Ankunft in New York wurde ich von Ralph, Nora und Rudi abgeholt, ein Umstand, der nicht ganz frei von Ironie war, denn es sollte nicht mehr allzu viel Zeit vergehen, und exakt diese drei würden der New Yorker Polizei ins Netz gehen und mich bei den anschließenden Verhören verraten. Vorerst ahnte ich davon natürlich nichts. Wir buchten eine Limousine, setzten Nora und Rudi in Tribeca ab und fuhren dann weiter nach Montclair/New Jersey, wo Ralph mit seiner Familie lebte, seit sie Detroit verlassen hatten. Zwei Tage nahm ich die Gastfreundschaft der Petruccis in Anspruch, dann machten Ralph und ich uns auf den Weg nach Detroit.

Während meiner mehrwöchigen Abwesenheit, hatte er in einem der südlichen Vororte ein möbliertes Apartment für mich gemietet und einen unauffälligen Wagen gekauft, einen Chevy Baujahr 1977, den ich fortan benutzen wollte. Der Schlitten lief gut, hatte eine stattliche PS-Leistung und – von nichts kommt nichts – soff mehr als 25 Liter Sprit auf hundert Meilen. Nachdem wir uns in der neuen Wohnung eingerichtet, das heißt, den riesigen Kühlschrank aufgefüllt und die Reisetaschen ausgepackt hatten, verbrachten wir den Rest des Abends vor dem Fernseher, wo wir uns den neuesten »Rocky« ansahen.

Am nächsten Tag stand ein Ausflug aufs Land auf dem Programm. Wir wollten hinaus nach Pontiac, wobei wir auf kleinen Straßen quer durch Michigan fuhren. Die Fahrt wurde zu einem beeindruckenden Naturerlebnis, denn mitten im sogenannten *»Indian Summer«* tauchten wir in Wälder ein, deren Farben alles übertraf, was ich in Europa im Herbst bislang gesehen hatte. Streckenweise hatte ich den Eindruck, der ganze Wald stünde in Flammen. Oder ein Riese mit Palette habe den Staat Michigan bemalt und dabei großzügig mit Orange, Braun, Gelb, Grün und allen Schattierungen von Rot gekleckst. Zwischen den bewaldeten Hügeln war Wasser zu schwarzen Seen zusammengeflossen, auf deren Oberfläche sich die Farben der Laubbäume und das Blau des Himmels spiegelten. Ich beschloss, in absehbarer Zeit, jedenfalls noch ehe das Laub von den Bäumen fiele, mit dem Boot zurückzukommen und die Wälder vom Wasser aus zu fotografieren.

Auf dem Rückweg in die Stadt kamen wir auf der Woodward Avenue in zähen Feierabendverkehr, sodass Ralph mir riet, in die 14 Mile Road einzubiegen, die auf direktem Weg zur Interstate 75 führte. Als wir den Stadtteil Clawson passierten, entdeckte ich im Vorbeifahren auf einem Parkplatz inmitten der Autos ein Ultraleichtflugzeug. Ich hielt an, um mir den kleinen Flieger näher anzusehen. Es handelte sich um ein Ausstellungsstück, sein Besitzer hieß Nick, und er betrieb eine Zoohandlung in der Mall. Um keinen Preis wollte er mir den eigenen *Weedhopper* verkaufen, aber er war bereit, mir den Kauf eines neuen »Flugzeugs« zu vermitteln. Allerdings als Bausatz, ich müsse ihn selbst zusammenschrauben. Kurz entschlossen bestellte ich das Gerät, als Lieferanschrift gab ich Joeys Adresse in Fort Lauderdale an. Die Lieferzeit betrug sechs Wochen. Ich war bis dahin noch nie selbst am Steuer eines Fluggerätes gesessen, aber das ließe sich ja wohl erlernen, dachte ich mir. Schließlich hatte ich zuvor auch noch nie ein Motorboot gesteuert, und das hatte sich als kinderleicht herausgestellt. Weder für Motorboote, noch für Ultraleichtflieger benötigte man in den USA einen Führerschein! Eine Stunde später waren wir auf der Stadtautobahn unterwegs und ich träumte davon, mit dem *Weedhopper* über den Grand Canyon zu fliegen, ein Abenteuer ganz nach meinem Geschmack. Dass so ein Ultraleichtflieger zuweilen vom Himmel fiel, war mir, wie so viele Risiken, die ich liebte, keinen Gedanken wert. Ich freute mich auf den Tag, an dem ich zum ersten Mal abheben würde.

Als wir in dem neuen Apartment ankamen, kuppelte ich das Boot an den Wagen, denn am nächsten Tag hatte ich vor, in das Seengebiet um Pontiac zurückzukehren und dort ein wenig Spaß auf dem Wasser zu haben. Dabei stellte ich fest, dass die Batterie geklaut worden war. Mein Ärger währte nur kurz, denn ich muss gestehen, dass mir auf all meinen Reisen noch sehr wenig abhanden gekommen war. In Bangkok hatte ich einmal eine Kamera auf dem Sitz des Tuk-Tuk vergessen und obgleich der Fahrer wusste, in welchem Hotel er mich abgesetzt hatte, kam er nicht mit seiner Beute zurück. In Casablanca war ich vor Jahren auf einen Trickbetrüger hereingefallen, aber Diebe hatten mich bislang verschont, insbesondere wurde ich niemals Opfer von Taschendieben. Ein Betrug, ein Diebstahl, wie immer man es nennen mag, dem ich häufiger zum Opfer fiel und der mich zuweilen an den Rand des Wahnsinns brachte, war der, wenn einem der Straßendealer für die Kohle schlechten Stoff oder gar ein gefährliches Gift in die Hand drückte und man es zu spät bemerkte (wie seinerzeit in Amsterdam, als ich mit Carmen nur knapp überlebte).

Mit zu den miserabelsten Zeiten meines Lebens zählen die Stunden auf Entzug, während derer ich auf den Dealer mit der erlösenden Medizin wartete. Das passierte mir zwar nicht oft, weil ich regelmäßig von den Chinesen beliefert wurde und ich mir jedes Mal eine angemessene Menge für mich selbst abzweigte. Hin und wieder geschah es aber doch, dann musste ich sehen, wie ich an Stoff kam, denn ohne, das bildete ich mir jedenfalls ein, würde ich keine drei Tage überleben. Mir fallen einige Orte ein, an denen ich auf den Dealer wartete, dem Zusammenbruch nahe, vor Kälte zitternd und mich selbst verachtend, weil ich mich in diese Lage gebracht hatte. Eine solche Situation trat am Tag darauf ein, und sie brachte meine Pläne, ja mein ganzes Leben heftiger in Unordnung, als ich es je zuvor erlebt hatte.

Am Abend, kurz nachdem ich vor dem Fernseher eingeschlafen war, klingelte das Telefon. Harry Wong war am Apparat, Mings Begleiter bei dessen letzten Reise.

»Hallo, mein Freund. Ich habe vor, dich morgen besuchen zu kommen«, erklärte er. »Kannst du mich mit dem Boot in Windsor abholen?«

»Kein Problem. Das Boot benötigt bloß eine neue Batterie, aber die lässt sich finden. Wann bist du denn in Windsor?«

»Ich kann morgen Nachmittag dort sein.«

»Mit welcher Maschine? Dann hole ich euch am Flughafen ab.«

»Ich komme allein«, sagte Harry. »Ming kommt erst in ein paar Tagen.«

»Warum das denn? Gibt es ein Problem?«, fragte ich.

»Nichts Schlimmes. Morgen erkläre ich dir, was passiert ist. Meine Maschine kommt aus Vancouver und landet um 17 Uhr 25. Kommst du zum Flughafen?«

»Auch das lässt sich machen. Wie viel Gepäck hast du denn dabei?«

»Vorerst nur einen Koffer«, sagte er.

Die Sache machte mich stutzig. Erstens hatte ich Ming erst in ein paar Tagen erwartet, zweitens sollte er vier Koffer mitbringen und drittens, woher hatte Harry meine neue Nummer? Ich war erst gestern in das Apartment eingezogen. Wie auch immer, ich würde diese Dinge am nächsten Tag erfahren.

»Also gut. Ich komme dich dann morgen am Flughafen abholen. Sonst ist bei dir alles in Ordnung?«

»Ja ja. Alles in Ordnung. Wir sehen uns dann morgen in Windsor.«

Nachdem wir telefoniert hatten, informierte ich Ralph, dass wir unsere Reise nach Pontiac verschieben müssten. Stattdessen bat ich ihn, am nächsten Tag mit mir nach Windsor zu fahren, um den Chinesen abzuholen. Ich hatte geplant, mir in der Früh von Jerry ein paar Gramm Heroin geben zu lassen, denn mein persönlicher Vorrat ging zur Neige. Es blieb gerade noch genug für eine Abend-

und eine Morgendosis. Nachdem ich aber jetzt wusste, dass Harry am nächsten Nachmittag Nachschub bringen würde, unterließ ich es, Jerry anzurufen. Ich würde bis zur Ankunft Harrys warten, wenngleich sich der *cold turkey** bis dahin höchstwahrscheinlich schon bemerkbar gemacht haben würde. Ich hatte vor, Harry abzuholen, ihn in ein Hotel zu begleiten, dort den Koffer zu öffnen, den Stoff herauszuholen, mir einen *McDonalds-spoon*** voll mitzunehmen und anschließend zurück nach Detroit zu fahren, um das Auto mit dem Boot zu tauschen und Harry wie gehabt am Anglersteg abzuholen. Die gefährliche Fracht gleich im Auto mitzunehmen, wäre ein leichtsinniges Risiko gewesen.

Schweißgebadet und von Schüttelfrost geplagt setzte ich mich am 9. Oktober neben Ralph in den Chevy. Unterwegs im Tunnel, der die USA mit Kanada verbindet, ärgerte ich mich, dass ich mir von Jerry keinen *spoon* hatte besorgen lassen, denn es ging mir miserabel. An der Grenze wurden wir durchgewinkt. Wir erreichten den Flughafen von Windsor zeitgleich mit der Maschine aus Vancouver. Immerhin hatte sie keine Verspätung und wir keine unnötige Wartezeit. Ralph parkte den Wagen gleich gegenüber dem Ausgang, denn es handelte sich um einen überschaubaren Provinzflugplatz. Als wir die Ankunftshalle betraten, stand Harry schon am Förderband und zerrte gerade den Samsonite vom Karussell. Wir umarmten uns, Ralph schnappte sich den Koffer und dann verließen wir das Gebäude. Auf dem Weg zum Parkplatz erkundigte ich mich bei Harry, ob er einen angenehmen Flug gehabt habe.

»Nicht wirklich«, meinte er, und ich glaubte, Nervosität bei ihm zu bemerken. Jedenfalls war er nicht sehr gesprächig.

»Wieso? Schlechtes Wetter über den Rocky Mountains?«, scherzte ich.

»Kann man so sagen«, entgegnete er kurz angebunden.

Ich gab mich zufrieden, schließlich hatte er seine Aufgabe erledigt und die illegale Fracht ins Land geschmuggelt. Als wir das Auto erreichten – Ralph hatte gerade den Kofferraum geöffnet und Harrys Koffer deponiert – wurde ich auf ein schwer zu deutendes

---

* Entzugserscheinungen

** in Detroit übliche Maßeinheit: ein McDonalds Kaffeelöffel gestrichen voll entsprach einem Gramm Heroin

Geräusch aufmerksam. Es hörte sich an, als sei gerade das Teilnehmerfeld eines gut besuchten Marathon-Laufs gestartet. Was dann folgte, ging so schnell, dass ich Mühe hatte, zu begreifen: Harry rannte plötzlich los, sprang über eine Rosenhecke und lief so schnell ihn seine kurzen Beine trugen über den Rasen davon. Im selben Augenblick wurde ich gegen den Wagen geworfen, spürte, wie kräftige Arme meinen Kopf aufs Wagendach drückten, sah, wie Ralph, der gerade dabei war, den Chevy aufzuschließen, von zwei Kerlen gepackt wurde, spürte, wie Handschellen um meine Gelenke griffen, sah, wie ein baumlanger Massai hinter dem kleinen Chinesen her hechtete, der flink wie ein Wiesel zwischen Rabatten und Ziersträuchern das Weite suchte, blickte in die bestürzt aufgerissenen Augen meines Adjutanten und hörte aus Dutzenden Kehlen gleichzeitig das Wort, das jede Unklarheit schlagartig beseitigte: »Police!«

Fasziniert von Harrys beherzter Flucht und irritiert von der Tatsache, dass der schwarze Hürdenläufer nach kurzer Distanz die Verfolgung aufgegeben hatte, benötigte ich einige Sekunden, bis ich unser Schicksal begriffen hatte.

»You are under arrest!«, schrie eine Stimme dicht hinter mir, dass ich glaubte, jemand habe die Worte in mein Ohr gerammt. Im Nu waren wir von tausend Bullen umzingelt, einer gemischten Truppe aus FBI-Beamten, *DEA-Special-Agents* und *Royal Canadian Mounted Police* (von den Kanadiern liebevoll »Mounties« genannt). Mir erschien ihr Auftritt wie ein absurdes Theater, dieser Aufwand an Personal und Material, und das alles wegen einem Beutel voll ins Land geschmuggelter Medizin. Immerhin brauchte ich nicht lange, ehe ich begriff, dass ich diese Niederlage Harry zu verdanken hatte, daran änderte auch der inszenierte Hürdenlauf durch den Park nichts.

So sah also das Ende aus, jedenfalls empfand ich unsere Lage so. Dabei war mir noch nicht klar, welches Elend heftiger auf mir lastete: die immer unerträglicher werdenden Schmerzen aufgrund einer akuten Unterversorgung mit Opiaten oder die Tatsache, dass ich gerade meine vermeintliche Freiheit verloren hatte. Ich muss wohl ziemlich belämmert dreingeschaut haben, denn wenn ich mir Ralph ansah, hatte ich allen Grund zu der Annahme, dass ich ähnlich ratlos dastand.

Im Konvoi von sieben Polizeifahrzeugen, die meisten davon zivile Undercover-Autos, ging es zur Polizeistation von Windsor.

Ein beschämender Zug im Verhalten des Drogenabhängigen auf Entzug ist die Neigung, sich dem Selbstmitleid hinzugeben, und es fiel mir nicht leicht, dem nicht nachzugeben, sondern sofort die Zügel wieder in die Hand zu nehmen. Schließlich stand mir ein Verhör bevor, welches über meine Zukunft entscheiden würde.

Auf der Fahrt in die Innenstadt hatte ich mitbekommen, dass die beiden Agenten, die den Einsatz leiteten, sich stritten, ob der schwarze Cadillac, der hinter uns durch den Tunnel gefahren war, zu uns gehörte oder nicht.

Nachdem sie Ralph und mich in ein Büro geführt hatten, ließen sie uns erstaunlicherweise erst einmal allein. Wir sollten uns darüber austauschen, wie wir uns in den Verhören zu verhalten gedachten, die uns empfohlene Strategie hieß Kooperation mit den Behörden, ohne Wenn und Aber. Mir lag daran, Ralph aus der Sache herauszuhalten. Ich versprach, ihn zu entlasten.

Er sollte erklären, dass ich ihn gebeten hatte, mich zum Flughafen zu bringen, um dort einen Bekannten abzuholen, von Drogen habe er keinen blassen Schimmer gehabt. Im Gegenzug versprach Ralph, mir einen Anwalt zu besorgen, sofern man ihn denn laufen ließe.

Da wir davon ausgehen mussten, beobachtet und belauscht zu werden, ging ich von Anfang an konspirativ vor: Ich entschuldigte mich bei meinem Kumpel, ihn in diese Sache hineingezogen zu haben, versprach ihm, den Polizisten die Wahrheit zu sagen und äußerte meine Hoffnung, dass man ihn frei lassen werde. Dann klopfte ich an die Tür und bat die Agenten wieder herein.

Sie waren zu dritt und das erste, was sie interessierte, bezog sich auf den Cadillac. Offenbar war ein solcher Wagen hinter uns durch den Tunnel gekommen, war dann allerdings in Windsor in eine Seitenstraße abgebogen. Inzwischen hatten sie sogar herausgefunden, dass der Wagen gestohlen war, was deren Insassen natürlich verdächtig machte.

»Gehörte der schwarze Caddy zu euch?«

»Das war der Typ, der mich beauftragt hat, diesen Chinesen am Flugplatz abzuholen und ihm den Koffer zu bringen«, sagte ich.

»Verdammt! Ich habe es doch gewusst!«, trumpfe der Beamte, offenbar ein DEA-Mann, gegenüber seinem kanadischen Kollegen auf. »Jetzt haben wir wieder mal den Hai entwischen lassen und uns diese Sardinen hier an Land gezogen. Es ist doch zum Kotzen!«, empörte er sich.

Ich bestätigte seinen Verdacht erneut und legte nach: »Ich bin heroinsüchtig und brauche dringend Stoff oder medizinische Hilfe«, sagte ich, und um meinen Worten Nachdruck zu verleihen, hockte ich mich auf den Boden und fing an, mich vor Schmerzen zu winden. Dass ich tatsächlich unter Entzugssymptomen litt, sahen auch die Polizisten.

»Und du«, wandten sie sich nun erstmals an Ralph, »was hast du mit der Sache zu tun?«

»Der hatte keine Ahnung«, ging ich dazwischen. »Ich hatte ihn gebeten, mich zu fahren, da ich selbst nicht mehr dazu in der Lage war. Er hat mit der Sache nichts zu tun.«

Das wurde uns erstaunlicherweise geglaubt, und so konnte Ralph wenige Minuten danach das Präsidium der Royal Canadian Mounted Police als freier Mann verlassen. Er versprach, mir einen Anwalt zu schicken, der sich meines Falles annehmen würde.

»Zurück zu dem Cadillac. Da saßen drei Männer drin. Kennst du sie? Kannst du sie beschreiben? Was weißt du über sie?«, wollte der Amerikaner wissen.

»Sein Name ist Pepe Ramos. Soweit ich weiß, lebt er in New York, aber ursprünglich stammt er aus Puerto Rico«, erklärte ich. »Die anderen Typen kenne ich nicht.«

Keinesfalls wollte ich irgendeinen meiner Komplizen in Gefahr bringen, allen voran musste ich Jerry schützen.

»Wo in New York wohnt dieser Pepe Ramos?«

»Keine Ahnung. Wenn ich ihn sehen will, muss ich nach Manhattan an die Lower East Side und dort einen Typen auftreiben, der für Pepe den Straßenverkauf organisiert. Dort hole ich jedes Mal Stoff, wenn ich in New York bin.«

»Wie heißt dieser Mann?«

»Ich kenne bloß seinen Vornamen. Eduardo, auch ein Puertoricaner«, gab ich scheinbar bereitwillig Auskunft.

»Wir werden zusammen nach New York fliegen und uns diese Burschen kaufen. Dir kann ich bloß raten, mit uns zu kooperieren«, sagte er. »Du sitzt nämlich ganz schön tief in der Scheiße. Der Chinese ist uns leider entwischt, vorerst hast du den Fall ganz allein an der Backe.«

Das Verhör zog sich noch eine Weile hin. Ich versprach, auf die Bedingungen einzugehen, die da waren: Man behielt vorläufig meinen Pass, solange, bis ich wieder gesund wäre. Dazu rieten sie mir, in ein Krankenhaus zu gehen und dort einen kontrollierten Entzug zu machen. Anschließend sollte ich mich bei der DEA in Detroit melden, wo ein Special Agent Roger Carrier auf mich warten würde. Ich versprach's und konnte nach einer knappen Stunde das Büro und das Gebäude verlassen.

Da mich der Entzug inzwischen immer heftiger bedrängte und ich keine Ahnung hatte, wie ich in Windsor an den so dringend benötigten Stoff kommen sollte, hielt ich ein Taxi an, und auf den fragenden Blick des Fahrers entgegnete ich: »Nach Detroit bitte.«

Die Fahrt durch den Tunnel war kurz und endete an der US-Zollstation. Ohne Pass wollte man mich nicht ins Land lassen. Der Beamte telefonierte eine Weile herum und entschied dann, dass ich zurück nach Kanada müsse. Der Taxifahrer war sichtlich genervt. Auf der kanadischen Seite reagierte man ähnlich. Immerhin ließ man mich einreisen, nachdem der Zöllner mit der Polizei telefoniert hatte. Ich bat den Fahrer, mich in ein Krankenhaus zu bringen, doch dort wies man mich ab – für Heroinsüchtige sei man nicht zuständig, ich möge nach Ottawa fliegen und die dortige Entzugsklinik aufsuchen …

Inzwischen ging es mir so miserabel, dass ich mich mit dem Gedanken abgefunden hatte, zu sterben. Der Portier des Krankenhauses riet mir, ein Hotel zu nehmen und mich dort »auszuschlafen«! Er besorgte mir ein anderes Taxi und nannte dem Fahrer als Ziel das Hotel Richelieu. Dort also würde ich mein Leben beenden, ging es mir durch den Kopf. Zum Glück benötigte man keinen Ausweis, um in ein Hotel einzuchecken. Mit letzter Kraft füllte ich den Anmeldebogen aus und nahm den Zimmerschlüssel entgegen. Oben angekommen, ließ ich heißes Wasser in die Badewanne und glitt vorsichtig hinein. Als die Bauchkrämpfe ein wenig nachließen, schleppte ich mich zum Bett und fiel in einen vier Tage anhaltenden Dämmerzustand währenddessen ich nichts aß und außer Wasser nichts trank. Aus ästhetischen Gründen erspare ich mir eine Beschreibung des Elends, welches ich dort erlebte. Am Morgen des fünften Tages spürte ich einen dünnen Faden Lebensenergie zurückkehren. Ich nahm den Hörer und wählte Barbaras Nummer. Ich vermutete, dass Ralph bei ihr anzutreffen wäre.

»Wo steckst du denn? Dein Anwalt und ich suchen dich seit Tagen, nicht einmal die Polizei weiß, wohin du dich verkrochen hast.«

Eine Stunde später wurde ich von David Berkowitz, einem Detroiter Anwalt, in Windsor abgeholt. Er hatte einen Passierschein für mich besorgt, mit dem mich die Amerikaner einreisen ließen. David brachte mich zunächst zu seiner Kanzlei, die im 20. Stockwerk eines Hochhauses im Zentrum der Stadt lag. Seine Sekretärin kochte Kaffee, während ich ihm berichtete, welche Rolle ich in dem »Drogenkartell« spielte und wie es dazu kam, dass ich in Windsor verhaftet wurde.

Schon bei diesem ersten Gespräch entwickelte sich gegenseitige Sympathie zwischen dem Anwalt und seinem Mandanten. Ich versprach ihm 5.000 Dollar und er versprach, mich halbwegs unbeschadet aus der Sache herauszuholen. David war Jude, stets gut gelaunt, und wenn ich ihm ein Attribut zuschreiben soll, dann fällt mir bloß *pfiffig* ein. Er gab mir Zuversicht. In den Tagen, während ich im Hotel Richelieu durchs Fegefeuer gegangen war, hatte er, von Ralph beauftragt, erste Gespräche mit Special Agent Carrier von der DEA geführt und erreicht, dass ich weiterhin auf freiem Fuß bliebe, sofern ich Wort hielte und mit der Behörde kooperierte.

»Tut mir leid, David, aber das kann ich unmöglich tun. Ich kann und werde keinen meiner Komplizen verraten. Würde ich das tun und mich dem Staatsanwalt als Kronzeuge zur Verfügung stellen, dann würden Dutzende von Leuten verhaftet und dann könnte ich mich gleich beerdigen«, sagte ich ihm. »Du musst wissen, dass ich in Hongkong mit einer chinesischen Familie arbeite, die gewiss nicht untätig bliebe, sollte ich einen von ihnen hinhängen, auch wenn Harry Wong mich selbst verpfiffen hatte. Dessen Gesundheit wäre mir nach dem Verrat an der Börse keinen Cent wert. Sobald ich Ming darüber informiere, und das werde ich wohl tun müssen, ehe er noch mehr Leute ans Messer liefert, wird die Triade ihn liquidieren. Andererseits arbeite ich hier mit einem Schwarzen, der die YBI* beliefert. Alles in allem keine gute Idee, den Bullen die Wahrheit zu sagen, zumal ich längst mit meinen direkten Kontaktleuten befreundet bin. Verrat kommt für mich nicht in Frage«, erklärte ich kategorisch, während ich aufgestanden war und aus dem Fenster blickte. »Ich werde mir eine Geschichte ausdenken, die ich der DEA erzähle, eine Mischung aus *facts and fiction*. Das Fundament dazu habe ich schon bei meinem ersten Verhör in Windsor gelegt.«

David war zunächst skeptisch, dass mir das gelingen werde, andererseits wusste er zu berichten, dass die amerikanischen Behörden nicht viel über mich wussten. Meine Verhaftung war nicht, wie üblich, das Ergebnis langer Überwachung, sondern eines Verrats zwei Tage bevor ich ihnen ins Netz gegangen war. Und Harry Wong, der nicht viel über mich sagen konnte, hatte ihnen offenbar auch nicht viel mehr erzählt, als dass ich sein Kontaktmann sei, dem er die Ware hätte aushändigen sollen. Hätte er gewusst, welche Rolle ich in der Schmugglerbande wirklich spielte, sie hätten mich nicht so einfach gehen lassen. Als ich bei David Berkowitz im Büro saß, konnte ich mein Glück, auf freiem Fuß zu sein, noch immer nicht fassen. Es wäre mir ein Leichtes gewesen, nach Florida zu fliegen, von dort illegal in die Bahamas auszureisen und mir von Basil Mitchell falsche Papiere besorgen zu lassen.

In Europa völlig undenkbar, frei herumzulaufen, nachdem man mit zwei Kilo Heroin geschnappt wurde. Im Anschluss an unser erstes Gespräch, ließ ich mich von David vor dem Plaza-Hotel absetzen. Das Apartment wollte ich nicht aufsuchen, denn dort lagen meine Papiere, die Unterlagen für das Boot und vor allem mein Tagebuch, von dem ich auf keinen Fall wollte, dass es den Cops in die Hände fiele. Schließlich musste ich davon ausgehen, dass

* Young Boys Incorporated, die angesagte und von vielen Detroitern bewunderte Bande aus Jugendlichen zwischen 1978 und 82

ich beschattet würde, seit ich in die USA eingereist war. Ralph war zu Barbara gefahren, nachdem er in Kanada freigekommen war.

Während David unser erstes Verhör bei der DEA vorbereitete, nahm ich konspirativ Kontakt zu Jerry auf. Wir trafen uns im Corned-Beef-Palace an der Dexter Avenue, nachdem wir uns beide vergewissert hatten, dass uns niemand gefolgt war. Erleichtert nahm er zur Kenntnis, dass ich der Polizei gegenüber seinen Namen nicht erwähnt hatte. Wir beschlossen, abzuwarten, wie sich die Geschichte weiter entwickelte, ehe ich Ming das nächste Mal nach Amerika bestellte. Die unerwartete Intervention der DEA machte uns schlagartig klar, wie dicht am Abgrund wir operierten. Ein weiteres Treffen vereinbarte ich mit Jerry für den Abend des Tages, an dem ich erstmals mit dem Agenten der DEA gesprochen hätte.

Dieses Verhör fand in Anwesenheit meines Anwalts irgendwann Mitte Oktober im Büro der Drogenfahnder statt. Roger Carrier, der Special Agent, der meinen Fall zu bearbeiten hatte, war ein umgänglicher Kerl, ihm haftete wenig Polizeitypisches an. Schon während wir uns kennenlernten, erzählte er mir von seinen Jahren als Einzelkämpfer in Vietnam, eine Zeit, in der er selbst Drogen konsumiert habe, was schließlich bewirkte, dass er kein Hardliner war. Wie ich aus Erfahrung wusste, hielten in Europa viele Polizisten Heroin für eine »Todesdroge« und sahen in den Leuten, die damit handelten, charakterlich äußerst missratene, asoziale Drecksäcke, denen man lieber gleich die Kugel geben sollte, anstatt sich in aufwendigen Gerichtsverfahren mit ihnen herumzuplagen.

Roger, der mir, wie in Amerika vielfach üblich, schon während des ersten Gesprächs das »Du« anbot, sah die Sache mit dem Heroin zum Glück gelassen. Ich hatte jedenfalls nicht den Eindruck, dass er mich aufgrund meines Verhaltens hasste. Er gehörte der »weißen Rasse« an, wenn das überhaupt relevant ist, aber in den USA ist der Begriff der Rasse von erheblicher Bedeutung, in der Presse ist gerade im Zusammenhang mit Verbrechen immer die Rede von der Hautfarbe, gerade so, als sei damit schon ein wichtiger Teil der Beweisaufnahme geklärt! Rogers freundliches Wesen stand in auffälligem Kontrast zu seiner Physis: Auf eine Rauferei mit ihm sollten sich alle die, für die er sich dienstlich interessierte, tunlichst nicht einlassen. Ich erinnere mich, dass er humorvoll war, dass wir während des Gesprächs über meine gesetzwidrigen Taten viel lachten, was mir ein gutes Gefühl vermittelte, denn wo gelacht wird, da bleibt dem Fanatismus keine Luft, es sei denn, man hat es mit einem Zyniker zu tun, aber Roger war kein Zyniker. Mir kam er wie ein großer Farmerjunge aus dem Mittleren Westen vor, einer der ohne zu hinterfragen Uncle Sams Ruf in den Krieg gefolgt war und der anschließend ohne viel darüber nachzudenken, den krisensicheren Job bei der DEA angenommen hatte. Krisensicher insofern, als dass Insider schon damals ahnten, dieser Krieg würde nie zu gewinnen sein, es würde immer Drogenhandel geben und damit immer Arbeit für die Polizei. Mein persönlicher Drogenfahnder gab sich darüber jedenfalls keinen Illusionen hin.

Während den folgenden zwei Wochen fuhren David und ich mehrmals zum DEA-Büro. Roger erstellte ein Dossier, in welchem es darum ging, meine Aktivitäten im Heroinschmuggel zu umreißen. Ich hatte zugestimmt, zu kooperieren, hatte dies allerdings zu keinem Zeitpunkt wirklich vor. Die Aufgabe, die jetzt vor mir lag, war nicht einfach: Ich musste Roger eine Geschichte erzählen, die plausibel erschien und in der alle polizeibekannten Fakten vorkamen. Gleichzeitig musste ich erklären, weshalb ich so oft in den Fernen Osten gereist war, wer die Hintermänner des Schmuggels in Asien waren, wer der Abnehmer in den USA und wie viele Geschäfte schon gelaufen waren, an denen ich in den vergangenen Monaten beteiligt gewesen war.

Um dem großen Boss im Goldenen Dreieck einen Namen zu geben, wählte ich Khun Sa, den legendären Shan-Führer, der den Heroinhandel in der Region weitgehend kontrollierte und von dem es hieß, er unterhalte Beziehungen zur CIA, was schon deshalb plausibel war, weil er mit den machthabenden Generälen in Burma in Dauerfehde lag. Dass Khun Sa eigentlich gar kein Heroin verkaufte, sondern lediglich den Anbau, die Opium-Transporte zu den Heroinraffinerien und deren ungestörte Arbeit sicherte, wusste ich von meinem Besuch im Goldenen Dreieck zwei Jahre zuvor, nicht aber die Leute von der DEA. Immerhin war ihnen klar, dass es wohl kaum möglich sei, den General in die USA zu locken und dort zu verhaften. Als Abnehmer nannte ich den fiktiven New

Yorker Großdealer Pepe Ramos, von dem ich schon in dem ersten Verhör in Kanada gesprochen hatte. Weitere Namen nannte ich nicht, insbesondere nicht die meiner Komplizen in Detroit und die der Chinesen aus Hongkong, sofern ich sie überhaupt kannte.

Bei den Gesprächen mit Roger trat meinerseits die Schwierigkeit auf, dass ich ihn als Mensch respektierte, in gewisser Weise sogar mochte, den Polizisten in ihm aus strategischen Gründen aber permanent belügen musste. Das bereitete mir ein leichtes Unbehagen, ähnlich dem, welches ein Autohändler empfinden mag, der einem naiven Kaufinteressenten einen reparaturbedürftigen Gebrauchtwagen aufschwätzt. Umgekehrt machte Roger aus seiner Sympathie für mich keinen Hehl. Er wollte mir helfen, aus der schlimmen Sache herauszukommen, und das gelang ihm am Ende auch, indem er den Staatsanwalt überzeugte, mich nicht anzuklagen, sondern als V-Mann anzuheuern. Dabei ließ er im Laufe der Zeit die Deckung fallen und klärte mich auch über Harry Wongs Verrat auf.

Dass ich die Verhaftung in Windsor dem windigen Chinesen zu verdanken hatte, ahnte ich von dem Augenblick an, als ich beobachtet hatte, wie er vor dem Flughafen flüchtete und wie ihn die Bullen laufen ließen.

Roger kannte die ganze Geschichte. Harry war also, ohne sich mit Ming abzusprechen und entgegen der ausdrücklichen Anordnung des Triaden-Chefs, nach seiner Rückkehr nach Hongkong im Sommer zum Flughafen gefahren und hatte gegen Vorlage des Gepäckscheins den dort deponierten Koffer abgeholt. Was er nicht wusste: Der Koffer war, nachdem er wochenlang nicht abgeholt worden war, von der Hongkonger Polizei untersucht worden. Dabei fanden sie das Versteck, ließen das zwischen den doppelten Böden versteckte Heroin allerdings an Ort und Stelle. Sie brauchten jetzt bloß zu warten, bis jemand das Gepäckstück abholen käme.

Harry Wong tappte in diese Falle und stand fortan unter Beobachtung. Als er dann eines Tages beschloss, mir den Koffer nach Amerika zu bringen, weihte er Ming nicht ein, weil er wusste, dass der ihm die gefährliche Operation untersagt hätte. So kam es, dass er Anfang Oktober unter den Augen der Hongkonger Polizei ein Flugzeug nach Vancouver bestieg. In Vancouver wurde er erwartet. Der Zoll nahm ihn beiseite, forderte ihn auf, den Koffer zu öffnen und nachdem sie den doppelten Boden aufgebrochen hatten, wurde Harry klar, dass er verspielt hatte. So dürfte es ihnen ein Leichtes gewesen sein, ihn dazu zu bringen, seinen Abnehmer preiszugeben. Vom Polizeipräsidium in Vancouver aus rief er mich in Detroit an und kündigte seine baldige Ankunft an. Jetzt hatten die Fahnder meine Spur aufgenommen und noch am selben Abend begann die verdeckte Ermittlung gegen mich.

Wie es dennoch möglich war, dass die Detroiter DEA keine Kenntnis von meinem neuen Apartment hatte, blieb mir ein Rätsel. Sie hätten mir bloß zu folgen brauchen.

Was Harry Wong den Beamten in Vancouver im Einzelnen gestanden hat, weiß ich nicht, zum Beispiel habe ich nie erfahren, ob er Ming und weitere Hintermänner in Hongkong namentlich genannt hat.

Nach meinen Verhören ging es der DEA darum, die jeweiligen »Bosse« zu schnappen. Und dabei benötigten sie meine Hilfe. Konkret: Sie verlangten von mir, dass ich die von Khun Sa protegierten Chinesen in die Staaten locken sollte, wo man sie dann würde verhaften können, am besten in flagranti mit einer größeren Menge Heroin. Dies bewies ein gerütteltes Maß an Naivität, als wäre es so einfach, den alten »Goldzahn«, so der Unterweltname des Familienchefs, der Ming die Anordnungen gab, in einen Flieger nach Amerika zu locken. Dennoch spielte ich mit. Mein Geständnis und das Versprechen, meine chinesischen Geschäftspartner in die Falle zu locken, sollten schließlich einer sogenannten Grand Jury vorgetragen werden.

Der Termin für die Anhörung vor der Grand Jury wurde für die erste Novemberwoche festgesetzt. Die bis dahin zu überbrückende Zeit verbrachte ich lesend im Hotel oder mit Jerry, der mich mit seiner Nachbarschaft bekannt machte und alle paar Tage zu einer Grillparty mitnahm, wo ich stets der einzige Weiße war, der in die Wurst biss.

Mehrmals die Woche besuchte ich David in der Kanzlei. Einmal nahm er mich mit zum Reiten in die herbstlichen Wälder, was mir eine Ahnung vermittelte, welch unbekümmertes Leben die Indianer wohl geführt haben mochten, die dieses Land bevölkert hatten, ehe der Weiße Mann dort aufgetaucht war. Dann lud er mich zu sich nach Hause ein, wo er mir seine Frau und seinen Bruder vorstellte. Frau Berkowitz erinnerte mich an Esther Ofarim, der Bruder Joel lebte als Rabbiner in New York, hatte aber vor, demnächst nach Israel auszuwandern und beim Aufbau des Landes mitzuhelfen. Einmal pro Woche besuchte ich die Baker's Keyboard Lounge draußen an der Eight-Mile-Road, wobei mich Althea und Randy zuweilen begleiteten.

Althea machte mich mit ihrer Schwester Valerie bekannt, die in einem besseren Viertel lebte, welches die Schwarzen in den vergangenen Jahren von den weißen Emigranten übernommen hatten. Valerie wohnte mit ihrer vierjährigen Tochter in einem geräumigen Haus in der Faust Street. An dem Abend, als die Amerikaner Halloween feierten, lud sie mich ein, das Fest mit ihr und ihrer Tochter zu verbringen. Nach Einbruch der Dunkelheit ging alle zehn Minuten die Türglocke und eine Gruppe von Kindern aus der Nachbarschaft stand draußen, um sich singend die üblichen Süßigkeiten zu verdienen *(»trick or treat«)*. Im Hintergrund standen die Eltern und gaben Acht, dass ihren Sprösslingen nichts passierte, denn im Land der unbegrenzten Möglichkeiten war es wiederholt vorgekommen, dass perverse Sadisten, Rasierklingen in Pralinen und Kuchen versteckt hatten, was in einzelnen Fällen zu Verletzungen bei den Kindern geführt hatte.

Jedes Mal, wenn es an der Haustür schellte und ich die Tür öffnete, fuhr den Kleinen ein Schreck in die Glieder, denn sie hatten offenbar nicht damit gerechnet, einem weißen Mann zu begegnen. Erst wenn Trisha und ihre Mutter neben mir erschienen, entspannte sich die Situation. Hier war *ich* also der Außenseiter und auch, wenn ich die Reaktion der Leute gelassen hinnahm, spürte ich doch ein wenig von der Kränkung, die jeder Mensch erfährt, wenn er auf Grund seiner Hautfarbe diskriminiert oder mit Argwohn betrachtet wird. Anschließend konnten wir durchs Fenster beobachten, wie die Erwachsenen, die ihre Kinder begleiteten, das Körbchen untersuchten, um sicherzustellen, dass der *Whitey** kein Gift und keine *Razorblade-Cookies* hineingelegt hatte. Leider musste

* abfällige Bezeichnung schwarzer Rassisten für Weiße

Valerie beruflich ins Ausland, sodass ich keine Gelegenheit erhielt, sowohl sie selbst als auch die Nachbarschaft näher kennenzulernen.

Erstaunlicherweise hatte ich unter dem Druck, mich aus den Klauen der Polizei zu befreien, seit den Ereignissen von Windsor kein Heroin mehr konsumiert. Mir ging es dabei phasenweise gar nicht gut, insbesondere hatte ich Schwierigkeiten, mich zu motivieren, aber mit den verfügbaren Ersatzstoffen Valium und Wein kriegte ich die innere Unruhe ein wenig in den Griff, die nach wie vor anhielt, lange nachdem die direkten physischen Schmerzen aufgehört hatten, mich zu plagen. Eine angenehme Schmerzlinderung erfuhr ich, als mich David zu einem befreundeten Zahnarzt brachte, der mir einige kariöse Backenzähne reparierte. Nicht bloß, dass er die Behandlung unter Narkose durchführte, ich also so gut wie nichts mitbekam, sondern als es um das Begleichen seiner Kosten ging, schlug er mir vor, ich könne ihn auch in »Naturalien« bezahlen. Damit war in diesem speziellen Fall Kokain gemeint. Den Gefallen konnte ich ihm tun, und im Gegenzug verschrieb mir der Zahnmediziner ein morphinhaltiges Analgetikum, um möglicherweise auftretende »postoperative Zahnwurzelkoliken« zu bekämpfen. Hahaha, was für ein Land dieses Amerika doch war!

4.13 Grand Jury

Es kommt im Leben darauf an, das Unabwendbare mit Bewusstsein hinzunehmen, das Gute und Üble recht auszukosten und sich neben dem Äußeren ein Inneres, Eigentliches, nicht zufälliges Schicksal zu erobern.

Hermann Hesse

Am 10. November tagte schließlich die *Grand Jury* von Detroit. Diese im amerikanischen Rechtssystem vorgesehene Instanz bestand aus einem Gremium von 36 Bürgern der Stadt und es war arbiträr besetzt: Frauen und Männer, Menschen mit asiatischen, afrikanischen und europäischen Wurzeln, Arbeiter und Akademiker, Junge und Alte. Eher nicht vertreten waren Junkies, Transen und Kommunisten, jedenfalls fielen mir keine Verdächtigen auf. Die Anhörung fand in einem schmucklosen Saal des Justizgebäudes statt, wenn man einmal von dem Gemälde mit den kriminellen Gründungsvätern absieht, das überlebensgroß an der Stirnseite prangte. Wer an dem Event teilnehmen durfte, war klar geregelt: außer den Vertretern des Volkes, eine Protokollführerin, der Staatsanwalt und natürlich der böse Bube, dessen Rolle in diesem Fall ich spielte.

Mein Anwalt sowie interessierte Zuschauer mussten draußen bleiben. Die Sitzung und deren Ergebnis blieben nämlich geheim *(classified),* schließlich erklärten sich die hier auftretenden Beschuldigten in aller Regel damit einverstanden, mit der Justiz und der DEA zu kooperieren, sie wurden also zu Verrätern, und das ist Grund genug, die Sache unter Verschluss zu halten, denn niemand hat unter den Menschen einen schlechteren Ruf als der Verräter, was erst recht für die Unterwelt gilt.

Im Detroit der beginnenden achtziger Jahre wäre mein Leben keinen Pfifferling mehr wert gewesen, hätte ich etwa Jerry, Basil oder Barry verraten. Zuweilen boten einem die Polizisten an, in ein Zeugenschutzprogramm zu gehen, das heißt, behördlicherseits mit falschen Papieren ausgestattet zu werden und den Wohnort zu wechseln. Aber wer ehemalige Komplizen in den Knast brachte, der hatte sich Feinde geschaffen, deren Durst nach Rache unter Umständen ein Leben lang anhielt. Zeugenschutzprogramme sind kalte bürokratische Maßnahmen, Hass und Rachedurst hingegen heiße Gefühle, die nicht so bald verschwinden. Der Verräter spürt somit Zeit seines Lebens den heißen Atem der Vergeltung im Nacken. Abgesehen davon schlägt jeder Verrat eine Kerbe in die Seele des Verräters, er verliert seine Selbstachtung, letztlich klebt an seinem Leben das Stigma einer quasi kriminellen Illoyalität: an sich selbst und an denjenigen Komplizen, auf deren Kosten er sich aus dem Fokus des Staates manövriert hat.

Ich nahm auf dem Podium hinter einem Rednerpult Platz, ähnlich dem Autor bei einer Dichterlesung: vor mir das Publikum. Während der Staatsanwalt, ein blasser junger Mann mit dem für Menschen seines Schlages typischen elitären Amerikabewusstsein, eine Erklärung zum vorliegenden Fall abgab, schaute ich mir die Gesichter der Bürger an und nahm die Vibes auf, die sie ausstrahlten. Als ich sah, mit welch großem Ernst sie schon den Ausführungen des Herrn Staatsanwaltes folgten, ahnte ich, dass ich bei diesen Leuten eine Chance hätte. Der Staatsanwalt plädierte dafür, mich nicht anzuklagen. Er sah in mir einen potenziell wertvollen Informanten und empfahl den Leuten, dafür zu votieren, auf einen Prozess zu verzichten.

Das war sozusagen die halbe Strecke auf dem Weg zur Freiheit, den Rest würde ich allein gehen müssen. Was ich den Leuten nun vortrug, war von großer Bedeutung: für meine Familie, für meine Komplizen, für mein eigenes Leben. Sollte die Sache schief gehen und man mir in Amerika den Prozess machen, wären 20 Jahre Gefängnis eine nicht unrealistische Perspektive. Es gab also einen guten Grund, die Jury davon zu überzeugen, dass ich nicht einer dieser charakterlosen Verbrecher war, als die Drogenhändler damals von Politikern und Polizisten hingestellt wurden. Kaum eine Reputation war von den Medien gründlicher versaut worden als die des Heroindealers! Wenngleich Kokapflanzer und Mohnbauern nicht anders zu bewerten sind als Winzer oder Betreiber von Tabak- und Zuckerrohrplantagen; und wenngleich die mit dem Vertrieb ihrer Produkte befassten Dealer das gleiche Geschäft betreiben wie Wirte, Süßkramverkäufer und Tabakhändler, war die öffentliche Wahrnehmung eine völlig andere. Ich musste davon ausgehen, dass einige der Jurymitglieder eben jenes von den

Medien verzerrte Charakterbild des Drogendealers verinnerlicht hatten und mich folglich mit einer Mischung aus Verachtung und Abscheu betrachteten. Diese Leute musste ich irgendwie davon überzeugen, dass ich trotz allem ein Mensch war, der zwar gegen ihre Gesetze verstoßen hatte, aber dennoch kein Ungeheuer war. Meine Legitimität sah ich darin begründet, dass meine Würde zu respektieren sei, Sünde hin, Sünde her.

An die Geschichte, welche ich der Grand Jury von Detroit damals erzählte, kann ich mich im Einzelnen nicht mehr erinnern. Stichpunktartig machte ich Angaben zu meinem Elternhaus sowie zu meiner Ausbildung, erwähnte meine Berührung mit der Drogenszene auf Ibiza, meinen leichtfertigen Umgang mit weichen und mit harten Drogen und die daraus resultierende Suchterkrankung. Anlässlich einer Urlaubsreise nach Thailand sei ich mit Chinesen bekannt geworden, die im Opium- und Heroinhandel tätig waren. Ich berichtete, dass ich zum Eigenbedarf Heroin gekauft hatte, dass ich nach ein paar Monaten erneut nach Bangkok geflogen sei, und dass mir seitens meiner dortigen Bekannten der Vorschlag unterbreitet worden sei, deren Geschäfte mit ihrem puerto-ricanischen Geschäftspartner in den USA zu koordinieren. Der Tatsache, dass ich Spanisch sprach, habe dabei den Ausschlag gegeben, denn keiner der Chinesen beherrschte diese Sprache. Ich dramatisierte die Geschichte noch ein wenig, indem ich sagte, dass der legendäre Khun Sa die Finger mit im Spiel habe, erfand noch einen hochrangigen chinesischen Militär, der angeblich den Transport der Ware aus dem Goldenen Dreieck nach Hongkong organisiere. In Wahrheit wusste ich nicht viel darüber, woher meine Komplizen den Stoff bezogen und auf welchem Weg er nach Hongkong gelangte. Ich gab zu, dass ich in den zurückliegenden Monaten schon zwei Transporte abgewickelt habe, und was meinen Verdienst anging, so erklärte ich, mit Heroin bezahlt worden zu sein, denn ich konsumierte damals etwa zwei bis drei Gramm am Tag.

Den Text trug ich zwar frei vor, hatte aber zur Orientierung das Konzept vor mir liegen, welches David, Roger und ich in den Wochen davor ausgearbeitet hatten. Als ich geendet hatte, bat ich die Leute aus der Jury, mir Fragen zu stellen. Tatsächlich gingen ein paar Hände nach oben, ich erteilte freundlich das Wort, und als ich merkte, dass es sich bei den Fragen ausschließlich um touristische Neugier handelte (die wenigsten meiner Zuhörer waren je in Asien gewesen), wurde meine Zuversicht, halbwegs ungeschoren aus der Sache herauszukommen, allmählich zur Gewissheit.

Erwartungsgemäß stimmten die Bürger von Detroit am Ende einstimmig dafür, dass die Justiz mich nicht anklagen sollte. Eine einfache Mehrheit hätte gereicht. Im Gegenzug versprach ich, alles zu tun, um den Behörden zu helfen, einen oder mehrere meiner chinesischen Hintermänner sowie den als Abnehmer angegebenen Puerto-Ricaner (der Mann im schwarzen Cadillac) Pepe Ramos zu schnappen. Ich konnte es zwar kaum glauben, dass ich auf diese Weise, knapp vier Wochen nach meiner Verhaftung wegen Besitzes von zwei Kilogramm Heroin meinen Pass wieder erhielt und mich mit dem Versprechen verabschiedete, über meinen Anwalt Kontakt zu Roger Carrier von der Drogenpolizei zu halten.

Zuvor musste ich allerdings noch einen Vertrag unterschreiben, ein Dokument, welches mir leider im Laufe der Jahre abhandengekommen ist. Es fing so an: Die Vereinigten Staaten von Amerika und Harry Berger kommen überein ... Auf knapp zwei Seiten wurde festgelegt, dass ich ab sofort ein Informant der DEA sei, der die Behörde aktiv dabei unterstützen werde, die ihm bekannten asiatischen Drogenschmuggler dingfest zu machen. Zu gegebener Zeit sollte ich meiner Verpflichtung den Vereinigten Staaten gegenüber nachkommen.

Ich muss wohl innerlich gegrinst haben, denn ich hielt und halte die Regierung der USA für die größte singuläre Bedrohung unserer Erde. Amerika ist das Land der Sklaverei, des Rassismus, des ungebremsten Kapitalismus und der Kriegstreiberei. Die US-Gesellschaft ist durchsetzt mit Soldaten, Polizisten und Gefängniswärtern, die alle in irgendeiner Form an der Überwachung, Ausbeutung und Manipulation ihrer Bürger beteiligt sind. Nur in Amerika gibt es eine eigene Drogenpolizei, die unabhängig von der Kripo (dem FBI) operiert und die weltweit für Chaos und Krieg in den Anbauländern sorgt, siehe Kolumbien, siehe Afghanistan, siehe Mexiko. Und wenn es ihr dann tatsächlich gelingt, an einen hochrangigen Drogen-Mafioso heranzukommen, wird sie meist mit dem Hinweis zurückgepfiffen, der Mann arbeite mit der CIA zusammen, oder aber er vertrete die ökonomischen Interessen der USA in der jeweiligen Region. Im Vergleich zu den Verbrechen, die in den zweihundertfünfzig Jahren ihres Bestehens im Auftrag der US-Regierung begangen wurden, nehmen sich (bis auf wenige Ausnahmen wie Hitler, Idi Amin und Pol Pot) die Schurkereien anderer Politgangster direkt stümperhaft aus.

Es begann mit dem Genozid der amerikanischen Indianerstämme (zufällig hatte ich während der Wochen des Wartens in Detroit das Buch *»Begrabt mein Herz an die Biegung des Flusses«* von Dee Brown gelesen), gefolgt von einem mörderischen Bürgerkrieg, begleitet von einer institutionalisierten Versklavung verschleppter Afrikaner und gipfelte im 20. Jahrhundert in der Anwendung der Atombombe gegen die Bevölkerung Japans. Seit ihrer Gründung im Jahre 1776 haben die USA mehr als hundert Kriege geführt, mehr als jede andere Nation der Erde. Seit dem Ende des Zweiten Weltkriegs, den sie ausnahmsweise einmal nicht begonnen hatten, beherrschen sie die Welt militärisch, wirtschaftlich und politisch. Wer nicht nach ihrer Pfeife tanzen wollte, dem wurde eine Lektion erteilt, siehe Kuba, siehe Vietnam, siehe Chile, um nur einige der Verbrechen zu benennen, die mir damals schon geläufig waren. Was ich damit sagen möchte: Ich empfand es angesichts dieser historischen Fakten als obszön, mich wegen eines vergleichsweise lächerlichen Verstoßes gegen die US-Gesetze verantworten zu sollen. Nicht eine Sekunde habe ich damals erwogen, mit den US-Behörden zusammenzuarbeiten, um irgendwelche Drogenschmuggler oder Dealer dingfest zu machen. Anders ausgedrückt: Um weitere Menschen zu kriminalisieren, bei ihrer Verhaftung mitzuwirken und ihnen und ihren Familien damit einen existenziellen Schlag zu versetzen, dafür stand ich nicht zur Verfügung.

Spätestens jetzt, da ich meinen Namen unter diesen sittenwidrigen Knebelvertrag setzte, war mir klar, dass das Ganze eine Farce war und dass der Anflug von Schamgefühl, den ich während der Anhörung noch in mir wahrnahm, keine moralische Grundlage hatte. Was damals verhandelt wurde, war eine Posse, der allerdings völlig der Humor abging: Weder stimmten die Grundannahmen zu den Ursachen der sich ausweitenden Drogensucht, dass zum Beispiel die Suchtkrankheiten und die hohe Nachfrage nach Rauschdrogen gesellschaftlich bedingte Phänomene waren, war den Jurymitgliedern nicht geläufig. Darüber hinaus hatte der Blödsinn, der den von den Präsidenten Nixon ausgerufene und neuerlich von Ronald Reagan bekräftigte »War on Drugs« begründen sollte, weder Hand noch Fuß. Schließlich fehlte den im Auftrag des Staates handelnden Behörden die ernste Absicht, ihren drogenabhängigen Bürgern Wege aus der Sucht aufzuzeigen, im vorliegenden Fall den aus der Automobilindustrie betriebsbedingt entlassenen Arbeitern.

Die ganze paramilitärische Kriegsmaschinerie der Supermacht USA, mit der der Krieg gegen die Drogen und gegen die Millionen von Menschen geführt wurde, die davon lebten, war nichts als ein groß angelegtes Ablenkungsmanöver, mit welchem dem Volk ein imaginärer Feind präsentiert wurde, um die eigentlichen Kriege, welche die USA seit ihrer Gründung praktisch immer geführt haben, aus dem Fokus zu nehmen. Und dass ein schwarzer Sklave in sechster Generation irgendwann die Schnauze voll hatte, zumal dann, wenn er von den Automobilbossen wieder einmal auf die Straße gesetzt worden war, und er sich wenigstens fürs Wochenende mit Heroin der Seelenpein entledigen wollte, war mir mehr als verständlich.

Es würde den Rahmen dieser Aufzeichnungen sprengen, eine lückenlose Quellenangabe mitzuliefern. Wer meinen Betrachtungen rechtfertigungs-theoretische Rabulistik unterstellt, der möge sich in die Publikationen von Fachleuten (Historiker, Anthropologen, Soziologen) vertiefen, die die verhängnisvolle Verstrickung der CIA in den Drogenhandel nachgewiesen haben, angefangen in Laos zur Zeit des Vietnamkrieges (der Film »Air Amerika« trägt dabei zur Erhellung bei) bis hin zum jüngsten Afghanistan-Krieg, während dem die Opium-Produktion eine nie da gewesene Blüte erlebt hat. Der von der CIA ausgelöste Stellvertreterkrieg hat die afghanischen Verbündeten nicht daran gehindert, den anschwellenden Drogenhandel des Landes zur Finanzierung ihres langwierigen Kampfes zu nutzen.

Der Aufrichtigkeit halber sei erwähnt, dass ich die Chance verpasste, die Abstinenz beizubehalten, die ich vom Tag meiner Verhaftung auf dem Flughafen von Windsor an durchgehalten hatte. Als ich im Anschluss an das Verdikt der *Grand Jury* als freier Mann die Straßen von Detroit betrat, verabschiedete und bedankte ich mich zunächst bei Roger und David, um anschließend wie von einer magnetischen Kraft angezogen dem Ruf des Mohns zu folgen: Ich setzte mich in den Chevy und fuhr hinaus zur Ecke John R. / Erskine, wo die Jungs der YBI den Vertrieb an der Straße organisierten; ich hielt an, und sogleich kam ein Junge mit einem gestempelten Tütchen *China White* ans Fenster. Ich zahlte 20 $ (es handelte sich laut Jerry um unseren Stoff), zündete mir anschließend im Plaza-Hotel eine fette »Friedenspfeife« an und sofort spürte ich mein Blut wieder wie Lava durch den Körper strömen. Im Nu war ich rückfällig geworden, und alles, was ich fühlte, schien warm und gut.

Nach diesem vierwöchigen Zwangsaufenthalt in Detroit bestieg ich am 12. November 1981 in New York ein Flugzeug nach Zürich und von dort aus weiter nach München. Begleitet wurde ich von Althea Rene, der Musikerin, die ich im Sommer im »Bakers« kennengelernt hatte. Althea wollte Karriere machen, kam aber in Detroit nicht recht von der Stelle. Also lud ich sie ein, mit mir nach München zu kommen, wo ich gedachte, sie einigen befreundeten Musikern vorzustellen.

4.14 Besucher aus Amerika

Bei meiner Ankunft in München erfuhr ich von Walter Fleischer, dass unser Freund Werinher in Untersuchungshaft saß. Sie hatten ihn mit einem Beutelchen voll Kokain geschnappt. Ich beauftragte einen fähigen Anwalt und besuchte ihn im Gefängnis an der Stadelheimer Straße. Die Sache stand nicht gut. Gemeinsam mit einem Komplizen, einem dauergrinsenden Seiteneinsteiger der lokalen Drogenszene, war er einem V-Mann auf den Leim gegangen, dem sie hundert Gramm Kokain zum Kauf angeboten hatten. Die Details der Verhaftung sind mir nicht mehr geläufig, feststeht aber, dass Werinher für die Anbahnung eines letzten Endes nie zustande gekommenen Deals zu drei Jahren Knast verurteilt wurde.

Vorgreifend ist zu sagen, dass er zwei Drittel davon in Landsberg am Lech absaß, ehe er sich wieder der Fotografie zuwenden konnte. Ich erinnere mich noch an das ungläubige Staunen der alten Frau Elser aus dem Fotofachgeschäft in der Innenstadt, die partout nicht glauben wollte, was sie in der Abendzeitung gelesen hatte, dass nämlich ihr Kunde Werinher Völler, »dieser feine Mensch«, etwas mit Drogen zu tun gehabt haben sollte.

»Sie haben vollkommen recht«, bestärkte ich ihre Unschuldsvermutung. »Der Herr Völler ist einem Justizirrtum zum Opfer gefallen, es kann gar nicht anders sein!«

Verstörten Blickes nahm die Dame die zwölf Rollen Kodachrome entgegen und hätte dabei fast vergessen, mir auf der Quittung zu notieren, wann ich die entwickelten Dias abholen könne. Ich erwähne diese nebensächliche Begebenheit, weil sie verdeutlicht, dass die Justiz Menschen völlig anders wahrnimmt als das soziale Umfeld des Betroffenen dies tut.

Befremden bereitete mir Lisas Verhalten, die meinen Rückfall in Detroit aggressiv kommentierte. Ihr ging nach wie vor das Verständnis dafür ab, dass Drogensucht eine Krankheit ist und keine charakterliche Schwäche. Ich spürte deutlich, dass mein Zwangsaufenthalt in den Vereinigten Staaten unserer Beziehung nicht gut bekommen war. Geschichten von *love affairs* wurden mir zugetragen, die sich schließlich als wahr erwiesen. Da ich nicht zur Eifersucht neigte, fand ich mich rasch damit ab, bat meine Frau lediglich, die Treffen mit ihren Galanen abzusagen, solange ich in München sei. Was nicht allzu lange der Fall sein sollte, denn ich erwartete Besucher aus Amerika, mit denen ich nach Asien aufbrechen wollte.

Während der Wochen des Wartens in Detroit war ich mehrfach für ein paar Tage nach Fort Lauderdale zu Joey Palmano geflogen, der sich einfach nicht mit der Tatsache abfinden konnte, den Rest seines Lebens im Rollstuhl zu verbringen. Irgendwo hatte er gelesen, dass es auf den Philippinen Menschen gäbe, sogenannte Geistheiler, die mit telepathischen Kräften Kranke heilten, ähnlich dem Mann aus Nazareth, der sich ja ebenfalls auf diese Heilkunst verstanden haben soll. Dass Joey sich an diesen Strohhalm klammerte, ist irgendwie nachvollziehbar, dass ich ihn in dieser Sache auch noch bestärkte, wirft ein Licht auf meine geistige Verfassung zur damaligen Zeit.

In den zurückliegenden Jahren hatte ich mich mit Gurdjieff und dem Bhagwan beschäftigt, hatte Aleister Crowley und ein Buch über kabbalistische Zahlenmystik gelesen, ich besaß eine Sammlung von »Heilsteinen«, betätigte mich als Orakeldeuter nach dem Buch der Wandlungen und hatte mir von einem Astrologen ein persönliches Horoskop anfertigen lassen. Ich war anfällig für jegliche Scharlatanerie, die angeblich dem Menschen den Sinn des Lebens näherbrachte, und so ist es zu erklären, dass ich Ralph und Joey spontan zu einer Reise nach Manila einlud, wo damals ein gewisser Brother Alex Orbito lebte, der angeblich in seiner *»Philippine Spiritual Help Foundation«* reihenweise Wunderheilungen vollzog. Das jedenfalls war in einschlägigen esoterischen Publikationen zu lesen, und als ich einen Schweizer traf, der behauptete, eben jener Alex Orbito habe ihn vom Krebs befreit, war ich entschlossen, meinen Freund Joey zu diesem unkonventionell praktizierenden Mediziner zu begleiten. Dass ich für diese Reise eine stattliche Summe bereitstellte, zeigt, wie ernst es mir damit war und andererseits, wie sehr der jahrelange Drogenkonsum mein Hirn in Unordnung gebracht hatte.

Ralph und Joey trafen Ende November in München ein. Da es in unserem Apartment im Olympiadorf recht beengt zuging, hatte ich meinen amerikanischen Freunden ein Zimmer im Holiday Inn an der Leopoldstraße reserviert. In derselben Woche erwartete ich meine wichtigsten Geschäftspartner Basil Mitchell von den Bahamas (der kürzlich aus dem Gefängnis von Miami entlassen worden war) und Ming aus Hongkong. Sie waren beide informiert, dass ich in Windsor verhaftet worden war, kannten aber noch keine Einzelheiten. Insbesondere die Tatsache, dass ich auf freiem Fuß war, könnte unter Umständen ihr Misstrauen erregt haben. Wird im Drogengeschäft jemand geschnappt und kommt anschließend ohne ersichtlichen Grund wieder frei, liegt der Verdacht nahe, dass die Polizei den Mann angeheuert hatte. Mir war somit daran gelegen, meine Partner aufzuklären, wie ich aus dem Clinch mit der US-Drogenpolizei gekommen war.

Ralph und Joey waren Touristen, denen ich ähnlich wie seinerzeit Osiris, die Stadt und das bayerische Umland zeigte. Im Tagebuch lese ich, dass die beiden Freunde sich nicht so gut verstanden, denn Joey hatte Ralph im Aufzug eine Ohrfeige verpasst. Zur Beilegung ihres Streites musste ich intervenieren, denn es bestand die Gefahr, dass die geplante Reise von vorne herein an ihrem Konflikt scheiterte. Überhaupt: in letzter Zeit schien vieles zu scheitern. Ein Besuch im »Sugar Shack«, wo Klaus Sturm nach wie vor als Geschäftsführer arbeitete, endete schon an der Eingangstür. Die Türsteherin, eine in der Nachtclub-Szene bekannte Schlampe, führte Gesichtskontrollen durch. Da Joey im Rollstuhl saß, und es im »Sugar« keinen Behindertenaufzug gab, verwehrte sie ihm den Eintritt. Was mich dazu brachte, ihr Diskriminierung vorzuwerfen. Ein Wort provozierte das nächste, und als die Frau uns allen schließlich die Tür wies, rastete ich aus und gab ihr, ganz gegen meine Gewohnheiten, eine Ohrfeige.

Das wiederum rief Klaus und Pit auf den Plan, die zum Eingang geeilt kamen und versuchten, den Streit zu schlichten. Jedem anderen Störenfried hätten sie wahrscheinlich eine Abreibung verpasst, aber dazu kannten wir uns schon zu lange und zu gut. Joey gelang es, mich zu beruhigen, was nicht ganz einfach war, denn mein Stolz war gekränkt. Seit Jahren war ich Stammgast in diesem Nachtklub, hatte dort eine Menge Geld gelassen und viele Nächte durchtanzt. Pit war ein alter Jugendfreund vom Hunsrück, den ich seinerzeit nach München geholt hatte, ein Komplize aus der Zeit der Marokkofahrten. Klaus hatte zeitweise auf Ibiza bei uns gewohnt und war in Gräfelfing zwei Jahre unser Untermieter gewesen. Von diesen Freunden meines Stammlokals verwiesen zu werden, war starker Tobak, den ich nicht so einfach hinnehmen wollte. Wären Joey und Ralph nicht gewesen, hätte ich mich gewiss nicht so schnell beruhigt. Wie dem auch sei, es war das letzte Mal, dass ich das »Sugar Shack« betrat, fortan verzichtete ich gänzlich auf Nachtklubbesuche in München, zumal ich ja ohnehin selten in der Stadt war.

Nachdem mein Vorrat an Heroin langsam zu Ende ging und es ratsam erschien, für Nachschub zu sorgen, suchte ich Ronny Feldmann auf, den ich vor ein paar Monaten kennengelernt hatte. Ronny konsumierte ebenfalls, und ich wusste, dass er mir etwas von seinem Vorrat abgeben würde. Bei einem meiner Besuche bei ihm erneuerte ich mein Angebot, ihn mit in die USA zu nehmen, wo er sich ein wenig Geld verdienen könne. Er konnte den Tag der Abreise kaum erwarten. Aber vorerst hatte ich andere Dinge zu erledigen. Joeys Gesundheit hatte Vorrang vor weiteren Geschäften.

Am Wochenende kamen Basil und Ming in München an. Ich hatte ihnen Zimmer im Hotel Bayerischer Hof reserviert, und am Abend beim Essen im »Trader Vic's« besprachen wir den Vorfall von Windsor. Ich setzte die beiden über Harry Wongs Verrat und über meine Aussage vor der Grand Jury ins Bild, ich versicherte ihnen, dass ihre Namen dabei nicht aufgetaucht seien. Basil schlug vor, die Geschäfte sicherheitshalber von Detroit nach New York zu verlegen. So könne Jerry dann weiter beliefert werden, lediglich den Transport nach Detroit musste er organisieren. Das war machbar. Zudem erklärte Basil, in New York Kunden zu haben, die unsere Ware zu den gleichen Konditionen kaufen würden. Wir vereinbarten eine Reihe von Codewörtern, die es mir später ermöglichen sollten, Kontakt zu den Neukunden aufzunehmen, ohne dass Basil oder Barry vor Ort sein müssten.

Ming kündigte an, sich um Harry Wong zu »kümmern« und Anfang des kommenden Jahres eine weitere Lieferung in die USA zu bringen. Wegen der Probleme in Windsor, vereinbarten wir, den Stoff auf einer anderen Route zu schmuggeln und vorerst auf den Einsatz meines Bootes zu verzichten. Basil bot an, den Zoll auf den Bahamas zu schmieren und die Ware von dort aus im Flugzeug nach Florida bringen zu lassen. Dass das ein Kinderspiel war, hatte ich vor zwei Jahren selbst gesehen, als ich im Privatflieger illegal in die Staaten eingereist war. Der Schmuggel zwischen den Bahamas und den USA verlief auf mannigfache Weise, sowohl per Boot als auch per Flugzeug.

Eine äußerst unangenehme Überraschung erlebte Basil, als er nach dem Essen oben auf seinem Hotelzimmer eintraf und feststellte, dass ein Dieb alles durchwühlt hatte und dabei seine Brieftasche gefunden hatte. Kaum zuhause angekommen, klingelte das Telefon und ich erfuhr die Hiobsbotschaft. Zum Glück mischte sich der hausinterne Sicherheitsdienst ein, durchsuchte die dritte Etage und wurde fündig: Der Dieb hatte die Brieftasche auf Bargeld hin durchwühlt, sich die 900 Dollar, die er fand, eingesteckt und den Rest hinter einer auf dem Korridor stehenden Bauerntruhe entsorgt. Mit der Aushändigung der Reisepapiere und diverser Kreditkarten konnte das Hotel seinem Gast den Schaden begrenzen. Dennoch war es ärgerlich, ausgerechnet im Bayerischen Hof beklaut zu werden, einem der renommiertesten und nachweislich sichersten Häuser der Stadt. Für den darauffolgenden Tag vereinbarten wir einen gemeinsamen Spaziergang im Olympiapark.

Darüber hinaus hielten sich meine beiden wichtigsten Komplizen an die Strategie des *low profile*, also des unauffälligen Auftretens in der Öffentlichkeit. Nachdem alles besprochen war, verabschiedete ich mich von Basil, der am nächsten Tag nach Kolumbien fliegen wollte, wo er mit einem Vertrauten von Pablo Escobar verabredet war. Ich berichtete ihm von Pacos Problemen in Kolumbien, aber er bestand darauf, dass man mit Kolumbianern gute Geschäfte machen könne, Paco habe wahrscheinlich unprofessionelle Partner. Da mochte er sogar recht haben, denn die Leute, die ich durch ihn kennengelernt hatte, waren zwar freundliche Leute, aber was den Schmuggel anging, reichlich chaotisch organisiert. Außerdem fehlte ihnen der finanzielle Rückhalt, um den Zoll und die Polizei zu schmieren, was jenseits einer bestimmten Größenordnung im Schmuggel angebracht war. Für Basil und seine Organisation waren die Profite, die er mit mir machte, eine Art besseres Taschengeld, die wirklich einträchtigen Deals liefen mit Kolumbien ab, sowohl was Kokain anging als auch bei den tonnenschweren Graslieferungen. Er schlug mir vor, die Kontakte in Marokko zu reaktivieren und im kommenden Jahr zwei bis vier Tonnen Haschisch per Schiff auf die Bahamas bringen zu lassen. Den Transport in die USA, wo für »Grünen Marokkaner« Höchstpreise bezahlt wurden, wollte er selbst organisieren. Ich versprach, zu sehen, was sich machen ließe, hatte aber in Wirklichkeit kein Interesse daran, Millionen zu verdienen. Der Profit, der aus den Geschäften mit den Chinesen für mich abfiel, reichte aus, um mir und meiner Familie den Lebensstandard zu ermöglichen, den ich erstrebte. Aber ich würde Paco von Basils Angebot in Kenntnis setzen.

Seit der Geschichte in Griechenland, als Paco versucht hatte, mich zu erpressen, war unsere geschäftliche Partnerschaft beendet, nicht allerdings die Freundschaft. Basil, damals der ursprünglich geplante Adressat der Ware, hatte die Sache natürlich mitbekommen und auch sein Verhältnis zu Paco war seither getrübt. Basil war aber bereit, einen Strich zu ziehen und mit Paco zu reden. Da ich vermutete, dass dieser sich in Kolumbien aufhielt, gab ich Basil die Adresse seiner Frau Elsa in Bogotá. Am nächsten Morgen reiste er via Madrid nach Cartagena, von wo er mit einer Privatmaschine der Escobars nach Medellín weiterflog.

Ming hatte vor, noch ein paar Tage in München zu bleiben. Die Kunde vom Oktoberfest und vom Hofbräuhaus war bis nach China gedrungen, und so wollte Ming wenigstens Letzterem einen Besuch abstatten. Wir trafen uns noch einige Male, aber ich stellte ihn niemandem vor, er bevorzugte es, inkognito unterwegs zu sein.

4.15 Philippinen

Nachdem meine Geschäftspartner abgereist waren, flogen Ralph, Joey und ich nach Bangkok. Der Zweck der Reise war diesmal nicht geschäftlicher Natur, es ging einzig und allein darum, Joey aus diesem Rollstuhl zu befreien. Den Zwischenstopp in Thailand legten wir als Touristen ein. Beide, sowohl Ralph als auch Joey, waren zuvor noch nicht in Asien gewesen, und mir war es ein Vergnügen, ihnen Land und Leute zu zeigen. Je nach Lust und Laune wollten wir anschließend an die Mission in den Philippinen zusammen nach Bali reisen, wo der Bau des Hauses zwischenzeitlich Fortschritte machte. Den Flieger der Lufthansa erreichten wir in letzter Minute. Waren Rollstuhlfahrer zu befördern, mussten diese vor dem Befahren der Brücke zum Flugzeug von ihren eigenen auf Airline-Rollstühle umsteigen, die auf die Breite der Kabinengänge ausgelegt waren. Behindertengerechte Toiletten gab es bei der Lufthansa damals noch nicht. Für Joey lautete die Devise: Backen zusammenkneifen und durchhalten.

Ein Problem tauchte auf, als wir in New Delhi zwischenlandeten und Joey darum bat, ins Flughafengebäude gebracht zu werden, um dort die Toiletten aufzusuchen. Zu unser aller Erstaunen waren die indischen Lufthansaleute dazu nicht bereit. Der Geschäftsführer, ein großgewachsener Inder mit dünnem Bärtchen, machte allen Ernstes den Vorschlag, Joey möge aussteigen, sein Geschäft im Terminal erledigen und in drei Tagen mit der nächsten Maschine nach Bangkok fliegen. Ohne den eigenen Rollstuhl, versteht sich, denn der war ja im Laderaum des Jumbos verstaut. Nachdem der Mann geendet hatte, platzte Joey der Kragen: er drohte damit, auf den Kabinenboden zu pinkeln, sollte man ihn nicht zur Toilette ins Flughafengebäude bringen; und ich kündigte an, mich beim Kundenservice der Lufthansa in Frankfurt zu beschweren. Weitere Mitreisende mischten sich ein, sodass der »Indogermane« am Ende einknickte. Man brachte einen Rollstuhl der Flughafengesellschaft herbei, hievte den Patienten hinein und ab ging's im Laufschritt auf die öffentliche Toilette im Terminal. Offenbar hatte die Lufthansa es eilig, denn kaum war unser Freund zurück, wurden die Türen verriegelt und die Maschine setzte sich in Bewegung.

Der Vorgang sorgte anschließend noch eine Weile für Diskussionen zwischen empörten Fluggästen und dem Bordpersonal.

Etwa zur selben Zeit war Paco, ebenfalls mit der Lufthansa, zusammen mit zwei Franzosen auf dem Flug von Frankfurt nach Mexico City. Seit der Nummer im Sommer, als er versucht hatte, gemeinsam mit Angel und Umberto die beiden Koffer zu veruntreuen, für die ich gegenüber den Chinesen die Verantwortung übernommen hatte, war das Klima zwischen uns ein wenig abgekühlt. Wir telefonierten zwar gelegentlich, aber geschäftlich gingen wir seither eigene Wege. Paco und seine französischen Komplizen waren auf dem Weg nach Mexico, wo sie eine neue Quelle für Marihuana anzapfen wollten, welches die Mexikaner in die USA liefern konnten.

Im Flieger tranken sie ein paar Gläser Cognac zu viel, weshalb die Stewardess sich weigerte, ihnen weiterhin Hochprozentiges zu servieren. Grund dafür war, dass die Jungs durch lautes »Singen« andere Passagiere belästigten.

»Tut mir leid, meine Herren, ich denke, Sie haben genug Alkohol getrunken«, wandte sie sich an das spanisch-französische Saufgelage.

Paco, der sich ungern bevormunden ließ, schnappte zurück: »Was du denken? Wir trinken und du bringen jetzt Cognac, awa bissje dalli!«

Das entsprach in etwa seinem Vokabular in Deutsch, aber es entsprach nicht dem Ton, den die Flugbegleiterin erwarten durfte. Ein Wort gab das andere, bis einer der Franzosen »Nazinutte« zu ihr sagte, und das war dann der Moment, in dem die Frau den Dialog abbrach.

Sie ging nach vorne, berichtete dem Kapitän von der alkoholisierten »Meuterei«. Der fackelte nicht lange und leitete eine außerplanmäßige Landung in Puerto Rico ein. Paco und seine beiden Begleiter dachten womöglich, dass sie schon in Mexico angekommen seien, als plötzlich zwei kantige US-Zöllner neben ihnen auftauchten und sie unmissverständlich aufforderten, das Flugzeug zu verlassen. Der Widerstand der Betrunkenen hielt sich angesichts der Muskeln der Beamten in Grenzen, sie packten ihren Kram und folgten empört. Das Ende der Geschichte: Sie mussten die Landegebühren und eine Strafe wegen »Störung des Luftverkehrs« bezahlen, ehe sie am folgenden Tag halbwegs ausgenüchtert ihre Reise fortsetzen konnten. Seither weigerte sich Paco, jemals wieder Lufthansa zu buchen, was der Aktie allerdings wenig geschadet zu haben scheint. Als Paco mir die Geschichte bei unserer nächsten Begegnung erzählte, konnte er längst wieder darüber lachen.

Zurück zu Joey, Ralph und mir. Unser nächstes Etappenziel hieß Bangkok. Wir ließen uns zum Ambassador Hotel bringen, welches zwar ein wenig teurer war als das White Inn, aber dafür fühlte ich mich dort nicht so sehr beobachtet. Außerdem war das White Inn in seiner Bauweise einem englischen Landhotel nachempfunden, es hatte keinen Aufzug und kam daher für Rollstuhlfahrer nicht in Betracht. Die drei Tage, die wir in der thailändischen Hauptstadt verbrachten, waren ausgefüllt mit Besuchen der üblichen touristischen Attraktionen. Wir heuerten Odt als Führer an und besichtigten den Königspalast von außen und den großen Tempel von innen. Wir fuhren hinaus zum *»Rose Garden«*, einem eigens für Touristen eingerichteten Kultur-Dorf. Dort, wo traditionelle Tänze aufgeführt wurden, ließen wir uns in Gesellschaft folkloristisch gekleideter Tänzerinnen vor landestypischen Häusern fotografieren. Ein Ritt auf dem Rücken eines Elefanten gehörte ebenfalls zu den Angeboten, aber der kam für Joey nicht in Frage. Inmitten von Pauschaltouristen absolvierten wir das von Odt organisierte Programm, hörten uns Vorträge über die Thai-Geschichte und ihre Kultur an und nahmen an der obligatorischen Bootsfahrt zum *»Floating Market«* teil. Zugegebenermaßen unterzog ich mich dieser Langeweile lediglich deshalb, weil meine Freunde zum ersten Mal in Asien waren und ich sie schließlich eingeladen hatte, ich sozusagen der Gastgeber war. Für mich war Thailand ein Magnet, der mich immer wieder anzog: die unberührten Inseln, das angenehme Klima, die erstklassigen Drogen, die Märkte, die Küche und nicht zuletzt die Menschen, deren Gastfreundschaft sprichwörtlich ist.

Ehe wir Bangkok verließen, investierte ich noch ein paar tausend Dollar in Diamanten. Ralph handelte in den Staaten mit Edelsteinen, also beriet er mich. Praktischerweise erstanden wir die Steine bei der Familie, vor deren Laden Odt seine Elefanten feilbot, was ihm anschließend eine kleine Kommission eintrug. Endlich kam der Tag der Abreise nach Manila, dem eigentlichen Ziel unserer Reise. So angenehm wir die Tage in Bangkok erlebt hatten, so unerfreulich gestaltete sich die nächtliche Abreise, denn am Flughafen wurden wir intensiv nach Drogen durchsucht.

Wie immer hatte ich eine kleine Menge Heroin zum Eigenkonsum dabei, aber sehr gut versteckt (kleine Mengen bis fünf Gramm pflegte ich in eine Filmrolle zu wickeln). Um das Pulver zu finden, hätte man meine Kamera öffnen, den Film in einer Dunkelkammer entnehmen und herausziehen müssen, eine Prozedur, vor der die Zöllner bis dahin immer zurückgeschreckt waren. Ich führte nämlich Vordrucke einer Erklärung mit, die ich den Beamten zur Unterschrift vorlegte. Dort verlangte ich, dass sie sich regresspflichtig erklärten, sollten sie die schon geschossenen Fotos belichten oder anderweitig beschädigen. Als Fotograf mit Presseausweis und der professionellen Ausrüstung als Handgepäck, war das alles glaubwürdig, jedenfalls gingen Zollbeamte immer sehr behutsam mit der Kamera um. So auch diesmal. Weniger Rücksicht nahmen sie auf meinen Freund Joey. Der Querschnittsgelähmte musste sich fast ganz entkleiden, den Rollstuhl verlassen und eine Menge misstrauischer Fragen beantworten. Als sie schließlich auf Drängen eines DEA-Auslandsagenten, der bei der Untersuchung ebenfalls anwesend war und von dem wahrscheinlich der Verdacht kam, wir seien Schmuggler, anfingen, den Stuhl auseinanderzunehmen, rastete Joey aus und packte den Zöllner mit der beeindruckenden Kraft seiner Arme beim Kragen, dass der Mann einen Schrei ausstieß. Keine Ahnung, was daraufhin die Kontrolleure veranlasste, die Durchsuchung abzubrechen, vielleicht spürten sie, dass sie zu weit gegangen waren. Joey durfte seine Sachen wieder einpacken.

Um wenigstens einen kleinen Triumph davonzutragen, beschlagnahmten sie eine bronzene Buddha-Statue. Dabei handele es sich um Kulturgut, welches auszuführen verboten war, so die Begründung. Ich merkte an, dass es immerhin nicht verboten sei, solches Kulturgut käuflich zu erwerben. Als Antwort erhielt ich ein blödes Grinsen. Plötzlich war Eile geboten. Ein Bediensteter der Airline begleitete uns direkt zum Flieger, der mehr als zehn Minuten verspätet startete, weil er auf uns hatte warten müssen. Hätten wir eine größere Menge an Drogen mitgeführt, man hätte sie mit hoher Wahrscheinlichkeit gefunden. Allerdings: Auch diesmal sah sich keiner der Schnüffler mein Stativ genauer an, in dem ich schon oft Mengen bis 500 Gramm versteckt hatte.

Ich war erleichtert, dass meine chinesischen Geschäftspartner den Stoff direkt vom Goldenen Dreieck durch China nach Hongkong brachten, also nicht durch die »hohle Gasse« von Bangkok kommen mussten. Das Letzte, was wir tief unter uns von Thailand sahen, war der fast volle Mond, der sich in den Reisfeldern spiegelte. Ich blickte auf die Uhr und stellte fest, dass es fast halb vier in der Frühe war, bis wir unsere Reiseflughöhe über dem Südchinesischen Meer erreicht hatten.

Manila, die Stadt, in der gefühlsmäßig jeder zweite Philippiner zu Hause war, erwachte gerade, als wir landeten. Die Einreiseformalitäten waren rasch erledigt. Arturo, der Taxifahrer, ein Herr mittleren Alters im kurzärmeligen weißen Hemd, empfahl uns das Midland Plaza, ein zentral gelegenes Hotel mit geräumigen Zimmern. Wir engagierten den Mann, uns während der nächsten Tage exklusiv zur Verfügung zu stehen. Nachdem wir uns erfrischt und gefrühstückt hatten, besichtigte ich ein Apartment, welches Joey einen Monat bewohnen konnte, eine im Vergleich zum Hotelaufenthalt preiswerte Variante. Um es ein wenig wohnlich einzurichten, erstand ich auf dem Vogelmarkt zwei Papageien im Käfig, die von der ersten Minute an lautstark gegen ihren Umzug protestierten. Erst als Joey am Nachmittag dort einzog, beruhigten sie sich ein wenig und wechselten zu freundlichem Geplapper, zumindest hielten wir es dafür.

Nicht ohne Lampenfieber verlief unser erster Besuch bei Bruder Alex Orbito. Scheinbar interessiert und verständnisvoll hörte der sich die Geschichte von Joeys lädierter Wirbelsäule an, ehe er einen ersten Heilungstermin für den darauffolgenden Morgen anberaumte.

Am Abend nahm uns Arturo mit auf eine Rundfahrt durch die vorweihnachtlich geschmückte Stadt. In Ermangelung echter Tannen hatte man auf den Plätzen große hölzerne Kegel installiert, die mit frischem Grün drapiert waren, an denen tausend bunte Lichter flackerten. Unser Stadtführer erklärte, dass die Philippinen zu mehr als achtzig Prozent katholisch seien und Weihnachten eines der wichtigsten Feste des Jahres.

Die erste einer Reihe von »spirituellen Sitzungen« fand am nächsten Morgen in einer Kirche statt. Herr Orbito und seine Assistentin »arbeiteten« vor dem Altar, wo man einen improvisierten Operationstisch aufgestellt hatte. Die ersten drei Bankreihen waren von älteren Frauen besetzt, die abwechselnd sangen oder beteten, denn ohne Gottes Hilfe war eine Heilung nicht möglich. Schnell wurde Ralph klar, dass es sich bei der Vorführung um ein geschickt inszeniertes Theater handelte, bei dem der »Heiler« einen chirurgischen Eingriff mit bloßen Händen vortäuschte. An der entscheidenden Stelle presste er Daumen und Zeigefinger in den Rücken des Patienten, ein wenig herbei geschummeltes Blut war zu sehen, welches die Assistentin umgehend mit einem Wattebausch aufsaugte. Das alles geschah so schnell, dass es schwierig war, dem Vorgang zu folgen, und noch ehe die Gemeinde der Frauen ein Ave Maria heruntergebetet hatte, wurde Joey vom OP-Tisch zurück in den Rollstuhl gehievt. Nicht ohne zwei Nachsorgetermine zu vereinbaren und von mir diskret den Umschlag mit dem zuvor vereinbarten Honorar zu übernehmen.

Anschließend fuhren wir zurück zum Apartment, wo es zu einer heftigen Kontroverse zwischen den Freunden kam.

»Du glaubst doch wohl nicht ernsthaft an das Herumgefummel dieses Scharlatans?«, leitete Ralph ein Resümee des in der Kirche Erlebten ein. »Dieser sogenannte Geistheiler ist ein Betrüger, der euch bloß abzockt!«

Mit »euch« meinte er Joey und mich. Aber noch ehe ich antworten konnte, brauste Joey ihm in die Parade.

»Dass du nicht daran glaubst, ist völlig irrelevant. Hauptsache, ich glaube daran. Würde ich nicht daran glauben, wären die Bemühungen des Mannes von vorneherein zum Scheitern verurteilt. Nur wenn seine spirituelle Gabe und mein Glaube zusammenkommen, habe ich eine Chance, geheilt zu werden. Der Mann versucht, ein Wunder zu bewirken, wie, das weiß ich nicht, aber er hat offensichtlich schon viele geheilt. Der macht auch nichts anderes als seinerzeit Edgar Cayce!«*

»Sorry«, entgegnete Ralph. »Ich halte das alles für Quacksalberei.«

»Merkst du nicht, wie kontraproduktiv deine pessimistische Haltung für Joeys Heilung ist?«, mischte ich mich jetzt ein. »Er hat völlig recht: Ohne einen starken Glauben an die Kraft des Heilers kann er nicht gesund werden! Wenn du daran nicht glauben kannst, ist das deine Sache, aber versuche bitte nicht, Joey davon abzubringen, sonst funktioniert es nämlich tatsächlich nicht. Hier müssen alle Kräfte gebündelt werden, schließlich geht es nicht um einen Knochenbruch, sondern um ein Loch im Rückenmark, das aus Millionen von Nervenzellen besteht, die alle korrekt miteinander verknüpft werden müssen.«

»Du sagst es. Eben deshalb kann das nicht funktionieren. So ein durchschossenes Rückenmark kann keiner reparieren. Erst recht kein angeblicher Geistheiler!«

»Ich habe genug von deinem negativen Geschwätz. Mach, dass du fortkommst! Am besten, du nimmst die nächste Maschine und fliegst nach Hause. Für mich geht es um viel zu viel, als dass ich mich auch noch mit dir herumärgern mag«, sagte Joey verärgert. Die beiden Papageien (oder waren es Kakadus?) schienen die Vibes aufzunehmen, sie fingen an zu krächzen.

»Genau das hatte ich ohnehin vor. Ich werde heute Abend dem *Strip* in Makati noch 'nen Besuch abstatten und dann morgen zurück nach New York fliegen. Du kannst dich bei mir melden, wenn du wieder gut zu Fuß bist«, sagte er sarkastisch und verließ grußlos das Apartment.

Ehrlich gesagt, war ich erleichtert, denn zwischen den beiden war es von Anfang an zu Spannungen gekommen. Sie kannten sich seit vielen Jahren, hatten sich aber offenbar emotional voneinander abgekoppelt. Da ich mich in der Mitte wiederfand, blieb mir lediglich die Vermittlerrolle, aber dazu war es längst zu spät. Ich gab Joey insofern recht, als dass er einen brüchigen Strohhalm ergriffen hatte und jegliche Störung von außen konnte den Erfolg der Geistheilung vereiteln.

---

* US-amerikanischer Mystiker und Heiler, *1877, †1945

Nachdem Ralph abgereist war, besserte sich zwar die Stimmung, aber das Wunder an Joeys Wirbelsäule ließ weiter auf sich warten. Inzwischen war auch ich skeptisch geworden, wenngleich ich grundsätzlich daran glaubte, dass es Methoden jenseits der Chirurgie gab, um Krankheiten zu heilen, etwa autosuggestive oder psychotherapeutische.

In einem Restaurant, welches uns Arturo empfohlen hatte, lernten wir einen Patienten kennen, der an Krebs litt und der gerade aus Bagio, einer Stadt in den Bergen kam. Er berichtete von einer Heilerin namens Josefine, von der er behauptete, ihm geholfen zu haben. Der Tumor habe sich innerhalb von drei Wochen zurückgebildet. Joey war wie elektrisiert.

Am nächsten Tag trafen wir Vorbereitung für einen Flug nach Bagio. Wir kamen überein, dass er allein dorthin reisen sollte, um sich ganz auf die Sitzungen bei der Frau konzentrieren zu können. Ich hatte ohnehin geplant, mich anschließend an den Aufenthalt in den Philippinen von den Freunden zu trennen und nach Bali weiterzufliegen, wo der Hausbau in vollem Gange war. Joey meinte, ich könne ihn getrost allein zurücklassen, er werde sich schon durchschlagen und am Ende auch den Weg nach Hause schaffen, aufrecht gehend, davon war er nach wie vor überzeugt.

So buchte ich einen Flug nach Bali, mit Zwischenstopps auf Borneo und in Jakarta. Am 16. Dezember verabschiedete ich mich von meinem Freund und machte mich auf den Weg nach Indonesien.

4.16 Das Haus in Legian

Für jeden von uns war die Vorstellung, dass Heyst, der wandernde, schweifende, ungebundene Heyst, irgendwelches Eigentum besaß, um ein Haus einzurichten, eine verblüffende Neuigkeit. Eine groteske Idee. Es war, als hätte ein Vogel Grundbesitz gehabt.

Joseph Conrad

Um 12 Uhr 25 hob die DC-9 der Garuda ab und nahm Kurs auf Kota Kinabalu, einer Stadt an der Nordküste Borneos. Das mulmige Gefühl, meinen Freund allein zurückgelassen zu haben, insbesondere, nachdem Ralph seinen unrühmlichen Abgang gemacht hatte, ließ erst nach, als ich die Küste von Borneo unter mir erblickte, eine Insel, die ich bis dahin nur aus der Luft betrachtet hatte. Kota Kinabalu liegt im zu Malaysia gehörenden nördlichen Teil der Insel. Wir hatten zwar bloß ein paar Stunden Aufenthalt, aber ich beschloss, ein Taxi zu nehmen und mir den legendären Mount Kinabalu Nationalpark anzuschauen. Ich weiß nicht mehr, was mich zu diesem abenteuerlichen Plan animierte, aber die Geschichte von dem tierfreundlichen Touristen, der in den Dschungel von Borneo eindringt, um einen jungen Orang-Utan zu retten, dessen Mutter von Holzfällern getötet worden war, dieses Rührstück kann hier nicht erzählt werden.

Entfernung und Straßenbeschaffenheit auf der Insel ließen es nicht zu, in den fünf Stunden, die der Aufenthalt dauerte, bis in die Berge und zurück zu fahren. Vom Flugfeld aus, das ähnlich wie auf Bali, ins Meer hineinragte, erkannte ich ein mächtiges Massiv im unmittelbaren Hinterland, vergleichbar mit den Bergen, die ich von Java her kannte. Wie der einheimische Taxifahrer, der wahrscheinlich noch in einem sogenannten Langhaus geboren worden war, vorrechnete, hätte ein Ausflug zum Nationalpark Kinabalu allein zwei Stunden Fahrt gedauert. Statt Ausflug in den Urwald gab es kühle Limonade in einem Warung* unweit des Flughafens, wo ich einen Engländer kennenlernte, der auf eine Gruppe von Trekkingtouristen wartete, die von Kuala Lumpur herüberkom-

* Bretterbude über Lehmboden, wo es Getränke und kleine Speisen gab

men wollten. Wie er berichtete, handelte es sich bei dem Berg um den Gunung Kinabalu, den mit über 4.000 Metern höchsten Berg Malaysias, und was mir der scheinbar aus Kolonialzeiten übrig gebliebene Haudegen erzählte, weckte meine Neugier, demnächst wiederzukommen und das Land kennenzulernen.

Später, aus der Luft, bekam ich eine Ahnung von der Größe Borneos*. Während einer ganzen Stunde Überflug sah ich nichts als Urwald unter mir, ab und zu war eine Straße zu erkennen, zuweilen eine Plantage oder eine Siedlung, ansonsten nichts als Berge und Täler und Flüsse. Und irgendwo in dieser Wildnis, der Heimat der letzten Orang Utans, musste sich die Station der kanadischen Forscherin Birute Galdikas befinden, von der ich unterwegs im Bordmagazin der Garuda gelesen hatte. Ebenfalls auf Borneo spielten sich einige der Dramen ab, die Joseph Conrad in seinen Romanen beschrieben hat. Das Land hatte mich seit meiner Kindheit fasziniert, weil es als eines der letzten unerschlossenen Gebiete der Erde galt. Diese Insel hatte meiner Fantasie den Raum gegeben, den das Abenteuer benötigt: Borneo, in dessen Urwäldern der Mythos vom Unbekannten noch lebendig war.

Der Aufenthalt in Jakarta Halim** war diesmal kurz, dennoch erreichte ich Bali erst am späten Abend. Der Bequemlichkeit halber checkte ich im zentral gelegenen Kuta Beach Hotel ein, denn ich hatte vor, nur drei Tage zu bleiben. Mein erster Weg am nächsten Tag führte zu Agung. Sein eigenes Haus war inzwischen fertig, und er bewohnte es seit ein paar Wochen mit seiner Frau und den Kindern. Sogar für seine Schwester Madé hatte er ein Zimmer eingeplant.

Die Agungs strahlten um die Wette! Die Tatsache, dass so mir nichts, dir nichts ein Europäer in ihr Leben getreten war und ihnen die Möglichkeit gegeben hatte, ein Haus zu errichten, hatten sie den Göttern zu verdanken, daran bestand kein Zweifel. Dennoch hofierten sie mich, dass es mir fast peinlich war. Selten hatte ich so viel ehrliche Dankbarkeit in den Augen von Menschen gese-

* Mit 743.000 Quadratkilometer nach Grönland und Neu-Guinea die drittgrößte Insel der Erde, also dreimal so groß wie die alte BRD

** so hieß der alte Flugplatz

hen. Ketut, Agungs hübsche Frau, umarmte mich und flüsterte mir das beste Geschenk ins Ohr, das sie zu vergeben hatte: *»Harry, you family!«*

Dann gingen wir gemeinsam hinaus in den Palmenhain, wo das traditionelle Holzhaus im Bau war. Schon von weitem hörte ich das gleichmäßige Geräusch einer Blattsäge. Als wir näherkamen, staunte ich nicht schlecht: Das Fundament war betoniert und mit Marmor gefliest. Aus dem Beton ragten achtzehn Kokospalmstämme, drei in der Breite, sechs in der Länge, das Haus hatte eine Grundfläche von sechs auf fünfzehn Meter. Die äußere Reihe der Pfosten war fünf Meter hoch, die mittlere, die den verzapften Giebelbalken trug, ragte acht Meter in die Höhe.

Die Zimmerleute hatten vor zwei Tagen den Dachstuhl aufgeschlagen, eine Reihe vertikaler Bambusstangen, auf welche demnächst die Graspaneele gebunden würden, die aus Bambuslatten und einem speziellen, im Hochland wachsenden, Gras gefertigt wurden, welches dem in europäischen Vorgärten sprießenden Pampasgras ähnelte. Diese Elemente waren gerade angeliefert worden, und weil wir uns in der Regenzeit befanden, sollten sie möglichst bald befestigt werden. Unweit des Hauses hatte Agung Senior eine provisorische Hütte errichtet, in welcher er saß und still den Fortgang der Arbeiten beobachtete. Sein Sohn versicherte mir, dass der Vater seit dem Tag des Spatenstichs seinen Posten keine Stunde verlassen habe. Dann zündete ich ein Räucherstäbchen an, welches ich auf die geflochtene Opferschale legte, die seine Tochter Madé an einem der Pfeiler befestigt hatte. Bei so viel spiritueller Vorsorge sollte eigentlich nichts schiefgehen. Madé teilte mir mit, dass sich noch kein Arbeiter verletzt habe, was zweifellos den täglich erneuerten *offerings** geschuldet war.

Meine Ankunft gab den Zimmerleuten eine willkommene Gelegenheit, eine Pause einzulegen. Agung, der ja offiziell als Bauherr galt, schickte ein Kind zum Warung seines Bruders, um ein paar Flaschen Bier für die Männer zu holen. Dann betrat ich zum ersten Mal das Haus, in dem ich mit meiner Familie zu wohnen gedachte.

* Opfergaben aus Reiskörnern, duftenden Frangipani-Blüten und Räucherstäbchen

Das starke Gefühl stellte sich aber erst ein, als ich am späten Abend mit Agung zurückkehrte. Wir setzten uns auf den tagsüber von der Sonne aufgeheizten Marmor und blickten durch das Gebälk hinauf in den Himmel, aus dem uns die Sterne zuzwinkerten. Nach einer Weile entdeckte ich die Zigarettenglut des Alten, der offenbar noch nicht schlief. Wir schwiegen und der warme Wind, der vom Meer herüberkam, berührte unsere Herzen, dass ich mit einem Mal die starke Empfindung hatte, inmitten guter Freunde zu sitzen. Tatsächlich wurde der unkomplizierte, nach westlichen Maßstäben ungebildete Agung so etwas wie ein Bruder für mich. In seiner Gesellschaft konnte ich entspannen, und was immer in den Jahren danach zwischen uns geschah, war uneigennützig, natürlich und wurzelte in gutem Grund. Wahrscheinlich täusche ich mich nicht, wenn ich sage, Agung wurde fortan zu meinem liebsten Freund!

Irgendwann ging ich hinüber zum Senior und bot ihm eine Gudang Garam an, die er aus der Schachtel nestelte, sie eine Weile zwischen Daumen und Finger weich knetete, ehe er sie anzündete, und als die Flamme Licht und Schatten über sein Gesicht warf, sah ich, dass sein Blick dabei ganz ernst war. Anfangs bedauerte ich es, dass wir sprachlich nicht kommunizieren konnten, denn er beherrschte Sprachen, die ich nicht sprach: Bahasa Indonesia und zwei oder drei balinesische Dialekte. Konnte ich mich mit seinen Kindern und Enkeln relativ gut auf Englisch unterhalten, so blieb die Verständigung mit dem Alten, solange er lebte, auf Gesten, Lautmalen und Grimassen beschränkt, was unsere sprachlose Freundschaft allerdings kaum behinderte. Der alte Agung war einer der wenigen Menschen, bei denen ich mir sicher bin, dass wir uns gegenseitig nie belogen haben, selbst wenn ich den Begriff der Lüge sehr weit fasse, also alles, was nicht von Herzen kommt, jede Floskel und jeden geheuchelten Gruß dazurechne. Wenn der Alte mir *selamat jalan** wünschte, wusste ich, er meint es so. Wir unterhielten uns also mit außersprachlichen Mitteln, und ich staunte, wie viel man auf diese Weise sagen konnte.

Solange sein Sohn dabei war, diente der uns als Dolmetscher. War ich mit dem Alten allein, was oft genug vorkam, so gelang es

* Indonesisch: gute Reise, guten Heimweg etc.

uns trotzdem, uns zu verständigen. Ein wunderbarer Mensch, der Vater der Familie Agung Raka!

Es war diese erste Nacht auf der Baustelle, die mich emotional mit der Insel, der Familie und dem Haus erdete. Ich spürte, dass hier ein Kraftzentrum am Entstehen war, ein uneingeschränkt gutes Projekt: Mit dem Haus hatte ich mir einen Traum verwirklicht. Durch die Freundschaft zur Familie Agung, also zu Menschen einer anderen Hautfarbe, hatte ich jegliches Misstrauen zum Fremden endgültig überwunden; dadurch, dass ich mein Haus auf einem Stück Erde baute, welches mir nicht gehörte, hatte ich bewiesen, dass es mir ernst war mit dem Lebenskonzept der Nomaden: Wir wollten nichts besitzen. Das spürten die Balinesen, und deshalb hießen sie uns willkommen, Paco und Angel, Edith und Roman, Lisa und Lisa, Elvis und Lynn sowie all die anderen, die aus Neugier auf die Insel gekommen waren. Bei all meinen Schwächen und bei all den Verletzungen, die ich anderen Menschen zugefügt hatte: Hier hatte ich das Gefühl, in eine gute Sache verstrickt zu sein.

Den ganzen nächsten Tag trieb ich mich auf dem Bauplatz herum, sah den Arbeitern zu, wie sie Baumstämme zu Brettern zersägten (alles wurde von Hand gefertigt, es gab keine elektrische Maschine am Bau!), staunte, wie die Dachdecker barfuß auf dem Dachgerüst balancierten und die aus Bambus und Gras gefertigten Elemente festzurrten; sah den kleinen Laster mit weiteren Dachgeflechten vom Strand her kommen und betrachtete die beiden Maurer, die die Wände im Erdgeschoss hochzogen. Als ich vor zur Straße lief, um einen Kasten Bier für die Männer zu holen, ermahnte mich Agung, sie nicht zu sehr zu verwöhnen. Ein Kasten alle drei Tage sei angemessen, mehr schade der Arbeitsmoral.

Anfang der achtziger Jahre wurde in Legian noch nicht viel gebaut. Die Touristen lebten in Kuta oder in Sanur, wo Losmen und kleine Hotels betrieben wurden, das Hinterland war noch unbebaut, selbst die an den Strand angrenzenden Grundstücke waren noch mit Palmen bewachsen, vom Kuta Beach Hotel zum Blue Ocean stand kaum ein Haus am Strand und links und rechts des Jalan Legian-Kuta* lagen weite Palmenhaine. Ich ahnte damals

* Name der parallel zum Strand verlaufenden Hauptstraße

nicht, dass bald der gesamte Landstrich im Süden Balis bebaut, von Touristen überschwemmt und von Investoren vermarktet sein würde. Wahrscheinlich hätte das meine Euphorie getrübt … Andererseits hätten Agung und ich, die wir zu den Pionieren der touristischen Erschließung der Insel gehörten, an der generellen Entwicklung wohl kaum etwas ändern können. Wir waren mit Begeisterung bei der Sache, der ökologische Gedanke war bei uns noch nicht erwacht.

Ein wenig irritiert war ich, als ich Herrn Belgi begegnete, dem Besitzer des Losmen, in dem Paco und ich bei unserem ersten Aufenthalt Quartier genommen hatten und wo ich Lynn kennengelernt hatte. Unverhohlen machte er mir Vorwürfe, dass ich mich mit Agung Raka zusammengetan hatte, er selbst besitze doch ebenfalls Land am Strand, sogar näher als das Grundstück der Agungs. Mir wurde schnell klar, dass ihn der Neid gepackt hatte. Balinesen sind Menschen, mit all den Tugenden und Schwächen, die man sonst auf der Welt beobachten kann, wo Menschen um Land, Fischgründe oder Bodenschätze konkurrieren. Ich versuchte, Herrn Belgi zu erklären, dass der Zufall bei meiner Entscheidung eine Rolle gespielt habe, dass, hätte er Paco und mir damals den Vorschlag gemacht, auf seinem Land eine Hütte zu errichten, wir möglicherweise heute bei ihm wohnen würden. Aber soweit dachte während unseres ersten Aufenthaltes noch keiner. Ich versprach Herrn Belgi, ihn zu berücksichtigen, sollte ich einmal vorhaben, ein geschäftliches Projekt in Angriff zu nehmen (mir schwebte eine Art Musik-Café vor) und so blieben wir im guten Einvernehmen. Paco hielt der Familie übrigens die Treue, wann immer er nach Bali zurückkehrte, wohnte er im Losmen Belgi.

Am Morgen des dritten Tages ging ich zum Strand, schwamm ein paar Meter hinaus und legte mich anschließend eine Stunde in die Sonne. Im Tagebuch lese ich, dass ich dabei den »Spiegel« las, was die Frage aufwirft, weshalb mir das damals erwähnenswert erschien, denn, um es einmal im Stile Thomas Bernhards auszudrücken: Ich habe den »Spiegel« an dem Tag zu lesen aufgehört, als ich lernte, die Welt mit eigenen Augen zu betrachten und der

Umstand, dass ich diesen von mir so wenig geschätzten Spiegel dennoch las, deutet darauf hin, dass das Lesen des »Spiegel« dem Leser zur Sucht werden kann, zur Krankheit somit, zum Betäubungsmittel, von dem so manch ein Spiegelgeschädigter sich für den Rest seines Lebens nicht befreien kann.

Gegen Mittag tauchte der Architekt an der Baustelle auf, ebenfalls ein Agung. Das Dach war inzwischen komplett gedeckt, so dass wir im Trockenen standen, als der Platzregen einsetzte. Ein halber Meter dicht geschichtetes Schilfgras sorgte dafür, dass kein Tropfen den Weg ins Innere fand. Ich kannte den Monsun zwar schon aus Thailand und Indien, aber ich hatte den Eindruck, dass er umso stärker niedergeht, je näher man am Äquator lebt, jedenfalls prasselten Wassermassen auf das Dach, dass jeder Zweifel an der Arbeit der Dachdecker sofort verflog. Es regnete zwei Mal am Tag, jedes Mal eine halbe Stunde und kurz nach dem Schauer gaben die Wolken die Sonne wieder frei. Ein verlässliches Naturereignis.

Der Architekt hatte Fragen zur sanitären Anlage, eine Kostenfrage. Ich hatte schon wiederholt gesehen, dass auf Bali der Sanitärbereich außerhalb der Häuser liegt, von einer Mauer umgeben, aber nach oben hin offen. Ich schlug eine Kombi-Lösung vor: Ein Drittel des Bads sollte überdacht sein, darunter die Toilette, eine Badewanne und ein Doppelwaschbecken mit ovalem Spiegel darüber. Nach außen hin anschließend: Ein ummauertes Geviert, in dem ein Wasserbecken installiert war, in welchem ein halber Kubikmeter kühles Wasser schwappte, aus dem man eimerweise schöpfen konnte, um es sich über Scheitel und Schultern zu gießen. Diese Möglichkeit, sich zu erfrischen war bei der Hitze angemessen und wurde von allen späteren Bewohnern ausgiebig genutzt. Zuweilen war es so heiß, dass wir stündlich das Bad aufsuchten, um uns mit ein paar Kübeln abzukühlen.

Ein Problem, welches ich bis dahin nicht bedacht hatte, waren Ver- und Entsorgung des Wassers. Schließlich lagen wir nur drei Meter über dem Meeresspiegel und es existierte in Legian noch keine zentrale Wasserleitung, ebenso wenig gab es eine Kanalisation. Letzteres erforderte das Ausschachten einer Sickergrube, die Versorgung mit Brauchwasser, das Graben eines Brunnens bis unter

Grundwasserniveau, und weil Wasser nicht von selbst nach oben fließt, war der Bau eines Wasserturms notwendig. Als der Architekt mich nach der gewünschten Größe des Wassertanks fragte, sagte ich 2000 Liter, ohne zu bedenken, dass ein solcher Behälter ein paar Tonnen wiegt und zudem hoch angebracht werden musste, um ausreichenden Wasserdruck zu erzeugen, was wiederum eine solide Konstruktion erforderte.

Die drei Tage, die ich für Bali eingeplant hatte, waren rasch verflossen. Weihnachten stand vor der Tür, und ich hatte meiner Frau versprochen, bis dahin zurück in München zu sein. Also packte ich meine Sachen, übergab Agung einen Packen Dollars, mit denen er die restlichen Baukosten bezahlen konnte, insbesondere die Sanitäranlagen samt Installation. Ehe ich mich aus dem Fernen Osten verabschiedete, rief ich noch einmal in Manila bei Arturo an, um mich nach Joey zu erkundigen. Tatsächlich hatte der, wie verabredet, Kontakt zu dem hilfsbereiten Taxifahrer gehalten und ihn über den Fortgang seiner Therapien auf dem Laufenden gehalten. Ich wunderte mich allerdings nicht, dass sich die hohen Erwartungen, die wir in die Geistheiler gesetzt hatten, als schnöde Abzocke entpuppten. Mein Vertrauen in esoterische Wege erhielt dadurch zum Glück einen Riss. Mit einem unguten Gefühl sah ich dem Tag entgegen, da ich Joey wiedersehen und wir gemeinsam den Scherbenhaufen der zerstobenen Hoffnung beiseite kehren würden. Von Arturo erfuhr ich, dass er Joey am Morgen zum Flughafen gebracht habe. Die Niederlage von Bagio, wo sich die viel gepriesene Josefine als ebenso durchtriebene Betrügerin entpuppt hatte wie zuvor schon Brother Alex Orbito, hatten ihn desillusioniert und verdrossen. Im Nachhinein wurde uns bewusst, dass das ganze System von Anfang an so angelegt war, unheilbar Kranke durch falsche »Zeugenberichte« zu ködern und in die Philippinen zu locken, wo sie zunächst von Gaunern wie Bruder Alex abgekocht wurden, um dann mit Josefine einen weiteren Köder vorgeworfen zu bekommen, nach welchem sie in ihrer Verzweiflung schnappten. Um am Ende ein Fazit zu ziehen: eine Menge Geld für nichts bezahlt, Vertrauen in die Welt und sich selbst verloren, Opfer von Gaunern und Quacksalbern geworden zu sein. Gerne hätte ich diesen Schweizer zur Rede gestellt, der mir seinerzeit in München von seiner Wunderheilung in den Philippinen berichtet hatte, aber dazu sollte es nicht kommen, denn zurück in Europa erfuhr ich, dass der Mann kürzlich in Zürich verstorben war, man ahnt woran.

Am 20. Dezember verließ ich Bali mit Ziel Singapur, wo ich Zwischenstation machte, denn kaum ein mir damals bekannter Ort eignete sich besser zum Kauf von Weihnachtsgeschenken. Auch wenn ich nie ein Shopping-Junkie war, so muss ich gestehen, dass Shopping in Singapur mit gut gefülltem Geldbeutel seinen Reiz hatte. In Begleitung meiner Freunde aus der sanften Rotlichtbranche, denen ich im Frühjahr behilflich gewesen war, die Mädchen vor der Abschiebung zu retten, glitt ich im Eiltempo durch die Einkaufszentren. Über Rolltreppen schwebten wir durch die Stockwerke, besuchten gut sortierte Tuchhändler, bei denen ich Seide und feinste Baumwolle für meine Mutter zuschneiden ließ, und wir schauten in mehreren Fotogeschäften vorbei, bis ich den Preis für das Fischauge von Leitz so weit gedrückt hatte, dass er stimmte. Als ich zum Hotel zurückkehrte, hob der Taxifahrer zwei Reisetaschen voller Geschenke aus dem Kofferraum.

Francis und Tony luden mich am Abend zum Essen am Newton Circus ein. Wir aßen thailändische Steinkrabben, ein Krustentier, welches zwar lecker schmeckt, aber schwer zu knacken ist. Umso erstaunter war ich, als ich am Nebentisch eine Chinesin beobachtete, die den Krabben mit Stäbchen zu Leibe rückte!

Die Nachtmärkte (eine Ansammlung mehrerer Dutzend Garküchen und Grills), sowie die Einkaufszentren blieben die positiven Erinnerungen an Singapur, eine Stadt, die abgesehen davon, dass man auf den dortigen Banken sein Geld gut verstecken konnte, wenig Eindruck auf mich machte.

Das vorletzte Etappenziel war Bangkok, in erster Linie wohl, um meinen Heroinvorrat aufzufüllen. Odt traf ich wie üblich auf der Straße und bat ihn, mir bei den letzten Besorgungen behilflich zu sein. Bei seinem Elefantenlieferanten, einem Großhändler für Kunst und Kitsch, kaufte ich einige in Bronze gegossene Tiere: einen auf einem Ast sitzenden Adler, die Replika eines Löwen von

Angkor, einen vergoldeten Elefanten mit erhobenem Rüssel, sowie zwei ruhende Hirsche, die mich beim Abflug mehrere Tausend Baht Gebühr für Übergepäck kosteten. Schließlich suchte ich beim Juwelier noch einige Ringe aus, mit Saphiren aus Burma besetzt, die ich zu verschenken gedachte, auch wenn ich noch nicht wusste, an wen, aber das würde sich finden, denn Gelegenheit, andere zu beschenken, gab es immer wieder, zumal ich selbst mich jedes Mal über spontane Geschenke sehr freute. Ich war in diesen Jahren der finanziellen Unabhängigkeit auf der Suche nach festen ideellen Werten, nach nicht korrumpierbaren Prinzipien wie Freiheit und Autonomie und Toleranz dem Andersartigen gegenüber. Es musste doch feste Größen im Zusammenleben der Menschen geben, auf die man sich verlassen konnte, die sozusagen im Fundament des Menschen steckten wie die achtzehn Kokosnusspfeiler im neuen Haus, Werte wie der Respekt vor den Mitmenschen und ihrer Kultur oder die soziale Bindekraft einmal gefühlter Freundschaften. Touristischen »Erkenntnissen« wie den Feststellungen: »Was haben die Moslems denn für einen bescheuerten Glauben!« oder »Was essen die Chinesen denn für abartiges Zeugs!« oder die sich hartnäckig haltenden Klischees vom »faulen Neger«, vom »diebischen Zigeuner« oder ganz allgemein von den sexuell überaktiven Indern hatte ich eigene, gegenteilige Beobachtungen entgegenzusetzen, womit ich den Sinnspruch »Reisen bildet« bestätigt fand. Odt war es, der das Thema am letzten Abend in seiner Hütte aufbrachte, wo ich mit Oi und ihm zusammen gebratenen Reis mit Gemüse aß. Bei all den Unterschieden, die bei der Organisation unserer Herkunftsgesellschaften zu beobachten waren, gab es doch eine Ebene, auf der wir uns auf Augenhöhe begegneten: der Anspruch auf würdevollen Umgang miteinander, der Respekt, den denkende und fühlende Wesen einander schulden, das Streben der Seele nach Liebe und vor allem Glück. Das jedenfalls war das Fazit des Gesprächs, welches ich mit Oi und Odt an diesem Abend führte und ich hatte das Gefühl, dass solche Gespräche am Ende die wahre Grundlage unserer Freundschaft bildeten. Als ich nach Mitternacht vom Opium euphorisiert über die Holzplanken balancierte, die als Wege zwischen den Pfahlhütten dienten und die aus dem Slum herausführten, spürte ich, dass ich hier ebenso »zuhause« war wie in den luxuriösen Hotels, in den WGs der Großstadt oder in Brooklyn, auf Maui oder auf dem Hunsrück, wo ich aufgewachsen war. Es kam immer wieder vor, dass ich mich verwundert fragte, wieso ausgerechnet mir, einem unbedeutenden Beamtenkind aus der deutschen Provinz ein so spannendes Leben beschieden war. Denn eines war mir damals schon bewusst: Mit meinem Willen hatte das alles sehr wenig zu tun, vielmehr hatte ich den Eindruck, dass ich keine echten Alternativen gehabt hatte, dass jede Entscheidung in meinem Leben das konsequente Ergebnis des vorherigen Schrittes gewesen war, das heißt, ein irgendwie gearteter freier Wille kam in dieser Gleichung nicht vor.

Auf Grund eines Missverständnisses mit der Dame vom Reisebüro traf ich am Abend zwei Stunden zu früh am Don Muang Airport ein. Also setzte ich mich in ein Restaurant und packte das Tagebuch aus, in welches ich die Ereignisse und Gedanken der letzten Tage niederschrieb. Kurz vor Mitternacht hob die voll besetzte Boeing 747 der Thai International ab: Flugziel war Frankfurt, in Neu Delhi war ein Zwischenstopp geplant. Im Gegensatz zum Hinflug mit der Lufthansa gab es, weder was das Personal, noch was den Service angeht, etwas zu bemängeln: Das Essen schmeckte, jeder Passagier erhielt einen kleinen Toilettenbeutel, in den Erfrischungskabinen befanden sich Flakons mit Eau de Toilette aus Paris, Details die zeigten, dass die Thais sich Mühe gaben, die Passagiere zufriedenzustellen. Da wir vor der Sonne her flogen, wollte die Nacht nicht enden, und da zudem auf der Nordhalbkugel Winter herrschte, war es noch dunkel, als wir am Morgen in Frankfurt landeten. Über Europa lag eine Schneedecke und ein kalter Wind blies, als sich die Türen des Flugzeugs öffneten. Der Zoll durchsuchte mein Gepäck, fand aber erwartungsgemäß die Unze Heroin nicht, die ich, wie üblich, dabeihatte. Zum ersten Mal sah ich einen Spürhund bei der Arbeit, aber auch der schlug nicht an, als er meine Fotoausrüstung beschnupperte. Also alles halb so wild, dachte ich mir, so ein Hund riecht auch nicht alles. Im Übrigen fragte ich mich, was der ganze Zinnober mit den aufwendig ausgebildeten Hunden sollte, wenn es Beamte gab, die bestechlich waren und die den Schmugglern halfen, die heiße Ware am Zoll vorbei zu schleusen?

Wenn ich aus Ländern wie Thailand kam und in Frankfurt oder München landete, konnte ich es mir nicht verkneifen, die Zöllner in ein Gespräch zu verwickeln, sofern sie mich durchsuchten.

»Nach was suchen Sie eigentlich?«

»Nach unerlaubten Einfuhrgütern.«

»Und was hat man sich darunter vorzustellen?«

»Waffen, Sprengstoff und illegale Drogen zum Beispiel. Aber auch geschützte Pflanzen und Tiere.«

»Wer würde solche Dinge einführen wollen?«

Ich tat so, als könne ich mir so etwas nicht vorstellen.

»Heute Morgen haben wir schon zwei lebende Schildkröten und einen Elefantenzahn beschlagnahmt«, erklärte mir der Mann.

»Was passiert damit?«, wollte ich wissen.

»Die Schildkröten kommen in den Zoo, das Elfenbein wird vernichtet«, sagte er, während er meine drei Koffer und Taschen durchsuchte. Ich sah ihm eine Weile dabei zu. Als er die Tasche mit den Geschenken öffnete, schöpfte er Verdacht. Was ihm konkret dubios erschien, war mir nicht ersichtlich, jedenfalls rief er nach einem Kollegen und dem Hund.

»Ich finde es nicht unbedingt hygienisch, wie der Köter seine Schnauze in meinen Toilettenbeutel steckt«, stellte ich fest. »Wer garantiert mir, dass der Hund gesund ist? Am Ende überträgt er Krankheitserreger auf meine Zahnbürste.«

»Keine Sorge, unsere Tiere sind kerngesund«, sagte der Hundeführer, ohne sich von der Arbeit ablenken zu lassen.

»Trotzdem ekelt es mich, wenn so ein Hund meine persönlichen Dinge beschnüffelt!«

»Das müssen Sie erdulden. Wir sind gesetzlich verpflichtet, Drogen aufzuspüren. Das ist nun mal die Rechtslage in Deutschland.«

»Rechtslage hin oder her, ich empfinde diese Durchsuchungen beim Zoll jedes Mal als ein Eingriff in meine Privatsphäre. Eine Verletzung der Menschenwürde.«

Der Mann grinste und meinte, ich solle nicht so sensibel sein. Dann sprang der Hund vom Kontrolltisch und ich durfte meine Klamotten und die Bronzeskulpturen wieder einpacken. Der fette

Elefant hatte Misstrauen erregt. Der Zöllner hatte wohl den Verdacht, er könne mit Drogen vollgestopft sein. Als der Hund allerdings nicht auffällig reagierte, gab er die Suche auf.

Im Ankunftsbereich warteten Lisa und einer meiner Brüder auf mich. Wir luden das Gepäck ins Auto und fuhren zum Haus meiner Eltern, die ich länger nicht gesehen hatte. Das Weihnachtsfest stand unmittelbar bevor und nostalgisch in Stimmung versetzt, blieb ich eine Woche im verschneiten Hunsrück, wo wir lange Spaziergänge durch den Wald unternahmen, wo ich mit den Kindern Schlitten fuhr und mit Lisa unsere angeschlagene Beziehung besprach. Zu Weihnachten schenkte sie mir ein Buch über Bali, welches ich sofort anfing zu lesen, sein Titel lautete »Insel der Götter«. Wir blieben im Hunsrück, bis zu Beginn des neuen Jahres der Schnee zu schmelzen begann. Lisa drängte schon seit Tagen zum Aufbruch, denn in einer Woche lief der Mietvertrag im Olympiadorf aus, und wir hatten noch keine neue Wohnung. Ich fand das alles halb so schlimm und versprach ihr, bis zum Stichtag eine neue Bleibe gefunden zu haben. Also packten wir die Kinder in den Landcruiser und machten uns auf den Weg nach München.

4.17 Die neue Wohnung

Ich hatte es indes nicht eilig, auf Wohnungssuche zu gehen, denn erst wollte ich einige Freunde besuchen, die ich lange nicht gesehen und denen ich ein Geschenk mitgebracht hatte. Althea Rene, die Musikerin, die im November mit mir nach München gekommen war, hatte vergeblich versucht, aus den Kontakten, die ich ihr vermittelt hatte, künstlerisch zu profitieren. Sie spielte einige Sessions mit dem Jazzmusiker Patrick Gammon, aber zu einer dauerhaften Zusammenarbeit kam es nicht. In unserer Noch-Wohnung im Olympiadorf angekommen, fanden wir einen Abschiedsbrief vor, in dem Althea uns mitteilte, dass sie zurück in die Staaten geflogen sei, da sich in München nichts Zwingendes ergeben habe.

Als ich bei Christel in Obermenzing vorbeischaute, erfuhr ich vom Tod meines Freundes Wacki. Das kam unerwartet, und ich empfand die Nachricht wie einen Tiefschlag. Soweit sich die Umstände seines Todes rekonstruieren ließen, hatte er sich aus Versehen einen Goldenen Schuss gesetzt. Karl, den Wacki und ich zuletzt in Chiang Mai getroffen hatten, war im Dezember aus Thailand gekommen, im Gepäck ein halbes Pfund Heroin, welches er unserem Freund zum Vorzugspreis anbot. Der war vor einigen Monaten vom Sniefen aufs Drücken umgestiegen und hatte beschlossen, den weißen Stoff sogleich zu testen. Da er das stark verstreckte Straßenheroin gewohnt war, welches in München verhökert wurde, verschätzte er sich prompt in der Dosis: Kaum dass er sich das potente *China White* injiziert hatte, kippte er zur Seite und hörte auf zu atmen.

Zeugen seines Todes waren Karl, sowie unsere gemeinsame Freundin Carmen, die ich Jahre davor bei Wacki am Krankenbett kennengelernt und die mich spontan auf eine Reise nach Marokko begleitet hatte. Als Carmen merkte, dass Wacki nicht mehr ansprechbar war, rief sie den Notarzt, während Karl versuchte, den Toten wiederzubeleben. Als es kurz darauf klingelte, war es allerdings nicht der Notarzt, der vor der Tür stand, sondern die Polizei. Carmen und Karl, der einen Beutel Heroin dabeihatte, wurden verhaftet, für Wacki kam jede Hilfe zu spät. Sein Leben war in den letzten Herbsttagen des Jahres 1981 zu Ende gegangen.

Lange saßen Christel und ich beisammen und erweckten unseren gemeinsamen Freund in der Erinnerung noch einmal zum Leben. Sie war Anfang der Siebziger ein halbes Jahr mit ihm liiert gewesen und hatte allerhand Sex und Drugs und Rock'n'Roll mit ihm ausprobiert. Später, als es Wacki erotisch zu neuen Ufern zog, waren sie in freundschaftlicher Verbindung geblieben. Beide gehörten sie zu den ersten Bekannten, mit denen ich mich in München angefreundet hatte. Wacki war mein Begleiter auf einer der ersten Marokkofahrten, er hatte mir den ersten LSD-Trip gegeben, und bei dem Segeltörn, der uns nach Ibiza führen sollte, war er ebenfalls an Bord. Als er 1975 an meinem Geburtstag in München verhaftet wurde, hatte er mich nicht verraten. Jahre danach begleitete er mich auf die Weltreise, die mir als eine der abenteuerlichsten im Gedächtnis haften geblieben ist. Wackis Alleingang, bei dem Hunter James ihn abzockte, war der Beginn einer Pechsträhne, die erst mit seinem Tod endete.

Ratlos saßen Christel und ich beisammen, denn uns war bewusst, dass das Fehlen unseres Freundes ein Verlust war. Wir behielten ihn als schlitzohrigen Gauner in Erinnerung, der es geschafft hatte, bis auf die zwei Jahre in Landsberg, den Bullen und dem Knast aus dem Weg zu gehen. Wacki war ein Abenteurer, der mit dem Risiko auf vertrautem Fuße lebte. Sein Tod ging nicht ohne Wehmut an mir vorüber. Anders ausgedrückt: Erst als Wacki tot war, wurde mir bewusst, dass wir echte Freunde gewesen waren.

Zwei Tage vor Ablauf des Umzugsultimatums besuchte ich einen Bekannten, der in der Auenstraße eine Firma betrieb, die bei Filmen der Bavaria die Ausleuchtung der nächtlichen Drehorte besorgte. Peter B. hatte im vergangenen Jahr seine junge Frau verloren: Als er abends von der Arbeit kam, fand er sie leblos in der Wohnung. In Folge eines Asthmaanfalles war sie offenbar erstickt. Ihr plötzlicher Tod traf den Mann so sehr, dass er es danach nicht mehr übers Herz brachte, die Wohnung zu betreten, in der sie gestorben war. Als ich Peter im Januar besuchte, war seine Trauer schon ein wenig der Gewöhnung gewichen. Aber das alles wusste ich nicht, als ich ihn ansprach.

»Du weißt nicht zufällig von 'ner Wohnung, die kurzfristig zu mieten ist? Ich muss nämlich übermorgen aus dem Olympiadorf ausziehen.«

»Wie groß soll sie denn sein?«

»Drei Zimmer, Küche, Bad«, sagte ich.

»Damit kann ich dir möglicherweise dienen. Meine alte Wohnung: 100 Quadratmeter, drei Zimmer, Bad, Flur, Küche und eine große Vorratskammer.«

»Im Ernst? Wo denn?«

»In Sendling. Implerstraße. Nicht die ruhigste Gegend, aber eine große Wohnung. Hab selbst sechs Jahre dort g'wohnt.«

»Warum bist du ausgezogen?«

Dann erzählte er mir die Geschichte vom Tod seiner Frau.

»Was soll die Bude denn kosten?«, erkundigte ich mich nach einer halben Schweigeminute.

»Nicht mal teuer. 300 Mark im Monat.«

»Klingt nicht schlecht. Wenn's allerdings nach mir ginge, würde ich in Bali leben. Baue mir dort derzeit ein Haus. Stressfreies Leben da unten am Äquator.«

»Kann ich mir nicht leisten. Was sollte ich dort machen? Wenn ich nicht täglich in der Firma bin, läuft hier gar nichts.«

»Du könntest sie verkaufen und dich mit der Kohle in Bali zur Ruhe setzen«, schlug ich vor.

»Das stellst du dir so einfach vor«, lachte er. »Den Laden hab ich mir in fünfzehn Jahren aufgebaut. Irgendwie hänge ich auch dran. Und an München sowieso. Mir Bayern san bodenständ'ge Leut.«

»Wem gehört die Wohnung denn?«

»Der Hausbesitzer wohnt in Obermenzing. Den Mietvertrag schreibt der auf dich um. Ich kenne ihn gut, ein verträglicher Mensch, der Herr Haberfeld.«

»Klingt interessant. Die Wohnung würd ich mir gern mal anschauen.«

So ergab es sich, dass wir nach Geschäftsschluss in die Implerstraße fuhren, um die Wohnung zu besichtigen. Peter öffnete die Tür, bat dann allerdings um Verständnis, dass er draußen im Flur warten werde. Zu frisch sei die Wunde, als dass es ihm möglich sei, den Ort zu betreten, an dem seine Frau vor einem halben Jahr gestorben war. Ich hatte Verständnis und ging allein hinein.

Die Wohnung war voll möbliert, unverändert seit dem Tag, da Peter sie nicht mehr betreten hatte. Es gab einen geräumigen Flur, von dem aus das Bad, die Toilette, das Wohnzimmer, die Küche und die beiden Schlafzimmer betreten wurden, Räumlichkeiten, die für unsere vierköpfige Familie wie geschaffen waren. Nachdem ich mich umgesehen hatte, erklärte ich mich bereit, den Mietvertrag zu übernehmen.

»Da ist allerdings noch ein Haken. Da ich die komplette Einrichtung dalasse, musst du mir eine Ablösesumme zahlen. 20 Mille«, erklärte er. »Da lasse ich nicht mit mir handeln!«

Ich brauchte keine drei Sekunden, ehe ich mich entschied.

»Kein Thema. Die Kohle bringe ich dir morgen früh vorbei!«

Auf dem Heimweg ins Olympiadorf, wo in zwei Tagen die Räumung anstand, dachte ich mir einen Plan aus, wie ich meiner Frau die Sache beibringen würde.

Zunächst musste die Ablöse bezahlt werden, also konnte die offizielle »Wohnungssuche« frühestens am nächsten Nachmittag beginnen. Ungewöhnlich früh stand ich am Morgen auf und verließ das Haus. Ich fuhr zur Bank, um die 20.000 Mark abzuheben. Dann suchte ich Peter im Büro auf und blätterte ihm das Bündel Tausender auf den Schreibtisch. Erstaunt, mich überhaupt wiederzusehen, fuhren wir in die Implerstraße. Diesmal blieb ihm nichts anderes übrig, als die Wohnung, wenn auch nur kurz, zu betreten. Er ging zu seinem Schreibtisch, entnahm den Schubladen alle persönlichen Dokumente und packte mehrere Aktenordner in die mitgebrachte Plastiktüte. Wir verabredeten, in den nächsten Tagen beim Hausbesitzer vorzusprechen, um den Mietvertrag umzuschreiben, dann ließ er mich allein. Das Ganze hatte keine zwei Minuten in Anspruch genommen, ehe er sich verabschiedete und verschwand.

Diesmal nahm ich mir Zeit, mich genauer umzusehen. Ich öffnete Schränke und Schubladen, schmökerte in Büchern und Schallplatten. Ich sah den Goldfischen im Aquarium zu und gönnte mir einen Cognac aus der Hausbar. An der Wand hing eine kleine Sammlung antiker Gewehre. Auf dem Sideboard entdeckte ich eine Kompakt-Stereoanlage. In der Küche standen Schränke voller Geschirr, ein Kühlschrank, eine Spülmaschine und ein Elektroherd. Das alles gehörte jetzt mir, und ich hatte vor, es Lisa zum Geschenk zu machen. Nachdem ich alles gesehen hatte, machte ich mich auf den Weg ins Olympiadorf. Wir hatten den Mietern versprochen, übermorgen die Wohnung zu übergeben.

»Wo hast du dich denn schon wieder herumgetrieben?«, begrüßte mich meine Frau, als ich in die Küche trat. Die Sache mit der drohenden Obdachlosigkeit machte ihr arg zu schaffen.

»Ich war bei Mauricio in Ottobrunn. Anschließend habe ich Heinz besucht, der in eine neue Wohnung in der Lindwurmstraße umgezogen ist. Wir müssen mal zusammen hinfahren«, erklärte ich gut gelaunt.

»Und wann gedenkst du dich um eine neue Bleibe für uns zu kümmern?«

»Wenn du willst, gleich heute Abend.«

»Und wie stellst du dir das vor?«

Ihre schlechte Laune war nicht zu überhören.

»Indem wir die Kinder mitnehmen und gemeinsam auf die Suche gehen.«

»Wie bitte?«

»Wir fahren durch die Stadt und halten nach leerstehenden Häusern Ausschau. Wo keine Vorhänge an den Fenstern hängen, und wo kein Licht brennt, da halten wir an und fragen den Hausmeister, ob die Wohnung frei ist. So einfach ist das«, erklärte ich gut gelaunt.

An ihrem Gesichtsausdruck erkannte ich, dass meine Frau sich gerade fragte, ob ihr Mann noch alle Tassen im Schrank habe. Mein Drogenkonsum war nicht ohne Auswirkung auf mein Verhalten geblieben, zuweilen äußerte ich tatsächlich abstruse Ideen.

Langer Rede kurzer Sinn: Ich forderte sie auf, den Kindern warme Jacken anzuziehen und sich zur Wohnungssuche bereit zu machen. Eine halbe Stunde danach waren wir unterwegs. Wir fuhren erst durch Schwabing, quer durch die Maxvorstadt hinunter nach Sendling. Ab und zu entdeckte ich ein Haus, in dem weder Gardinen hingen noch Licht zu sehen war. Mehrmals hielt ich an, bat Lisa im Wagen zu warten und ging zu der betreffenden Haustür. Dann klingelte ich irgendwo, und wenn sich die Tür öffnete, trat ich ins Treppenhaus, zündete mir eine Zigarette an und kam nach ein paar Minuten wieder heraus.

»Negativ. Schon vergeben«, erklärte ich beiläufig, während ich wieder hinter dem Steuer Platz nahm.

Lisas Kommentare möchte ich an dieser Stelle nicht wiedergeben. Als wir schließlich vor dem Haus in der Implerstraße ankamen, hielt ich in zweiter Reihe an und erklärte, beim Hausmeister klingeln zu wollen und mich nach Leerständen zu erkundigen. Dass ich den Haustürschlüssel in der Tasche hatte, konnte sie ja nicht ahnen.

»Ich mache diesen Irrsinn nicht länger mit«, erklärte sie schließlich genervt. »Wenn du hier wieder nichts findest, fahren wir zurück. Ich muss den Kindern das Essen zubereiten.«

»In Ordnung. Ich bin zuversichtlich, dass wir hier fündig werden. Aller guten Dinge sind vier«, sagte ich und verschwand im Hauseingang. Ich lief die Stufen zum ersten Stock hinauf, sperrte die Wohnung auf und knipste das Licht an. Dann ging ich hinunter zum Wagen. Ich stieg ein und suchte einen ordentlichen Parkplatz. Lisa versuchte, daraus schlau zu werden.

»Was liegt denn jetzt noch an?«

»Wir sehen uns eine Wohnung an. Ich habe, glaub ich, was gefunden.«

»Wo?«

»Na hier. In dem Haus, in dem ich gerade war. Aussteigen bitte!«

Lisa hielt mich gewiss für verrückt, aber nach einigem Zögern schnallte sie die Kinder los und stieg aus dem Wagen. Schließlich hatte ich sie so weit, dass sie mir ins Haus folgte.

»Und? Wo soll diese Wohnung sein?«

»Wart's ab. Ich glaub, im ersten Stock.«

Santi, der inzwischen vier Jahre alt war, sauste als erster nach oben. Wir folgten. Vor der Haustür holte ich den Schlüssel aus der Tasche und sperrte auf. Im Flur brannte Licht. Die Wohnung war offensichtlich bewohnt, Klamotten hingen an der Garderobe, ein Bild hing an der Wand.

»Wer wohnt denn hier? Und wo hast du den Schlüssel her?«, wollte Lisa wissen.

Ich betrat die Wohnung nach meinem Sohn. Lisa, die Mirabell auf dem Arm trug, überschritt die Schwelle erst, nachdem ich sie mehrfach dazu aufgefordert hatte. Offenbar erwartete sie, dass die Bewohner jeden Augenblick aus einem der Zimmer in den Flur träten. Schließlich beendete ich die Posse und klärte sie auf.

»Das ist unsere neue Wohnung, Schatz! Sie gehört dir, mit allem, was du siehst. Schau dich um!«

Jetzt war sie sprachlos. Santi lief los und öffnete alle Türen. Ich ging ins Wohnzimmer und entkorkte eine Flasche Sekt, die ich zuvor im Kühlschrank entdeckt hatte.

Als Lisa nach einer kurzen Besichtigung zu mir trat, fiel endlich der Stress von ihr ab. Wir beschlossen, noch am Abend unsere Koffer in der Connollystraße zu packen und umzuziehen, Möbel waren von dort ja keine mitzunehmen.

Ich blieb in der Stadt, bis die neue Wohnung neu tapeziert und gestrichen war. Die meisten Möbelstücke ließen wir an Ort und Stelle, lediglich im Wohnzimmer, das nach Lisas Geschmack ein wenig zu kitschig ausgestattet war, nahmen wir größere Veränderungen vor. Als wir eingerichtet waren und die Kinder sich in ihrem Zimmer wohlfühlten, begann ich, die nächste Amerikareise vorzubereiten.

4.18 Ronny

Die Geschichte von Harry Wongs Verrat in Kanada hatte die Triade in Hongkong zum Handeln veranlasst. Von Ming erfuhr ich, als wir uns in Frankfurt trafen, dass Harry auch ihn selbst und einen weiteren Chinesen verpfiffen hatte. Harry Wong war ein Junge, der unseren gefährlichen Geschäften nervlich nicht gewachsen war, sonst hätte er sich an die Anweisung seiner Bosse gehalten. Dass er trotz des ausdrücklichen Verbots den Wochen zuvor verloren gegebenen Koffer bei der Gepäckaufbewahrung am Hongkonger Flughafen abgeholt und ihn, ohne Ming darüber in Kenntnis zu setzen, nach Kanada gebracht hatte, war ein seiner Gier geschuldeter Fehler. Selbst wenn er mit der Ware unentdeckt nach Windsor gekommen wäre, so hätte Ming durch mich davon erfahren und Harrys Alleingang wäre aufgeflogen. Dass er in Vancouver erwischt wurde und schon beim ersten Verhör die Seiten wechselte und mich verriet, zeigte, dass er ungeeignet war. Solange er an Mings Seite agierte, machte er einen zuverlässigen Job, auf sich allein gestellt war er überfordert. Die Angst vor dem Gefängnis, in welches man ihn, hätte er geschwiegen, zweifelsohne für ein paar Jahre geschickt hätte, bestimmte sein Handeln so sehr, dass er sich völlig eingeschüchtert den Drohungen der Ermittler ergab. Er muss gewusst haben, dass ihm die Triade einen solchen Fehler nicht verzeihen würde. Zurück in Hongkong war er abgetaucht, aber es dauerte nicht lange, da hatten sie ihn gefunden. Im Winter war Harrys Leiche in Aberdeen aus dem Wasser gezogen worden. Viel mehr wollte Ming dazu nicht sagen. Eigenartigerweise empfand ich über seinen Tod keine Genugtuung, denn ich glaubte schon damals nicht mehr an die Schuld des Menschen, also auch nicht an die des kleinen Chinesen.

Seit diesem Zwischenfall betrachteten wir die Route über Vancouver als zu riskant. Daher hatten wir vereinbart, den nächsten Transport über die Bahamas in die Staaten zu bringen, wo Basil seit Anfang des Jahres den Zollchef des Flughafens Nassau auf der Lohnliste hatte. Angesichts dieser Tatsache war das Risiko, welches Ming einging, als er aus Hongkong kommend über die Transitstation Frankfurt vier Kilo in zwei Koffern mitbrachte, kalkulierbar.

Zu wissen, dass der Zöllner, der am Zielflughafen auf einen wartete, bestochen war, nahm der Sache einerseits den *thrill,* wirkte sich andererseits beruhigend auf den Blutdruck aus.

Ronny und ich trafen Ming im Flugzeug, als wir in Frankfurt zustiegen. Beim Verlassen der Maschine in Nassau entdeckte ich auf dem Rollfeld einen Mann, der ein Schild mit meinem Namen hochhielt. Ich gab mich zu erkennen und wir betraten das Flughafengebäude durch einen Seiteneingang. Ming und ich wurden direkt in das Büro des Zolls geführt, wo ich Basil und den Leiter der Dienststelle bei einem Drink antraf. Ronny passierte den Zoll mit den übrigen Passagieren. Man begrüßte uns herzlich, der Beamte nahm unsere Pässe entgegen und setzte sorgfältig die Einreisestempel hinein. Anschließend schickte er einen Untergebenen mit uns zum Förderband, wo wir das Gepäck aufnahmen und dem Mann direkt nach draußen zu einer Limousine folgten, die auf uns wartete. Das Ganze hatte keine drei Minuten gedauert.

Basil brachte uns nach Paradise Island, wo er im Holiday Inn zwei Zimmer reserviert hatte.

Provozierend stand das Casino am Rondell, so dass Ming und Ronny beschlossen, dort am Abend reich zu werden. Basil und ich kehrten zum Flugplatz zurück, kletterten in eine private Cessna und flogen nach Freeport auf der Insel Grand Bahama, wo er mit seiner Frau und den beiden Kindern in einem bescheidenen Bungalow lebte. Fast acht Jahre hatte er im Knast gesessen, von dort aus seine Bande dirigiert und dafür gesorgt, dass die diversen Geschäfte weiter liefen, damit seine Familie den gewohnten Lebensstandard halten konnte.

Während der nächsten Tage wohnte ich bei der Familie Mitchell. Dass er mir vertraute, bewies Basil am zweiten Tag, als er im Wohnzimmer den Teppich aufrollte und einen in die Bodenplatte des Hauses eingegossenen Tresor öffnete. Ihm entnahm er bündelweise Hundertdollarnoten, insgesamt knapp eine halbe Million. Das Geld war für Ming bestimmt, der beschlossen hatte, nicht mit in die USA weiterzureisen, sondern via London zurück nach Hongkong zu fliegen. Verständlicherweise war er seit Harry Wongs Verrat in Kanada verunsichert. Auch wenn er fast auf jeder Reise mit einem anderen Pass und Namen unterwegs war, wollte er kein unnötiges Risiko eingehen. Ming war einfach vorsichtig und behielt am Ende mit seiner Strategie Recht. Als Basil und ich am nächsten Tag nach Nassau flogen und ihn im Hotel auf Paradise Island aufsuchten, hatte er zwar dreitausend Dollar im Casino verloren, aber die Übergabe der fetten Kohle besänftigte ihn rasch. Wegen der schlechten Erfahrung, die wir im Vorjahr mit dem Verlust seines Geldkoffers gemacht hatten, war Ming gezwungen, mir und Basil zu vertrauen. Wir transferierten sein Geld über die Kanäle eines auf den Inseln ansässigen Casinos in den Fernen Osten, wobei der Geldwäscher fünf Prozent für sich behielt. Was blieb ihm übrig, auf den Bahamas hatte die Triade keinen Kontaktmann, der den Geldtransfer für ihn übernommen hätte. Wir brachten Ming zum Flughafen, und ich versprach, ihn Mitte bis Ende März in Hongkong zu besuchen.

Unterdessen hatte Basil den Weitertransport der Koffer organisiert. Wieder lief alles mit der Hilfe bestochener Beamten: In einer Cessna brachte ein Pilot die Schmuggelware nach Florida, wo er einen kleinen Flugplatz im Hinterland ansteuerte. Dort übernahm ein Cousin Basils die Koffer. Ein paar Tage später sollte ich diese in einer Apotheke in West-Miami abholen, ausgerechnet in einer Apotheke.

Leider konnte Basil wegen seiner Vorstrafe nicht selbst in die USA einreisen, um sich vor Ort um alles zu kümmern. Aber seine Organisation war so effizient aufgestellt, dass er die Geschäfte von Freeport aus leitete, so wie er sie zuvor schon aus dem Knast heraus gesteuert hatte. Als wir die Nachricht erhielten, dass die chinesischen Koffer zur Abholung bereit lägen, verabschiedeten Ronny und ich uns von Basil und flogen nach Miami. Vom Flughafen aus ließen wir uns im Taxi direkt zur Apotheke des Cousins bringen.

Als ich eintrat und mich zu erkennen gab, war gerade keine Kundschaft im Laden. Gut gelaunt begrüßte mich der Apotheker per Handschlag.

»Dass ich die Köfferchen ausgerechnet in einer Pharmazie wiederfinde, entbehrt nicht einer gewissen Ironie«, stellte ich grinsend fest.

»Ich verstehe«, sagte der schwarze Mann. »Was denkst du, wie viele Opiate hier legal über den Tresen gehen? Medikamente gegen den Schmerz gehören zu den am häufigsten von amerikanischen Ärzten verschriebenen Mitteln. Nur Ärzte und Apotheker haben eine Ahnung, wie viel Schmerzen täglich im amerikanischen Volk betäubt werden wollen.«

»Ist das so?«, entgegnete ich und blickte den Mann erstaunt an. Wollte er damit zum Ausdruck bringen, dass er zwischen einer Packung Percodan* und einem Plastikbeutel Heroin keinen Unterschied machte? Der Apotheker hatte offenbar ein unverkrampftes Verhältnis zur Chemie. Irgendwo ist ja auch alles um uns herum Chemie, Dosierung, Therapie. Mir fiel auf, dass der Mann Drogen aus dem Blickwinkel der Elemente, Moleküle und molekularen Ketten betrachtete, sie als chemische Fakten ansah, während die meisten Menschen diesen Substanzen aus der fiktiven Perspektive von Recht und Moral, Gesetz und Religion begegneten. Mir fiel der Begriff der »Teufelsdroge« wieder ein, mit dem Politiker und Klientel-Journaille vor den Hirnen des Volkes herumfuchtelten, um so von vornherein eine sachliche Auseinandersetzung über diejenigen Drogen zu unterbinden, welche die Menschen zum Nachdenken brachten, zum Faulenzen verführten oder von der Arbeit (und damit dem Steuerzahlen) abhielten.

Wahrscheinlich hätte ich mich mit dem Apotheker noch eine Weile unterhalten, hätte nicht eine Kundin den Laden betreten, was uns Zurückhaltung auferlegte. Ich nahm den Koffer, auf dem das Emblem der Pan Am klebte und trat hinaus auf die Straße. Der Taxifahrer, mit dem ich gekommen war, ein Einwanderer aus der Karibik, hatte zuvor angeboten, auf mich zu warten, die Gegend sei für Weiße nicht ungefährlich. Dessen war ich mir längst bewusst, denn mir fiel die Geschichte ein, als ich zwei Jahre zuvor mit Paco, Tom und Steven Lerner fluchtartig einen McDonald's verlassen musste. Außerdem hatten wir seit geraumer Zeit in dem Viertel keine Weißen mehr auf der Straße gesehen. Ich hatte also das Angebot des Taxifahrers, auf mich zu warten, dankbar angenommen, stieg ein und wir sahen zu, dass wir die afrikanische Zone verließen, in welcher die Mordrate ähnlich hoch lag wie in Detroit.

---

* starkes Schmerzmittel

Wir blieben nur eine Nacht in Florida. Ronny checkte im Miami-Airport-Hotel ein, während ich nach Pompano fuhr und Joey besuchte, den ich zuletzt in Manila gesehen hatte. Die Tatsache, dass er nach wie vor im Rollstuhl saß, setzte der mit hohen Erwartungen angetretenen Reise auf die Philippinen nachträglich einen deprimierenden Schlusspunkt. Uns beiden war inzwischen klar, dass wir auf Betrüger hereingefallen waren, die am Elend schwerkranker Leute leichtes Geld verdienten. Aber taten wir das nicht ebenso? Der Gedanke fühlte sich ungemütlich an, so dass ich ihn alsbald vertrieb. Immerhin konnte ich uns Drogenhändlern zugutehalten, dass wir niemanden über unsere Leistung täuschten. Der Stoff, den wir schmuggelten und weiterverkauften, betäubte Schmerzen, das stand außer Frage. Von Betrug konnte im Gegensatz zu den selbst ernannten Geistheilern also keine Rede sein.

Das Verhältnis zwischen Ralph und Joey war seit der Auseinandersetzung in Manila abgekühlt. Da ich vorhatte, die beiden zu versöhnen, brachte ich das Gespräch auf das Freundschaftsverhältnis.

»Was macht Ralph? Habt ihr zwischenzeitlich die Verstimmung aus Manila beseitigt?«

»Das war mehr als eine Verstimmung. Tatsache ist, dass wir seither nicht mehr miteinander gesprochen haben.«

»Und was fühlst du dabei?«

»Eigenartigerweise nicht viel. Offenbar ist unsere Freundschaft ziemlich ausgezehrt. Das war sie allerdings schon vorher. Du erinnerst dich doch an die Auseinandersetzung in München? Ich war drauf und dran, ihn zu verprügeln.«

»Dass es so schlimm war, wusste ich nicht.«

»Du weißt einiges nicht. Zum Beispiel, dass er letztes Jahr eine geklaute Corvette in meiner Garage abgestellt hatte, ohne mich darüber zu informieren. Stell dir vor, das wäre rausgekommen! So behandelt man keinen Freund«, stellte Joey fest.

»Da gebe ich dir recht. Dennoch, ich würde darüber mit ihm reden. Konflikte kommen schließlich in jeder Beziehung vor. Wie lange kennt ihr euch schon?«

Joey musste nachrechnen.

»Wir haben uns vor acht Jahren auf einer Party kennengelernt. Ich mochte ihn auf Anhieb. Damals hatte er gerade seine Frau

Karen kennengelernt. Solange sie nicht verheiratet waren, war Ralph der coolste Typ, auch seiner Frau gegenüber. Danach wurde er unzuverlässig. Aber das Schlimmste ist: Er ist zum Langweiler verkommen.«

»Also langweilig finde ich Ralph nicht«, widersprach ich. »Wenn ich mit ihm zusammen bin, kommt keine Langeweile auf.«

»Das mag so sein, ihr kennt euch ja auch erst seit einem Jahr. Frag mal seine Frau, oder besser, du fragst sie nicht. Ich habe selten eine Frau kennengelernt, die so schnell von ihrem Kerl enttäuscht war wie Karen. Würde mich wundern, wenn die Ehe noch lange hielte.«

»Da magst du Recht haben. In Detroit hat er zudem eine Geliebte. Barbara, du kennst sie glaube ich?«

»Habe von ihr gehört. Ich vermute, deshalb ist er mit seiner Familie auch nach New Jersey gezogen. Diese Barbara war eine von Karens besten Freundinnen. Um sie ungestört vögeln zu können, hat er seine Ehefrau und die Kinder beiseite geschafft.«

»Ich hatte mich schon gewundert, wieso er sein Büro weiter in Detroit betreibt.«

»Merkst du was? Nee, Harry, die Geschichte mit Ralph ist am Ende. Da kommt nichts mehr.«

»Wie dem auch sei, ich habe ihm versprochen, ihn demnächst mal nach Florida mitzunehmen«, sagte ich. »Dann könnt ihr ja nochmals über alles reden.«

Wir spielten eine Partie Schach, die ich verlor. Ehe ich mich zurückzog, rief ich Jerry in Detroit an und bestellte ihn nach New York. Nach allem, was im vergangenen Herbst geschehen war, wollte ich nicht noch einmal in flagranti mit einem Koffer voller Stoff erwischt werden. Eine zweite Grand Jury würde es definitiv nicht geben. Auch hier wurde mein riskantes Verhalten maßgeblich vom Heroinkonsum bestimmt. Immerhin vermied ich es, den Koffer persönlich nach Detroit zu bringen.

Am 5. Februar kamen Ronny und ich in New York an. Wir fuhren zum Lexington Hotel, wo mein Begleiter ein Zimmer mietete. Ich selbst fuhr zu Nora, die inzwischen von Brooklyn nach Manhattan umgezogen war, in ein Apartment in der East 6th Street an der Lower East Side des East Village.

Hier brach ich endlich den Koffer auf, entnahm dem Versteck das weiße Pulver und streckte es um ein Drittel auf die bewährte Qualität. Dann verpackten wir alles in Tüten zu je 500 Gramm, legten sie in einen neuen verschließbaren Hartschalenkoffer, den ich noch am Abend zu Ronny ins Hotel brachte. Seine Aufgabe bestand darin, den Koffer mit der Ware nicht aus den Augen zu lassen, so lange, bis ich alles verkauft hätte. Den Schlüssel behielt ich. Vier Pfund blieben bei Nora in der Wohnung, denn Jerry hatte angekündigt, so viel nach Detroit mitnehmen zu wollen.

Es war weit nach Mitternacht, als er endlich auftauchte. Wir unterhielten uns eine Weile, tauschten Neuigkeiten aus und Nora brühte uns einen starken Kaffee auf. Jerry packte die vier Pfund in eine Sporttasche, nachdem er die zuvor darin verstauten Dollarbündel auf den Küchentisch gestapelt hatte. Das Zählen vertagten wir auf den folgenden Tag, denn bis auf die paar Blüten, die bei jeder Zahlung auftauchten, stimmte die Summe immer. Der Rest war Vertrauenssache. Von seinem letzten Verdienst hatte Jerry sich neben der obligatorischen Goldkette einen schnellen BMW angeschafft, mit dem er die Highways zwischen Michigan und New Jersey zu einer einzigen Zielgeraden werden ließ. Er verließ New York im Morgengrauen mit dem Frühverkehr und machte sich auf die lange schnelle Reise nach Detroit.

Gegen Mittag rief Ronny bei Nora an und drängte darauf, das Hotel zu wechseln. Im Lexington schlichen zu viele »Stricher« herum, er fühle sich dort nicht sicher. Also fuhr ich hin, half ihm beim Auschecken (Ronnys Englischkenntnisse waren dürftig) und beim Umzug ins Grand Hyatt an der 42nd Street. Dort checkten wir unabhängig voneinander ein, jeder bezog ein eigenes Zimmer, ohne dass die Rezeption ahnte, dass wir in Verbindung standen. Im Hyatt herrschte in der Tat ein anderes Klima, die obskuren Gestalten, die dort auf den Fluren herumschlichen, waren nicht leicht als solche zu erkennen, im Übrigen war der Service diskret und unaufdringlich.

Basil hatte mir neben Jerry einen weiteren Käufer angekündigt, einen Mann, den ich nicht kannte. Ich verließ mich völlig darauf, dass der Kunde überprüft worden war. Basil teilte ihm das Hotel und meine Zimmernummer mit, zusätzlich sollte er sich mit einem Codewort legitimieren, in dem Fall mit »Eldrige Cleaver«, dem Namen eines schwarzen Black-Panther Aktivisten.

Zum verabredeten Zeitpunkt am Morgen klopfte es an der Tür, ich öffnete, ließ den Mann herein und fragte ihn nach der Parole.

»Eldrige Cleaver«, lautete die korrekte Antwort.

Von da an behandelte ich ihn mit der gleichen Arglosigkeit, als säße Basil selbst mir gegenüber. Nachdem ich grob das Geld gezählt hatte, welches der Mann auf das Bett gelegt hatte, ließ ich ihn fünf Minuten allein. Ich nahm den Aufzug zum sechsten Stock, wo Ronnys Zimmer lag, holte das bestellte Kilo aus dem Koffer und brachte es dem Kunden, der es in seiner Aktentasche verstaute und sich danach verabschiedete. Wenige Minuten, nachdem er gegangen war, packte ich das Geld in einen tropenfesten Kamerakoffer und fuhr zu Nora ins East Village, wo wir die Scheine zählten. Am Nachmittag brachten wir alles zu verschiedenen Banken, von wo aus wir es ins Ausland transferierten, immer in Beträgen unter 10.000 Dollar, um so die Meldepflicht der Geldinstitute den Steuerbehörden gegenüber zu unterlaufen.

Nach zwei Tagen tauchte Jerry wieder auf, um das nächste Zwei-Kilo-Paket abzuholen. Die Deals mit Jerry waren mir die liebsten, denn hier brauchte ich mir keinerlei Sorgen zu machen, dass irgendetwas nicht stimmte. Längst waren wir Freunde, was die Geschäfte sehr erleichterte. So gab ich ihm, wenn nötig, die Ware auf Kommission, zuweilen zahlte er Vorkasse, wenn ich nicht gleich liefern konnte, was ab und zu vorkam, wenn eine Lieferung auf sich warten ließ.

»Wie viel Pulver hast du noch?«, fragte er, nachdem er seine zwei Kilo verstaut hatte.

»Noch eins. Aber das ist einem Typen aus der Bronx versprochen. Kunde von Basil«, sagte ich.

»Was soll denn der Quatsch? Ich hatte ihm doch gesagt, dass ich die sechs *keys* in Detroit brauche«, beschwerte er sich halbherzig. »Wie lange dauert es, bis Nachschub kommt?«

»Keine Ahnung. Ich habe vor, nächste Woche nach Hongkong zu fliegen. Dort planen wir dann weiter. Wie du weißt, haben die

Chinesen die Route über Vancouver aufgegeben und was die neue über Europa und die Bahamas angeht, so hängt es von Basil ab. Der sagte mir vor ein paar Tagen, dass der Typ am Flughafen von Boca Raton unverschämt viel Kohle fordert. Jetzt muss Basil zusehen, dass er sich mit dem Mann einigt. Oder 'nen andren findet.«

»Typisch Insel-Nigger«, kommentierte Jerry. »Kaum, dass sie merken, dass man sie braucht, werden sie maßlos in ihren Forderungen.«

»Auf jeden Fall halte ich es für besser, den Zoll zu schmieren, als die Risiken der US-Zoll-Kontrollen einzugehen. Den US-Customs traue ich nicht. Die sollen in Miami seit kurzem sogar Hunde einsetzen.«

»Na und? Wenn das Zeug gut verpackt ist, riechen die Hunde nichts. Die Kolumbianer packen ihr Koks jetzt in aromadichte Kaffeeverpackungen. Das sind dreilagige Plastik- und Metallfolien. Da kriegt der beste Hund nichts mit«, sagte Jerry.

»Da wäre ich mir nicht so sicher. So ein Hund hat ein feines Näschen, ein paar Moleküle reichen dem, um das Zeug aufzuspüren«, erwiderte ich. »Wenn man das mit einem Schmiergeld umgehen kann, plädiere ich für diesen Weg.«

»Stimmt. Wann triffst du Basil das nächste Mal?«

»Weiß noch nicht. Momentan liegt nichts an. Schätze, wenn ich aus Asien zurückkomme.«

»Und wann wäre das?«

»In 'ner Woche oder zehn Tagen, je nachdem, wie die Chinesen ihren Part auf die Reihe kriegen.«

Mit dieser unbefriedigenden Auskunft machte Jerry sich am Morgen auf den Weg zurück nach Detroit. Ehe er sich verabschiedete, gab ich ihm den Schlüssel meines Motorbootes, welches seit Monaten auf einem Parkplatz in Clawsen stand. Ich hatte vor, Smoker zu bitten, es nach Florida zu holen, denn über Detroit lag grimmiger Frost, was dem Boot sicher nicht gut bekam. Abgesehen davon konnte es auf der Straße, wo ich es vor drei Monaten abgestellt hatte, geklaut werden. Der Chevy stand ebenfalls auf der Straße, aber für den Wagen hatte ich momentan keine Verwendung. Ihn nach New York zu überführen, hielt ich für wenig sinnvoll, erstens hielt ich mich nie lange in der Stadt auf und zweitens fand ich es ziemlich stressig, in Manhattan im eigenen Wagen zu fahren, schon allein das Dauerproblem der Parkplatzsuche schreckte mich ab. New York war definitiv eine Taxi-Stadt.

Kurz nachdem Jerry sich auf den Weg gemacht hatte, meldete sich der Mann aus der Bronx, dessen wirklichen Namen ich ebenso wenig kannte wie er den meinen. Mein Deckname in den Staaten war Mike, er nannte sich Luis. Die Ware, die er am Vortag geholt hatte, war schon verkauft, er rief wegen dem verbleibenden Kilo an. Wir verabredeten uns für 11 Uhr früh am folgenden Tag.

Dann verließ ich das Hotelzimmer, welches ich ausschließlich gemietet hatte, um den Kunden dort zu empfangen und machte mich auf den Weg zu Nora. Die Gegend, in die sie gezogen war, war kaum sicherer als das Bedford-Stuyvesant-Viertel, aus dem sie gekommen war, im Gegenteil, ich hatte sogar den Eindruck, dass sich in der Lower East Side mehr Verzweifelte, Verrückte und Verwahrloste herumtrieben, und nicht bloß Schwarze, sondern auch Puerto Ricaner, denen es in New York schlecht ging. Ganz in der Nähe von Noras neuer Wohnung lag die Avenue D, eine Mischung aus Straßenstrich, Drogenumschlagplatz und Hehlermarkt. Und in deren Dunstkreis patrouillierten Tag und Nacht die Cops. Ich überlegte ernsthaft, ob ich klug beraten wäre, bei Nora zu wohnen, oder ob ich nicht lieber unter dem Dach der Security des Grand Hyatt bleiben sollte. Doch jetzt war ich hier und würde bei ihr übernachten. Als ich ankam, hatte Nora gekocht und allein ihre Küche war ein Grund, zu ihr zu fahren. Was als gemütlicher Abend geplant war, wurde zu einer aufregenden Nacht.

Ich hatte Nora gebeten, uns ein paar Gramm Koks zu besorgen, die ich nach dem Essen chemisch zu Base umwandeln wollte. Dabei geschah mir ein Missgeschick, es gab eine kleine Explosion und anschließend standen meine Klamotten, das Sofa und die Vorhänge vor den Fenstern in Flammen. Nora, die gerade in der Küche mit dem Abwasch beschäftigt war, sprang herbei und warf mir eine Decke über, um das Feuer an meinen Klamotten zu ersticken. Gemeinsam machten wir uns dann daran, den Rest des Apartments zu löschen, was uns zum Glück in wenigen Minuten gelang. Dann näherte sich vom St. Marks-Platz her ein eigenwilliges Geräusch, das lauter wurde und vor dem Haus in einem höllischen Lärm zum Halten kam. Ein Nachbar musste wohl die brennende Gardine gesehen und die Feuerwehr alarmiert haben.

Die New Yorker Feuerwehr ist eine Truppe für sich, man muss gesehen haben, mit welchem Tempo die roten Löschzüge durch die Straßen brettern und wie entschlossen die *firefighters* zur Sache gehen! Kaum auszumalen, diese Desperados hätten ins Haus eindringen und mein Feuerchen löschen müssen. Ratlos standen sie vor dem Haus und versuchten, den Brandherd zu lokalisieren. Der Wagen versperrte die 6th Street, Leute kamen aus den Häusern, Hunde streunten umher, neugierige Dirnen waren plötzlich da und schätzten ihre Chancen ab. Nora und ich standen verborgen im Dunkel und sahen uns das Spektakel an. Ein Mann gestikulierte in unsere Richtung.

»Hier soll es irgendwo gebrannt haben«, rief der Löschmeister in die Nacht.

»Haut ab!«, schallte es von irgendwo zurück.

Das taten sie nach einer Weile auch. Mit immer noch dröhnender Sirene setzten sie sich in Bewegung. Zum Glück, denn am nächsten Tag erfuhr ich von Nora, dass wir den Einsatz hätten bezahlen müssen. Ich mochte erst gar nicht spekulieren, was so ein Blindflug des New York City Fire Department gekostet hätte, der größten, schnellsten, erfolgreichsten und geilsten Feuerwehr der Welt. Das sind dieselben Helden, die zwanzig Jahre später den Brand im World Trade Center löschen wollten, als der Tower gesprengt wurde und sieben Männer der Feuerwache Nummer Zehn unter sich begrub. In dem Fall war ihnen ihre Schnelligkeit zum Verhängnis geworden. Angeblich soll es in New York pro Jahr eine halbe Million Feuerwehreinsätze geben. Nachdem der Löschzug, drei Achsen, acht Mann Besatzung, 60 Meter Teleskopleiter in Richtung Houston-Street abgerauscht war, tauchten die Bullen auf. Die Huren verkrochen sich wieder in die Kellerlöcher, die Hunde waren plötzlich unsichtbar und die Leute löschten das Licht.

Weil wir so aufgedreht waren, rauchte ich noch eine Gestopfte mit Pulver und Nora mühte sich ab, meinen halbsteifen Dings in ihr Loch zu stopfen. Immerhin war sie raffiniert genug, mein opiumgeschwächtes Glied in die Hab-Acht-Position zu bringen, was wohl ihre Kompetenz als Prostituierte mit sich brachte. Sie gab sich nicht so leicht geschlagen, wenn es darum ging, einen schlappen Schwanz zu therapieren. Was ich übrigens an ihr schätzte.

Wir schliefen lange, und als wir erwachten, roch es nach angekokelter Gardine und den Chemikalien, die ich bei der missratenen Koka-Base-Produktion verschüttet hatte. Der Gang zur Morgentoilette wurde dann zum ersten Abenteuer des Tages: Hinter der Klotür gähnte ein Abgrund. Die Toiletten hatten nämlich keine Fußböden, sondern lose Planken, die auf seitlichen Eisenträgern ruhten, über die man von der Tür zur Kloschüssel balancieren musste. Diese hing lediglich an zwei grauen Rohrleitungen: eine dicke für die fäkalen Massen und eine dünne für die Wasserspülung. Ansonsten war das System erstaunlich stabil, saß man einmal sicher auf der Brille, konnte man beruhigt den Schließmuskel entspannen.

Der Hausbesitzer hatte offenbar ein solides Grundvertrauen in die Schwindelfreiheit seiner Mieter. Gewöhnungsbedürftig war allerdings, dass man sowohl von unten als auch von oben beim Stuhlgang beobachtet werden konnte. Mir fiel eine Performance ein, mit der Wiener Aktionskünstler in den Sechzigern kackende Menschen zur Kunst erklärt hatten. Das Toiletten-Arrangement in Noras 6th-Street-Apartment war dermaßen unerhört, dass ich es schon wieder gut fand. Ich blieb so lange, bis sich unter mir etwas regte. Zwei Stockwerke tiefer wohnte eine Frau, die beim morgendlichen Pipimachen immer wieder nach oben schielte, ganz so, als traue sie meinen Zielqualitäten nicht. Um sie ein wenig zu beruhigen, nahm ich Kontakt auf: *»Good Morning, Miss! You're doing fine?«*

»Alles in Ordnung. Haben Sie heute Nacht die Feuerwehr gehört? Irgendwo muss es gebrannt haben!«

»Was Sie nicht sagen. Keine Ahnung, ich habe fest geschlafen.«

»Wahrscheinlich wieder ein Fehlalarm«, sagte sie.

»Ja, wahrscheinlich.«

»Ich bin spät dran, muss mich beeilen. Schönen Tag noch!«

Dann zog sie ihr Höschen stramm und betätigte die Spülung.

Als ich den baulichen Zustand der Toilette thematisierte, meinte Nora bloß: »Du wirst dich dran gewöhnen.«

Gegen zehn Uhr verabschiedete ich mich, um noch einige Besorgungen zu machen, ehe ich zur verabredeten Zeit ins Hyatt fuhr, um Luis zu treffen. Der erschien pünktlich und ich ließ ihn ein. Wir zählten das Geld, 160.000 Dollar, was diesmal etwas mehr Zeit in Anspruch nahm, denn er hatte viele kleine Scheine dabei. Dann ließ ich ihn kurz allein und stieg die beiden Stockwerke über das Treppenhaus hinauf zum 26. Stock, in dem Ronnys Zimmer lag. Ich meldete mich mit den verabredeten Klopfzeichen, aber er öffnete nicht. Nachdem ich es mehrmals versucht hatte, gab ich auf und ging vor zu den Aufzügen, wo einige Haustelefone an der Wand hingen. Ich wählte Ronnys Nummer, doch er hob nicht ab. Was hatte das zu bedeuten?

Ich nahm den Aufzug hinunter in die Lobby, um zu sehen, ob Ronnys Zimmerschlüssel bei der Rezeption im Fach lag. Lag er nicht. Wieder versuchte ich, ihn via Haustelefon zu erreichen. Ich ließ es dreißig Mal läuten, nichts. Die Sache fing an, mich zu beunruhigen. Hatte ich ihm nicht ausdrücklich eingeschärft, Tag und Nacht stand by auf dem Zimmer zu sein, solange, bis ich die Ware verkauft hätte? Es war zum verrückt werden. Da nehme ich ihn eigens mit nach New York, vereinbare eine Tagesgage, welche die des Hoteldirektors überstieg, und der Kerl verlässt seinen Posten. Mir blieb nichts anderes übrig, als zurück auf mein Zimmer zu gehen und mich bei Luis zu entschuldigen.

»*Sorry, man.* Ich kann meinen Lageristen nicht erreichen«, erklärte ich ihm die Lage. »Ich schlage vor, wir warten eine Weile, dann sehe ich nochmals nach. Weit kann er eigentlich nicht sein.«

»Ich will's hoffen, denn in 'ner halben Stunde habe ich meine Kunden in die Bronx bestellt. Die bringen einen Batzen Kohle mit, und ich möchte vermeiden, dass die Boys nervös werden«, sagte Luis.

»Kann ich gut nachvollziehen. In fünf Minuten gehe ich nochmals los.«

Weder nach fünf Minuten, noch nach einer weiteren Viertelstunde war Ronny in seinem Zimmer anzutreffen. Mir blieb am Ende nichts übrig, als Luis wieder fortzuschicken und mich erneut für den darauffolgenden Morgen zu verabreden.

Den ganzen Nachmittag über versuchte ich, Ronny zu lokalisieren, allein, er war wie vom Erdboden verschluckt. Und da wir im Hotel getrennt eingecheckt hatten, kam ich auch nicht an seinen Zimmerschlüssel. In meinem ratlosen Zorn rief ich Nora an. Auch hier meldete sich niemand. Schließlich verließ ich das Hotel und nahm ein Taxi zum East Village, wo sich ihre neue Bleibe befand. Unterwegs fiel mir ein, dass ich mir in der Avenue D ein Päckchen Kokain kaufen könnte.

»Fahren Sie mich bitte erst in die Avenue D, Ecke 10th Street. Anschließend in die 6th Street«, wies ich den Taxifahrer an.

»Avenue D and 10th?«, vergewisserte er sich.

»Yes, Sir!«

»Sorry, aber das ist mir zu gefährlich. Da fahre ich nicht hin. Dort treiben sich Dealer und anderes Gesindel herum.«

»Eben deshalb. Ich möchte mir ein Grämmchen Kokain besorgen.«

»Das dachte ich mir schon. Was sonst will einer in dieser Ecke der Stadt?«

Der Mann kannte sich offenbar aus, wahrscheinlich hatte er schlechte Erfahrungen in der Gegend gemacht. Hier lungerten nämlich Dealer und Hehler scharenweise am Bürgersteig und verhökerten Drogen. *Coke, Smack, Shit* und *Weed*. Und wenn man sich die Typen ansah, die dort auf Kunden warteten, dann verstand man auch die Taxifahrer, die sich weigerten, dort anzuhalten.

»Jetzt sei kein Feigling, Ali. Dir passiert schon nichts, wenn ich dabei bin!«, versuchte ich, ihn zu ermutigen. Seinen Namen hatte ich der Lizenz entnommen, die in jedem New Yorker *Yellow Cab* am Armaturenbrett befestigt ist.

»Das sagen Sie«, entgegnete er. »Aber hier laufen eine Menge Verrückte herum. Junkies, schwule Nigger, Strichjungen. Wenn es irgend geht, versuche ich, die Gegend zu meiden.«

Ich spürte, dass die Festung anfing zu wackeln.

»Jetzt hab dich nicht so, Kollege. Ich gebe dir 'nen Zehner extra. Wie sieht's aus?«

Er schwieg. Bingo.

»Aber lange halte ich dort nicht an. Es fahren nämlich auch 'ne Menge Bullen da herum.«

»Keine Panik. Du bringst ja bloß einen Fahrgast ans Ziel. Wenn ich dich bitte, anzuhalten, dann hältst du an und lässt mich reden. In der Regel geht so ein Deal in einer Minute über die Bühne.«

Ali brummte zwar noch was in seinen Bart, befolgte aber dann meine Anweisung. Wir hielten bei einem Typen, der mir das Gefühl gab, als könne man ihm 20 Dollar anvertrauen. Ich kurbelte das Fenster herunter und erkundigte mich nach der Qualität des Kokains.

»*Lo mejor, hombre!*«, versicherte mir der Bursche, aufgrund seines Idioms vermutlich ein Puerto Ricaner. Die verschiedenen Qualitäten waren durch farbiges Isolierband gekennzeichnet und auf diese Weise gut zu unterscheiden. Ich drückte dem Mann den Schein in die Hand und er verschwand in einem düsteren Hauseingang, der einer Höhle in einer Ruine glich. Ali wurde unruhig und machte mich auf eine Polizeistreife aufmerksam, die langsam die Straße heraufkam. Doch gerade als er fahren wollte, tauchte mein Mann mit dem Päckchen auf. Ich nahm es entgegen, bedankte mich und Ali startete durch. Als wir an den Cops vorbeifuhren, würdigten die uns keines Blickes.

Noras Wohnung lag ganz in der Nähe. Ich zahlte und stieg aus. Das East Village war damals nicht gerade das Wohnviertel der weißen Mittelschicht, dementsprechend skeptisch musterten mich die schwarzen Bengel, die vor dem Hauseingang auf der Treppe saßen und in einem zerfledderten Sexheftchen blätterten. Ich schlängelte mich hindurch und ging nach oben. Einen Aufzug hatte die Bruchbude noch nie gesehen.

»Du weißt nicht zufällig, wo sich Ronny herumtreibt?«, fragte ich Nora, die dabei war, Kartoffeln zu schälen.

»Der müsste wieder im Hyatt sein«, sagte sie. »Wir waren vorhin zusammen shoppen.«

»Was wart ihr? Shoppen?«

»Yeah. Ronny hatte mich gefragt, ob ich ihm ein paar coole Geschäfte zeige. Er hat sich ein Paar Stiefel gekauft, richtig schicke Treter!«

»Ich glaub, ich spinne! Der sollte im Hotel bleiben und sein Zimmer nicht verlassen. Ich hatte gegen Mittag einen Kunden, aber weil Ronny nicht auf seinem Posten war, musste ich den Mann wieder heimschicken. Dem werde ich was erzählen!«

Ich rief ihn an.

»Kannst du mir mal erklären, was du dir dabei gedacht hast, als du heute Morgen deinen Posten verlassen hast?«

»Weil mir langweilig war und weil Nora mich anrief und mir anbot, mit mir zum Einkaufen zu gehen.«

»Während ihr einkaufen wart, hatte ich einen Kunden für den Rest der Ware. Der Mann ist natürlich wieder fort und ich kann bloß hoffen, dass er morgen wiederkommt.«

Noch ehe Nora mit der Zubereitung des Essens fertig war, war ich mit Ronny fertig. Ich schärfte ihm ein, unter allen Umständen am nächsten Morgen auf dem Zimmer zu sein, anderenfalls könne er gleich seine Tasche packen und zurück nach München fliegen. Er entschuldigte sich und versprach, fortan im Hotel zu bleiben.

Doch was dann folgte, überstieg meine Vorstellungskraft. Nora und ich lagen schon im Bett. Wir hatten den NBC-Spätfilm gesehen und wollten gerade das Licht löschen, als gegen zwei Uhr das Telefon läutete. Ronny war am Apparat und berichtete mir von einem Zwischenfall.

»Ich werde von der CIA beobachtet!«, erklärte er hysterisch.

»Wie bitte? Was redest du da?«

»Die CIA hat mich auf dem Kieker. Ich hab das Hotel unerkannt verlassen. Stehe jetzt am Times-Square vor dem Taxistand unter der großen Reklame. Du musst sofort herkommen!«

Was Ronny mir dann berichtete, war zwar völlig absurd, aber dennoch beunruhigend.

Was hatte die CIA mit Ronny am Hut? Kein Mensch auf der Welt wusste, in welcher Mission Ronny in der Stadt war, wer hätte einen Grund gehabt, den unauffälligen deutschen Touristen zu beobachten? Schließlich lagerte noch ein Kilo Heroin in Ronnys Zimmer, für das sich zwar weniger die CIA interessierte, aber durchaus andere staatliche Schnüffler.

»Probleme?«, fragte Nora, während ich aufstand, um mich anzukleiden.

»Ronny schiebt 'ne üble Paranoia. Er hat aus dem Hotelfenster geschaut und dabei beobachtet, wie aus dem Hochhaus gegenüber jemand mit dem Fernglas zu ihm rüber blickte. Da er nicht wusste, dass die Fenster nur von innen transparent sind, dachte er, der Typ mit dem Feldstecher sei dabei, ihn zu beobachten, und da die Fenster im Hyatt keine Vorhänge haben, fühlte er sich den Blicken von außen schutzlos ausgesetzt. Um sich unsichtbar zu machen, schaltete er alle Lichter aus. Als er dann durch den Türspion schaute, will er auf dem Flur zwei verdächtige Typen gesehen haben. Dann kriegte er Panik, brach den Koffer auf, holte die beiden letzten Beutel heraus und schüttete das ganze Zeug in die Toilette. Anschließend passte er ab, bis auf dem Flur die Luft rein war, verließ das Zimmer und schlich aus dem Hotel. Jetzt wartet er am Times Square auf mich, weil er sich nicht mehr ins Hyatt traut.«

»Er hat das ganze restliche Pulver ins Klo gekippt?«

»Das hat er mir gerade gesagt.«

Nora grinste.

»Und was hast du jetzt vor?«

»Was bleibt mir anderes übrig, als hinzufahren und den Wahnsinnigen von der Straße zu holen. Ich hatte zudem den Eindruck, dass er auf Trip ist, jedenfalls steht sein Hirn unter dem Einfluss einer starken Droge. Was habt ihr denn heute Nachmittag während des Shoppens eingepfiffen?«

»Wir haben bloß gekifft. Ich hab uns einen Reefer von dem Hawaii-Gras gedreht, das du mir mal aus Maui mitgebracht hast.«

»Dann wundert mich nichts mehr. Das Zeug ist so potent, dass es einem LSD-Trip gleichkommt. Du hast doch selbst gesagt, das Gras sei der Hammer.«

»Stimmt. Aber da fällt mir ein: 'ne Flasche Whiskey hat er sich auch noch gekauft.«

»Na prima!«

Nora musste lachen, während mir gar nicht danach zumute war. Ming hatte das Zeug geschmuggelt und Basil hatte ihn gut dafür bezahlt. Das vernichtete Kilo Heroin brachte meine gesamte Kalkulation durcheinander. Wir hatten gerade 160.000 Dollar verloren, was vor dem Hintergrund, dass der Kunde, der mit der Kohle schon vor Ort gewesen war, doppelt stinkig war.

»Soll ich mitkommen?«, fragte Nora, die mir ansah, wie verärgert ich war.

Ich bedachte ihren Vorschlag, entschied mich dann aber dagegen. Möglicherweise würde ich in den nächsten Stunden bei Ronny bleiben, denn wer konnte wissen, was dem paranoiden Bayern sonst noch alles einfallen würde.

Als ich auf die Straße trat, fiel mir der Abend ein, als ich in Brooklyn zum Zigarettenholen gegangen war. Die Straßenbeleuchtung im Viertel funktionierte nicht, zumindest in diesem Teil der Straße war es düster. Aus einer der vor den Häusern befindlichen Kellertreppen drang gepresstes Stöhnen. Ob sich da unten Frau und Mann vergnügten, oder ob es das Keuchen eines Verbrechensopfers war, konnte ich nicht sagen. Jedenfalls machte ich, dass ich schleunigst in Richtung Bowery kam, wo noch Bars geöffnet hatten, und wo ich ein Taxi zu finden hoffte.

Als ich nach einer Viertelstunde am Times Square ankam, erkannte ich Ronny schon von weitem inmitten von Transvestiten, Strichjungen und Streunern. Ich bedeutete dem Taxifahrer anzuhalten, um Ronny zusteigen zu lassen.

»Was ist das für ein Wahnsinn, den du mir da eingebrockt hast?«, fiel ich über ihn her. »Kannst du mir mal erzählen, welche Droge dich derart kopflos hat werden lassen?«

»Ich sagte doch schon am Telefon, dass ich von der CIA überwacht wurde. Die Kerle waren mir dicht auf der Spur, glaub mir. Ich habe sie genau gesehen, einer hat mich aus dem Fenster im Haus gegenüber beobachtet und zwei schlichen vor dem Zimmer rum«, wiederholte er, nach wie vor von seiner Wahnvorstellung überzeugt.

»Und wo sind sie jetzt, diese CIA-Agenten?«

»Keine Ahnung, wahrscheinlich hab ich sie abgehängt.«

»Abgehängt. Du glaubst also, dass du sie abgehängt hast?«, spottete ich. »Wenn es wirklich Leute von der CIA wären, dann hättest du sie nicht abgehängt, soviel ist schon mal sicher. Wir fahren jetzt zurück zum Hotel und dann schaue ich mir deine Freunde von der CIA mal an.«

»Spinnst du? Ohne mich. Da fahre ich nicht mit«, wehrte er sich heftig. »Meinst du, ich hätte Lust, mich verhaften zu lassen?«

»Hier wird niemand verhaftet, Ronny! Du bist ganz einfach durchgedreht. Paranoia nennt man so was. Andere Frage: Was hast du denn heute alles eingeworfen? Ich habe fast den Eindruck, du bist auf 'nem Horrortrip unterwegs!«

»So an Schmarrn! I hob bloß a wengerl kifft.«

»Bloß bloß a wengerl kifft. A wengerl zfui kifft daat i sogn. Und was ist mit dem ›H‹? Und dem Whiskey, den du heute mit Nora gekauft hast? Gekokst hast du wahrscheinlich auch noch, wie ich dich kenne.«

»Von dem Koks, das du mir gegeben hast, ist noch die Hälfte übrig.«

»Dafür ist von dem Heroin, welches ich in deiner Obhut gelassen hab, nichts mehr übrig. Mensch Ronny, was soll ich jetzt mit dir machen? Was würdest du an meiner Stelle mit einem Kumpel machen, der seinen Posten verlässt, um Schuhe zu kaufen und der dann auch noch 160.000 Dollar ins Klo kippt? Morgen früh kommt der Kunde von gestern, um das Kilo zu kaufen. Was, bitteschön, soll ich dem Mann jetzt sagen? Sorry Kumpel, mein Freund Ronny hat das Zeug ins Klo gekippt, es gibt nix mehr ...«

»Ich werde den Schaden wiedergutmachen. Gib mir eine Chance! Bitte Harry!«

Da man nie weiß, welche Sprachen Taxifahrer beherrschen, ging ich nicht weiter auf Ronnys Vorschlag ein. Wir waren auf dem Broadway nach Norden unterwegs.

»Drehen Sie bitte um und bringen Sie uns zur Grand Central Station«, sagte ich zu dem Chauffeur, der uns während des Gesprächs verdächtig oft im Rückspiegel beobachtet hatte.

Auf der Rückfahrt gelang es mir schließlich, meinen zerknirschten Komplizen zu überzeugen, dass die Geschichte mit der CIA ein Hirngespinst war. Er willigte ein, mit mir zum Hyatt zu kommen, allerdings bestand er darauf, in der Lobby zu warten, bis ich aus dem Zimmer Entwarnung geben würde.

Die Grand Central Station liegt gleich in der Nachbarschaft des Grand Hyatt. Der Taxifahrer musste ja nicht unbedingt erfahren, welches wirklich unser Ziel war, daher hatte ich ihm den Bahnhof als Fahrtziel genannt. Nachdem wir das Taxi verlassen hatten, überquerten wir die Straße und betraten kurz darauf das Hotel.

»Wenn du einen von diesen CIA-Agenten erkennst, lass es mich bitte wissen. Ich werde dann mit dem Typen reden«, witzelte ich, aber Ronny war nach wie vor nicht nach Witzen zumute.

»Ich schlage vor, du wartest im Coffeeshop, bis ich zurück bin. Trink 'nen Kaffee, der bekommt dir besser als Alkohol. Und leg dir noch 'ne Linie ›H‹ auf, damit du wieder runterkommst.«

»Meinst du?«

»Kann jedenfalls nicht schaden, so wie du gerade drauf bist. Entspann dich, Alter!«

Ich ließ mir den Zimmerschlüssel von ihm geben und setzte Ronny im 24-Stunden-Bistro des Hotels ab. Zum Glück herrschte an der Rezeption noch Betrieb, so dass wir kein Aufsehen erregten. Weshalb auch? Sollte meine Einschätzung der Lage richtig sein, interessierte sich niemand für uns. Ich nahm den Aufzug in den 26sten Stock und trat auf den Flur. Kein Mensch war zu sehen, es gab keine Anzeichen, dass hier irgendetwas nicht stimmte. Im gedimmten Licht des nächtlichen Korridors ging ich voran, der rote Teppichboden dämpfte meine Schritte. Als ich Ronnys Zimmer erreichte, blieb ich stehen und lauschte lange, ob irgendwelche Geräusche nach außen drangen. Wie zu erwarten, war nichts zu hören, weder auf der Etage noch aus dem Zimmer. Ich öffnete die Tür, schaltete das Licht ein und schaute mich um. Die Whiskey-Flasche stand halb leer auf dem Tisch, auf dem Telefonbuch lagen noch Brösel von Marihuana und rund um die Toilettenschüssel tatsächlich noch Reste weißen Pulvers. Es war ein Wahnsinn!

Ich setzte mich aufs Bett und zündete mir eine Kippe an. Ich überlegte, was jetzt zu tun wäre.

Zunächst galt es, Ronny auszunüchtern. Das heißt, er sollte sich ausschlafen, dann würde ich ihm den Lohn (ich glaube, ich hatte ihm für die vier Tage Kofferbewachung 10.000 Dollar versprochen) ausbezahlen und ihn anschließend nach München schicken. Mit Leuten wie ihm, die sich mit allen Alkaloiden bedröhnten, deren sie habhaft werden konnten, waren so heikle Drogengeschäfte nicht zu machen. Am liebsten hätte ich Paco an meiner Seite gehabt, aber der war in Asien unterwegs, wahrscheinlich in Indien, jedenfalls konnte ich ihn nicht erreichen. Nachdem ich das weitere Vorgehen überdacht hatte, fuhr ich nach unten, um Ronny zu holen. Zurück im Zimmer überzeugte er sich, dass die Sache mit der CIA wohl doch ein Irrtum gewesen war. Wir legten uns in die Betten und löschten das Licht, während in den Hochhäusern der Nachbarschaft vereinzelt die ersten Lichter angingen.

Fast war ich eingeschlafen, als Ronny mir einen Vorschlag unterbreitete.

»Hör mal, Alter! Ich kann diese Geschichte so nicht auf mir sitzen lassen. Ich schlage vor, du schickst mich nach Thailand und sagst den Chinesen, sie sollen mir zwei Koffer präparieren. Die bringe ich dann auf dem gleichen Weg wie Ming zuletzt auf die Bahamas. Wenn dein Kumpel wieder dafür sorgt, dass beim Zoll alles glatt läuft, würde ich die Reise machen und vier Kilo herüberholen. Wie siehst du das?«

Der Vorschlag kam überraschend, klang aber plausibel. Ich war indes zu müde, um eine Entscheidung zu treffen.

»Wenn ich sicher sein könnte, dass du die Koffer unterwegs nicht aus dem Flieger wirfst, sollte sich eine Stewardess als CIA-Agentin entpuppen, wäre das eine Überlegung wert«, scherzte ich. »Aber schlafen wir erst mal drüber. Morgen sehen wir weiter.«

Zum Glück war ich von Natur aus mit einem guten Schlaf ohne Albträume beschenkt. Wie lange Ronny an jenem Morgen noch wach lag, entzog sich meiner Beobachtung. Als ich in der Früh erwachte, schlief er jedenfalls noch fest.

Da ich zu Luis, dem Kunden, keinen direkten Kontakt hatte, rief ich Basil an, um den Deal abzusagen. Weil derartige Kommunikationen immer verschlüsselt stattfanden, fragte sich mein Partner auf den Bahamas natürlich, was wohl der Grund für die Absage gewesen sein mochte. Er vermutete, dass »unser Mann aus dem Norden« die Ware für sich reklamiert habe, aber da konnte ich ihn beruhigen, Jerry habe damit nichts zu tun. Ich versprach Basil, demnächst nach Freeport zu kommen und ihm die Sache zu erklären.

Als Ronny am späten Vormittag endlich geduscht hatte, schilderte er mir erneut, was sich am Vorabend ereignet hatte. Der Umstand, dass er tagsüber verschiedene Drogen zu sich genommen hatte, war die Ursache für das psychische Abgleiten, das in einer massiven Paranoia geendet hatte. Ich hatte beim Zimmerservice ein herzhaftes Frühstück bestellt, welches auf zwei verchromten Servierwagen herein gerollt wurde: Bohnenkaffee, Rühreier mit Schinken auf Toast, Obstsalat mit Joghurt und Honig und frisch gepressten Saft von Blutorangen aus Florida. Während wir aßen, erörterten wir das weitere Vorgehen. Nachdem ich das Für und Wider abgewogen hatte, erklärte ich mich mit Ronnys Vorschlag einverstanden. Ich rief Ming in Bangkok an und besprach die Sache mit ihm. Er stimmte ebenfalls zu. Dann telefonierte ich mit dem Reisebüro in San Francisco und bestellte ein Ticket New York-Miami und zurück für mich. Den Flug für Ronny buchten wir in einer Agentur auf der Madison Avenue, um im Falle, dass etwas schiefginge, keinen Rückschluss auf den Auftraggeber zu ermöglichen, eine Vorgehensweise, die längst zur Routine geworden war. Das Ticket, welches Ronny am Nachmittag abholte, lautete: New York-Los Angeles, Honolulu, Manila, Bangkok, London, Nassau, Miami, New York. Da es keinen Grund gab, lange zu warten, bestieg Ronny am Abend eine Nachtmaschine nach L.A., von wo aus er nach kurzem Zwischenaufenthalt weiterflog. In einer Woche sollte er zurück sein, das heißt, in Nassau/Bahamas landen. Für mich bedeutete das, dass auch ich mich bald auf den Weg zu Basil machen musste, um sicherzustellen, dass der Zoll in Nassau rechtzeitig informiert würde. Ich rief Ralph an und fragte, ob er Lust habe, mich zu begleiten. Die hatte er, und so verließen wir New York am darauffolgenden Tag gen Süden.

Zuvor hatte ich Joey von unserer Anreise unterrichtet, was ihn veranlasste im »Ma Pomme« in Pompano Beach für den Abend einen Tisch zu reservieren. Während Ralph und ich vor dem Flughafen von Miami auf ein freies Taxi warteten, fühlten wir den warmen, vom Atlantik herüber wehenden, Wind auf der Haut und in den Haaren.

»Warum wohnst du eigentlich nicht in Florida?«, erkundigte ich mich bei meinem Kumpel.

»Karen, meine Frau, verträgt die Hitze nicht. Persönlich hätte ich nichts lieber getan, statt von Detroit nach New Jersey, nach Fort Lauderdale zu ziehen. Aber Karen war strikt dagegen.«

»Ähnlich wie bei mir: ich lasse derzeit auf Bali ein Haus bauen, aber meine Frau wollte unbedingt eine Wohnung in München. Hauptsächlich unserer kleinen Tochter wegen, die bei unserem letzten Bali-Aufenthalt das Klima dort nicht vertragen hat.«

»Das heißt, ihr könnt gar nicht auf Bali wohnen?«

»Vorerst jedenfalls nicht. Wir wollen es noch einmal versuchen, wenn sie zwei oder drei Jahre alt ist.«

»Ist es auf Bali heißer als in Florida?«

»Das kann man so nicht sagen, zumal auch dort zweimal am Tag eine frische Brise weht. Aber heiß ist es natürlich schon, dreißig Grad und mehr sind insbesondere in der Trockenzeit üblich.«

»Verstehe. Die tropische Hitze ist nicht jedermanns Sache.«

Wir trafen Joey im Restaurant. Mit einer neuen Frau an seiner Seite, ihr Name war Helen. Es wurde Zeit, dass wir die vergeigte Reise auf die Philippinen aufarbeiteten, die zwischen den Freunden Irritationen hinterlassen hatte.

»Am Ende hattest du Recht, Ralph, als du uns vor diesem Bruder Alex gewarnt hast«, kam ich schließlich zur Sache, nachdem wir eine halbe Stunde lang bei Betrachtungen allgemeiner Natur um den warmen Brei herumgeschlichen waren. »Du hättest es halt ein wenig diplomatischer ausdrücken können, schließlich hatte Joey seine ganze Hoffnung in diese Sache gesetzt.«

»Das hatte ich doch«, entgegnete Ralph. »Schon im Vorfeld der Reise hatte ich euch gewarnt. An dem Abend, als wir in diesem Lokal in München mit Basil zum Essen verabredet waren. Aber da wolltet ihr beiden davon nichts hören. Dass ich in Manila dann Klartext redete, lag unter anderem daran, dass ich mich darüber ärgerte, dass ihr dem Ganoven auch noch Geld gegeben habt. Wo doch jedem längst klar gewesen sein dürfte, dass er diese sogenannte Operation vorgetäuscht hat.«

»Was mich besonders geärgert hat ist, dass die ganze Lumperei in einer katholischen Kirche stattfand. Wäre sehr verwunderlich, wenn die Kirche da nicht noch mitverdiente«, sagte Joey.

»Die Kirche muss doch auch leben«, war Helens ironischer Beitrag dazu.

Joey hatte Recht. Man musste es als Skandal bezeichnen, dass die Kirche derartigen Ganoven ihr Gotteshaus zur Verfügung stellte. Nachdem wir endlich mit dem beschämenden Thema fertig waren und uns überzeugt hatten, dass unser Freund Joey den Anschluss an den Alltag wieder gefunden hatte, wandten wir uns wieder der Zukunft zu.

Ich hatte erkannt, dass es in meinem Leben Schadstellen gab, die dringend repariert gehörten. Da ich zuweilen ehrlich zu mir selbst war, musste ich gestehen, dass es höchste Zeit wurde, dass ich endlich Abschied vom Heroin nahm. Viel zu lange lebte ich mit der Droge, praktisch seit der Zeit, da ich aus dem spanischen Gefängnis entlassen worden war, also mittlerweile mehr als vier Jahre. Alles was ich bisher in dieser Hinsicht unternommen hatte, waren halbherzige Versuche, die Sucht quasi nebenbei loszuwerden, aber Heroin wird man nicht mal eben nebenbei los. Es hatte sich tief in meinem Gehirn vertäut, physisch hatte der Verfall die Beschönigungsschwelle ohnehin längst überschritten.

Joey und Ralph waren einer Meinung mit mir. Letzterer konsumierte zwar selbst gelegentlich, aber er hielt immer eine gewisse Distanz, übersprang nie die Hürde, hinter der nicht mehr du die Droge, sondern die Droge dich beherrscht. Joey hielt sich bedeckt, schließlich steckte er selbst in einem jahrelangen Kampf mit dem Kokain fest.

Die zweite Problemzone, die ich unbedingt befrieden musste, war meine Familie. Und es war dieser Abend in Florida, an dem meine Freunde zu mir vordrangen und mir klarmachten, dass ich beide Hürden nur nehmen könne, wenn ich die Heroingeschäfte zu Ende brächte. Ich war nicht der Typ, der weiterhin mit dem weißen Pulver dealen konnte und es gleichzeitig vom Speiseplan strich, denn dazu fehlte mir einerseits die Disziplin und andererseits lockte mich *sister morphine* allzu frivol zurück ins Bett.

Deshalb beschloss ich, dass der gerade angelaufene Deal mein letzter sein sollte. Ich würde den Stoff, den Ronny in ein paar Tagen auf die Bahamas bringen sollte, verkaufen und dann aussteigen. Finanziell wäre das akzeptabel, denn mein zu erwartender Profit belief sich auf 450.000 Dollar. Zusätzlich hatte ich auf Konten weltweit etwa 150.000 gebunkert. Damit sollten wir eine Weile leben können, sei es auf Bali oder in München. Des Weiteren nahm ich mir vor, nachdem der Deal abgeschlossen wäre, mit meiner Frau nach Bali zu reisen, um ihr unser neues Haus zu zeigen.

Nach zwei Tagen in Fort Lauderdale suchte ich Tom Logan auf, den Bootsbesitzer, den ich seinerzeit auf die Tour zu den Bahamas begleitet hatte. Ich fand ihn auf einem Trockendock, wo er dabei war, ein Bootsverdeck zu reparieren. Wir hatten zuvor telefonisch vereinbart, dass er mich im Schnellboot nach Nassau bringen würde. Auf diese Weise umgingen wir die Zollkontrolle, was angesichts der Tatsache, dass ich bei den Behörden des Inselstaates vor zwei Jahren schon einmal aufgefallen war, die sicherere Variante darstellte.

Auf einem der zahlreichen Inselchen der Bahamas steuerten wir einen privaten Bootshafen an, und als wir durch die Einfahrt glitten, sah ich Barry und Basil schon vor den Bootsgaragen stehen. Unweit davon lag Basils Yacht vertäut, kein Luxusboot, aber immerhin eine Chris Craft mit sechs Schlafplätzen und all dem Komfort, den moderne Seefahrer schätzten.

»Da ihr beiden ja nicht viel Zeit habt, schlage ich vor, wir unterhalten uns an Bord. Ich habe den Tisch decken lassen. Ihr habt doch gewiss Hunger?«, sagte Basil nachdem wir uns begrüßt hatten.

»Keine schlechte Idee«, meinte Tom. »Seeleute haben immer Appetit, nachdem sie auf dem Meer waren.«

Wie schlenderten den Kai entlang hinüber zur »Copacabana«, die im klaren Hafenwasser lag. Über eine Planke balancierend gelangten wir an Deck der Yacht, wo beschattet von einer weißen Persenning der Tisch schon gedeckt war. Wie nicht anders zu erwarten, gab es Conch auf Reis, die angeblich aphrodisische Nationalspeise der karibischen Inseln. Ich erinnere mich, dass es zwischen den Inseln New Providence und Paradise Island große Aufschüttungen von Muschelschalen gab, so dass ich mich fragte, ob überhaupt noch eines dieser Tiere den riesigen Appetit der Menschen überlebt hatte.

Während des Essens zupfte der Wind am Tischtuch, Basil und ich zogen uns unter Deck zurück. Dort erzählte ich ihm, was sich seit unserer letzten Begegnung in New York ereignet hatte, und mein Bericht endete in der Bitte, er möge dafür sorgen, dass Ronny ähnlich wie Ming unbehelligt durch den Zoll käme. Als ich andeutete, dass ich demnächst »eine längere Pause« einlegen wolle, warf sich seine Stirn in Falten.

»Eigentlich war ich davon ausgegangen, dass wir dieses Jahr noch voll durchziehen. Jetzt, wo wir im Absatz zweigleisig fahren, Detroit und New York, wäre es gut, die Chance zu nutzen. Zumal es ja auf der asiatischen Seite auch gut zu laufen scheint.«

»Nun, das letzte Wort ist noch nicht gesprochen. Vielleicht übergebe ich Ralph Petrucci das Steuer, der hat sich in letzter Zeit als recht zuverlässig erwiesen. Du erinnerst dich, der Typ, der zusammen mit uns in München am Tisch saß, der Diamantenfachmann. Dann kann ich mich endlich um meine Gesundheit kümmern und ihr könnt weiterarbeiten«, schlug ich vor.

»Wo wohnt denn dieser Ralph?«

»In New Jersey.«

»Kennt Jerry ihn?«

»Seit letzten Sommer.«

»Und du vertraust ihm?«

»Absolut. Ich habe ihn in Kanada aus der Sache rausgehalten. Er ist mir seither einen Gefallen schuldig«, erklärte ich.

»Wenn du neue Leute in den inneren Kreis hereinholst, ist äußerste Vorsicht geboten. Sicher kann man sich ohnehin nie sein, aber wenigstens sollte man die Leute ein paar Jahre kennen.«

»Das geht nicht immer«, erwiderte ich.

»Wie lange kennst du den Mann denn?«

»Knapp ein Jahr. Sein Vorteil ist, dass er Ming auch schon kennt.«

»Das hat nicht viel zu bedeuten. Die Frage ist, wie er sich in einer Ausnahmesituation verhält, zum Beispiel dann, wenn er es mit der DEA zu tun bekommt«, gab Basil zu bedenken.

»Das kann natürlich keiner vorhersagen. Ich habe aber ein gutes Gefühl bei ihm.«

»Wollen wir hoffen, dass du Recht behältst.«

»Jetzt sehen wir erst mal zu, dass wir die nächste Lieferung sauber abwickeln. Solange bleibe ich in den Staaten und kümmere mich selbst darum, dass alles glatt läuft«, erklärte ich.

Zurück in Fort Lauderdale nahm Tom mich zum ersten Mal mit zu sich nach Hause. Er lebte in einem Bungalow mit Swimmingpool und Doppelgarage in Sunrise, in der Nähe des Florida Turnpike, der Nord-Süd-Autobahn. Wir kamen überein, den Weedhopper, das vor einigen Wochen bestellte Ultraleicht-Flugzeug, dort anliefern zu lassen und gemeinsam zusammenzubauen. Tom bot an, mir dabei zu helfen.

Während einer meiner letzten Aufenthalte in München hatte ich einem Angestellten meiner Bank einen Vorschlag unterbreitet: Xaver Fraunhofer sollte mir Arbeit abnehmen und das Geld, welches ich in den USA einnahm, außer Landes schaffen. Ich selbst war mit den häufigen Bankbesuchen überlastet und die Leute, die ich dazu engagiert hatte, fingen an zu betrügen. Also hatte ich beschlossen, die Sache einem Fachmann in die Hand zu geben und diesen gut zu bezahlen, jedenfalls besser als sein Arbeitgeber. Zuletzt hatte mich Joeys Freundin gelinkt, der ich 17.000 Dollar in die Hand gedrückt hatte, mit dem Auftrag, diese an meine Mutter zu überweisen: Debbie hatte den Umschlag mit dem Geld unterschlagen, heimlich ihre Koffer gepackt und war mit meiner Kohle aus Joeys Leben verschwunden. Joey, den zuweilen der Rollstuhl-Fatalismus befiel, fragte mich, ob er sie suchen und erschießen solle, oder ob ich bereit sei, den Verlust abzuschreiben. Ich entschied mich fürs Abschreiben, wollte aber dennoch sicherstellen, dass Derartiges in Zukunft möglichst nicht mehr vorkäme. Ich verlor einfach zu viel Bargeld, vergaß es irgendwo, wie damals auf dem Flughafen in Miami, ließ es mir stehlen oder verlieh große Summen an Leute, die nie die Absicht hatten, es je zurückzuzahlen. Deshalb hatte ich Xaver nach New York gebeten, und, um ihm die Sache schmackhaft zu machen, sollte er in der Concorde anreisen und in einem Apartment unweit der Madison Avenue logieren.

Ich unterbrach also den angenehmen Florida-Aufenthalt und flog mit Ralph am Abend zurück nach New York, das von kontinentalen Nordwinden beherrscht wurde, welche die Straßenschluchten Manhattans in grönländische Fjorde verwandelten. Unterwegs im Flugzeug fiel uns ein, dass vor wenigen Tagen eine Boeing der Air Florida bei Washington in den eisigen Potomac River gestürzt war, es hatte Tote gegeben, die Insassen waren großenteils unter der dicken Eisdecke im Fluss ertrunken. Wenngleich die statistischen Chancen gutstanden, dass kein zweites Flugzeug dieser Airline in den Potomac fallen würde, empfand ich ein gewisses Unbehagen, als wir uns Washington und dem Fluss näherten und ein Prediger aufstand, der die Passagiere aufforderte, sich zu besinnen, um mit ihm für die Seelen der Toten oder noch unter dem Eis Verschollenen zu beten. Zum Glück ließ der Kapitän sich nicht auf den Sermon ein: Über den Bordlautsprecher forderte er die Betenden, die sich schon erhoben hatten, auf, sich wieder hinzusetzen und anzuschnallen. Ralph und ich hatten ohnehin nicht mitgebetet, aber außer uns widersetzten sich nicht viele dem Ritual. Was mich übergangslos zu einer um ein Haar missglückten Landung in Miami führt: In den Wochen, die ich in Florida verbrachte, flog ich alle paar Tage nach Orlando, Tampa, Nassau oder New York. Bei einer Rückkehr nach Miami bemerkte ich, wie der Pilot kurz vor dem Touchdown durchstartete, an Höhe gewann und eine Schleife über den Everglades zog. Schließlich wurden wir Passagiere darüber in Kenntnis gesetzt, dass das Fahrwerk der Maschine klemmte und wir uns auf eine Schaumlandung vorbereiten sollten. Es brach zwar keine Panik aus, weil man uns versicherte, dass es sich um eine Routinelandung handele, dennoch breitete sich unter den Leuten Unruhe aus. Aber vor der Notlandung stand noch ein letzter Versuch, unspektakulär zur Erde zurückzukehren: Der Steward öffnete im Mittelgang eine Bodenluke und stieg hinab in den Bauch des Fliegers, wo er versuchen wollte, das Fahrwerk mechanisch auszufahren. Nach einer Viertelstunde tauchte er wieder auf und ließ uns mit abgespreiztem Daumen wissen, dass es geklappt habe. Somit konnte eine Menge Schaum gespart werden und auch der letzte Wille, welchen ein vor mir sitzender Herr zu schreiben begonnen hatte, erübrigte sich. Nachdem wir unten waren und auf unser Gepäck warteten, hörte ich einen Passagier zu dem Mann mit dem Testament sagen: »Irgendwie waren das stressfreiere Zeiten, als wir in diesem Land noch mit Pferden unterwegs waren!«

»Sie haben Recht. Schaumlandungen gab es damals eher selten.«

Dann hob er sein Köfferchen vom Band und brach sichtlich erleichtert in sein weiteres Leben auf.

Durch Lynn hatte ich einen jungen Rechtsanwalt kennengelernt, der gerade dabei war, sich eine eigene Kanzlei in Manhattan aufzubauen. Sein Name war Steven Onishi, er hatte allerdings eher europäische Züge. Ihn besuchte ich zuerst, nachdem sich Ralph nach New Jersey verabschiedet hatte. Steven hatte das kleine Apartment besorgt, in dem Xaver wohnen sollte. Es lag in der 26. Straße zwischen Madison und 3rd Avenue und kostete schlappe 600 Dollar im Monat. Das waren seinerzeit etwa 2.000 Mark, dafür kriegte man in München eine Villa. Gemeinsam fuhren wir hin, um zu sehen, ob es denn tatsächlich so möbliert war, wie von der Hausverwaltung beschrieben.

Es handelte sich um ein fünfundzwanzig Quadratmeter kleines Zimmer mit Nasszelle und Kochnische sowie einem Flur mit Einbauschrank und Garderobe, gerade ausreichend, um darin eine Geliebte für ein paar Stunden zu beschmusen oder eben Geld zu zählen, jedenfalls kein Ort, an dem man sich dauerhaft wohlfühlen konnte. Aber Xaver würde ja nicht in die Stadt kommen, um sich dort wohl zu fühlen, sondern, um Bargeld in Empfang zu nehmen, es zu zählen und außer Landes zu schicken.

Am nächsten Morgen flog ich im Helikopter hinaus zum JFK-Flughafen, um ihn abzuholen. Wir überflogen den Stadtteil Queens, eine Millionenstadt für sich, und erreichten den Airport in exakt zwölf Minuten, eine Zeit, die kein Taxi unterbieten konnte. Während ich in der Ankunftshalle stand und mir eine der aromatischen Nelkenzigaretten anzündete, wurde ich von einem Inder angesprochen. Den süßen Duft der Kretek-Zigarette mit Marihuana verwechselnd sprach er mich an: »Können Sie mir von dem Stoff was verkaufen?«

»Wovon sprechen Sie?«

»Na ja, von dem Gras, das Sie da rauchen. Dem Geruch nach muss es sich um Superqualität handeln.«

Ich zog die Schachtel Gudang Garam aus der Tasche und hielt sie ihm hin.

»*How much?*«

»Die schenke ich Ihnen. Aber treiben Sie es nicht zu bunt, der Stoff hat's in sich.«

»Wirklich, ein Geschenk! Das kann ich nicht annehmen«, sagte er, ließ die Schachtel aber dennoch in seiner Jackentasche verschwinden.

Ich hätte mich gern noch weiter mit dem Mann aus Indien unterhalten, sah aber, wie Xaver aus der Zollabfertigung kam. Der überraschte mich mit professionellem Gepäck: Mit nichts als einer kleinen Ledertasche hatte er den flotten Flug über den Atlantik angetreten.

Nachdem der Hubschrauber uns am *Midtown-Heliport* abgesetzt hatte, schlug ich ein Essen im »Bo Bo's« vor, einem von Ming empfohlenen Restaurant in Chinatown, wo wir eine Ente aßen. Den Rest des Abends verbrachten wir im Hotel. Ich hatte noch ein wenig von dem guten Maui-Wowie, und da der bayerische Banker ein Feinschmecker war, holte ich den Rest dieses seinerzeit unübertroffenen Marihuanas aus dem Versteck. Zum Transport und zur Aufbewahrung der Drogen zum Eigenbedarf hatte ich mir in einem *Head Shop** eine Dose Rasierschaum besorgt, deren Bodendeckel man abschrauben konnte. Darunter befand sich ein Versteck, in dem zehn Gramm Gras, zwanzig Gramm Shit, aber auch eine Rolle Geldscheine Platz fanden. Lediglich der obere Teil des Druckbehälters enthielt Rasierschaum, ein Versteck, das bis dahin jeder Kontrolle standgehalten hatte.

Später am Abend brachte Steven den Schlüssel von Xavers Apartment im Hotel vorbei. Als unsere Unterhaltung zu schwächeln begann, schalteten wir den Fernseher ein. Wie ich an anderer Stelle schon bemerkt habe, war das Spannendste am US-TV die Werbung, erheblich dramatischer und noch verlogener als bei uns in Europa. In den Abendnachrichten wurde berichtet, dass einer deutschen Millionärsgattin im Nobelhotel Pierre die Klunker geklaut worden seien. Unser Mitgefühl hielt sich indes in Grenzen: Wer sich in New York im Urlaub unbedingt eine halbe Million in Form von Gold und Edelsteinen um den Hals hängt, der begeht einen Fehler, um es höflich auszudrücken. Weiter erfuhren wir, dass am nächsten Tag der Geburtstag von George Washington gefeiert werde, *Washingtons Birthday*, ein Feiertag in den USA, zumindest in New York.

---

* damals in den USA, inzwischen auch in Europa verbreitete Läden zum Verkauf von Zubehör zum Drogenkonsum, z. B. Glaspfeifen, Streckmittel, Feinwaagen, Bongs etc.

Kaum dass der Anwalt sich verabschiedet hatte, rief Ronny aus Bangkok an. Er hatte Kontakt zu Ming aufgenommen, der dabei war, die Ware zu besorgen, die Ronny nach Nassau bringen sollte. Er hatte vor, in einer Woche zurück zu sein.

Am Tag darauf bezog Xaver die kleine Wohnung. Anschließend stattete er den deutschen Banken einen Besuch ab, über die er die Gelder verschieben wollte, die in ein paar Tagen fließen würden, sofern Ronny die gefährliche Reise von Thailand in die Bahamas erfolgreich meisterte.

4.19 Der Weedhopper

Ich beschloss, nach Florida zurückzufliegen, einmal weil ich genug Eiszeit erlebt hatte und dann hatte Tom Logan angerufen und mitgeteilt, dass der Bausatz des Weedhoppers angeliefert worden sei. Es gab also was zu schrauben und montieren.

Als ich bei Tom und seiner Frau Sandy in Sunrise eintraf, lagen mehrere Pakete in der Garage. Wir machten uns daran, die Teile auszupacken und in Abstimmung mit der Montageanleitung zu nummerieren. Schnell erkannten wir, dass der Zusammenbau des kleinen Fliegers mehrere Tage dauern würde. Tom bot mir an, im ehemaligen Zimmer der Tochter zu wohnen, solange wir mit dem Weedhopper beschäftigt wären. Und weil ich in wenigen Tagen Ronny erwartete, hatten wir keine Zeit zu verlieren. Wir studierten die Bauanleitung, und legten zunächst das zentrale Aluminiumrohr, das Rückgrat des Fliegers, auf den Rasen vor dem Haus. Daran schraubten wir das Fahrgestell, dann hängten wir vorn den Motor mit dem Propeller auf, brachten Höhen- und Seitenruder am Heck an und montierten schließlich die Tragflächen, die jeweils aus einer Rohrkonstruktion bestanden, welche mit reißfestem Nylon bespannt war. Das hört sich nicht unbedingt nach einer Arbeit für mehrere Tage an, aber allein die Bauanleitung zu begreifen nahm Stunden in Anspruch. Zudem gab es hundert Kleinteile, die alle an die richtige Stelle gehörten: Klammern und Bolzen, Schrauben und Schräubchen, Schläuche und Drahtseile, Klettbänder und Kabel. Als alles bis auf die Flügel an Ort und Stelle befestigt war, der Schalensitz montiert und der Tank daneben verzurrt, stellten wir das Gerät in die Garage. Der Jungfernflug musste vertagt werden, denn am nächsten Tag sollte Ronny in Nassau eintreffen.

Ich verabschiedete mich von Tom und Sandy und nahm die letzte Abendmaschine nach Nassau / Bahamas, wo Basil mich am Flughafen erwartete. Anschließend fuhren wir zu einem afrikanischen Restaurant in der Altstadt, wo wir den Zollchef und zwei seiner Amtskollegen antrafen. Basil hatte sie eingeladen, und ich vermutete, dass es sich um eine Art Komplizen-Pflege handelte. Jedenfalls versicherte uns der Beamte, dass er Ronny am nächsten Morgen persönlich durch die Zollschranke geleiten werde. Ein Beamter, auf den zur Abwechslung einmal Verlass war.

Und so geschah es dann auch. Ronny wurde direkt an der Maschine abgeholt und von einem Beamten zum Gepäckförderband begleitet. Die beiden Koffer, die er mit sich führte, wurden »gründlich« untersucht, ohne Ergebnis versteht sich. Anschließend verließ Ronny das Gebäude und stieg in ein Taxi, dessen Fahrer ebenfalls zu Basils Truppe gehörte. Der brachte unseren Schmuggler zum Pier des Yachthafens, wo ich ihn wenig später in die Arme schloss. Meine Erleichterung, dass dieser Husarenritt zu einem guten Ende geführt hatte, war mir anzumerken. Wäre der schwer suchtkranke Ronny irgendwo unterwegs aufgeflogen, ich bin sicher, er hätte uns alle verraten, falls man ihn überführt hätte. Nun war er glücklich zurück und hatte viel zu erzählen, schließlich war dies seine erste Reise um den Globus gewesen. Dennoch hatte ich nicht vor, ihn weiter zu beschäftigen: Die Drogenvernichtungsaktion der vergangenen Woche hatte gezeigt, dass er nicht die reißfesten Nerven besaß, die in diesem Geschäft nötig waren. Ich beschloss, Ronny sobald wie möglich auszuzahlen und ihn dann nach Deutschland zurückzuschicken.

Wie verabredet, tauchte Tom zwei Tage später in den Bahamas auf. Er war mit seinem superschnellen Speedboot von Fort Lauderdale nach Nassau herüber gejettet, um die Ware abzuholen und nach Florida zu schmuggeln. Ronny und ich flogen mit Chalk's Airline in die Staaten. Diese Linie besaß ausschließlich Wasserflugzeuge, die in dem Kanal zwischen New Providence und Paradise Island starteten. Wir stiegen an Land in die Maschine, die lediglich acht Passagieren Platz bot. Nachdem die Türen verschlossen waren, rollten wir langsam ins Wasser, wo irgendwann die Räder von Hohlkufen abgelöst wurden. Mit ohrenbetäubendem Lärm kamen die beiden Propeller auf Touren, entlang der Scheiben peitschte das aufgewirbelte Wasser, schnell nahmen wir Fahrt auf. Als wir unter der Brücke nach Paradise Island hindurch glitten und der Pilot beschleunigte, warfen die Kufen irisierende Fontänen auf. Schließlich griff Luft unter die Tragflächen, löste das Flugzeug vom Wasser und hob uns in den Himmel. Ein Bild, das sich mir einprägte: Über uns das azurblau scheinende Weltall, unter uns Wasser aus grünem Türkis, dazwischen Sandbänke in Eierschale, Untiefen wie Smaragde, Silber an den Flächen, an denen das Licht reflektierte, bis sich endlich das Ultramarin der hohen See durchsetzte. Wir überflogen unbewohnte Inseln, gesäumt von weißen Stränden, von oben gut zu erkennen: die Korallenbänke. Hier und da ein Fischerboot, eine weiße Yacht. Für uns nicht zu sehen, aber gewiss in der Tiefe auf der Jagd: Haie, Barrakudas und der blaue Merlin. Wir befanden uns über dem Golfstrom. Kurz nachdem wir die Insel Bimini überflogen hatten, tauchte die Skyline von Miami-Beach am Horizont auf, im Tiefflug ging's über Biscayne Bay und dann die Landung im Seehafen von Miami.

Die Einreiseformalitäten wurden in einer Baracke erledigt, zwei in die Jahre gekommene Zöllner begrüßten uns und warfen einen routinemäßigen Blick auf unser Gepäck. Dann drückten sie die Einreisestempel in die Pässe und wünschten uns eine gute Zeit in Amerika. Die beiden Opas (Afroamerikaner, wer sonst!) inszenierten die coolste Einreise in die USA, die ich je erlebt habe.

Im Taxi fuhren wir nach Fort Lauderdale, wo Joe Smoker vor ein paar Tagen aus Detroit eingetroffen war. Er hatte das Boot nach Florida geholt, wo man immerhin damit fahren konnte, nachdem in der Winterkälte des Nordens nicht daran zu denken war. Tom war ebenfalls gut zu Hause angekommen, auch diese vorletzte Etappe der Reise vom Goldenen Dreieck auf die Straßen von New York hatte ohne Zwischenfall geklappt. Jetzt lag das weiße Pulver bei Tom auf dem Küchentisch, wo wir es wogen, streckten und neu verpackten. Aus vier Kilo wurden sechs, die einen Marktwert von knapp einer Million Dollar hatten. Sandy, Toms Ehefrau, ein biederes Hausfrauchen, stand dabei und schüttelte den Kopf. Sie schien ihr ganzes Lebenskonzept zu überdenken. Da arbeitete sie 30 Jahre als Verkäuferin bei Wal-Mart, ohne jemals das verdienen zu können, was wir in knapp zwei Wochen organisiert hatten. Es fehlte nicht viel und Sandy hätte mich gefragt, ob ich nicht einen Job für sie hätte … Aber ich hatte andere Pläne. Sollte es mir gelingen, alles abzusetzen, würde ich mich aus diesem Geschäft zurückziehen, das hatte ich mir fest vorgenommen.

Als ich Steven Onishi am Abend in New York anrief, klang der Anwalt entgegen seinem gewohnt selbstbewussten Auftreten verunsichert. Ein ihm befreundeter Polizist hatte ihm gesteckt, dass kürzlich von der DEA in seinem Büro eine Wanze installiert worden sei. Wenngleich Steve umgehend einen Profi beauftragt hatte, der herausfinden sollte, was es mit diesem Lauschangriff auf sich hatte, wusste er noch nichts Genaues, als wir miteinander sprachen. Zwar konnte ich mir nicht vorstellen, dass Steves Kontakt zu mir die Ursache dieser Operation wäre, ich beschloss dennoch, solange nicht nach New York zu fliegen, bis Klarheit in der Sache bestünde.

Da hatte ich eigens einen Rechtsanwalt engagiert, der uns den Rücken freihalten sollte, und jetzt kam von dessen Seite die erste Kalamität. Dennoch hielt ich an ihm fest, erstens war er klug, zweitens loyal, und er kannte sich in der Stadt aus. Mit Xaver stand er schon in Verbindung und sollte diesem bei der Geldwäsche behilflich sein. Wir kamen überein, dass er anrufen würde, sobald das mit der Wanze geklärt wäre. In den Spätnachrichten von NBC erfuhr Amerika, dass einer der begabtesten Komiker verstorben war: John Belushi, der kleine Dicke der Blues Brothers hatte sich in Los Angeles mit einem Speedball aus der Welt und dem Leben gestohlen. Ich musste an die Szene aus dem Film denken, wo er in James Browns Kirche das Erweckungserlebnis hatte: *»I can see the light!«*

Es wurde Zeit, endlich den Weedhopper in die Luft zu bringen. In einem Fachgeschäft für Motorsport kaufte ich mir einen Helm und einen feuerfesten Anzug. Schließlich war der Benzintank direkt neben dem Pilotensitz auf der Achse befestigt. Sollte es entgegen allen Erwartungen zu einem Absturz kommen, war nicht auszuschließen, dass der Kanister explodierte.

An einem windstillen Nachmittag fuhren wir ins Hinterland der Stadt Sunrise, wo Tom eine Wiese kannte, in welcher sich eine kleine Landebahn für Modellflugzeuge befand. Wir rollten unseren Ultraleichtflieger vom Anhänger und befestigten die Tragflächen. Zur Vorsicht hatte Tom einen Kumpel dabei, der den Flugschein besaß. Er wollte als Erster aufsteigen, um zu sehen wie sich der kleine Vogel in der Luft verhielte. Da ich überzeugt war, dass wir bei der Montage alles richtig gemacht hatten, hielt ich diese Maßnahme für überflüssig. Was sollte schon schief gehen? Ich konnte es kaum erwarten, selbst in die Luft zu gehen und zu fliegen. Einen Flugschein benötigte man in den USA wie schon erwähnt nicht, von bürokratischen Hürden hielten die Amerikaner nichts, dasselbe galt auch für Motorboote: Jeder konnte sich ein Boot kaufen und auf allen öffentlichen Gewässern Gas geben. Eine gute Haftpflichtversicherung sollte man tunlichst abgeschlossen haben, denn verursachte man einen Schaden und war nicht versichert, dann konnte einen das finanziell ruinieren. Aber das war nicht die Sorte Gedanken, die ich mir damals machte. Ich hielt es mit dem positiven Denken: wird schon schiefgehen! Dennoch bestanden Tom und seine Frau darauf, dass ich erst ihren Bekannten einen Probeflug absolvieren ließe.

Der Mann hatte Flugerfahrung, nicht zuletzt in Vietnam, wo er als Hubschrauberpilot im Einsatz gewesen war. Er startete durch und hob nach kurzem Schub aus dem Zweitakter ab. Gewöhnungsbedürftig fand ich den Lärm, den der 3-PS-Motor verursachte. Ryan, so der Name des Piloten, stieg auf eine Höhe von dreihundert Fuß und drehte ein paar Runden über dem Testgelände. Dann glitt er herunter und setzte fast punktgenau auf dem Beginn des Landestreifens auf.

»Wunderbar«, kommentierte er, noch ehe er den Helm abgesetzt hatte. »Das Einzige, worauf du Acht geben musst, ist der Seitenwind. Hier unten ist es zwar windstill, aber weiter oben triffst du auf unangenehme Böen. Deshalb schlage ich vor, du bleibst erst mal dicht über der Grasnarbe!«

Ich setzte mir den Helm auf und schnallte mich an. Dann erhöhte ich die Drehzahl und gab vorsichtig Gas. Das Verhältnis zwischen Tragfläche und Propellerdrehzahl bewirkte, dass der Weedhopper schon nach wenigen Metern abhob, wovon ich mich überzeugte, als ich auf der Rollbahn fuhr, um ein Gefühl für das Gerät zu bekommen. Schließlich startete ich durch und schon flog ich. Schnell gewann ich an Höhe. Ich trimmte das Höhenruder und flog eine halbe Meile geradeaus. Dann ging ich mit Vollgas in die Kurve, bis ich die Autos und meine Begleiter am Rande der Landebahn stehen sah. Ich machte einen Überflug, drehte ab und beschrieb einen weiten Bogen bis hinüber zur Landstraße, ehe ich das Landemanöver einleitete. Was ich mir als kinderleichte Sache vorgestellt hatte, entpuppte sich als komplizierter als gedacht. Als ich die Landebahn schließlich erreichte, schwebte ich noch in einer Höhe von fünfzehn Fuß, und ehe ich mich versah, war der Teerstreifen auch schon zu Ende. Hätten dort keine Hecken gestanden, ich wäre auf der Wiese gelandet, aber dummerweise hatten die Modellflieger entlang und hinter der Rollbahn Hecken angepflanzt, um den Wind ein wenig abzuhalten. Das bedeutete, ich musste durchstarten, abdrehen und einen erneuten Anflug einleiten. Indes, es wollte mir nicht gelingen, am Anfang der Bahn aufzusetzen, mehrmals kam ich zu hoch rein. Ryan stand unten und gestikulierte etwas, was ich nicht verstand. Als ich auch beim fünften Versuch noch viel zu hoch war, wurde ich hektisch. Am Ende der Rollbahn, immer noch in einer Flughöhe von zehn Fuß, zog ich nach links ohne zuvor die Drehzahl erhöht zu haben. Der Weedhopper schmierte ab und ich landete im Gebüsch. Der Flieger war arg in Mitleidenschaft gezogen. Eine Tragfläche war verbogen und der hölzerne Propeller war in dem Augenblick in Stücke gerissen worden, in dem er die Büsche berührte. Die erste Flugstunde war damit beendet.

Tom und Ryan eilten herbei, um mich aus dem Wrack zu befreien. Zum Glück hatte ich außer einer Prellung am Schienbein keine ernsthaften Blessuren. Wir packten zusammen und kehrten nach Sunrise zurück. Kaum daheim, rief ich die Herstellerfirma an und bestellte die Ersatzteile. Das werde ein paar Wochen dauern, teilte man mir mit. Trotz meines stümperhaften Unfalls hatte ich vor, den Weedhopper zu reparieren und es sobald wie möglich erneut zu versuchen. Ich beschloss, für den nächsten Flugversuch eine Wiese ausfindig zu machen, die nicht von Hecken gesäumt wäre.

4.20 Amerikanische Anekdoten

Zwei Tage darauf rief Steve an und teilte mir mit, dass die Wanze in seinem Büro auf das Konto eines Privatdetektivs gehe, der für eine konkurrierende Kanzlei spionierte. Also nix DEA! Die Angelegenheit sei geklärt, man habe dem Kerl eine Abreibung verpasst, und er habe alles gestanden. Also stand meiner Reise nach New York nichts mehr im Weg. Das Risiko, die gefährliche Fracht nach Norden zu bringen, war kalkulierbar. Ich rief Joe Smoker an, der seit einiger Zeit keinen Einsatz mehr gehabt hatte. Von seiner Frau hatte ich erfahren, dass er klamm sei, also gab ich ihm den Job und nicht etwa Ronny, der sich ebenfalls gerne etwas hinzuverdient hätte. Er sah aber rasch ein, dass ich nach der Geschichte im Grand Hyatt kein weiteres Risiko eingehen wollte, ehrlich gesagt: Ich war erleichtert, dass seine Reise nach Thailand nicht in einem Gefängnis endete.

Joe setzte sich in den Amtrak-Zug und fuhr hinauf nach New Jersey zu Ralph, wo wir uns treffen wollten. Ronny und ich folgten ihm am Tag darauf im Flugzeug. Kurz entschlossen kamen Joey und seine neue Freundin Helen mit, die Nachfolgerin von Debbie der Diebin, die mit meinem Geld durchgebrannt war.

Im Flugzeug lernten wir Cathy kennen, eine ebenso attraktive wie ausgeflippte Tourismus-Managerin. Wie sich herausstellte, lebte sie in Belleville, unweit von Montclair, unserem Ziel. Nachdem wir in La Guardia* gelandet waren, schlug Joey vor, eine Limousine zu bestellen und so gemeinsam und vor allem bequemer nach New Jersey zu fahren. Ronny sollte direkt zum Hotel nach Manhattan fahren und dort auf mich warten. Er stieg in ein Taxi, während wir übrigen auf das Eintreffen der Limousine warteten. Als Rollstuhlfahrer bot der langgestreckte Wagen Joey erheblich mehr Komfort, allein der Einstieg gestaltete sich einfacher. Wir mussten uns zwar eine Weile im Terminal gedulden, ehe der Wagen der Firma Carey-Cadillac endlich vorfuhr, wurden aber anschließend vom behaglichen Interieur und dem Service entschädigt. Der Fahrer hieß Sam, er trug Livree und er bemühte sich, in uns die Illusion zu erzeugen, wir seien besondere Gäste. Nachdem

* Flughafen bei New York

das Gepäck verstaut war, machte er Joey auf den Luxus im Fond aufmerksam: Kühlschrank, Bordtelefon und Fernseher gehörten zur Standardausrüstung. In der Bordbar befand sich Champagner, Kaviar und Toast. Ehe es losging, reichte mir Sam seine Visitenkarte: Sam Nekroman las ich. Grinsend erkundige ich mich nach dem Namen: »Nekroman?«

»*Yes Sir, Nekroman, not Negroman!*«

Ich verstand. Totenmann klang für ihn seriöser als Negermann.

»Also gut, Mr. Nekroman, dann bringen sie uns bitte nach Montclair, New Jersey; mit einem kurzen Zwischenstopp in Belleville«, sagte ich.

»Kürzeste Strecke?«

»Was sonst!«

»Wir können den Lincoln Tunnel nach New Jersey nehmen, aber dann müssen wir quer durch Manhattan. Oder wir fahren über die George Washington Bridge auf den New Jersey Turnpike* und anschließend nehmen wir den Garden State Parkway** nach Süden. Die Strecke ist etwas länger, aber wir sparen uns den Verkehr in der City.«

»Nehmen Sie den Lincoln Tunnel!«, mischte Cathy sich ein. »Für mich ist das einfacher.«

»Wird gemacht, Madam! Ich wünsche Ihnen eine angenehme Reise.«

Die Fahrt ging durch Queens und Manhattan, der Verkehr war zäh, aber das war er in New York meistens. Joey kümmerte sich unterwegs um den Sekt. Cathy schaltete das Radio ein, Helen drehte einen Joint.

»Schade, dass wir kein Koks dabeihaben«, sagte sie zu Joey. »Könnte jetzt eine Prise gebrauchen«.

»Damit kann ich dienen«, meldete sich Cathy und kramte ein Briefchen aus ihrer Handtasche. Einen kleinen Spiegel und ein Röhrchen hatte sie ebenfalls dabei. Sie kippte ein wenig auf den Spiegel und bat mich, die Brocken zu zerkleinern. Dann reichte ich den Stoff herum und alle schnupften von dem guten Kokain,

---

* Autobahn

** Schnellstraße

welches Cathy von einer Freundin in Miami geschenkt bekommen hatte.

Da ich zum Koks gerne eine Prise Heroin nahm, schüttete ich anschließend etwas von meinem Zeug dazu, achtete aber darauf, dass die beiden in ihrer Wirkung gegensätzlichen Pülverchen nicht vermischt wurden. Offenbar hatte ich es nicht klar bekannt gegeben, denn außer Joey war niemand im Bilde, dass hier verschiedene Substanzen auf dem Spiegel lagen. Irgendwann, der Tunnel lag schon hinter uns, bemerkte unser Fahrer die Drogenfete im Fond. Er öffnete das Innenfensterchen und wandte sich an Cathy.

»Kann ich vielleicht auch 'ne Prise haben?«

»Ich hoffe, Sie sind danach noch fahrtüchtig?«, lachte sie und reichte ihm den Spiegel nach vorn.

Unterdessen war ich im Gespräch mit Joey und Helen und merkte zu spät, was da vorne am Fenster vor sich ging. Ehe ich eingreifen konnte, hatte Sam Nekroman ein Prise Heroin gezogen. Ich machte Cathy darauf aufmerksam, aber sie gehörte scheinbar zur unerschrockenen Schwesternschaft, denn sie lachte und meinte bloß, Sam werde es schon überleben. Kurz bevor wir den Passaic River erreichten, meldete sich der Fahrer.

»Das ist aber ein verdammt geiles Koks, Freunde. Wo kriegt man denn sowas? In Miami?«

»Das Zeug kommt aus Peru«, log Cathy, aber auch ich wollte keine Panik schüren, denn das dicke Kind lag wieder einmal im Brunnen. Also schwieg ich und hoffte, Sam möge über eine starke Konstitution verfügen.

Dass dem nicht so war, merkten wir spätestens auf dem Highway nach Belleville. Sam bog nämlich abrupt von der Straße ab und steuerte den Parkplatz eines Truckstops an. Kaum dort angekommen, riss er die Tür auf und übergab sich.

»Ich glaube, unser Fahrer hat gerade gekotzt«, bemerkte Cathy. »Das Koks scheint ihm nicht gut zu bekommen.«

»Wundert mich nicht. Unser Fahrer hat nämlich kein Koka sondern Hero geschnupft. Wenn er so was vorher noch nie genommen hatte, ist das eine ganz normale Reaktion. Die meisten kotzen beim ersten Mal. Aber anschließend geht es ihm gut, da bin ich zuversichtlich«, stellte ich fest.

»Und ich bezweifle, dass er noch fahren kann«, sagte Joey ein wenig besorgt.

»Sam, wie geht es dir? *Are you ok?*«

Aber das konnte unser Fahrer schon nicht mehr hören, er war nämlich unterwegs zu dem Restaurant, vor dessen Tür zwei Fernfahrer standen und die Speisekarte studierten.

So saßen wir in Careys weißem Cadillac und warteten darauf, dass unser angeschlagener Chauffeur zurückkehrte. Joey goss vom Champagner nach und prostete uns zu. Als eine Viertelstunde vorbei war, beschloss ich, nach Sam zu sehen. Schließlich war es mein Stoff, der ihn niedergeworfen hatte und ich fühlte mich irgendwie verantwortlich. Als ich den Laden betrat, entdeckte ich ihn in einer Sitzbank, halb sitzend, halb liegend. Seine Dienstmütze lag am Boden. Er blutete aus der Nase. Ich lief zu ihm hin und fasste ihn beim Arm.

»Was ist passiert?«

»Gehört dieses Arschloch zu dir?«, hörte ich hinter mir die Stimme eines schlecht gelaunten Truckers.

»So ist es. Unser Chauffeur. Was ist passiert?«

»Der kam vorhin hier rein und hat mir auf die Sandalen gekotzt. Willst Du den Rest der Geschichte hören?«

Nein, den Rest der Geschichte wollte ich nicht hören. Ich ging zur Theke, die von einem Dutzend Fernfahrer besetzt war, und griff nach einem Packen Papierservietten. Als ich Sam das Blut aus dem Gesicht gewischt hatte, hakte ich ihn unter, um ihn zurück zum Auto zu bringen, indes, der Kerl knickte ein. Er lallte etwas vor sich hin, aber auf den Beinen konnte er sich nicht halten.

»Los, hilf mir mal einer!«, forderte ich die Gäste auf. »Allein schaffe ich das nicht.«

Zum Glück rutschte ein stabiler Bursche vom Hocker und ehe ich mich versah, hatte der unseren Sam geschultert und trug ihn wie einen Sack Kartoffeln aus dem Lokal. Ich lief mit der Dienstmütze hinterher. Die Freunde staunten nicht schlecht, als wir beim Cadillac ankamen. Helen und Cathy räumten die Rückbank, und der Trucker warf unseren Chauffeur auf das Polster.

»Schätze, der fährt die Kiste heute nicht mehr nach Hause!«, lachte er, ehe er uns Glück wünschte und hinüber zu seinem Laster schlenderte.

Die Lage war ernst. Wir hatten zwar nicht mehr weit zu fahren, Cathy wohnte gleich im nächsten Ort, aber ich hatte so ein Schiff noch nie gesteuert. Der Lincoln, den ich in Fort Lauderdale gelegentlich fuhr, war zwar auch ein großes Auto, aber dieser verlängerte Cadillac kam von den Ausmaßen her einem kleinen Lastkahn gleich. Mir blieb keine Wahl: Joey kam als Fahrer eben so wenig in Frage wie die beiden Frauen, zumal wir alle irgendwelche Drogen intus hatten. Also setzte ich mich hinters Steuer und machte mich mit den Armaturen vertraut. Dann legte ich den Vorwärtsgang ein (es handelte sich um eine Automatik-Schaltung), gab Gas, und wir rollten zurück auf den Highway.

Außer der Tatsache, dass das Abbiegen einen großen Radius erforderlich machte, fuhr sich der Cadillac recht angenehm. Ich beschleunigte.

»Hier hätten wir abbiegen müssen!«, kreischte Cathy mir plötzlich ins Ohr.

Ich trat auf die Bremse und hielt am Straßenrand an. Da ich mich in der Gegend nicht auskannte, beschloss ich, die hundert Meter zurückzusetzen und dann die Ausfahrt zu nehmen.

»Du weiß schon, dass man auf einem vierspurigen Highway nicht rückwärtsfahren darf?«, meldete sich Joey von hinten.

»Ist mir bekannt«, erwiderte ich und drehte mich um. Erst sah ich Sam, der reglos, aber friedlich auf der Rückbank lag, dann erkannte ich durch die Rückscheibe das Blinklicht der Highway Patrol. Offenbar wollten sie mit mir reden.

Inzwischen kannte ich die Gepflogenheiten der amerikanischen Polizei: im Wagen sitzen bleiben, die Hände ans Lenkrad und warten, bis der Beamte ans Fenster tritt. Dann das Fenster öffnen und die Fragen beantworten, die einem gestellt werden.

»Sie sind gerade auf dem Highway im Rückwärtsgang unterwegs gewesen«, sagte der Beamte, indem er mich musterte. »Sie wissen, dass das verboten ist?«

»In der Tat, Officer. Aber wir hatten die Ausfahrt verpasst und da ich ein deutscher Tourist bin, hatte ich Angst, ich könne mich verfahren.«

»*German?*«, wiederholte er. »Dann zeigen Sie mir doch bitte mal die Wagenpapiere und Ihren Führerschein.«

Den Führerschein konnte ich ihm zeigen. Bei den Autopapieren wurde es schwierig. Ich drehte mich um und bat Joey, Sam aus dem Koma zu wecken und nach den Papieren zu fragen. Das machte den Beamten neugierig, und er erkundigte sich nach dem Grund, weshalb der Chauffeur im Fond des Wagens schlief, während ich, sein Fahrgast, am Steuer saß.

»Der Fahrer hatte plötzlich Kreislaufprobleme. Da beschlossen wir, ihn sich ausruhen zu lassen und ich setzte mich hinters Lenkrad«, erklärte ich. »Wir bringen ihn in ein Krankenhaus und dann werden wir auch seine Firma verständigen.«

Immerhin konnte Sam mir sagen, wo die Wagenpapiere lagen. Die Beamten – inzwischen war auch der Kollege herbeigekommen und musterte die Insassen neugierig – schauten sich meinen deutschen Führerschein an, den alten grauen Lappen, und beließen es bei der Ermahnung. Offenbar hatten sie erkannt, dass es unserem Chauffeur tatsächlich nicht gut ging und so wollten sie uns auf dem Weg ins Hospital nicht lange aufhalten. Sie erklärten uns den Weg und verabschiedeten sich. Hätten sie geahnt, dass Drogen im Spiel waren, die Sache wäre wohl anders ausgegangen. So aber ließen sie uns fahren.

Nach wenigen Meilen erreichten wir die Straße, in der Cathy wohnte. Sie bedankte sich für die unterhaltsame Fahrt und lief, ohne sich noch einmal umzudrehen, die Auffahrt zu ihrem Haus hinauf.

Nach einer weiteren Viertelstunde erreichten wir Montclair, wo Ralph und Caren zu Haus waren. Unterdessen war Smoker mit dem Material angekommen. Kaum dass ich den Wagen abgestellt hatte, meldete sich die Zentrale von Carey-Cadillac.

»Wagen Nummer 15«, tönte es aus dem Lautsprecher. »Geben Sie bitte Ihre Position durch!«

Ich nannte der Dame Ort und Straße. Offenbar hatte sie gecheckt, dass es nicht der Fahrer war, der antwortete. Sie wurde misstrauisch.

»Sam, sind Sie das?«

»Nein, Madam, ich bin nicht Sam. Mein Name ist Harry, ich bin einer der Fahrgäste«, erklärte ich verlegen. Das hatte uns gerade noch gefehlt.

»Wieso sind Sie am Mikro? Wo steckt denn unser Fahrer?«

»Ihr Fahrer ist momentan unpässlich, er hatte Kreislaufprobleme und wird gerade verarztet.«

Tatsächlich waren Ralph und Smoker aus dem Haus gekommen und halfen Sam, der immer noch wacklig auf den Beinen war, die Auffahrt hinauf.

»Mussten Sie einen Krankenwagen bestellen?«, kam die Stimme aus dem Lautsprecher.

»Nein Madam, so schlimm scheint es nicht zu sein. Es ist lediglich etwas desorientiert und derzeit nicht in der Lage, den Wagen zu fahren. Vielleicht sollten Sie jemand vorbeischicken, der Herrn Nekroman und den Wagen abholt«, schlug ich vor.

»Das werden wir auf jeden Fall. Bitte geben Sie mir die genaue Adresse und wenn möglich eine Telefonnummer. Ich schicke dann sofort zwei Leute los«, sagte sie mit einer Stimme, der eine gewisse Skepsis anzuhören war. Ich war froh, als sie endlich aufgelegt hatte.

Als ich das Haus betrat, lag Sam auf dem Sofa und seufzte.

»Was war das denn für ein Koks, das ihr mir vorhin gegeben habt? So ein starkes Zeug habe ich noch nie probiert. Zieht mir glatt die Socken aus! Sie haben der Zentrale doch hoffentlich nichts davon erzählt?«, sorgte er sich.

»Keine Bange, Sam. Ich hab der Dame gesagt, dass du es mit dem Kreislauf hattest. Sie schicken jemand her, der dich abholt.«

»Shit! Das kann mich den Job kosten«, murmelte er.

Dann schloss er die Augen und überließ sich dem Traum. Eine gute Stunde, nachdem wir in Montclair angekommen waren, standen zwei livrierte Mitarbeiter von Carey vor der Tür. So ganz geheuer erschien ihnen die Sache nicht, insbesondere, nachdem sie die Blutflecke auf Sams Jacke entdeckt hatten.

»Nasenbluten«, erklärte ich verbindlich. »Kommt zuweilen bei Bluthochdruck vor.«

»Ich schlage vor, Sie lassen den Mann mal ausschlafen«, ergänzte Joey. »Morgen wird es ihm besser gehen.«

Die Tour vom La Guardia Airport nach New Jersey kostete mich inklusive Schampus und Leckereien etwas über dreihundert Dollar. Ich zahlte bar. Dann nahmen die Männer den Cadillac samt Fahrer mit und verschwanden. Keine Ahnung, wie die Geschichte für Sam ausgegangen ist. Aber die Fahrt haben Joey und ich nicht vergessen. Wir blieben die Nacht über bei Ralph. Joey forderte mich zu einer Partie Schach heraus. Am Morgen machte ich mich im Taxi auf den Weg nach New York, wo Ronny mich schon erwartete.

Diesmal quartierten wir uns im Sheraton an der 7th Avenue ein, ebenso teuer wie das Grand Hyatt, aber vom Ambiente her nicht ganz so angenehm. Steven hatte in dem Hotel zwei Zimmer reserviert, eines, in dem Ronny wohnte, ein zweites, in dem die Geschäfte abgewickelt werden sollten. Den Koffer mit den sechs Kilos hatte Joe Smoker zu Ralph nach New Jersey gebracht, wo er so lange bleiben und übernachten sollte, bis die Ware komplett verkauft wäre. Ich teilte das Hotelzimmer mit Ronny.

An dem Tag, als ich den ersten Deal mit einem Kunden im Sheraton vereinbart hatte, kam es zu einem Zwischenfall. Ronny und ich fuhren zu Joe und Ralph nach New Jersey, um die Ware abzuholen, es ging um zwei Kilo. Bei der Rückkehr ins Sheraton herrschte im Foyer ein Gedränge, so dass wir Mühe hatten, uns den Weg zu bahnen. Im Hotel fand nämlich die Jahrestagung irgendeiner Gesundheits-Organisation statt, und Hunderte von Leuten verließen gerade das Tagungs-Zentrum. Jeder trug ein Namensschild am Revers. Alle waren gleichzeitig auf dem Weg in ihre Zimmer, was kurzfristig sowohl die Rezeption als auch die sechs Aufzüge überlastete. Als Ronny und ich uns mit der Sporttasche, in welcher das Heroin steckte, endlich in einen der Aufzüge gezwängt hatten, standen wir gequetscht wie Pfefferschoten im Glas. Doch ehe die Tür schloss, ertönte ein Warnsignal, dass die Kabine überlastet sei. Zwei Passagiere mussten aussteigen, ehe der Aufzug startbereit war. Er beschleunigte zügig, der erste mögliche Haltepunkt lag im 20. Stock, der letzte im 40sten. Im 21sten stieg eine Frau aus, nichts deutete auf eine Unregelmäßigkeit hin. Bis wir plötzlich zwischen den Stockwerken 23 und 24 stecken blieben, technische Arbeitsverweigerung. Ein Mann, der dicht bei der Steuerung stand, drückte den Notrufknopf. Nach einer Weile meldete sich jemand.

»Technischer Dienst. Was kann ich für Sie tun?«

»Unser Aufzug steckt fest.«

»Wie viele Passagiere?«

»Keine Ahnung, vielleicht zwanzig.«

»Sind Behinderte im Aufzug?«

»Ich denke nein.«

»Was heißt: sie denken nein? Ist ein Behinderter im Aufzug oder nicht?«

Der Herr an der Sprechanlage gab die Frage weiter. Da wir dicht gedrängt standen, war es auf den ersten Blick tatsächlich nicht einfach, festzustellen, ob Behinderte in der Kabine waren.

»Ich hatte vor kurzem einen Schlaganfall«, meldete sich eine Dame, die in meiner Nähe stand. »Ich kann meinen rechten Arm noch nicht gut bewegen.«

»Sitzen Sie im Rollstuhl?«, fragte die Lautsprecherstimme.

»Nein.«

»Gut«, sagte der Wartungsmensch. »Wir evakuieren Sie dann als Erste. Bleiben Sie inzwischen ruhig. Es kann ein paar Minuten dauern, aber wir holen Sie da raus, kein Grund zur Panik!«

Der für den technischen Dienst im Hotel zuständige Mann erlebte eine derartige Panne wahrscheinlich nicht zum ersten Mal, denn seine Stimme klang beruhigend und seine Anordnungen routiniert. Für uns hieß es jetzt, uns in Geduld zu üben. Ich unterhielt mich leise mit Ronny, das heißt, ich versuchte ihn zu beruhigen, nicht dass er am Ende wieder durchdrehte und die CIA hinter der Panne vermutete. Aber Ronny blieb cool. Was man nicht von allen Leuten in der Kabine behaupten konnte. Eine Frau an der gegenüber liegenden Wand fing an, über das Hotel zu schimpfen.

»Ich hatte meinen Mann gewarnt, schon als er dieses Hotel buchte. Nicht das erste Mal, dass wir mit dem Sheraton schlechte Erfahrungen gemacht haben. In Minneapolis platzte aus heiterem Himmel das Wasserrohr unter dem Waschbecken. Ich hatte gerade die Abendgarderobe angelegt und warf einen letzten Blick auf meine Frisur, als ich plötzlich im Regen stand. Eine Katastrophe. Mein Mann und ich, wir kamen fast eine Stunde zu spät zum Karajan-Konzert.«

Da keiner der Anwesenden in der Stimmung war, sich zu den Themen Rohrbruch oder Karajan zu äußern, schwieg sie wieder. So standen wir dicht an dicht in dem engen Raum und starrten dem Nachbarn auf Schultern und Nacken, einige der Leute schlossen sogar die Augen. Ronny und ich grinsten uns an und zuckten mit den Schultern. Was will man machen? So standen wir etwa zwei Minuten in bedrückender Stille, als Frau Karajan erneut das Wort ergriff.

»Wie lange soll das denn noch dauern? Rufen Sie den Wartungsdienst noch mal an!«, wandte sie sich an den Mann an der Sprechanlage.

»Sie haben doch gehört, was er sagte: Wir sollen uns ruhig verhalten. Ich bin sicher, dass längst Hilfe unterwegs ist. Das dauert eben seine Zeit.«

»Ich habe aber keine Zeit, mein Mann wartet auf mich«, entgegnete sie. »Der war schlau. Er hat die Versammlung nämlich fünf Minuten vor dem Ende verlassen und sitzt jetzt längst auf dem Zimmer.«

Inzwischen war ich neugierig geworden und reckte den Hals, um die Frau über die Köpfe hinweg in Augenschein zu nehmen. Viel konnte ich nicht sehen, aber die gefurchte Stirn und der verbissene Zug um die Mundwinkel fielen mir auf. Dünne Schweißperlen versauten ihr das Make-up. Zudem vermutete ich in ihr die Quelle des penetranten Parfüms, welches sich in der Kabine wie dicker Qualm ausbreitete.

»Jetzt drücken Sie gefälligst noch einmal den Notruf! Ich habe ein Recht zu erfahren, wie es weitergeht. Schließlich besteht die Gefahr, dass wir hier drin ersticken«, befahl sie.

Die Luft im Aufzug war tatsächlich nicht die sauerstoffreichste, aber oben in der Decke befand sich ein kleiner Ventilator, der verbrauchte Luft absaugte, ersticken würde hier also so schnell niemand.

»Bitte beruhigen Sie sich!«, forderte ein in ihrer Nähe stehender Herr sie auf. »Die Sache klärt sich gleich. Das Hotel ist gewiss bestrebt, uns aus der unangenehmen Lage zu befreien.«

Doch die Dame ließ sich nicht beirren. Sie sprach weiter, und mir wurde bewusst, dass sie mit ihrem hysterischen Gerede Panik unter den übrigen Leuten schürte. Irgendwo in der Mitte stellte eine Frau fest, dass sie nicht sterben wolle, und einige andere pflichteten ihr bei. Schließlich drängte sich die Unruhestifterin hin zur Sprechanlage, um höchst selbst den Dialog mit dem Technischen Dienst zu übernehmen.

»Ja bitte?«, meldete sich jetzt die Stimme einer Frau.

»Wie stellen Sie sich das eigentlich vor? Wir stecken seit zehn Minuten in Ihrem beschissenen Aufzug fest und nichts geschieht. Ich werde mich bei der Hoteldirektion beschweren. Und jetzt rufen Sie sofort meinen Mann an und teilen ihm mit, dass ich im Aufzug stecke und dass das Hotel nicht in der Lage ist, mich hier raus zu holen. Sein Name ist Paul Abott, Zimmer 3507.«

»Bitte beruhigen Sie sich, Madam! Unsere Leute arbeiten mit Hochdruck, Sie aus der misslichen Lage zu befreien. Ich bitte um ein wenig Geduld. In Kürze werden Sie alle über den Nebenaufzug evakuiert«, erklärte die Dame. »Und rufen Sie nicht mehr an, höchstens im Falle einer akuten Notlage!«

Dann legte sie auf. Wer nun glaubt, die Karajan hätte sich in ihr Schicksal gefügt, der irrt. Jetzt fing sie an, über alle und jeden zu schimpfen, bis es Ronny zu blöd wurde. Sein rudimentäres Englisch gestattete es ihm zwar nicht, deutliche Worte zu finden, aber zuweilen tun es ja auch ein paar bayerische Kraftausdrücke.

»Hoit jetzat endlich dei Mei, oide Schlampn! Kruzifix no amoi! No a Wort und' kriagst a Fotzn, hostmi!«

Ich bezweifelte, dass die Frau des Bayerischen mächtig war, aber Ronnys Worte klangen irgendwie verständlich. Zumal sich der Mann an der Sprechanlage ebenfalls eindeutig äußerte.

Mit so viel Zorn konfrontiert, gab sie endlich klein bei und begnügte sich mit leisen Selbstgesprächen. Es dauerte dann auch nicht mehr lange, ehe von außen Klopfzeichen ertönten. Unsere Retter waren per Handsteuerung mit dem Nebenaufzug auf gleiche Höhe herangefahren. Nachdem bei beiden Kabinen ein Teil aus der Seitenwand entfernt worden war, legten die Männer eine stabile Planke über den Abgrund und bauten so eine Brücke. Einer nach der anderen wurden wir herübergeholt, vorsichtig auf allen Vieren, erst die behinderte Dame, zusätzlich durch einen Gurt gesichert, dann der Rest der Passagiere. Mit jeweils fünf Evakuierten fuhren sie zum 24. Stockwerk, ehe sie zurückkamen, um den nächsten Schwung zu holen. Ronny und ich blieben bis zum Schluss. Ich reichte meinem Retter erst die Tasche mit dem Stoff, dann kroch ich auf Händen und Knien über die provisorische Brücke wobei ich es vermied, in den dunklen Schacht zu blicken, der sich unter uns auftat. Der Helfer drückte mir das Heroin in die Hand, und ehe wir im 24. Stock den Aufzug verließen, erklärte er mir noch den Grund der Panne: Steuerungsprobleme wegen Überlastung, ab und zu komme so etwas vor.

Zum Glück hatten sich auch meine Kunden ein wenig verspätet, so dass der Deal ohne Zwischenfall abgewickelt werden konnte. Kaum dass die beiden Harlemer Rauschgifthändler wieder fort waren, rief ich Xaver an. Eine halbe Stunde später kam er vorbei, um den Koffer mit dem Geld abzuholen. Meine Arbeit war bald erledigt, der Stoff verkauft, das Geld in Xavers Händen. Der Bankier im Sondereinsatz sorgte in den nächsten Tagen dafür, dass es ins Ausland transferiert wurde.

Die Tage verbrachten wir als Touristen, abends besuchten wir Jazzclubs und den *Mudd Club*, eine übel beleumundete Punkerkneipe im Village.

Ronnys Abreise nach München stand kurz bevor, aber vorher wollte er sich noch ein wenig Kokain besorgen. Ich schlug vor, zur Lower East Side zu fahren, wo ich schon mehrmals Drogen auf der Straße gekauft hatte. Deren Qualität ließ zwar in der Regel zu wünschen übrig, aber ich kannte in New York niemanden, der Koks von der Güte verkaufte, wie es in Florida überall erhältlich war. Ronny und ich winkten ein Taxi heran und nannten dem Fahrer das Fahrtziel.

»Ungern«, erwiderte der Chauffeur, ein Exilkubaner. »Ihr Jungs wollt Drogen kaufen?«

»So ist es.«

»Ich fahre euch gerne hin, aber warten werde ich dort nicht«, sagte er. »Ein Kollege von mir hat letzte Woche dort die Hucke vollgekriegt. In dieser Gegend wimmelt es von Verrückten und Kriminellen.«

»Wissen wir«, entgegnete ich. »Deshalb wollen wir ja hin.«

»Ich bringe euch aber bloß zur Housten Street.«

Unterwegs auf dem FDR* überlegte er es sich allerdings anders. Wahrscheinlich, weil wir uns gut mit ihm unterhielten. An der Ecke Avenue D und 2nd Street hielt er an und ich winkte einen Puerto Ricaner herbei.

»Kannst du uns ein wenig Koks besorgen?«

»Wie viel wollt ihr denn?«

Ich sah Ronny fragend an.

»Für'n Zwanni«, erklärte der. »Taugt das Zeug denn auch was?«

»*Red-Tape*«, sagte der Dealer. »Meinst du, ich verkaufe verschnittenen Dreck?«

»Also gut«, unterbrach ich ihn. »Dann hol meinem Kumpel mal zwei Packs und wir drehen derweil 'ne Runde um'n Block.«

Ronny zögerte, dem Kerl die zwanzig Dollar vorab zu geben, aber ohne Vorkasse lief dort selten ein Deal, das war mir bekannt.

»Jetzt gib ihm schon die Kohle, sonst stehen wir übermorgen noch hier!«, forderte ich ihn auf.

»Wer sich mit Koka antörnen will, der muss ein kleines Risiko eingehen.«

»Was ist jetzt, Leute?«, meldete sich unser Taxifahrer. »Ich hab keine Lust, den halben Vormittag hier herum zu stehen!«

Schließlich drückte Ronny dem Typen die zwanzig Dollar in die Hand.

»Wir fahren einmal um den Block, dann treffen wir uns wieder an dieser Stelle«, sagte ich zu dem Dealer. »Unterdessen dürftest du das Zeug ja besorgt haben.«

»In zwei Minuten bin ich zurück«, versprach er.

Während wir uns in Bewegung setzten, verschwand der Typ in einem der Abbruchhäuser an der Avenue D, die allesamt, so schien es mir, von der Unterwelt besetzt waren. Es war nicht das erste Mal, dass ich hier Drogen kaufte, ich wusste, wie man in der Gegend organisiert war.

In den meisten dieser Ruinen hatten die Hintermänner eine oder mehrere Wohnungen besetzt, aus welchen heraus sie den Stoff ver-

---

* der Franklin D. Roosevelt East River Drive ist eine Schnellstraße an der Ostseite von Manhattan

kauften, in erster Linie Kokain und Heroin. Die Haustüren waren massiv verstärkt und mit den Türrahmen verschweißt. Erschien ein Kunde im Treppenhaus, nannte er seine Bestellung und wartete. Kurz darauf erfuhr er den Preis und wurde aufgefordert, die Kohle unter der Tür hindurch zu schieben. Im Gegenzug tauchte ein Briefchen mit den bestellten Packs auf. Der Vermittler verließ danach die Ruine und brachte sie seinem Kunden ans Taxi. So lief das in der Regel, von den Bullen weitgehend unbehelligt. Um den Kleinhandel an der Lower East Side zu unterbinden, hätte man mit der Nationalgarde anrücken oder komplette Häuserzeilen abreißen müssen.

Als wir von der Runde um den Block zurück waren, war der Puerto Ricaner noch nicht zu sehen. Wir hielten an und warteten eine Weile. Unser Fahrer drängte darauf, weiterzufahren. Ich brachte ihn dazu, eine weitere, und als danach der Dealer immer noch immer nicht zurück war, noch eine dritte Runde zu drehen. Plötzlich hatte Ronny ihn im Vorbeifahren entdeckt, wie er im Schatten eines Hauseingangs einen Deal abwickelte. Noch ehe unser Wagen stand, war Ronny schon draußen. Sich den Weg zwischen all den Straßengaunern, Kleindealern und Nutten bahnend, rannte er zu seinem persönlichen Betrüger hinüber und gab ihm anstelle einer Begrüßung einen Schlag auf die Backe. Ich glaubte, nicht recht zu sehen und rief ihm zu, sofort zurück zu kommen. Doch Ronny hatte schon die Verfolgung aufgenommen. Ich konnte gerade noch erkennen, wie die beiden durch eine Türöffnung ins Innere einer der Ruinen verschwanden.

»Den sehen wir nicht wieder«, war der Kommentar unseres Chauffeurs, dessen Augen beunruhigt im Rückspiegel tanzten. »Dein Kumpel muss verrückt sein!«

Ich wollte aussteigen, um Ronny zurück zu holen, aber der Fahrer warnte mich.

»Willst du umgebracht werden?«, schrie er mich an, indem er den Gang einlegte, um abzufahren.

»Bleib stehen!«, befahl ich. »Wir können doch meinen Freund nicht im Stich lassen!«

Doch unsere Kontroverse hatte sich in dem Augenblick erledigt, als Ronny mit dem Betrüger im Schwitzkasten aus dem Dunkel auftauchte. Er hatte ihn fest im Griff und zerrte ihn zum Taxi.

»Red du mit dem Wichser! Der kann bloß Spanisch«, sagte Ronny, und um des Burschen Auskunftsfreudigkeit zu animieren, rammte er ihm das Knie ins Gesicht. Der Kerl blutete, aber was mich am meisten verblüffte: Keiner seiner Komplizen machte Anstalten, ihm zur Hilfe zu eilen.

»Sag ihm, er soll das Koks oder die Kohle rausrücken!«

»Gib meinem Freund die zwanzig Dollar zurück!«, forderte ich ihn auf.

»Sonst schlag ich ihn grün und blau!«, ergänzte Ronny.

Das Ergebnis dieses Bordsteindialogs mit Anfassen: Der Typ hatte die Kohle schon verzockt, Ronny war dabei, ihn hart zu bestrafen, ich mahnte ihn, den Mann laufen zu lassen, und der Chauffeur blickte in Panik um sich, als erwarte er jeden Augenblick den Einschlag der ersten Kugel. Schließlich ließ mein Kumpel von dem armen Teufel ab, dem vom bayerischen Knie malträtiert das Blut aus der Nase strömte. Vielleicht waren es die Leute, die von der Gewalt angezogen, jetzt näherkamen, die Ronny dazu bewegten, von seinem Gefangenen abzulassen. Zur Hilfe eilte dem Verletzten jedoch nach wie vor keiner. Der Taxifahrer und ich waren froh, als Ronny endlich im Wagen saß und wir uns aus dem Staub machen konnten. Die zwanzig Dollar waren futsch.

»Ist mir auch schon mal passiert, ab und zu wird man eben gelinkt«, sagte ich beschwichtigend, weil Ronny sich noch nicht beruhigt hatte. »Mir hat mal in Bangkok ein Typ auf der Straße Waschpulver statt Heroin verkauft, und ich saß da mit einem Scheiß-Turkey und Schüttelfrost bei 30 Grad im Schatten. Ich hätte den Kerl am liebsten erwürgt. Da kann man nix machen. Statistisch geht ab und zu ein Deal in die Hose. Besser vom Dealer gelinkt, als an die Bullen verzinkt!«

Aber Ronny fand meinen Spruch gar nicht lustig.

Wir fuhren unverrichteter Dinge zurück nach Mid-Town, wo wir Xaver einen Besuch abstatteten. Der hatte inzwischen seine Arbeit erledigt, sodass wir abrechneten. Wie versprochen zahlte ich Ronny die vereinbarte Gage, und damit war sein Einsatz in Amerika beendet. Steven kündigte das Apartment zum 1. April und die Komplizen aus München buchten den Rückflug.

Ich fuhr noch einmal nach New Jersey zu Ralph, der noch eine kleine Menge Heroin gebunkert hatte. Joe Smoker, Joey Palmer und Helen waren schon nach Florida abgereist. Ralph schlug mir vor, er könne die zwei verbliebenen Unzen selbst absetzen. Auf diese Weise könne er sich etwas mehr verdienen, denn je geringer die Menge, umso höher der Preis. Ich sah keinen triftigen Grund, ihm diesen Vorschlag zu verwehren und stimmte zu. Ich konnte ihm sogar eine potenzielle Kundin benennen: Nora, die mich seit Monaten bedrängte, ihrem Freund Rudi die Möglichkeit zu geben, sich etwas Geld zu verdienen. Nach wie vor war er in New York und schnorrte sich auf Noras Kosten durch. Ich traute ihm nicht, vertraute aber darauf, dass Nora ein Auge darauf haben würde, dass Rudi keine linke Tour versuchen würde. Also erklärte ich mich mit Ralphs Vorschlag einverstanden und überließ ihm die Ware zum Freundschaftspreis. Den Betrag, den er mir schuldete, sollte er mir bei meinem nächsten New York-Aufenthalt übergeben. Hätte ich geahnt, welche Konsequenzen aus diesem beiläufigen Deal auf mich warteten, ich hätte Jerry die beiden Unzen gegeben. Aber wegen einer so geringen Menge noch einmal nach Detroit zu fliegen, war mir einfach zu aufwändig. In der Rückschau fällt mir dazu bloß die bemerkenswerte Feststellung eines Politikers zur Zeit Napoleons ein: Das war schlimmer als ein Verbrechen, das war ein Fehler!

Ich hatte Joey versprochen, noch einmal in Fort Lauderdale vorbeizuschauen, ehe ich meinen Weiterflug nach Asien antreten würde. Also nahm ich am nächsten Morgen die erste Maschine nach Miami, und da ich nicht vorhatte, lange zu bleiben, quartierte ich mich im Airport-Hotel ein. Joey lag noch im Bett, als ich in der Cypress-Creek-Avenue eintraf. Ich fragte nach Helen, mit der er zusammenlebte, seit ihre Vorgängerin Debbie, die Diebin, sich mit dem Geld aus dem Goldstaub gemacht hatte. Er erklärte mir, dass sie vor ein paar Tagen ausgezogen sei. Sie habe ihn permanent mit modischen Wünschen belästigt, kauf mir dieses Kleid, schenke mir jene Handtasche, ich bräuchte mal wieder eine neue Uhr und dergleichen Unverschämtheiten mehr. Als Helen wieder einmal um Geld für eine neue Jacke bettelte, packte Joe sie beim Arm und schleppte sie zur Schlafzimmer-Garderobe. Er riss den Vorhang auf und deutete auf drei laufende Meter Klamotten, die säuberlich auf der Stange hingen, alles Helens Sachen.

»Und du willst mir erzählen, du hättest nichts anzuziehen!«, donnerte er los. »Was ist das denn, sind das etwa meine Fummel, die hier hängen?«

»Das meiste ist doch längst aus der Mode«, maulte sie. »Eine Frau braucht eben ab und zu was Neues!«

Joey griff in die Speichen seines Rollstuhls und fuhr in das Garderobenzimmer. Dort holte er nacheinander Seidenblousons von der Stange, Sommerkleider, Winterjacken, einen Nerz-Bolero, Tellerröcke, Blusen und einen seidenen Kimono, den er seinerzeit in Bangkok gekauft hatte.

»Du hast also nichts anzuziehen!«, herrschte er sie an. »Wenn du wüsstest, wie Recht du hast!«

Dann griff er vor Helens Augen unter sein Sitzkissen und holte den Revolver hervor, den er, seit der Kubaner ihn niedergeschossen hatte, immer bei sich führte. Ohne zu zögern richtete er die Waffe in die aufgereihten Klamotten und schoss einmal quer hindurch, ein Loch durch jeden Fummel.

Als Joey mir diese Geschichte erzählte, musste ich schmunzeln. So kannte ich ihn: Ein Kerl der zuweilen zu ungewöhnlichen Maßnahmen griff. Helen soll die pädagogische Demonstration allerdings gar nicht lustig gefunden haben. In aller Eile raffte sie ihre Sachen zusammen (viel hatte sie nicht mehr zu packen, nachdem der Pulverdampf sich verzogen hatte) und verschwand.

»Irgendwie finde ich es schade«, sagte ich. »Ich mochte Helen gut leiden.«

»Du musstest ja auch nicht Tag für Tag mit ihr zusammenleben!«

»Aber von Sex verstand sie doch was. Das hast du mir selbst gesagt«, wandte ich ein.

»Ja, am Anfang. Nach einiger Zeit war sie es leid, mit einem Krüppel zu ficken, was man ihr nicht einmal verdenken kann. Ein Kerl, der im Bett nur eine Stellung draufhat, langweilt die Ladys eben.«

»Ich bin sicher, du findest bald eine andere. Öfter mal was Neues, ist doch auch nicht schlecht«, merkte ich versöhnlich an.

»Da fällt mir was ein: Du erinnerst dich doch sicher an Jolene, die Schwester, die wir kennengelernt haben, als du letztes Jahr im Krankenhaus warst?«

»Kann mich nicht erinnern.«

»Ich habe sie kürzlich per Zufall getroffen. Sie fragte nach dir. Sie gab mir ihre Nummer und bat mich, sie anzurufen, wenn du wieder mal im Lande seist.«

»Was will sie von mir?«, fragte ich.

»Was wird sie schon wollen?«, staunte Joey ob meiner Naivität. »Von einem Europäer gevögelt werden, was sonst. Außerdem steht sie auf Koks. Wenn du Lust hast, holen wir sie ab und nehmen sie mit in dein Hotel. Du vernascht sie und anschließend kann sie mir noch einen blasen!«

»Traust du ihr das zu, ich meine, macht sie bei so was mit?«

»Da bin ich mir ziemlich sicher«, lachte er. »Insbesondere wenn es als Aperitif eine Pfeife gibt.«

»Wie sieht sie denn aus?«, wollte ich wissen.

»Ho ho ho! Du sollst sie doch nicht gleich heiraten. Sie ist nicht schlecht, zierlich, kleine Möpse, gute Figur und ein hübsches Gesicht hat sie außerdem.«

»Und die Haarfarbe?«

»Untenrum blond.«

»Klingt nicht schlecht. Wann soll die Party steigen?«

»Sobald wie möglich, ich rufe sie gleich an.«

Eine Stunde später saßen wir in Joeys Cadillac und fuhren zu einem Dealer, um uns eine halbe Unze Koks zu kaufen. Das hatte Jolene am Telefon zur Bedingung gemacht. Außerdem hatte sie angekündigt, eine Freundin mitzubringen, eine Kollegin aus dem Krankenhaus. Als wir sie schließlich in ihrem Apartment abholten, kamen zwei unkomplizierte junge Frauen die Freitreppe herunter gehüpft und stiegen ein. Unterwegs unterhielten wir uns über dies und jenes, unter anderem wollte Jolene wissen, wie es um meine Gesundheit stünde. Sie meinte meine Heroinabhängigkeit.

»Um ehrlich zu sein, da bin ich noch nicht viel weitergekommen. Eine Woche, nachdem ich das Krankenhaus verlassen hatte, wurde ich rückfällig.«

»Das habe ich mir gedacht«, sagte sie. »Du steckst noch nicht tief genug in der Scheiße. Um die notwendige Disziplin aufzubringen, mit einer Drogensucht aufzuhören, musst du erst ganz tief ins Loch fallen. Der Horror, den so ein Elend mit sich bringt, ist notwendig, um dann, wenn du wirklich aufhören willst, als zusätzliche Energiequelle zu dienen. Der Wille allein reicht nicht, wenn nicht Angst hinzukommt, am besten Todesangst, die mobilisiert die Lebenskraft, die notwendig ist, um abstinent zu leben.«

Nachdenklich hörte ich Jolenes Ausführungen zu. Woher sie das wohl wusste? Ihre Kollegin Audrey fügte sensiblerweise hinzu, dass die Alternative bloß der Tod sei. Auch das stimmte und ich erinnerte mich daran, dass ich vor kurzem tatsächlich mit dem Gedanken konfrontiert war. Anders ausgedrückt: Ich hatte zum ersten Mal den Verdacht, nicht stark genug zu sein, um meine Sucht zu besiegen, dass ich eventuell daran zugrunde gehen könnte. Das war wahrlich keine positive Aussicht, und so vertrieb ich den Gedanken rasch wieder. Dennoch erschien er mir als logische Stufe auf dem verhängnisvollen Weg nach unten. Ich spürte, bald müsste eine Entscheidung getroffen werden, bei der ich mich entweder dem Leben oder dem Tod zuwenden würde.

Am Flughafen von Miami angekommen, nahmen wir den Aufzug zum Hotel. Joey hatte eine Picknickbox auf den Knien, in der sich alle Utensilien befanden, die zur Herstellung von Base notwendig waren, außerdem zwei Glaskolbenpfeifen und einen kleinen Gasbrenner. Er hatte an alles gedacht.

Im Hotelzimmer lag eine schwüle Hitze, so dass es logisch erschien, dass wir uns unserer Kleider entledigten. Während Joey sich mit der Produktion der Base beschäftigte, nahmen die Frauen und ich eine kühle Dusche. Dann zog Jolene mich auf eines der französischen Betten, was für ihre Freundin Audrey bedeutete, dass sie sich um Joey kümmerte. Die nachmittägliche Fete begann mit einem tiefen Zug aus der Basepfeife, was uns auf Betriebstemperatur brachte. Was folgte, war eine halbe Stunde Sex, ein wenig kokainkühl, weil wir zwischendurch immer mal an der Pfeife zogen. Da ich den Kick, mit dem die Base mir ins Gehirn fuhr, als eine Art neuronale Explosion erlebte, kam ich auf die Idee, das Ganze mit einem simultanen Orgasmus noch zu toppen. Also bat ich Jolene, mir einen zu blasen, und als ich mich dem Höhepunkt näherte, griff ich nach der Pfeife und füllte mir die Lungen mit Freebase! Etwas Vergleichbares hatte ich bis dahin noch nicht erlebt. Wie soll ich es beschreiben? Als chemischen Tsunami, als neuronales Feuerwerk oder ganz einfach als den geilsten Orgasmus meines Lebens? Jolene ließ von mir ab und nahm die Pfeife aus meiner Hand. Ich sank in die Kissen, schloss die Augen und genoss …

Unterdessen arbeitete sich Audrey an Joey ab, und auch er wurde bald erlöst. Nachdem die Glaspfeife eine weitere Runde gemacht hatte, waren die Frauen an der Reihe, sowohl Joey, als auch ich gaben uns Mühe, sie zufrieden zu stellen.

Irgendwann beschloss ich, ein wenig von dem High des Kokains herunterzukommen. Ich holte die Filmdose mit dem Heroin aus der Kameratasche und kippte ein wenig auf den Couchtisch. Noch während ich mir eine Linie zurechtlegte, stand Jolene plötzlich neben mir und wollte auch etwas abhaben.

»Das ist kein Koks, Schatz«, erklärte ich. »Es handelt sich um Skag.«

»Kann ich mir denken. *China White* hatte ich schon immer mal ausprobieren wollen. Hier kriegt man bloß das braune Zeug aus Kolumbien.«

»Vergiss es. Du hast doch im Krankenhaus gesehen, was es aus den Leuten macht.«

»Doch nicht aus allen. Die, die damit Probleme haben, das sind die Schwächlinge.«

»So wie ich«, lachte ich. »Das wolltest du doch wohl sagen.«

»Das hast du gesagt. Was ich damit sagen wollte ist, dass ich zwar Drogen nehme, aber alles in Maßen. Du kannst mich ruhig von deinem chinesischen Pulver probieren lassen, ich werde deshalb nicht ins Schleudern geraten.«

Ich gab nach und bot ihr an, sich zu bedienen. Auf der Tischplatte lag etwa ein halbes Gramm oder weniger. Ich zog also eine zweite Linie für Jolene. Joey und Audrey hielten sich raus, sie waren nach wie vor mit der Produktion von Körpersäften beschäftigt.

Erstaunt war ich, als Jolene plötzlich mit einem Etui auftauchte, in dem ein steriles Spritzbesteck steckte.

»Was hast du vor?«, erkundigte ich mich irritiert.

»Wenn schon, denn schon. Ich werde mir das Zeug spritzen, zumal es ja, wie du sagst, beste Qualität sein soll«, entgegnete sie.

»Das halte ich für keine gute Idee«, sagte ich. »Ich selbst habe den Stoff noch nie gedrückt, kann dir also nicht sagen, wie viel du davon nehmen kannst.«

»Ich werde schon nicht zu viel spritzen.«

Indem sie das sagte, schaufelte sie mit einer Visitenkarte etwas von dem Pulver auf den Löffel, in welchem sie es in destilliertem Wasser und Ascorbinsäure aufzulösen gedachte. Da ich der Meinung war, sie habe zu viel auf dem Löffel, forderte ich sie auf, die Hälfte zurück auf den Tisch zu schütten.

»Sei kein Geizkragen«, maulte sie. »Das ist doch nicht zu viel! Ich weiß, wie viel ich nehmen muss, damit es zu einem guten Flash kommt.«

»Nix da. Du kannst ja nachlegen, wenn es dir nicht reicht.«

Als sie merkte, dass es mir ernst war, verzog sie sich mit dem zu einem Viertel gefüllten Löffel und ihren weiteren Utensilien ins Bad zurück. Ich schnupfte meine übliche Dosis und wartete, bis die Wärme des Mohns sich im Bauch ausbreitete. Dann folgte ich Jolene, um zu sehen, wie sie auf den Druck reagierte, den sie dabei war vorzubereiten.

Als ich das Bad betrat, saß sie auf dem Toilettendeckel und drückte sich gerade die Nadel in die Vene. Als Krankenschwester kannte sie sich damit aus. Ganz langsam drückte sie auf den Kolben der Spritze. Sie hatte etwa die Hälfte injiziert, als ich plötzlich das Gefühl verspürte, sie sei dabei, sich umzubringen. Ich griff nach ihrer Hand und zog sie mitsamt der Nadel zurück. Jolene hatte gerade noch Zeit, mich verstört anzusehen, als sie die Augen verdrehte und in Zeitlupe nach vorn kippte. Es gelang mir, sie aufzufangen und zu verhindern, dass sie mit dem Kopf gegen die Badewanne fiel. Die Fixe fiel zu Boden. Jolene hatte das Bewusstsein verloren. Ich packte sie unter den Achseln und schleifte sie zurück ins Zimmer, wo ich sie auf dem Bett ablegte.

»Was ist passiert?«, rief ihre Freundin verunsichert, während sie von Joey abließ.

»Sie hat sich einen Schuss Heroin gesetzt und ist zusammengeklappt«, erklärte ich. »Zum Glück habe ich ihr die Nadel aus der Vene gezogen, sonst hätte sie sich die doppelte Dosis injiziert.«

»Sag mal«, fuhr Audrey mich an. »Bist du völlig bescheuert? Wie konntest du ihr Heroin geben? Damit hat sie doch überhaupt keine Erfahrung.«

»Ich habe sie zuvor gewarnt, aber sie wollte es unbedingt probieren.«

Audrey sprang vom Bett und beugte sich über ihre Freundin. Sie prüfte Atem und Herzschlag ehe sie sich wieder an mich wandte: »Sie lebt. Wer weiß, wie lange noch?«

Jolene lag auf dem Bett und atmete flach. Sie war nicht mehr ansprechbar. Audrey hielt ihre Hand und fühlte den Puls. »Wo ist die Kanüle?«

»Neben der Toilette auf dem Boden.«

Audrey hob sie auf und drückte den Rest Heroin, der sich noch in der Spritze befand, ins Waschbecken.

»Müssen wir einen Arzt rufen?«, fragte ich.

»Nur im äußersten Notfall! Was meinst du, was hier los ist, wenn wir den Notarzt rufen? Als erstes sind die Bullen da. Das möchte ich uns gern ersparen«, mischte sich jetzt auch Joey ein.

»Wie schätzt du die Lage ein, Audrey?«

»Schwer zu sagen. Sie atmet zwar flach, aber stabil. Auch der Puls ist schwach. Ich denke, sie erholt sich wieder.«

Tatsächlich lag Jolene mehr als vier Stunden reglos auf dem Bett, ehe sie sich zum ersten Mal räkelte. Ich tätschelte ihr die Wangen und sprach sie an. Schließlich öffnete sie die Augen.

»Ist das geil!«, war alles, was sie sagte.

Wir übrigen fanden es geil, dass sie wieder zu sich gekommen war. Ohne mich damit brüsten zu wollen, klopfte ich mir auf die Schulter, dass ich ihr die Nadel aus dem Arm gerissen hatte. Hätte sie sich die komplette vorbereitete Menge gespritzt, hätte sie wahrscheinlich den Löffel abgegeben. Mir fiel die Tabletten-Überdosis von Margie ein und der Aufruhr, den es gegeben hatte, als der Rotkreuzwagen mit Blaulicht vor der Villa der Industriellen-Tochter von Opel stand, während der Notarzt sie reanimierte.

Gegen zehn am Morgen brachen Joey und die Frauen auf. Mein Flieger nach San Francisco ging eine Stunde später. Ich checkte für meine Verhältnisse ungewöhnlich früh ein.

4.21 Begegnungen in Asien

Diesmal hielt ich mich nicht lange in San Francisco auf. Ich übernachtete im Hyatt, wurde dort Zeuge bei den Dreharbeiten eines Films, machte ein paar Telefonate und besuchte Susan und Kim im Reisebüro. Innerhalb einer Stunde hatten die beiden meinen Weiterflug geplant und gebucht: per Nachtflug mit Singapore Airlines von Frisco nach Hongkong, Zwischenlandung in Honolulu. Es gelang Sue sogar, mir im Oberdeck des Jumbos, sozusagen *last minute,* einen Liegesessel zu reservieren.

Kurz nach dem Start begannen die Stewardessen, das Nachtmahl zu servieren. Auch wenn sich die Flugzeug-Caterer Mühe gaben, für die Fluggäste leckeres Essen zu bereiten, schmeckte das Zeug meist fad und aufgewärmt. Ich aß mit Crevetten gefüllte Avocados und trank französischen Wein dazu. Anschließend sorgte ich für einen angemessenen Opiatpegel, streckte mich aus und las, bis ich müde wurde und einschlief.

Zur Landung auf Hawaii wurden wir geweckt, Anschnallpflicht im Sitzen. Nach einer knappen Stunde ging's weiter auf die zweite, erheblich längere Etappe über den Pazifik. Da wir in Richtung der Erdrotation flogen, »verplemperten« wir also irgendwo zwischen Hawaii und den asiatischen Pazifikinseln einen Kalendertag, vermutlich versank er in den Tiefen des Meeres, zumal wir einen Teil des Ozeans überflogen, unter dem sich die tiefsten Gräben der Erde befinden.

Während des Anflugs auf Hongkong Kai Tak freute ich mich wie immer auf die Landung. Erwartungsgemäß schaffte es der Kapitän, den riesigen Vogel, Fernsehantennen, Hochhäusern und Hügeln ausweichend, auf die kurze Landebahn im Hafen zu zwingen. Vollzogene Landungen gingen in Hongkong immer mit einem Applaus für die Crew einher. Selbst nach einem Dutzend Anflügen hatte ich dort nie das Gefühl von Routine. Eine Ankunft in Kai Tak rief bis zum Bau des neuen Flughafens Chep Lap Kok vor der Insel Lantau einen Nervenkitzel hervor.

Ming holte mich am nächsten Tag zum Essen ab. Das Familientreffen fand im Restaurant »Fung Lum« statt, wo ausgezeichnete kantonesische Küche zubereitet wurde. Was mich zudem beeindruckte: die Speisekarte umfasste 1.200 Gerichte. Meinem Tagebuch entnehme ich die Speisenfolge: Flussfisch in Sojasoße, vier Sorten Reis, Pak-Choi-Gemüse aus dem Schwemmland des Perlflusses, gekochtes Huhn, Pilze aus heimischen Treibhäusern und Gulasch vom jungen Hund. Auf dem Zettel, den ich in meinem Mooncake* fand, war zu lesen: *moh ching, moh meng,* was so viel bedeutet wie »Kein Geld, kein Leben«! Wer immer diesen aphoristisch verbrämten Unsinn in die Kekse steckte, war ein Schelm, der dem Kunden die Rechnung mit einem Augenzwinkern präsentieren wollte (das Fung Lum war gewiss kein *Yellow Deli***). Andererseits war die Feststellung, dass, wer kein Geld besitze auch kein wirklich gutes Leben führen könne, Konsens unter den kapitalistisch erzogenen Hongkong-Chinesen. Die versammelte Familie Lu, denen es letzten Endes auch bloß um Geld und Macht ging, fand nichts Anstößiges an *moh ching, moh meng,* nachdem ich es laut vorgelesen hatte.

Nach dem Essen ging Ah Lu, der Familienälteste, vom Smalltalk zum Geschäftlichen über. Trotz diverser Pannen (Wir erinnern uns: Ming hatte den Koffer mit 300.000 $ verloren und Harry Wong sogar sein Leben) war der Alte mit der Entwicklung des Geschäfts zufrieden. Ich wusste, dass meine Partner im Falle von Beschwerden oder Ungereimtheiten diese zwischen den Zeilen präsentieren würden, also hörte ich genau zu. Tatsächlich wurde der Fall diskutiert, was mit einem Kurier zu geschehen habe, der selbst Heroin konsumierte. Da die Gespräche der Familienmitglieder auf Kantonesisch geführt wurden, verstand ich zunächst nicht viel, aber Ming, der an meiner Seite saß, übersetzte. Es war unschwer herauszuhören, dass die Kritik mir galt. Zwar erwartete niemand, dass ich mich dazu äußerte, denn das hätte einen Gesichtsverlust bedeutet, aber ebenso klar war, dass der Alte von mir erwartete, den Konsum einzustellen, ehe weitere Geschäfte angebahnt werden würden.

Um meine Bereitschaft zu zeigen, schlug ich eine dreimonatige Geschäftspause vor, in der ich mich um meine Gesundheit kümmern und Ming neue Kuriere engagieren und neue Schmuggelwege

---

* Glückskeks

** Chinesisches Fast Food Restaurant

erkunden wollte. Im Juli war ein weiteres Treffen geplant, bei dem die Details festgelegt würden. Zum Abschied spendierte der Boss eine Flasche Cognac XO, ohne den die Chinesen kein Geschäftsessen ausklingen lassen. In Hongkong, der Stadt der Träume, sank ich von Jetlag und Alkohol ermattet in traumlosen Schlaf.

Da ich am Abend zugegeben hatte, die Kronkolonie kaum zu kennen, hatte Ah Lu Ming beauftragt, eine Studentin zu kontaktieren, die sich durch Stadtführungen ihr Studium finanzierte. Soweit ich verstand, gehörte Bonnie, so ihr Name, zum weiteren Familienkreis. Der Auftrag, mich zwei Tage durch Hongkong zu begleiten, war quasi ein Befehl. Nachdem Ming mich am späten Vormittag angerufen hatte, tauchten die beiden im Hotel auf. Bonnie trug eine Kurzhaarfrisur, was ihren Kopf aus der Menge der langhaarigen Hongkongerinnen heraushob. Sie war zierlich und schlank, ganz in Schwarz gekleidet. Ming stellte sie mir als eine Cousine vor.

»Was studierst du denn?«, wollte ich wissen.

»Economy«, sagte sie. *»I want to become a businesswoman!«*

Bonnie schlug vor, eine Tour nach Stanley zu unternehmen, mit einer Zwischenstation auf dem Victoria Peak, der höchsten Erhebung der Insel und gleichzeitig dem exklusivsten Wohnviertel. Ich hatte während meiner bisherigen Hongkong-Aufenthalte zwar schon den Central District und Tsim Sha Tsui in Kowloon kennengelernt, aber noch nie hatte ich irgendwo eine Führung gebucht, weder am Mittelrhein noch sonst wo auf der Welt. Voller Skepsis ließ ich mich von Bonnie zu einem solchen touristischen Ausflug überreden, musste aber schon bald gestehen, dass ich unterwegs viel Wissenswertes über die Geschichte der Kronkolonie erfuhr. Ich kannte die Romane von James Clavell, Noble House und Tai Pan, wo insbesondere die Gründerjahre der großen Wirtschaftsimperien von Jardine und Matheson beschrieben werden, die anfangs in Kanton siedelten, von wo aus sie Tee und Seide nach England verschifften und auf dem Rückweg indisches Opium in China löschten. Die Geschichte ist bekannt: der Chinesische Kaiser fand die Opiumimporte nicht gut und ließ ein Warenlager in Kanton anzünden, die britischen Unternehmer fanden das wiederum uncool und wandten sich an ihre Regierung in London. Es kam

Mitte des 19. Jahrhunderts zu den legendären Opiumkriegen, die Chinesen hatten den Kriegsschiffen und Kanonen der Europäer nicht viel entgegenzusetzen und verloren am Ende ihr Gesicht. Ein Ergebnis dieser Auseinandersetzungen war die Abtretung Hongkongs, die, zunächst willkürlich erzwungen, gegen Ende des 19. Jahrhunderts vertraglich auf weitere 99 Jahre zwischen den ungleichen Mächten vereinbart wurde.

Als ich mit Bonnie und Ming in einer Limousine über den Peak glitt, hatten die Engländer noch fünfzehn Jahre Hongkong vor sich. Wie ich erfuhr, hatten die Familien Jardine und Matheson da schon vorgesorgt und ihren Firmensitz auf die Bermudas verlegt. In Stanley kehrten wir in ein Restaurant ein, wo man einen Nebenraum für uns reserviert hatte. Wir erfuhren, dass der Ort eine Garnison britischer Soldaten beherbergte, oder sagen wir kasernierte, außerdem erhoben sich südlich der Stadt die Mauern von Hongkongs einzigem Hochsicherheitsgefängnis. Es gab und gibt zwar eine Menge Ganoven und Schmuggler in der Gegend, aber die Polizei war korrupt und die Schmiergelder üppig, sodass die Justiz nicht allzu häufig eingreifen musste. Legale und illegale Geschäfte wurden parallel abgewickelt, britische Großkonzerne und chinesische Triaden teilten sich den Profit, der ihnen von Kleinganoven und Rikschafahrern, von den Arbeiterinnen der Sweatshops und den Leichtmatrosen auf den Dschunken erwirtschaftet wurde. So ähnlich jedenfalls äußerte sich Bonnie, die Studentin.

Als wir am späten Nachmittag zurück in Hongkong waren, das übrigens an der Nordseite der Insel Victoria liegt, stiegen wir im Stadtteil Wan Chai aus. Ming lud uns zu einem Drink in einen Irish Pub, wo wir um ein Haar in eine Schlägerei geraten wären, bei der es angeblich um einen beleidigten Hund ging. Genau weiß ich es nicht mehr, aber ich glaube, ein Australier hatte dem Terrier eines Walisers einen Tritt verpasst, was um ein Haar zu einer Massenkeilerei geführt hätte. In einem Pub finden sich ja immer genügend Betrunkene, die einer zünftigen Hauerei nicht aus dem Weg gehen. Der Wirt und seine beiden Kellner, allesamt gestandene Iren, schafften es schließlich, die Raufbolde hinauszuwerfen. Wir blieben so lange, bis ich vorschlug, aufzubrechen. Heroinkonsumenten entwickeln in Kneipen selten Sitzfleisch. Ich sehnte mich nach einem bequemen Bett und einer Dosis *China White*. Bonnies Vorschlag, mir am nächsten Tag die Insel Lantau zu zeigen, lehnte ich freundlich ab. Ich hatte vor, für meine Mutter Seidenstoffe und Jadeschmuck einzukaufen, außerdem wollte ich mir von einem Chinesen in Kowloon die Haare schneiden lassen. Abgesehen davon hatte mir dieser organisierte und strukturierte Tag als Tourist gereicht. Als *drifter* fühlte ich mich wohler, egal wo, daran konnte auch die charmante Studentin nichts ändern. Gewiss war die Insel Lantau, übrigens die größte der mehr als zweihundert Inseln, die zu Hongkong gehören, einen Ausflug wert (Jahre danach sollte ich sogar unter abenteuerlichen Umständen den tausend Meter hohen Lantau Peak besteigen). Damals hatte ich allerdings andere Ziele, und die hatten Priorität: Ich wollte nach Bali, um den Fortschritt beim Hausbau zu begutachten; dann musste ich nach München zu Lisa und den Kindern, um das drohende Auseinanderbrechen der Familie zu verhindern, und schließlich war es Zeit, endlich ernsthaft den Kampf mit der Heroinsucht aufzunehmen. Bis auf meine Träume, die solide Finanzlage (ich hatte damals etwa eine halbe Million Dollar auf einem Dutzend Konten weltweit versteckt), und bis auf die tragfähigen Freundschaften zu Lisa Stone, Joey Palmano, Jerry und Ming war so ziemlich alles in Unordnung, was im Leben wirklich von Bedeutung ist: Gesundheit, Familie, Seelenfrieden. Inzwischen hatte ich zwar ein von vielen Fäden durchwirktes soziales Netz, aber wie belastbar dieses war, würde sich in Zeiten der Not zeigen müssen. Viele meiner sogenannten Freundschaften basierten auf ökonomischen Interessen, waren also in Wahrheit gar keine. Andere litten unter verkümmerter Kommunikation: Es hatten in den letzten Monaten einfach zu wenig Gespräche stattgefunden. Kleine Konflikte hatte ich autoritär beendet (»Wenn es dir nicht passt, dann kannst du ja gehen!«), und nicht wenige meiner Bekannten hatten sich, von meiner Drogensucht abgestoßen, abgewendet.

Diese Bestandsaufnahme fand sich unter dem 30. März 1982 in meinem Reisetagebuch, freilich in einer Handschrift, die ich selbst schwer entziffern konnte: abgebrochene Gedanken, sentimentale Selbstbemitleidung, Wortruinen, die sich in Zeilen übergreifendem Gekrakel verloren. Immerhin fand ich den Eintrag, dass Ming und ich Hongkong an diesem Tag mit Ziel Bangkok verlassen hatten. Die Sicherheitskontrolle vor dem Abflug war mir eine weitere Anmerkung wert. Zitat: »... die Passagiere mussten eine entwürdigende Leibesvisitation über sich ergehen lassen. Alle Taschen wurden entleert und ihr Inhalt von neugierigen Zöllnerinnen befummelt. Meinen persönlichen Heroinvorrat hatte ich diesmal in einem kleinen Porzellanpenis mit abschraubbarer Eichel versteckt. Die Sicherheitsbeamtin hob das obszöne Objekt mit spitzen Fingern aus dem Kulturbeutel und legte es kommentarlos zurück, dann wurde ich vom Kragen bis zu den Socken abgetastet.

»Sie sollten sich was schämen!«, platzte es aus mir heraus.

Aber alles, was sie dazu anmerkte, war, dass sie bloß ihre Pflicht tue. Klar, alle tun bloß ihre Pflicht, aber niemand fragt sich, was das denn für eine Pflicht ist, die sie dem Staat angeblich schulden, und wo er herrührt, dieser blinde Gehorsam, der Würde und Freiheit des Reisenden einschränkt. Ich erinnerte mich an das Büchlein »Über die Pflicht zum Ungehorsam gegen den Staat«, ein Essay von Henry Thoreau, geschrieben in der Mitte des 19. Jahrhunderts, in dem er das Verhältnis des Staates zum Individuum einer kritischen Prüfung unterzieht. Werinher hatte es seinerzeit dabei, als wir zusammen Koh Samui besuchten: Sei ungehorsam und leiste Widerstand!

Das Take-Off von Kai Tak erfolgte wenig spektakulär über die Südschneise, vorbei an der Insel Lantau und weiter entlang der Südküste von Hainan. Bei Da Nang überflogen wir die vietnamesische Küstenlinie, dann über die Berge, aus denen heraus Ho Chi Minh einst die Franzosen und später die Amis bekämpft hatte. Später erhaschten wir einen Blick auf die Südprovinz von Laos, aber da ging die DC-10 schon in den Sinkflug über.

In Bangkok holte uns eine Limousine der Familie ab und brachte mich ins Hotel Dusit Thani.

Am nächsten Morgen kamen Ming und seine Freundin Toi im Hotel vorbei. Sie nahmen mich zum Essen mit nach Pratunam, dem Markt, den ich zuletzt mit Guni besucht hatte. Wir saßen an einem runden Tisch im Schatten einiger Stoffbahnen, anders war es dort nicht auszuhalten. Unter dem Tisch faulenzte ein Hund, einer der wenigen satten Köter der Stadt, jedenfalls hob er kaum den Kopf, als wir Platz nahmen. Ming berichtete, dass Paco angerufen habe. Er sei in der Stadt und wohne im White Inn, dem kleinen Hotel, in dem ich schon oft mit ihm abgestiegen war. Aus Sicherheitsgründen mied ich das White Inn seit einiger Zeit, denn die Lage dort hatte sich geändert, seit Odt mir das kleine Hotel vor Jahren empfohlen hatte. In jüngster Zeit tauchte immer wieder Polizei im White Inn auf und durchsuchte die Zimmer verdächtiger Gäste.

Ich beschloss, meinen Freund zu überraschen. Von einem Tuk-Tuk-Fahrer ließ ich mich nach dem Essen zur Soi 4* bringen.

Ich traf Paco unter Palmen dösend am Pool. Wie meist, wenn er in Bangkok war, in Begleitung einer hübschen Einheimischen. Ohne zu zögern umarmten wir uns, der Konflikt vom vergangenen Jahr war endgültig begraben.

Paco kam gerade aus Bali und war auf dem Weg nach Europa. Wie üblich, wenn wir uns länger nicht gesehen hatten, tauschten wir uns darüber aus, was sich in der Zwischenzeit ereignet hatte: Paco hatte während der letzten Monate versucht, mit seinen kolumbianischen Freunden ins Geschäft zu kommen. Das Problem war, in Kolumbien wurde nur in großen Dimensionen geplant, kleine Deals waren dort nicht zu machen. Und um zehn Tonnen Marihuana zu schmuggeln, benötigte man ein gewisses Kapital, sonst blieb man außen vor.

»Hast du auf Bali mein Haus gesehen?«, wollte ich von ihm wissen.

»In erster Linie habe ich es gehört«, lachte er. »Ich bin diesmal nämlich im *Three Brothers* abgestiegen, wo ich jeden Morgen um Punkt sechs von deinen Bauarbeitern geweckt wurde.« Das *Three Brothers Inn* bestand aus einem Dutzend Bambushütten, die weiträumig in einem Park verstreut lagen, und es grenzte direkt an das Land der Familie Agung.

»Wie weit sind sie denn mit dem Bau? Ich bin nämlich auf dem Weg dorthin.«

»Soweit ich mitbekommen habe, ist es fast fertig. Türen und Fenster fehlten noch. Willie, der Chinese, ist mit den letzten Installationen von Küche und Bad beschäftigt. Du erinnerst dich? Der

* ehemals Kanäle, heute Nebenstraßen

dicke Willie aus Denpasar, dem auch das Restaurant an der Straße zum Flughafen gehört.«

Klar, an Willie erinnerte ich mich. Er hatte mir von den Pogromen im Jahr 1968 erzählt, als er und seine Frau mit knapper Not aus Jakarta entkommen waren.

»Wo hast du ihn getroffen?«

»Auf der Baustelle letzte Woche. Ich wusste gar nicht, dass er neben dem Restaurant auch noch eine Firma in Denpasar besitzt«, sagte Paco. »Er ist zwar einer der reichsten Männer von Bali, aber sein Herz macht nicht mehr lange mit.«

»Was hat er denn?«

»Schon zwei Infarkte. Den nächsten, so sein Arzt in Singapur, wird er nicht überleben. Und als ich den Mann ansah, wusste ich, der Arzt hat Recht. Der Willie wiegt um die 150 Kilo. Das macht ein krankes Herz nicht lange mit.«

»Täte mir leid um ihn, er ist nämlich ein patenter Kerl. Humorvoll und vor allem großzügig!«

Tatsächlich lebte Willie noch 13 Jahre mit seinem großen Herzen, ehe er 1995 starb.

Ich nahm mir vor, ihn zu besuchen, sobald ich in Bali ankäme.

»Und sonst? Wo hast du dich in den vergangenen Monaten herumgetrieben?«, wollte ich wissen.

»Bei Enrico in Deutschland und den Winter über bei Elsa in Kolumbien.«

»Was macht unser Freund Osiris?«

»*Como siempre*. Er lebt nach wie vor mit Marisa und den Mädchen in Gaira. Er hat sich nach dir erkundigt.«

»Würde ihn gerne wieder mal besuchen. Einer der coolsten Burschen, die ich je kennengelernt habe.«

»Ich bin sicher, im *El Cisne* ist jederzeit ein Platz für dich. Osiris erzählt immer noch von der Reise nach München, nachdem er in Miami knapp dem Zoll entkommen war.«

»Hat er dir auch die Geschichte erzählt, als wir zusammen in München im Puff waren?«

»Daran kann ich mich nicht erinnern. Was war daran Besonderes?«

Ich berichtete Paco, wie ich seinerzeit mit Osiris den Puff an der Landsberger Straße besucht hatte, bei dem er ein paar gekaufte Streicheleinheiten und ich ein paar Blessuren davongetragen hatte.

»Ich glaube, du hattest sie mir mal erzählt«, grinste Paco. »Aber ich habe auch eine Geschichte zum Thema Sex und Leiden. Willst du sie hören?«

»Klingt nach Sado-Maso! Ich bin ganz Ohr.«

»Vergangenen Herbst, auf der Fahrt von Lohr nach Barcelona. Irgendwo in der Nähe von Lyon wurde ich müde und verließ die Autobahn, um mir einen Platz zum Schlafen zu suchen. Nach ein paar Minuten Landstraße fand ich ein Hotel, einen Landgasthof, der schon bessere Zeiten gesehen hatte. Das Restaurant war geschmackvoll eingerichtet, das Essen gut und teuer, und einen guten Beaujolais hatten sie auch. Da ich auf einmal wieder wach war und keine Lust hatte zu lesen, lud ich die Barfrau auf einen Absacker ein. Wir kamen in Stimmung und ich blieb sitzen, bis alle Gäste fort waren und die Frau das Licht löschte. Ihr Name war Chantal.«

»Chantal ist ein schöner Name. Ich kannte auch mal eine Chantal. Überhaupt haben die Französinnen schöne Namen: Elodie, Veronique, Virginie, Amélie …«

»Willst du nun meine Geschichte hören oder mir weiter französische Namen aufzählen?«, unterbrach mich mein Freund. »Also, wie du dir denken kannst, landeten wir im Bett. Die Sache wäre nicht weiter erwähnenswert, hätte uns die Patronin des Hotels nicht erwischt.«

»Wie hat man sich das vorzustellen?«, fragte ich verwundert.

»Nach dem Sex rauchten wir einen Joint – Enrico hatte mir guten Stoff mitgegeben – und wie das oft so ist, bekamen wir gegen vier Uhr morgens Hunger. Chantal hatte den Küchenschlüssel und so schlichen wir hinunter und machten uns über den Kuchen im Kühlfach her. Dummerweise hatte die Alte gehört, wie die Holztreppe knarrte, jedenfalls ging in der Küche plötzlich das Licht an und Madame stand im Morgenrock in der Tür. Kannst du dir die Szene vorstellen? Chantal im Schlüpfer, ich in Unterhose und Socken, bekifft lachend, beide mit einem Apfeltörtchen in der Hand und einem zweiten in den Backen.«

»Und weiter …«

»Unter dem Gezeter der Alten liefen wir nach oben und schlossen die Tür hinter uns zu. Am nächsten Morgen wurden wir früh geweckt. Der Patron stand draußen und forderte uns auf, zu verschwinden. Ich musste den Kuchen bezahlen, und Chantal verlor ihren Job. Bis Mittag hatte sie ihr Zimmer geräumt und dann waren wir unterwegs nach Süden. Sie stammte aus Marseille und so bot ich ihr an, sie dorthin zu bringen.«

»Klingt nach 'ner coolen Braut, diese Chantal«, stellte ich fest.

»Das ist sie auch. Aber die Geschichte geht noch weiter, sie fängt eigentlich erst richtig an«, Paco grinste mich an.

»*Cuentame!* Lass hören!«

»Wir kamen also nach vier Stunden Fahrt in Marseille an. Chantal schlug mir vor, noch eine Nacht bei ihr zu bleiben und meine Reise am nächsten Tag fortzusetzen. Sie hatte zuletzt bei ihrem Ex in einem Vorort gewohnt, aber je mehr sie mir von diesem Typen erzählte, umso stärker wurden meine Zweifel, ob ich diesen Menschen wirklich kennenlernen wollte. Chantal spekulierte, dass es eine Chance gebe, dass der Kerl gerade im Knast sei, aber dem war nicht so. *Le Mec*, so nannte sie ihn, war erstens daheim, zweitens Zuhälter und zudem ziemlich schlecht gelaunt. Jedenfalls kam Chantal nach zwei Minuten fluchtartig zu mir zurück – ich hatte auf der Straße im Auto gewartet – und vorbei war's mit der kostenlosen Übernachtung. Fakt war, sie hatte selbst keine Bleibe in der Stadt. Immerhin kannte sie ein paar Kneipen im Hafenviertel, wo wir bei einer Flasche Ricard versandeten. Als wir auf die Straße traten, beide mehr als beschwipst, klärte sich im Osten schon der Himmel auf. Um uns zu verabschieden, dirigierte sie mich in den Hafen, wo ich den Wagen im Schatten einer Containerwand parkte. Dann zog sie ihren Slip aus, ich klappte die Rückenlehne um, sie öffnete den Gürtel meiner Hose und fing an, hingebungsvoll an mir zu nuckeln. Ich lehnte mich zurück und genoss, was Chantal offenbar am besten beherrschte.«

Ich hatte keine Probleme damit, mir die Szene vorzustellen. Erinnerungen an Zeiten tauchten auf, als Sex auf schmalen Autositzen bei jungen Leuten üblich war.

»Als sie auf mich kletterte, muss sie mit dem Knie an die Handbremse gekommen sein«, fuhr Paco fort. »Und weil das Dock leicht abschüssig war, kam der Seat ins Rollen. Bis ich spürte, dass wir in Bewegung waren, war es schon zu spät: Die Karre hatte die Kaimauer erreicht und kippte in Zeitlupe über die Kante ins Hafenbecken. Wir fielen vier Meter tief, bis der Wagen auf dem Wasser aufschlug und binnen einer halben Minute versank. Selten hatte ich meine Hose schneller oben als im Hafenbecken von Marseille. Ich gab Chantal Anweisungen, wie sie sich zu verhalten habe und versprach ihr, dass ich sie aus dem Wagen befreien würde. Wir öffneten die Seitenscheiben, damit der Innenraum sich gleichmäßig mit Wasser füllte und warteten, bis wir den Grund erreicht hatten. Das alles geschah in völliger Dunkelheit.«

»Unglaublich!«

»Sobald wir unten waren und das Innere des Autos vollgelaufen, tauchte ich durchs offene Fenster nach draußen. Dann tastete ich nach Chantal, bekam ihren Arm zu fassen und zog sie heraus. Wir hielten uns an den Händen und tauchten zügig nach oben.«

»Hat irgendwer die Sache beobachtet?«, wollte ich wissen.

»*Dios*«, grinste Paco. »Wer außer Gott sollte uns beobachtet haben, nachts im Containerhafen? Wir hatten anschließend fünf Minuten zu schwimmen, bis wir eine Treppe entdeckten und dann zehn Minuten zu laufen, ehe wir ein Taxi fanden, das uns in ein Hotel brachte. Wir waren halbnackt, denn unsere Klamotten lagen ja zum Teil im Auto.«

»Und was war mit dem Auto?«

»Dessen Bergung wurde am nächsten Tag von der Hafen-Kommandantur organisiert. Die Karre war praktisch nicht mehr zu gebrauchen. Ich überließ sie einem Schrotthändler.«

»Und Chantal?«

»Die kam mit mir. Wir fuhren im Zug bis Perpignan, dort hatte sie Verwandte, bei denen sie unterkommen konnte. Der Cousin oder war es der Schwager, jedenfalls ein junger Mann aus der Verwandtschaft brachte mich dann in seinem Renault nach Gerona.«

»Hast du sie seither wiedergesehen?«

»Nein. Kurz danach flog ich zu Elsa nach Kolumbien. Dort hatte es wieder einen Überfall der rechten Milizen auf die Landbevölkerung gegeben. Die schaffen es einfach nicht, Frieden zu schließen.«

»Wer ist die?«, fragte ich.

»Turbay Ayala, der Präsident.«

»Nicht bloß in Kolumbien herrscht Krieg. Schau dich um, es ist überall das Gleiche.«

Zuweilen erörterten wir die politische Lage der Welt, die ökologische Lage des Planeten oder die Auswirkungen des Kolonialismus auf das heutige Europa. Die großen Probleme waren damals schon erkennbar, was der Club of Rome Anfang der Siebziger schon herausgefunden hatte, aber die damals in der Verantwortung stehenden Eliten maßen den geo-ökologischen Phänomenen nicht die erforderliche Bedeutung bei; neue Vokabeln geisterten durch die Nachrichten: Polkappenschmelze (Originalton Franz-Josef Strauß *So ein Schmarrn*), Ressourcenverknappung, Verschmutzung der Meere, und Cap Anamur (immer noch aktuell die *boat people*), die Mächtigen unternahmen nichts dagegen. Paco und Angel hingegen sahen die Zukunft der Erde mit großer Skepsis. In *»Can Tieta«**, seinem Haus auf Ibiza, lag eine zerfledderte Ausgabe der Club of Rome-Studie *»Los límites del crecimiento«*, mir damals unter dem deutschen Titel »Die Grenzen des Wachstums« geläufig. Paco (und auch Angel) hatten diese frühe Streitschrift der Ökologie gelesen und waren ziemlich beeindruckt. Ich hatte vor, mir den Bericht zu besorgen und mit nach Bali zu nehmen.

»Um nochmals auf den Europareisenden Osiris zurückzukommen?«

»Der hat seine sieben Frauen zu versorgen«, sagte Paco. »Der kann froh sein, dass er mir damals im Bus den Geldbeutel gerettet hat. Daran siehst du, wie vorteilhaft es ist, den Leuten zu helfen. Was hat der Osiris schon alles wegen uns erlebt!«

»Alles Karma«, schmunzelte ich.

»Ja ja, die Inder und ihr Karma. Kaum war ich in Rodadero eingetroffen, traf ich dort einen Typen, den ich aus unseren Anfangszeiten auf Ibiza kannte, Rodolfo, falls du ihn mal kennengelernt hast.«

---

* Haus der Tante

»Glaube nicht.«

»Jedenfalls waren er und sein Partner aus Tampa interessiert, ein paar Kilo Koks zu kaufen.«

»Und? Konntest du ihnen weiterhelfen?«

»Konnte ich, mit Osiris' Hilfe.«

»Und, sind sie mit dem Zeug sicher in den Staaten angekommen?«

»Sind sie. Und bezahlt haben sie mich auch«, fügte er mit unüberhörbarem Hintergedanken an.

»Dann geht's dir also gut«, stellte ich fest.

»Nicht so gut wie dir.«

»Die innere Befindlichkeit zweier Menschen kann man schwer miteinander vergleichen. Schließlich gehört ja dazu mehr als bloß die wirtschaftliche Lage.«

»Da hast du Recht. Wie ich sehe, spielst du immer noch mit dem Feuer.«

Es war ihm also nicht entgangen, dass ich nach wie vor Heroin konsumierte. Paco war einer der wenigen Freunde, mit denen ich offen über meine Sucht sprach, kein Grund, ihm etwas vorzumachen.

»Stimmt. Ich habe eingesehen, dass es ohne Therapie wohl nicht gelingt. Sobald ich wieder in München bin, werde ich mich darum bemühen.«

Von den vielen diesbezüglichen Gesprächen desillusioniert, begnügte er sich mit einem skeptischen Blick. Ich vermutete, dass er den Glauben an mich aufgegeben hatte, jedenfalls drang er nicht weiter in mich ein. Paco schlug zum Abschied einen Besuch im Massagesalon an der Petchburi-Road vor. Ich war dabei.

Der gemeine thailändische Tuk-Tuk-Chauffeur sprach kaum ein Wort Englisch, dafür hatte er aber die Adressen aller Coffee-Sex-Shops, Girlie Bars und Massagesalons abgespeichert. Unser Mann benötigte keine Sekunde, sich in Bewegung zu setzen, nachdem Paco ihm den Namen »Atami-Massage« genannt hatte. Mit knatterndem Motörchen und blauer Abgaswolke drängte er sich in den laufenden Verkehr, und um sich noch einmal zu vergewissern, drehte er sich um und stellte fest: »New Petchburi Road 1573.«

»Bingo«, nickte Paco. »Und nimm die Straße durch den Lumpini-Park!«

Das war das Signal, dass wir uns auskannten in der Stadt und dass es zwecklos wäre, auch nur den geringsten Versuch zu unternehmen, durch lange Umwege einige Baht extra zu ergaunern. Der Mann grinste schelmisch und gab Gas. Vor uns lagen drei Kilometer dichter Stadtverkehr, und bei der Luft, die wir unterwegs einatmeten, konnte man sicher sein, dass sie zuvor schon durch mehrere Motoren und Auspuffe geströmt war. Das Thermometer war dabei, auf einen Wert jenseits der 30 Grad Celsius zu klettern.

Der Atami-Massagesalon lag im Hinterhof eines Geschäftsgebäudes, innen so klimatisiert, dass es einen fröstelte. Ein Rezeptionist erhob sich von der Plastikcouch im Foyer und versuchte mit Röntgenblick unsere Potenz einzuschätzen, die pekuniäre, versteht sich. Von den Arbeiterinnen war nichts zu sehen, sie waren im ersten Stock versammelt. Auf der Treppe nach oben erkundigte der Mann sich nach unseren Wünschen, vielleicht Sonderwünschen.

Zwei Dutzend junge Frauen saßen hinter einem Schaufenster auf einer Stufentribüne und vertrieben sich die Langeweile vor dem Fernseher. Ein paar von ihnen lasen, eine sogar ein Buch. Jede trug ein Schildchen mit einer Nummer auf der Bluse. Erwartungsvoll blickten sie auf, als Paco und ich vor die Scheibe traten.

»Ich kann ihnen die Nummer 32 empfehlen«, sagte der Manager. »Sie spricht Englisch.«

Nicht ganz unwichtig, von einer jungen Frau massiert zu werden, mit der man sich dabei unterhalten kann, mir jedenfalls ging das so. Paco setzte andere Prioritäten. Er deutete auf ein molliges Mädchen und wollte wissen, ob die Dame Ganja rauche. Verlegen grinste der Kerl, als habe er die Frage nicht verstanden, aber Paco setzte nach.

»Ich möchte eine Dame, mit der ich nach der Massage einen Joint rauchen kann«, brachte er den Verkäufer ins Schwitzen. Offiziell wurde in Bangkok nicht gekifft, Kifferinnen unter den Frauen konnten den Ruf eines Hauses rasch ruinieren, schließlich bestand die Mehrzahl der Kunden aus sattelfesten Trinkern, die von anderen Drogen nicht viel hielten.

»Ich denke, ich habe da was für Sie«, sagte der Mann. »Die Nummer 17.«

Ich entschied mich für Noi, die ich von meinem letzten Besuch schon kannte.

»*Number 40 and number17*«, sprach der Manager ins Mikrophon, und sogleich huschte ein Lächeln über die Gesichter Nummer 40 und Nummer 17. Sie erhoben sich, gewiss ein wenig stolz, unter all ihren Kolleginnen ausgewählt worden zu sein. Wenig später standen die Damen mit Handtüchern und Seifenschalen im Arm neben uns auf dem Flur. Wie überall auf der Welt war in diesem Gewerbe Vorkasse üblich. Der Mann kassierte die Gage und verschwand nach unten, während wir die Damen auf die Zimmer begleiteten.

Noi trug die Haare hochgesteckt, sie lächelte und schien sich an mich zu erinnern. Man soll Dienstleistungen großzügig belohnen, daran erinnern sich die Leute, das garantiert gute Laune und eine Vorzugsbehandlung beim nächsten Mal. Noi ließ Wasser in die Wanne plätschern, glättete ein Frotteetuch über die Massagebank und entkleidete sich. Dann kam sie zu mir herüber und löste die Schnürsenkel meiner Schuhe …

Zwei Stunden später traf ich Paco unten in der Lobby im Gespräch mit einem Taxifahrer.

»Der Typ kennt einen Laden, wo Sexakrobatik vorgeführt wird. Was hältst du davon? Angeblich können die Weiber dort mit den Schamlippen Flaschen mit Kronkorken öffnen!«

»Wozu soll das gut sein?«, fragte ich irritiert. »Mir reicht es, wenn sie ihre Muschi dazu einsetzten, meinen Pinsel anzufeuchten.«

»*Claro,* aber das eine schließt ja das andere nicht aus, oder?«

»Vielleicht ein andermal. Ich habe für heute genug Kultur gesehen«, sagte ich.

»Kultur?«, fragte Paco.

»Erotikkultur, Massage, Körperkultur.«

»Interessant, dass du das sagst. Mir kam der Gedanke, dass Sex von guter Qualität eine Art von Kultur ist, auch schon mal; ähnlich den Künsten, Wein herzustellen oder eine raffinierte Mahlzeit zu kochen. Viele der Asiatinnen sind in erotischen Dingen jedenfalls erheblich gebildeter als die katholische spanische Küchenschabe.«

»Wenn man die Massage als eine Kunst ansieht, bei der übergangslos zum Vorspiel gewechselt wird, dann hast du sicher recht. Ich habe den Eindruck, die Thais haben uns in puncto Sex einiges voraus …«

»Nicht bloß die Thais, auch die Japaner«, warf Paco ein. »Die katholische Kirche hat uns, was freie und lustbetonte Erotik angeht, den Weg verlegt. Meine Ex, die Dame, mit der ich sieben Jahre verheiratet war, hat mir in all den Jahren nicht so gutgetan, wie dieses Mädchen in den letzten zwei Stunden.«

»Sorry, *hermano*, daran trägst du sicher Mitschuld. Du hattest sieben Jahre Zeit, dich mit ihr zu arrangieren!«

»Das sagst du so einfach. Aber mit Juana konnte man nicht mal über Sex reden. Wenn ich tagsüber zu ihr sagte, ›Schatz, geh und wasch dir mal die Schnecke, und anschließend kommt meine Zunge dich besuchen!‹, wurde sie verlegen und schämte sich, weil ihr Mann so ein Ferkel war.«

»Wer kennt das nicht? Das mag ich so sehr an Nora. Sie war mal eine Hure, die der Sache offen und pragmatisch gegenüberstand. Der kannst du sagen: ›Ich bin gerade so geil, hast du nicht Lust, mir einen zu blasen?‹ und Nora macht sich unverzüglich an die Arbeit.«

»Aber nicht umsonst!«, stellte Paco fest.

»Mag sein. Aber was gibt es schon umsonst, *hermano*? Gratis war bloß der Urknall. Sogar die Götter präsentieren uns am Ende eine Rechnung«, spekulierte ich und wechselte das Thema.

»Wann, sagtest du, fliegst du nach Frankfurt?«

»Morgen früh geht meine Maschine. Ich werde wohl ein, zwei Wochen bei Enrico und Rainbow in Lohr verbringen.«

»Wenn du Lust hast, komme ich nächste Woche dort mal vorbei und wir können Geschäftliches besprechen. Ich hatte dir ja gesagt, dass ich mit den Geschäften in Amerika aufhören möchte. Die Sache am Flughafen von Windsor hat mir zu denken gegeben. Wenn ich da drüben noch einmal auffallen sollte, steht es schlecht um mich. Andererseits ist es schade, so eine gut eingespielte Connection einfach verkommen zu lassen. Du könntest da weitermachen, wo ich aufgehört habe?«, schlug ich vor.

»Schau'n wir mal. Du kannst mich ja bei Enrico anrufen, wenn du kommst. Wann denkst du, dass du in Deutschland bist?«

»Ich fliege morgen nach Bali, bleibe dort eine Woche, mache anschließend ein paar Tage in Bombay bei Rashid halt, und danach fliege ich nach München.«

»Ruf mich an, wenn du daheim bist!«

»So machen wir's.«

Wir umarmten uns zum Abschied. Den Schuppen mit dem Akrobatensex hoben wir uns für ein andermal auf, stattdessen brachte der Taxifahrer Paco zum White Inn. Es war der späte Nachmittag, in einer Stunde würde es dunkel werden. Ich beschloss, den Weg zum Hotel Dusit Thani zu Fuß zurückzulegen. Unterwegs machte ich mir Gedanken darüber, ob die Spanier ihrem König deshalb so vertrauten, weil sie so lange von einem Drecksack regiert worden waren, dem niemand vertrauen konnte. Ein gewisses Grundvertrauen muss der Mensch schon in seine Regierung haben, überlegte ich, ansonsten bringt das Leben zu viel Stress mit sich.

Meine spanischen Brüder vertrauten ihrem König Juan-Carlos. Wenn man hinhörte, wie respektvoll Paco die Worte *»el Rey«* aussprach, ahnte man, wo er sich kulturell verortete: Auf all den Reisen in ferne Länder, die wir zusammen unternahmen, vergaß er nie, dass er Spanier war. Und er betrachtete sich als *Caballero,* womit er die Messlatte hoch gelegt hatte. Paco war ein Mann, dem Ehre und Moral zeitlebens etwas bedeutet haben. Und wenn mir jetzt ein Moralapostel entgegenhält, wie das denn zusammengehe, ein Ehrenmann und ein Heroinschmuggler, so kann ich ihm bloß raten, sich die Menschen anzusehen! Dostojewskij oder Balzac, oder den alten Homer zu lesen, und man sieht, was bei uns Menschen alles zusammengeht. Im Übrigen glaubte Paco an das Leben, an die Kunst und an die Freundschaft, und er liebte die Menschen. Drogenhandel hatte für Paco mit Moral nichts zu tun. Angesichts der Millionen von Menschen, die heutzutage mit Drogen zu tun haben, müsste man ein vernichtendes Urteil über sie fällen, wären sie so verderbt und charakterlos, wie gewisse Politiker und Journalisten es ihnen unterstellen. Paco war ein anständiger Mensch, selbst wenn das wie ein Versuch anmutet, einen Charakter mit Tugend zu versehen. Paco Carrillo war ein kerzengerader *Caballero,* dem nichts fremder war als Lug und Trug. Wobei das eigentlich gar nicht betont werden muss, denn ich kenne niemanden, der Gegenteiliges von ihm behauptet hätte.

Auf Ibiza hatte er ein Buch geschrieben, in dem er einige seiner Gedanken dargelegt hatte, die ihn im Zusammenhang mit dem damaligen Zeitgeist umtrieben. Der Titel lautete »*Una alfombra para un angel*« (Ein Teppich für einen Engel). Darin rechnete er mit all jenen ab, die die spanischen Küsten mit Hotels zubetonierten und die Abwässer ungeklärt ins Meer leiteten. Er selbst hatte ein paar Jahre lang sein Geld damit verdient, ehe er den Wahnsinn erkannte, ausstieg und dieses Buch schrieb. Balearische Politiker, die er mit seinen Vorstellungen eines sanften Tourismus mit ökologischer Abfederung konfrontierte, winkten ab. Sobald meine Spanischkenntnisse es erlauben würden, wollte ich den Roman lesen. Ein ganz besonders ärgerliches Ereignis verhinderte das allerdings: Ein Bekannter Pacos auf Ibiza, bei dem er eine Kiste Papiere und Manuskripte deponiert hatte, verbrannte alles im Rahmen einer Aufräumaktion. Aber das ist eine andere Geschichte. Eine letzte Kopie von »*Una alfombra para un angel*« sollte sich angeblich noch bei Osiris in Kolumbien befinden.

Am nächsten Tag flog Paco zurück nach Europa und ich buchte meinen Flug nach Bali. Wie üblich, musste ich wegen des Visums in Singapur Station machen. Man konnte zwar auf jeder indonesischen Botschaft der Welt ein Visum bekommen, aber überall dauerte das Tage, wenn nicht gar Wochen. Außer eben in Singapur, wo man den Stempel in zwei Tagen erhielt und wenn man ein paar Dollar zu investieren bereit war, auch schneller.

In Singapur ließ ich mich zum Cairnhill bringen, dem Hotel, in welches ich seinerzeit die Mädchen im Cadillac gebracht hatte. Mit Francis und Tony stand ich nach wie vor in Verbindung. Ich rief sie an, und wir verabredeten uns für den Abend zum Essen auf einem der zahlreichen *Nightmarkets*. Nachdem ich das Visum beantragt hatte, nahm ich eine Rikscha, um ein wenig zu bummeln. Mister Loo schlug vor, den Botanischen Garten zu besuchen. Unterwegs erzählt er mir einiges zur Geschichte der Stadt während des Krieges, als Singapur von den Japanern besetzt war. Das überraschte mich, denn ich hatte keine Ahnung, dass auch in dieser Gegend der Welt Krieg geführt worden war. Von Loo erfuhr ich, dass die japanische Besatzung drei Jahre gedauert hatte. Im Lager Changi sollen tausende Gefangene interniert gewesen sein, und die Lager der Japaner waren nicht ohne. »Die Brücke am River Kwai!«, noch Fragen? Hunger, Folter und Krepieren waren an der Tagesordnung. Mister Loo zeigte mir das Bein mit den Narben. Inzwischen war er fast siebzig, trat aber in die Pedale wie ein Siebzehnjähriger. Gegen Ende unserer Exkursion hatten wir genug Vertrauen zueinander gefasst, dass ich es wagte, ihn zu bitten, mir eine Opiumkugel zu besorgen. Erst zögerte er, setzte mich aber dann in der Nähe des Orchard Plaza Shopping Centers ab und forderte mich auf, dort auf ihn zu warten. Nach einer knappen Stunde war er zurück und brachte mir tatsächlich ein Kügelchen mit. Wenn man bedenkt, dass er sich im Falle einer Entdeckung durch die Polizei ein Dutzend schmerzhafte Stockschläge eingehandelt hätte, konnte ich bloß den Hut vor dem Mut des alten Loo ziehen. Ich gab ihm ein gutes Trinkgeld und er fuhr zahnlos lachend davon.

Das beste Essen in Singapore gab es auf den Nachtmärkten, die ich zuvor schon mit Guni besucht hatte. Wir aßen frische Muscheln und Steinkrabben, und sie berichteten mir unterdessen, wie sich ihre Geschäfte entwickelten. Die thailändischen Mädchen hatten immer Arbeit, die Unwägbarkeit bei dem Ganzen stellte die Polizei dar, die scheinbar nichts Wichtigeres zu tun hatte, als die Kreise im Rotlichtmilieu zu stören. Es verging kaum eine Woche, dass sie nicht auftauchten, um die Dirnen zu verhaften und nach Malaysia abzuschieben.

Nach dem Essen nahmen mich die Burschen mit ins Kino. Es handelte sich um einen Kung-Fu-Film, in dem die Konflikte nach uralter chinesischer Manier gelöst wurden. Im Anschluss an den Film, auf der Straße vor dem Kino, spielten einige bis in die Haarspitzen motivierte Zuschauer die Kampfszenen nach, die sie zuvor im Film gesehen hatten. Ich entdeckte sogar eine Kämpferin, die ihrem körperlich überlegenen Gegner gerade das Fürchten beibrachte. Francis und Tony verabschiedeten sich, nicht ohne sich zu erkundigen, ob ich Lust auf eine Begleiterin für den Rest des

Abends hätte. Wie schon mehrfach gestanden, haben Leute, die Heroin konsumieren, wenig Spaß am Sex. Also lehnte ich ab.

Stattdessen beschloss ich, den Abend an der Bar des Raffles-Hotels ausklingen zu lassen. Dort hatte ich jedes Mal, wenn ich in Singapur Station machte, ein paar Cocktails genossen und auch diesmal schaute ich am letzten Abend dort vorbei. Ich saß mit dem Rücken zum Tresen, den Drink in der Hand, als ein großer blonder Mann in Begleitung einer kleinen blonden Frau die Bar betrat. Irgendwo, so kam es mir vor, war ich den beiden schon einmal begegnet, aber noch ehe ich Klarheit gewann, hatten sie mich entdeckt und kamen freudestrahlend auf mich zu. Eric und Debbie, die Surfer aus Maui waren auf einer Fernostreise mit Ziel Java, wo es ähnlich große Wellen zu reiten gab wie auf Hawaii. Während unserer ersten Hawaii-Reise hatte ich Mauricio bei ihnen getroffen und anschließend waren wir zusammen gesegelt, getaucht und hatten so manche Fete gefeiert. Den beiden hier zufällig zu begegnen, machte mich einen Moment sprachlos.

»Wo kommt ihr denn her?«

»Direkt von Hawaii. Wie geht es Mauricio?«, wollte Eric wissen, während Debbie sich nach Lisa erkundigte.

»Mauricio habe ich lange nicht gesehen. Soviel ich weiß, lebt er in Kolumbien, wo er einen Job in einem Hotel in Cartagena angenommen hat.«

»Und wo hast du deine Frau gelassen?«

»In München. Sie kümmert sich um die Kinder.«

»Wie viele habt ihr denn inzwischen? Damals hattet ihr einen Jungen, wenn ich mich recht entsinne. Hat der nicht einen spanischen Namen?«, fragte Debbie.

»So ist es. Santiago. Inzwischen hat er eine kleine Schwester, Mirabell. Im Mai wird sie zwei«, berichtete ich. »Und ihr beiden? Noch keine Kids?«

»Noch nicht. Wir wollen erst noch ein paar Jahre surfen und reisen, da wären Kinder bloß im Weg.«

Eric und Debbie luden mich zu einem Singapore-Sling ein, ein Getränk, welches, wie schon einmal erwähnt, angeblich in dieser Bar erfunden worden war. Es gab viel zu erzählen, denn seit Januar 1979 hatten wir uns nicht gesehen. Ehe ich mich verabschiedete, tauschten wir die neuen Adressen aus, getroffen haben wir uns danach allerdings nie mehr.

Am darauffolgenden Morgen holte ich als erstes meinen Pass mit dem Visum ab. Dann checkte ich im Cairnhill aus und bat Francis, mich zum Flughafen zu bringen.

4.22 Rückkehr nach Bali

Im Flugzeug nach Bali lernte ich einen gleichaltrigen Amerikaner kennen, der mich mit einer ziemlich abgefahrenen Geschichte unterhielt. Sein Name war Gipper. Auf einer früheren Reise hatte er die Enkelin des letzten Rajas von Amlapura »kennengelernt«. Sie hörte auf den schönen Namen Mira und Gipper war unterwegs, sie zu heiraten. Die beiden lebten in der ehemaligen Fürstenresidenz. Die Stadt Amlapura war 1963 beim großen Ausbruch des Gunung Agung, des Berges der Götter, weitgehend zerstört worden. Kein Wunder, der Ort liegt nämlich direkt am Fuß des Vulkans. Laut Gipper war der Palast, den die Balinesen Puri Agung nennen, rekonstruiert worden. Ich versprach, ihn und seine Prinzessin zu besuchen, die Einladung zur Hochzeit konnte ich indes nicht annehmen, denn bis dahin wollte ich längst in München bei meiner Familie sein.

Da auf Bali niemand wusste, dass ich kam, holte mich auch niemand am Flughafen ab. Umso größer war die Wiedersehensfreude, als ich plötzlich bei den Agungs in der Tür auftauchte. Nachdem wir uns umarmt und alle die mitgebrachten Geschenke begutachtet hatten, begleitete Agung mich zum Bauplatz. Als wir näherkamen, fiel mir als erstes auf, wie groß das Haus war. Was im Entwurf in gesunder Proportion zu den umstehenden Palmen zu stehen schien, erwies sich jetzt als weit größer als ich es mir vorgestellt hatte, vor allem viel höher. Die Grundmauern bestanden aus Natursteinen, die Bodenplatte war mit Bruchmarmor ausgelegt, das Obergeschoss bestand aus Teakholz und Bambus.

Der zentrale Raum des Erdgeschosses war ein großes Esszimmer mit Terrasse zum Meer hin, daneben die Küche, ebenfalls geräumig. Durch eine Wand vom Speisebereich getrennt lagen der Hausflur und zwei Gästezimmer. Vom Flur führte eine Doppeltür zum Bad, welches zu einem Drittel überdacht war und zu zwei Dritteln den Himmel frei gab. So wie ich es dem Architekten vorgeschlagen hatte. Diese Badeoase wurde von einer Mauer umschlossen, die später einmal von tropischen Kletterpflanzen begrünt werden sollte. Gegenüber der Badezimmertür lag der Haupteingang, ebenfalls eine Tür mit zwei Flügeln. Schließlich führte vom Hausflur eine geschwungene Holztreppe in den ersten Stock hinauf.

Die Arbeiter waren gerade dabei, die Planken des Fußbodens auf die Balken zu nageln, drei Zentimeter dicke Bohlen aus Teak. Hier oben befand sich das Wohnzimmer, gleich dahinter das Schlafzimmer sowie ein geräumiger Balkon. Von diesem Balkon führte eine Brücke hinüber zum Wasserturm, ein Monstrum aus Stahlbeton, welches in auffälligem Kontrast zu dem aus Holz und Bambus bestehenden Obergeschoss stand.

Agung erklärte mir die Notwendigkeit, den Turm zu betonieren, denn der in Höhe des Daches installierte Wasserbehälter fasste mehr als zweitausend Liter. Direkt unter diesem Turm war ein Brunnen gegraben worden, in dem sich das Grundwasser sammelte, welches vom Meer her durch den Sand sinterte. Daraufhin schlug ich vor, den Wasserturm auf die Giebelhöhe des Hauses zu erhöhen, um oben eine überdachte Hochterrasse zu bauen, die über eine Treppe zu erreichen wäre. Am Ende ähnelte die Konstruktion einem Wachturm an der innerdeutschen Grenze, der einen weiten Blick über die Palmwipfel und die Anlage des benachbarten Bungalowhotels gestattete. Sollte der Strand von Kuta jemals von einem Tsunami heimgesucht werden, so spekulierte ich, der Turm würde dem Wasser standhalten. Gefahr drohte allerdings weniger von einer Flut, sondern seitens der Götter. Wie zuvor schon einmal erwähnt, dulden diese nämlich keine Gebäude, die höher als die Palmen in den Himmel ragen. Das konnte man im vorliegenden Fall zwar nicht exakt feststellen, aber um sicher zu gehen beschloss Agung, den Priester noch einmal zu konsultieren. Die Sache hatte einige Bedeutung, keineswegs wollte er es riskieren, die Götter zu erzürnen. Durch eine großzügige Spende milde gestimmt, befand der herbeigerufene Bramane, dass Haus und Turm im grünen Bereich lägen.

Das Wohnzimmer nahm die ganze Breite und die halbe Länge des 1. Stockwerks ein, ein großer Raum, nach Westen hin offen, der es der vom Meer hereinwehenden Brise erlaubte, das Haus zu kühlen. Bei den tropischen Temperaturen, die selbst in der Regenzeit nie unter zwanzig Grad sanken, waren Fenster überflüssig, der Begriff der Zentralheizung existierte im Vokabular der Balinesen nicht. An der offenen Frontseite befand sich ein Geländer und unter dem überhängenden Strohdach waren Bambus-Rollos befestigt, die im Falle windgepeitschter Regengüsse herabgelassen werden konnten. Ganz oben schließlich, unter dem Dach, war ein weiteres Gästezimmer vorgesehen, welches über eine steile Holztreppe zu erreichen sein sollte.

Aber soweit waren die Handwerker noch nicht. Vorerst waren sie dabei, den Fußboden im Obergeschoss an die Deckenbalken zu nageln, die ihrerseits mit den Grundpfeilern verzapft waren.

Trat man im Erdgeschoss vom Esszimmer hinaus auf die Terrasse, boten sich dem Auge nichts als Palmen und Wiese. Das Meer war wegen der Sanddünen nicht zu sehen, aber man hörte die Wellen, die sich im ewigen Rhythmus auf das Land warfen.

Nachdem wir die Baustelle besichtigt und mit den Arbeitern ein paar Worte gewechselt hatten, schlug Agung vor, ich möge mich bei seinem Nachbarn einquartieren, der eines der besseren Losmen der Insel betrieb. Wir gingen hinüber zum *Three Brothers Inn,* wo ich einen der neueren Bungalows mietete. Das kleine Haus lag unweit unsrer Baustelle. Das Haus nebenan war von zwei Italienern bewohnt. Einer der beiden trug einen Gipsverband am rechten Bein. Massimo war zwei Wochen zuvor mit dem Motorrad aus einer Kurve geflogen und konnte von Glück reden, dass er noch lebte. Motorradunfälle passierten damals auf Bali andauernd, denn die meisten Hippies bewegten sich mit Moto-Cross-Maschinen auf der Insel, nicht selten betrunken, bekifft oder nach dem Genuss magischer Pilzsuppen.

Ich ging zurück zum Haus der Agungs, um mein Gepäck zu holen. Dann zog es mich zum Strand. Ich folgte dem Pfad, der ab und zu einer Palme auswich und am Ende des Waldes in den Sand mündete. Je näher ich dem Strand kam, umso deutlicher wechselte die Brandung ihre Akustik. Klang das Tosen der Wellen vom Haus her wie ein beruhigendes Rauschen, so erinnerte es beim Näherkommen an Wucht und Gewalt, wenn sich die Brecher überschlugen und Tonnen von Wasser auf den Strand werfen, um am Ende – fast möchte man sagen zärtlich – im Sand zu verebben. Im Schatten eines Mangobaumes ließ ich mich nieder. Mein Blick wanderte hinaus übers Meer, hinter dessen Horizont Java liegen musste. Nach einer Weile zündete ich mir eine gewürzte Zigarette an. Im Norden verlor sich der Sandstrand im salzigen Dunst der Küste. Es dauerte, bis ich Vertrauen zum Meer gewann, denn hier am Strand empfand ich die Brandung anfangs als Bedrohung. Mir fiel ein, dass die Balinesen dem Meer misstrauen, weil sie davon überzeugt sind, das Meer sei die Heimat allerlei Unholde, die nichts Gutes im Schilde führten. Soweit wollte ich nicht gehen, aber dass im Meer Gefahren lauern, war mir bewusst, denn es verging kaum eine Woche, in der am Strand von Kuta einmal kein Tourist vermisst wurde. Eine tückische Strömung zog unvorsichtige Schwimmer hinaus, und wenn sie es bemerkten, war es für eine Rückkehr oft zu spät, zu stark war der Sog, der sie hinaus auf die offene See zog, wo sie am Ende ihrer Kräfte ertranken. Eine Weile sah ich einer Kokosnuss zu, die immer wieder von den auslaufenden Wellen über den nassen Sand gerollt wurde. *How long has this been going on?*

Eine Frau mit einem in Tücher gewickelten Bündel kam zügig von Kuta herauf. Lachend rief sie mir etwas zu, doch ich verstand sie nicht, denn der Wind riss ihr die Worte von den Lippen. Als sie vorüber war, sah ich ihre Spur im nassen Sand, bis die nächste große Welle kam und alles schaumig überspülte. Danach war von der Spur der Frau nichts mehr zu sehen.

Ich wurde durstig und beschloss, zum Bungalow zurückzugehen. Inmitten der *Three Brothers*-Anlage gab es ein namenloses Restaurant, welches von einem deutschen Weltenbummler namens Trollo geführt wurde. Die Italiener hatten mir empfohlen, dort zu frühstücken, zumal das *»Ini Ini«** (so nannten die Balinesen den kulinarischen Geheimtipp in Ermangelung eines Namens) internationale Küche anbot. Auf der Karte standen so schmackhafte Speisen wie Strammer Max, *Hash-Brown Potatoes* mit *Eggs Easy Over*, Bircher Muesli und *Pancakes* mit *Maple Syrup*. Zusätzlich bereiteten die balinesischen Köchinnen Gado Gado zu, Nasi Goreng, Satay vom Huhn bis zur Schildkröte, traditionelle indonesische Gerichte eben. Zu trinken gab es Cappuccino, allerlei Tees und Fruchtsäfte, sowie die übliche Palette an Kaltgetränken und Alkoholika.

* Ini bedeutet hier, das Restaurant hieß also »hier hier«

Kaum hatte ich das Restaurant betreten, als ich hörte, wie jemand meinen Namen rief. Es waren Andrea und Klaus, meine Freunde aus Ibiza-Tagen und Ex-Untermieter in Gräfelfing. Ich hatte keine Ahnung, dass sie ihren Urlaub auf der Insel verbrachten, und dass sie ausgerechnet im *Three Brothers* wohnten. Dementsprechend laut und herzlich war die Wiedersehensfreude! Das letzte Mal waren wir uns in München begegnet, wo Klaus als Geschäftsführer eines Nachtclubs die undankbare Aufgabe zugefallen war, mich wegen schlechten Benehmens des Lokals zu verweisen. Deutlicher in Erinnerung war uns die gemeinsame Zeit im Knast von Mallorca, denn so etwas schweißt zusammen.

Ich setzte mich zu den Freunden an den Tisch. Während wir Spiegeleier mit Speck und Roesti aßen, dazu frisch gepressten Saft tranken, berichteten wir uns gegenseitig, was es kürzlich an Erfolgen und an Niederlegen in unseren Leben gegeben hatte. Die beiden hatten vor kurzem geheiratet, Andrea studierte Spanisch und Klaus managte nach wie vor das Sugar Shack. Die Bali-Reise war, wenn ich mich recht entsinne, ihre Hochzeitsreise. Wir verbrachten ein paar Tage zusammen, ehe die beiden nach Yogyakarta auf der Insel Java weiterzogen, wo sie sich Borobudur, eine antike Tempelanlage ansehen wollten.

Nach zwei Tagen – ich hatte mich wieder an die Insel gewöhnt – musste ich zum Telefonieren nach Denpasar, denn in Kuta gab es damals noch kein öffentliches Telefon. Massimo, mein Nachbar im *Three Brothers,* der seine Mutter in Italien anrufen wollte, begleitete mich. Das Gipsbein legte er während der Fahrt auf meinem rechten Oberschenkel ab. Nicht weit hinter Seminyak wurden wir von zwei Polizisten angehalten. Beide barfuß und in Uniform, an denen je zwei Knöpfe fehlten. Der ältere trug ein Abzeichen auf dem Ärmel. Vermutlich wollten sie meinen Führerschein sehen – auf Bali wurden damals keine ausländischen Führerscheine anerkannt. Die Absicht dahinter war, dass jeder Tourist, der ein Motorrad mietete, zuvor einen balinesischen Schein machen sollte. Was jedoch keinen großen Aufwand erforderte: Man füllte ein Formular aus, bezahlte eine kleine Gebühr, und schon erhielt man die Fahrlizenz.

Agung hatte mich wiederholt aufgefordert, mir dieses Dokument zu kaufen, allein, ich fand, es sei nicht nötig, zumal man jeden Polizisten auf der Insel ohnehin mit Kleingeld bestechen konnte. Die Kerle forderten uns auf, abzusteigen und den Motor abzustellen. Höflichkeitshalber nahm ich die Motorradbrille ab und begrüßte die Polizei per Handschlag.

»*Selamat pagi!*«

»Guten Morgen!«

Es folgte ein Verhör auf Balinesisch.

»Wo kommen Sie her?«

»Aus Deutschland.«

»*Orang Jerman?*«

»So ist es.«

»*Bagus!* Wo wollen Sie hin?«

»Nach Denpasar. Zum Telefonieren.«

»Zeigen Sie mir mal den Führerschein!«

»Sorry«, bedauerte ich mit reichlich Mimik, »den habe ich vergessen, einzustecken.«

»Das ist nicht gut. Wenn Sie auf Bali mit dem Motorrad fahren, benötigen Sie eine balinesische Fahrerlaubnis.«

»Ich weiß. Ich besitze eine balinesische Fahrerlaubnis, hab sie lediglich im Hotel vergessen«, log ich.

»Wie lautet der Name des Hotels?«

Just an dieser kritischen Stelle des Verhörs kam ein Balinese um die Kurve gebraust. Das Haltezeichen unserer uniformierten Freunde missachtete er frech und raste grinsend an den Vertretern des Staates vorbei. Ohne zu fragen, sprang der Wortführer der Polizisten auf meine Maschine, betätigte den Kickstarter und fuhr hinter dem Flüchtigen her. Ein paar Reisfelder weit blickten wir hinter ihnen her, dann verschwanden sie im Schatten eines Palmenwäldchens. Es dauerte nicht lange, da sahen wir unseren Mann zurückkommen, ohne den »Verbrecher« versteht sich. Grinsend übergab er mir das Motorrad.

»Er ist entkommen?«, fragte Massimo, der ein wenig Balinesisch sprach.

»Die Götter werden ihn bestrafen!«, murmelte der Polizist.

»Ich finde auch, dass man es den Göttern überlassen sollte, den Straßenverkehr zu regeln. Die haben doch einen viel besseren Überblick«, pflichtete Massimo ihm bei.

Diese Bemerkung gab Anlass für ein Gelächter, und das wiederum brachte allen die gute Laune zurück.

»Wo haben Sie sich denn das Bein gebrochen?«, wollte der Ältere noch wissen.

»Wo schon?«, antwortete Massimo. »Beim Motorradfahren. Ich wollte einer Kuh ausweichen.«

»Haben Sie wenigstens einen balinesischen Führerschein?«

Als ob man den Anwärtern zur Fahrprüfung in Bali beibrächte, wie man mit dem Moped einer Kuh ausweicht …

»Na klar. Wir haben beide einen Bali-Schein«, sagte er.

Ich nickte eifrig.

»Ich glaube Ihnen. Kommen Sie gut nach Denpasar!«

Massimo stieg auf und positionierte sein Bein wieder auf mein Knie, dann wir fuhren grinsend davon.

In der Hauptstadt angekommen meldeten wir unsere Gespräche an, ich meines nach München, er seines nach Turin. Während wir warteten, hörten wir den Telefonkunden, die vor uns sprachen, dabei zu, wie sie lautstark ihre Bitten um Geldüberweisungen absetzten. Nicht selten dauerte es zwei Stunden, bis via Jakarta eine Verbindung zustande kam, aber diesmal wurden unsere Namen schon nach einer halben Stunde aufgerufen. Ich betrat die Sprechkabine, musste allerdings in den Hörer schreien, damit meine Frau am anderen Ende überhaupt etwas verstand. Massimo erging es ähnlich. Ich kündigte meine baldige Rückkehr nach München an, und Lisa nahm es kommentarlos zur Kenntnis. Wahrscheinlich lag sie gerade mit einem Liebhaber im Bett, das kam in jüngster Zeit öfters vor.

Auf dem Rückweg nach Legian nahm ich die Schnellstraße zum Flughafen. Schnellstraße deshalb, weil sie kilometerweit geradeaus führte. Tatsächlich handelte es sich um eine von Platanen gesäumte Allee, nicht sehr breit, aber mit wenigen Schlaglöchern, ein für Bali bemerkenswert guter Straßenzustand. Die Dämmerung hatte eingesetzt und ich gab Gas, denn ich wollte zum Sonnenuntergang am Strand sein. Massimo hielt sich an mir fest, sein rechtes Bein kühn nach vorne in den Fahrtwind gestreckt.

Schon von weitem sah ich den Lastwagen vor uns. Da kein Gegenverkehr auszumachen war, setzte ich mit hoher Geschwindigkeit zum Überholen an. Als wir auf etwa fünfzig Meter heran waren, scherte der Lastwagen plötzlich nach rechts aus (in Bali herrscht Linksverkehr!) und ein weiterer, vor ihm fahrender und jetzt links abbiegender Laster wurde sichtbar. Die beiden LKW fuhren mit zirka zwanzig, höchstens dreißig Stundenkilometer Seite an Seite, und Massimo und ich rasten mit 120 Sachen auf sie zu. Zum Bremsen war es zu spät. In den Graben auszuweichen war nicht ratsam, denn dort standen dicke Platanen. Mit einem Laster zu kollidieren hätte wohl zu zwei Verkehrstoten geführt. Die einzige Chance, die ich erkannte und der ich dreißig Prozent gab: Wir mussten ohne die Fahrt zu verlangsamen zwischen den beiden Lastwagen hindurch schlüpfen, ehe der Überholende wieder nach links einscherte. Zum Abwägen blieb keine Zeit, jetzt hieß es: alles oder nichts.

Ich spürte, wie mein italienischer Beifahrer seinen Griff um meine Taille verstärkte, nahm Maß und schon schossen wir zwischen den beiden Lastern hindurch. Den, der links in einen Schotterweg einbog, streifte ich mit dem linken Rückspiegel, der rechte berührte den Kotflügel des anderen, aber wir hatten es geschafft!

Massimo war außer sich. Mindestens dreizehn Mal schrie er mir sein italienisches »bravo!« ins Ohr. Ohne die Fahrt zu verlangsamen oder gar anzuhalten, raste ich weiter die Allee hinunter dem Sonnenuntergang entgegen. Zumindest ich hatte gerade eine der heikelsten Verkehrssituationen meines Lebens überstanden. Müßig war es anschließend, die Schuldfrage zu erörtern. Von einem balinesischen Lastwagenfahrer zu erwarten, dass er vor dem Überholen in den Rückspiegel blickt, setzte voraus, dass er überhaupt einen solchen hat. Der Fehler lag bei mir, denn auf einer so engen Straße Vollgas zu geben, insbesondere mit einem Invaliden auf dem Sozius, kann man schon nicht mehr als Leicht- sondern man muss es als Wahnsinn bezeichnen. Wir waren noch einmal mit dem Schrecken davongekommen.

Am nächsten Tag brachte ich die Yamaha zurück und lieh mir Willies Landcruiser. Mit einem Jeep, so sagte ich mir, kann man keinen Motorradunfall bauen, und auf die Idee, zwischen zwei sich überholenden Lastwagen hindurch zu fahren, kommt man auch nicht so leicht.

Der Strand vor dem Losmen Blue Ocean war zum Sonnenuntergang besucht wie ein Rockkonzert, was nicht nur an der Sonne lag. In der Bar des Blue Ocean konnte man preiswert essen, vor der Bar verkauften junge Balinesen ihr selbst angebautes Marihuana und da es einer der Treffpunkte der Hippies war, lagerten immer einige Einheimische im Sand, die ihre Produkte verkauften, meist Textilien oder Schmuck. Es war die Zeit, als clevere Javaner noch keine Geschäfte mit gefälschten Markenuhren machten und ebenso wenig hatten moslemische Huren aus Surabaya die Strände von Bali als ihren Turf entdeckt. Ein paar Jahre später strömten sie nach Bali wie die Lobbyisten ins Parlament und vorbei war es mit Unschuld und Respekt, mit denen sich Hippies und Balinesen eine Zeit lang begegnet waren. Die Einheimischen benötigten damals keine Uhren, denn ihre Uhr war die Sonne; und was Surfer und Hippies anging, sie reisten mehrheitlich als Paare und hatten kein Verlangen nach Bezahl-Sex. Erst mit der Invasion der Pauschaltouristen in den achtziger Jahren kamen Taschendiebe, Schacherer, Billigdirnen und Straßenräuber.

»Erinnerst du dich an mich?«, sprach mich eine junge Frau an. »Ich bin Liliana, eine Freundin von Lisa Stone.«

»Wie könnte ich mich nicht an dich erinnern!«, entgegnete ich. »Lisa hat uns vor ein paar Monaten im Kaju Api miteinander bekannt gemacht.«

Liliana war aus Australien nach Bali gekommen, und es war nicht das erste Mal, dass sie die Insel besuchte. Sie war schlank, trug einen kurzen Rock und gab den Jungs Gelegenheit, sich an ihren Klassebeinen zu erfreuen.

»Ist Lisa zurzeit auf Bali?«, wollte sie von mir wissen. »Sie wollte doch in Legian ein Haus bauen?«

»Nein. Sie ist noch auf Hawaii, kommt aber demnächst wieder. Woher kennt ihr euch eigentlich?«

»Wir sind uns auf einer Fete bei Elvis begegnet. Anfang vergangenen Jahres«, sagte sie. »Elvis habe ich übrigens auch noch nicht getroffen, ist er nicht mehr auf der Insel?«

»Du meinst den blonden Harry aus Berlin?«

»Kann sein, ich weiß bloß, dass er aus Deutschland stammt, wie du.«

»Den gibt es hier nicht mehr. Schade, ich mochte ihn gut leiden.«

Dann erzählte ich Liliana die Geschichte von Harry, seiner javanischen Geliebten und dem gehörnten Ehemann, und wie Harry die Insel fluchtartig verlassen musste.

»Das tut mir leid für ihn. Ich fand, er passte so gut nach Legian. Immer gut gelaunt, immer großzügig und die Nacht, die ich mit ihm verbracht habe, werde ich auch nicht vergessen«, schwärmte sie. »Wo ist er denn hin?«

»Keine Ahnung. Seither habe ich nichts mehr von ihm gehört. Und du, wie lange bleibst du diesmal? Hast du Lust, mich morgen im Auto nach Amlapura zu begleiten? Ich bin nämlich in den Palast eingeladen.«

»Du meinst in den alten Palast?«

»Du warst schon mal dort?«

»Ja. Die führen dort manchmal balinesisches Theater auf. Mit Legong-Tänzen und Gamelan-Musik.«

»Das heißt, du kennst den Weg dorthin?«

»Ja. Ist zwar nicht einfach, aber ich kenne den Weg. Der Palast liegt jenseits der Stadtmitte an der Jalan Sultan Agung. Soll ich mitkommen?«

»Wenn du magst. Ich habe im Flugzeug einen Amerikaner kennengelernt. Der sagte mir, er wolle demnächst die Prinzessin heiraten, eine Enkelin des letzten Rajas von Amlapura.«

»Karangasem«, korrigierte Liliana. »Früher hieß Amlapura Karangasem.«

»Wieso denn das? Hat das mit den Holländern zu tun?«

»Nein, mit dem Ausbruch des Gunung Agung 1963. Die Balinesen glauben, dass sie nach einer Katastrophe oder einem schlimmen

Unglück die Namen ändern müssen. So ersetzten sie den Namen der zerstörten Stadt Karangasem durch Amlapura.«

Offenbar kannte Liliana sich mit den einheimischen Verhaltensweisen besser aus als ich.

»Also, kommst du mit? Ich habe einen Jeep zur Verfügung gestellt bekommen. Von Legian nach Amlapura sind es gut 70 Kilometer, da werden wir zwei Stunden unterwegs sein, je nach Straßenzustand.«

»Die Straße geht. Jedenfalls fährt man im Auto bequemer als mit dem Motorrad«, sagte sie. »Wenn du möchtest, ich bin dabei.«

»Wo wohnst du denn?«

»Im Losmen Belgi.«

»Das kenne ich. Als ich zum ersten Mal nach Bali kam, wohnte ich auch dort. Richte den Belgis schöne Grüße von mir aus. Ich komme dich dann morgen früh dort abholen. Um Acht habe ich vor, aufzubrechen, schaffst du das?«

»Kein Problem. Ich werde bereit sein. Ich wohne übrigens in Bungalow Nummer zwei.«

Pünktlich war Liliana am nächsten Morgen abfahrbereit. Sie kletterte hinten auf das Motorrad, presste ihre Brust an meinen Rücken und so fuhren wir nach Denpasar, wo ich Willies Landcruiser übernahm. Der Weg führte über Klungkung nach Amlapura, Städte, die beide einmal Sitz balinesischer Königreiche waren. Überflüssig anzumerken, dass wir bei herrlichem Wetter unterwegs waren. Unterwegs hielten wir in mehreren Dörfern, ich fotografierte Frauen bei der Arbeit im Reisfeld, Hunde, die faul im Staub der Straße lagen und Gänse im Gänsemarsch am Straßenrand. Als wir gegen Mittag am Ziel eintrafen, mussten wir erfahren, dass Gipper und Mira sich nicht im Palast aufhielten. Eine Dienerin erklärte uns, die beiden seien für zwei Tage nach Sidemen gefahren, wo sie einen Onkel besuchten. Liliana und ich beschlossen, hinterher zu fahren und sie dort zu suchen, wenngleich die Beschreibung, die die Frau uns gab, sehr vage war.

Sidemen ist ein kleines Dorf in einem Tal, das sich vom Fuß des Gunung Agung hinunter zum Meer zieht. Reisterrassen säumen die Berghänge, ein felsiges Bachbett leitet den tropischen Regen ab, der vom Vulkan herabströmt. Die Straße, die in der Nähe von Klungkung von der Hauptstraße in die malerische Bergwelt abzweigte, war schmal und die tausend Schlaglöcher, aus denen nicht selten in letzter Sekunde ein schlecht gelaunter Hund auftauchte, verlangten meine ganze Aufmerksamkeit. Mal kletterte sie steil einen Hügel hinauf, mal durchquerte sie einen Bambuswald, mal führte sie am Ufer des Baches entlang und an einer Stelle, mitten in einem kleinen Weiler wich sie in scharfem Knick einem uralten Banyan-Baum aus. Der Baum stand schon da, als die Straße noch ein Pfad war, keine Frage, wer hier den Vortritt hatte. Auf einem Damm, der die Reisfelder eines Nebentales durchquerte, hielten wir an und genossen die Sonne und die frische Bergluft. Schließlich fanden wir die Verliebten in einem Haus, das, ähnlich einer Burg an der Mosel, auf einem Felsengrat erbaut war. Das Paar, welches die abgeschiedene Pension betrieb, hieß uns willkommen, weigerte sich aber, die Gäste aus der Siesta zu wecken. Wir mussten warten. Im Schatten einer Veranda servierte Ibu uns körnigen Bergreis, der so viel Eigengeschmack besaß, dass ich bis auf ein Glas kühles Quellwasser auf weitere Beilagen verzichtete. Liliana hatte es schier die Sprache verschlagen, ob so viel Ruhe und Abgeschiedenheit. Wir beschlossen, einen Tag in Sidemen zu verbringen und dort zu übernachten.

Das Zimmer, welches Ibu uns zuwies, war schattig und die Möbel antik. Wir hatten sie gebeten, uns zu verständigen, sobald Gipper und Mira ihren Mittagsschlaf beendet hätten. Ungewöhnlich war das Bücherregal, in dem ich ein Dutzend englische Titel entdeckte. Nachdem ich alle Klappentexte gelesen hatte, blieb ich an einem Bildband über balinesische Kunst hängen, in dem ein Kapitel die Mythologie der Balinesen erläuterte. Als ich mich schließlich mit der Lektüre aufs Bett legte, sah ich, dass meine Begleiterin eingeschlafen war.

Während meiner Aufenthalte auf der Insel hatte ich schon einiges über das Leben, den Glauben und die Kunst mitbekommen. So wusste ich, dass die Balinesen in der Tradition des Hinduismus leben, vielleicht für uns Europäer die rätselhafteste der großen Religionen. Die Mythen, die den Balinesen vor allem in Dramen, Schattenspielen, der Malerei und dem Tanz nahegebracht werden, stammen mehrheitlich aus den beiden hinduistischen Dichtungen

Ramayana und Mahabharata, und die Figuren, die dort immer wieder auftauchen, sind *Rama*, ein mutiger Königssohn und seine tugendhafte Frau *Sita*, der affengesichtige *Hanuman*, Ramas treuer Begleiter, *Dewi Sri*, eine Göttin der Fruchtbarkeit, *Barong*, eine Art Löwe, *Rangda*, die Hexenkönigin, und der Gegenspieler der bösen Hexe ist *Ganesha*, der Gott mit dem Elefantenkopf, der den Menschen aus der Klemme hilft und überdies als eine Art Schutzpatron der Künstler fungiert. Eine weitere Tiergottheit, die in ganz Indonesien verehrt wird, ist *Garuda*. Garuda wird als Adler dargestellt, er ist sehr mächtig und das Reittier des Gottes *Vishnu*. Garuda bekämpft das Böse, namentlich die *Nagas*, ein bösartiges Schlangengezücht.

In all den Geschichten, die auf Bali immer wieder neu inszeniert werden, geht es um den Kampf zwischen Gut und Böse. Rama verkörpert das Gute, er ist stark, geduldig und ehrlich. Seine Frau Sita bringt Treue und Liebe auf die Bühne. Ihr Gegenspieler ist der Dämon Rawana, der eine Truppe bösartiger Riesen befehligt, die versuchen, Sita und Rama das Leben schwer zu machen.

Leider hatte ich nie die Geduld, mich mit der Mythologie der Balinesen und der Bedeutung der in ihren Theaterstücken auftretenden Helden und Schurken näher zu befassen. Zuweilen saß ich bei den Agungs auf dem Sofa und erlebte, wie die ganze Familie im balinesischen Fernsehkanal der Aufzeichnung eines Dramas folgte, in dem das zuvor genannte Personal gegeneinander Intrigen schmiedete, bei denen aber am Ende immer das Gute die Oberhand behielt. Darin lag ihr moralischer Anspruch, immer aufs Neue den Sieg des Guten über das Böse zu zelebrieren. Die Balinesen sind definitiv Freunde des Happy Ends, soviel habe ich verstanden. Und sie lachen gern.

Irgendwann muss auch ich eingeschlafen sein, denn es war schon später Nachmittag, als Gipper uns beide aufweckte. Er war mehr als erstaunt, dass wir ihn in seinem Liebesnest aufgespürt hatten. Ibu hatte auf der Terrasse Gebäck und Tee für uns vorbereitet. Von dort oben hatten wir einen weiten Blick bis hinunter zur Küste. Hier trafen wir endlich Mira, die Prinzessin aus Amlapura, die den Amerikaner zu heiraten beabsichtigte. Eine hübsche junge Frau, die in Holland studiert hatte, die irgendwo auf halbem Weg zwischen balinesischer Tradition und westlicher Moderne unterwegs war. Ein schwieriges Unterfangen, denn dadurch, dass der Tourismus so viel Geld auf die Insel spülte, traten Konkurrenzdenken und Habgier in einem Maße auf, welche die balinesische Gesellschaft spaltete.

Dass die traditionelle Kultur auf Bali in wenigen Jahrzehnten verschwunden sein wird und günstigstenfalls in der (kommerziellen) Kunst fortbesteht, dafür sorgen die Balinesen selbst. Als Paco und ich im Jahr 1980 erstmals dort landeten, hatte der Prozess schon begonnen: Das über viele Jahrhunderte gültige Kastenwesen der Hindus, welches die sozialen Beziehungen strukturierte, war dabei, an Bedeutung zu verlieren, und dies nicht etwa aufgrund von Bildung und Aufklärung, sondern es lag in erster Linie am zunehmenden Tourismus und den damit verbundenen ökonomischen Veränderungen. Waren traditionell die Reisbauern in den hügeligen Regionen der Insel die Wohlhabenderen, so war für den Tourismus die trockene Ebene im Süden interessant, wo außer Kokospalmen wenig gedieh und wo die Menschen vergleichsweise arm waren, was sich in dem Augenblick änderte, als große Hotelkonzerne damit begannen, das Land aufzukaufen und die ehedem armen Bauern über Nacht reich wurden. Und wo Geld vom Himmel fällt, da erscheinen bald die hässlichen Kinder Gier und Neid. Das Paradies, welches Walter Spies* noch erlebt hatte, der in den 1920er Jahren erstmals nach Bali reiste, wird nicht zu retten sein. Dass Paco und mir die Insel paradiesisch erschien, liegt vor allem daran, dass wir sie nicht von früher her kannten, als die Dorfgemeinschaften noch intakt waren, als die Frauen barbusig ihrer Arbeit nachgingen und als von allen die Ordnung des Adat eingehalten wurde.

Was damals in Sidemen Gegenstand des Gesprächs zwischen einer Asiatin, einer Australierin, einem Amerikaner und einem Europäer war, habe ich vergessen, es war jedenfalls entspannt, und angesichts der Tatsache, dass es ein Gedankenaustausch zwischen vier jungen Menschen aus vier Kontinenten war, maß ich der Begegnung ein hohes Maß an symbolischer Bedeutung bei.

* deutscher Musiker und Maler, lebte von 1927 bis 1940 auf Bali und förderte dort die autochthone Kunst

Wir waren uns einig, dass auf der Welt die Güter ungerecht verteilt seien, dass Gewalt kein Mittel sei, um zwischenmenschliche Konflikte zu lösen und dass Gott, gegen den an diesem Abend niemand Einspruch erhob, bei der Schöpfung versagt hatte, als er dem Menschen die Habgier in den genetischen Code schrieb. Wir verbrachten den Rest des Tages zusammen, aßen gemeinsam zu Abend, als es dämmerte und sahen über das Meer hinweg die Lichter von Sanur funkeln. Die Nacht bricht schnell herein am Äquator, eine Viertelstunde, nachdem die Sonne im Meer versinkt, ist es stockdunkel. Es folgt das zehnminütige Konzert der Zikaden, dann wird es still. Lediglich die Rufe von Fröschen und Geckos sind danach noch zu hören, und ab und zu nervt das ferne Gebell eines Hundes. Am deutlichsten in Erinnerung sind mir Abgeschiedenheit und Stille dieser altbalinesischen Bergwelt. Ein Ort, der zum Verweilen verführte.

Dass wir am nächsten Morgen früh aufbrachen, lag daran, dass ich einen Termin mit dem Architekten hatte. Wir brachten den Wagen nach Denpasar und legten den Rest des Weges mit dem Motorrad zurück. Ehe Liliana in Seminyak abstieg, lud ich sie für den übernächsten Tag zu einer Fete nach Ubud ein, bei der ein Gamelan-Orchester spielen und der traditionelle Legong-Tanz aufgeführt werden sollten.

Von Legian bis Ubud sind es etwa 35 Kilometer. Wir fuhren über Denpasar, Celuk und Mas, Orte, die für die Herstellung von Silberschmuck berühmt waren. Stetig steigt die Straße bergan bis auf eine Höhe von etwa vierhundert Metern über dem Meer. Hier oben im Vorgebirge der Vulkane geht abends ein erfrischender Wind, was den Aufenthalt im Freien im Vergleich zu Kuta angenehm macht. Ehe wir zum Festgelände fuhren, hielten wir bei Murnis Warung, einem Restaurant direkt vor der Brücke, die über den Fluss führt, der den Regen vom Vulkangebirge ableitet. Kaum hatten Liliana und ich das Lokal betreten, erkannte ich Del Negro, einen Maler, der die meiste Zeit des Jahres auf Mallorca lebte. Del reiste gern in der Welt herum, ich hatte ihn vor Jahren auf Ibiza kennengelernt und danach noch einmal in Goa getroffen. Es stellte sich heraus, dass Del und seine Freundin ebenfalls zu Simons Fete unterwegs waren. Es handelte sich um denselben Simon, der gemeinsam mit seinem Partner Kyo die zuvor schon beschriebenen Jak-Pak Klamotten herstellte. Die beiden lebten schon lange auf der Insel und waren, wie die meisten Migranten, Freunde balinesischer Kultur und Kunst geworden.

Nachdem wir uns bei Murni erfrischt hatten, fuhren wir mit Del und seiner Freundin zum Festplatz, der in einem kleinen Canyon unterhalb von Simons Haus lag. Vom Straßenrand führte eine Planke über das schmale Bachbett, das parallel zur Straße verlief. Jenseits des Grabens war Platz, um dort ein Dutzend Motorräder abzustellen, dahinter versperrte ein Bambusdickicht die Sicht auf das eigentliche Grundstück. Über einen gewundenen Pfad gelangten wir schließlich in den Canyon, dessen Seiten steil aufragten. Auf dem Grund wuchsen Palmen, und das Ufer eines Bächleins wurde von Schilf gesäumt. Auf dem Gelände verstreut wachten steinerne Wächter darüber, dass sich Dämonen fernhielten. Das Tälchen kletterte gut hundert Meter bergan, auf halber Höhe integriert war ein gepflastertes Plateau, auf dem ein Gamelan-Orchester dabei war, sich einzustimmen. Viele der geladenen Gäste waren schon angekommen, mehrheitlich Balinesen, die auf dem Rasen lagerten, aßen und sich dabei lachend unterhielten.

Liliana und ich waren vom Ambiente und der Ästhetik der Gartenanlage ebenso beeindruckt wie Del und seine Begleiterin. Um den Gastgeber zu begrüßen, mussten wir dem Pfad folgen, der mehrmals den Bach überbrückte und schließlich vor einem Bambushaus am oberen Talkessel endete. Simon trat auf den Balkon und blickte uns entgegen.

Das war also der Mann, der mit seinem Partner Kyo die Hippie-Mode auf Bali kreiert hatte! Eine Zeitlang trugen fast alle Leute, die länger auf der Insel lebten, seine bunten Jak-Pak-Klamotten, vor jeder Boutique in Kuta und Sanur hingen sie wie Fahnen im Wind. Simon bewegte sich damals irgendwo in der Mitte des Lebens. Mit knapp vierzig konnte er den Erfolg genießen, der ihm jetzt beschert wurde. Er lebte auf diesem paradiesischen Stückchen Land und die Balinesen hatten ihn als Ihresgleichen adoptiert. Es gab gewiss nicht viele Immigranten, die ein Gamelan-Orchester mobilisieren konnten, welches auf einer Geburtstagsfete musizierte!

Weil Del Negro mit Simon befreundet war, wurden wir hereingebeten. Das Gebäude war in den Hang gebaut und ruhte mit seiner Vorderseite auf Pfählen. Eine Treppe führte steil nach oben, und wir betraten das Innere durch eine in den Boden integrierte Luke. Dem geräumigen Zimmer war der Balkon vorgelagert, besser gesagt, das Zimmer war zu zwei Dritteln überdacht und der Rest war Balkon. Von hier oben überblickte man das gesamte Gelände bis hinunter zu dem Bambusdickicht, das wir zuvor durchquert hatten. Von der erhöhten Warte aus sah man, dass hinter einer spanischen Wand mehrere Tänzer und Tänzerinnen geschminkt wurden. Frauen in bunten Kostümen betreuten ein Buffet, wobei die Speisen in Schüsseln auf dem Rasen standen. Wir mussten nicht lange aufs Essen warten, denn auf dem Teppich rund um Simon standen Töpfe voll Reis, Gado-Gado und Satay. Offenbar hatten wir ihn beim Abendmahl unterbrochen, während drunten im Canyon die letzten Vorbereitungen für das Fest getroffen wurden. Er forderte uns auf, Platz zu nehmen und zuzugreifen.

»Wie lange lebst du schon auf der Insel?«, wollte ich wissen.

»Sieben Jahre.«

»Und wie hast du dieses kleine Paradies entdeckt?«

»Das hat sich irgendwie so ergeben. Anfangs stieg ich, wie die meisten Touristen, in einem Losmen in Kuta ab. Bei einem Ausflug nach Ubud lernte ich einen Australier kennen, der gerade ein Haus oberhalb des Dorfes gebaut hatte. Er zeigte mir, wo er wohnte, und ich war so beeindruckt, dass ich beschloss, es ihm gleich zu tun und ebenfalls in Ubud zu leben. Den Canyon fand ich erst ein Jahr später, durch einen Maler, der Mitglied einer Familie war, die einen großen Teil des Landes besitzt, das westlich von Ubud liegt.«

»Und jetzt besitzt du es?«

»Ich be-sitze es im Sinne von sitzen«, lachte Simon. »Aber wer besitzt schon die Erde? Grundbesitzer sind doch Träumer, bestenfalls Treuhänder auf Zeit. Nicht-Indonesier können hier kein Land erwerben. Da musste ein wenig getrickst werden.«

»Ich verstehe«, sagte ich, denn bei mir lag der Fall ganz ähnlich. Mir fiel der Unterschied zwischen Besitzer und Besetzer ein, Hausbesitzer und Hausbesetzer.

»Letzten Endes ist es doch egal, wer eine Sache laut Gesetz als sein Eigentum bezeichnet«, meldete sich Del zu Wort. Der Nutznießer ist relevanter als der Besitzer …«

»Und der Genießer erst recht«, sagte Maya, Dels Freundin, die bisher kaum ein Wort gesprochen hatte. »Was mich interessiert: sprichst du eigentlich Balinesisch?«

»Ich bin nach wie vor dabei, zu lernen. *Bahasa Indonesia** lernt sich leichter. Balinesisch ist die Sprache der Eingeborenen von Bali und Lombok. Sie gehört zu den austronesischen Sprachen«, erklärte Simon. »Eine vollkommen andere Grammatik.«

»Ich habe gehört, dass es drei Sprachen auf Bali geben soll«, wandte ich ein.

»Stimmt nur insoweit, als die Balinesen ihr Balinesisch in drei verschiedenen Sprachebenen sprechen. Es gibt ein Hochbalinesisch, ein Mittelbalinesisch und das Niederbalinesische. Die drei Sprachebenen haben mit dem hinduistischen Kastenwesen zu tun. Das Hochbalinesische ist die Sprache der Brahmanen. Von einem Balinesen der untersten Kaste, einem Sudra wird erwartet, dass er Angehörige der Brahmanen-, Ksatriya- oder der Wesyakaste respektvoll auf Hochbalinesisch anredet. Hingegen bedienen sich diese gegenüber einem Sudra einer Dialekt-Sprache. Da viele Sudra aber nie Gelegenheit hatten, die Hochsprache zu erlernen, entwickelte sich für den Alltagsgebrauch eine dazwischen liegende Sprache – ein Gemisch aus der Hoch- und der Dialekt-Sprache«, erklärte Simon.

Die Sache mit dem Kastenwesen war mir nie logisch erschienen, aber was ist schon logisch in einem Weltbild wie dem der Balinesen? Hauptsache, sie sind glücklich. Und dass der Mensch auch ohne Wissenschaft und Wirtschaftswachstum glücklich werden kann, das bezeugen diese Insulaner. Von daher brachte mich das Leben unter den »naiven« Balinesen zum Nachdenken darüber, ob es tatsächlich erstrebenswert sei, westlichen Idealen zu folgen und sich materiellen Besitz anzueignen. War nicht der Reisbauer auf Bali der glücklichere Mensch?

---

* Die in ganz Indonesien offiziell eingeführte Amtssprache

»Ich habe gehört, dass Bali auf dem Rücken einer Schildkröte im Weltmeer schwimmen soll. Was ist denn das für eine abgefahrene Theorie?«, fragte Maya.

Diese Frage hätte ich ihr beantworten können, aber Simon war gewiss der Sachkundigere und so hielt ich mich zurück.

»Das ist keine Theorie, sondern ein Mythos. Die Geschichte von der Schildkröte *Bedawang* als Träger der Welt ist nur ein Teil der balinesischen Schöpfungsgeschichte. Wenn du mehr über Bali und seine Geschichte wissen willst, so empfehle ich dir den Roman ›Liebe und Tod auf Bali‹ von Vicki Baum. Dort erfährst du vieles, was dich interessiert«, erklärte er.

Ich kannte das Buch noch nicht und nahm mir vor, es bei Gelegenheit zu lesen. Überhaupt hatte ich außer einem längeren Artikel über Walter Spies, der in den dreißiger Jahren lange auf Bali gelebt hatte, noch nicht viel über Indonesien gelesen, nahm mir allerdings vor, das zu ändern. Wer als Immigrant in einer fremden Kultur leben möchte, der, so sagte ich mir, sollte sich mit der Geschichte und den Lebensumständen des Gastlandes vertraut machen. Dies wurde einem gerade auf Bali leicht gemacht, denn hier waren Religion, Kultur und Alltagsleben durch das zuvor erläuterte *Adat* miteinander verbunden, und die Freundlichkeit, die in vielen Ländern sprichwörtlich ist und zum Selbstverständnis der Menschen gehört, war bei den Balinesen besonders stark ausgeprägt, sozusagen ein religiös begründetes *Must*!

Maya sah zu Del hin, der auf der anderen Seite des Tisches auf dem Teppich saß.

»Kennst du das Buch, *Honey*?«

»Sorry, hab schon mal davon gehört, es aber nicht gelesen«, sagte Del. »Aber ich kenne auf Mallorca jemanden, der es besitzt. Juanito. Soweit ich weiß, handelt es sich um einen Roman, der sich mit der Kolonialgeschichte befasst.«

»So ist es«, bestätigte Simon. »Vicki Baum schildert die Unterwerfung der balinesischen Fürsten durch die Holländer. Einige wollten sich der fremden Macht jedoch nicht beugen. So kam es zu dem Massaker von Badung – so der frühere Name der Hauptstadt Denpasar – wobei der Fürst und zweitausend seiner Gefolgsleute von den Holländern niedergemacht wurden. Eine grausame Geschichte. Lest sie, wenn ihr euch für Bali interessiert!«

Während wir aßen und während Simon erzählte, begann drunten im Tal die Vorstellung. Simon hatte das Orchester von Ubud dazu gebracht, bei ihm zu spielen, musste sich allerdings damit einverstanden erklären, dass dabei einige religiöse Rituale praktiziert wurden. Ohne den Segen der Götter zu erbitten und ohne die Dämonen mit Opfergaben zu besänftigen, wären die Künstler nicht aufgetreten. Da wir von Simons Balkon den besten Blick hatten, blieben wir und sahen uns die Tänze von oben an. Der bekannteste nennt sich Legong, und er wird von drei Mädchen getanzt. Die Handlung des Tanzes zu beschreiben würde zu weit führen, zumal die Geschichte (eine Entführung) aus dem Ramayana-Epos stammt. Früher saß noch ein Erzähler dabei, der dem Publikum berichtete, was sich gerade zutrug, aber da dies allen Balinesen bekannt ist, verzichtet man heute auf den Geschichtenerzähler.

Zu fortgeschrittener Stunde bedankten wir uns bei Simon, dessen Haus einem Taubenschlag glich, und stiegen wieder hinab. Wir setzten uns in die Nähe der Bühne ins Gras, unterhielten uns und genossen die warme Nacht.

Das Fest war ganz nach meinem Geschmack: ein wenig Hippiegeselligkeit und viel balinesische Folklore; ein paar Globetrotter saßen in der Nähe des Orchesters und rauchten Gras aus langstieligen Pfeifen, bis sie breitgekifft waren und nach einer Weile nach hinten kippten und fortan den Sternenhimmel betrachteten.

Es dürfte nach Mitternacht gewesen sein, als Del, Maya, Liliana und ich aufbrachen. Wir suchten uns den Weg durch den dunklen Bambuswald, an dessen Rand ich das Motorrad abgestellt hatte. Ich nahm auf dem Sattel Platz und betätigte den Kickstarter, während die Freunde schon die kleine Brücke überquerten, die über den ausgetrockneten Bach führte, der entlang der abschüssigen Straße verlief. Langsam, mich mit den Füßen vorwärts stoßend, folgte ich ihnen. Es war stockfinster. Als ich mit den Rädern mitten auf der schmalen Planke war, trat ich plötzlich ins Leere, und wie in Zeitlupe kippte ich samt der Yamaha von der Brücke und landete im Bachbett. Ich lag auf dem Rücken, die Maschine über mir, vom Himmel funkelten ein paar Sterne zu mir herab. Zu meinem

Glück hatte irgendwer zuvor mehrere Karren voll Laub und trockene Palmwedel in den Graben gekippt, so dass ich weich gelandet war. Wie durch ein Wunder war ich völlig unverletzt geblieben.

»Wo ist der Harry denn abgeblieben?«, hörte ich Del auf der Straße fragen. »Der saß doch gerade noch hinter uns auf dem Motorrad.«

»Keine Ahnung«, gab Liliana zur Antwort. »Das ist wirklich merkwürdig.«

Es dauerte einige Sekunden, ehe ich die Sprache wiederfand und ein Lebenszeichen gab. Irgendwie bugsierten wir die Maschine aus dem Loch, dann kletterte auch ich heraus. Hätten Simons Gartenpfleger die Abfälle nicht im Bachbett entsorgt, der Fall wäre nicht ohne Verletzung geblieben, so aber kam ich ohne Blessuren davon. Das Spannendste an der Sache war, dass ich für meine Begleiter plötzlich verschwunden war, denn niemand hatte beobachtet, wie ich von der Planke gekippt war. Für sie war es, als hätte ich mich in Luft aufgelöst. Umso entspannter war das Gelächter, nachdem ich mich vom Grund der Rinne gemeldet hatte und unverletzt herausgeklettert kam.

Gemeinsam hievten wir das Motorrad aus dem Graben, anschließend machten Liliana und ich uns auf den Heimweg an die Küste. Der Fahrtwind ließ die tropische Luft ein wenig kühler erscheinen, und auf der Straße durch die Reisfelder zerplatzten fliegende Käfer am Glas der Motorradbrillen. In den Dörfern sprangen Hunde bellend von der Fahrbahn, ab und zu begegneten wir einem Taxi, das späte Touristen vom Flughafen nach Ubud brachte. Es war weit nach Mitternacht, als wir in Legian eintrafen.

Aus dem Bungalow der Italiener drang noch Licht und Musik, so dass wir beschlossen, einen Absacker mit ihnen zu rauchen. Massimo, nach wie vor mit dem Gipsbein unterwegs, bat uns herein und bot uns den Bong an. Seine Begleiter und er waren auf den Geschmack gekommen, sie rauchten eine Mischung aus Tabak und Heroin. Die unbekümmerte Art, wie sie dem Gemisch zusprachen, versprach einen mehrtägigen Entzug am Ende des Urlaubs.

»Wie lange raucht ihr das Zeug nun schon?«, wollte ich wissen.

»Seit zwei Wochen«, sagte Rocco, ein großer Junge aus der Poebene, der den Stoff von Thailand nach Indonesien mitgebracht hatte.

»Ihr solltet langsam damit aufhören, anderenfalls wird euer Rückflug nächste Woche kein Vergnügen.«

»Zum Aufhören ist es schon zu spät. Ich werde mir in Italien von meinem Hausarzt helfen lassen«, sagte er. »Unser Vorrat reicht noch eine Weile. Außerdem haben wir in Thailand wieder zwei Tage Aufenthalt, da kann ich mir notfalls noch etwas von dem Zeug besorgen.«

»Und den Rest verkaufen wir dann in Bologna«, ergänzte Raffa, der Dritte im Bunde.

»Dann bleibt zu hoffen, dass ihr bei der Einreise nicht erwischt werdet«, sagte ich. »Wenn ihr bei der Ankunft so ausseht wie jetzt, werden die Zöllner leicht Verdacht schöpfen.«

»Mach dir keine Sorgen. Wir werden ganz cool sein. Außerdem werden wir das Päckchen so verstecken, dass niemand es findet.«

»Euer Wort in Shivas Ohr«, kommentierte ich das Vorhaben. Dass ich selbst seit einigen Jahren in diesem Geschäft tätig war, wussten die Jungs nicht und ich hütete mich, mehr zu dem Thema zu sagen. Von Massimo hatte ich schon an dem Tag, als wir uns kennengelernt hatten, erfahren, dass die als Bali-Urlaub getarnte Reise in Wirklichkeit dem Schmuggel eines halben Kilos Heroin galt, welches sie in Bologna verkaufen wollten. Blieb zu hoffen, dass sie die brisante Information nicht jedem anvertrauten, den sie auf Bali kennengelernt hatten. Ich hegte leise Zweifel.

Am Tag vor meiner Abreise traf ich ein letztes Mal den Architekten. Es waren noch einige Details zu klären, so zum Beispiel die Beschaffenheit der Türen. Ich hatte Gefallen an der balinesischen Holzschnitzkunst gefunden und beschlossen, die Haustür und die Tür zum Badezimmer von einem Künstler aus Ubud schnitzen zu lassen. Der Architekt, der die Handwerker kannte, wollte wissen, welche Motive ich bevorzuge. Darüber hatte ich mir noch keine Gedanken gemacht, sah aber ein, dass es nicht einerlei wäre, was in die Türblätter (jede Tür hatte zwei Hälften) hinein geschnitzt würde. Wie meist bei der balinesischen Ikonografie kamen Szenen aus dem Ramayana in Frage, und so holte ich Agungs Rat ein. Der benötigte nicht lange, ehe er eine Szene aus dem Epos vorschlug, die dann auch verwirklicht wurde: Die Eingangstür zeigt einen Banyanbaum, in dessen Geäst sich eine Horde Affen tummelt, die

Baumkrone ist von allerlei Vögeln besetzt und am Fuß des astreichen Baumes reichen Luftwurzeln bis zur Erde, der Basis der Tür. In den Ecken kauern geflügelte Löwen, die darüber wachen, dass keine Dämonen oder Vampire das Haus betreten würden.

Da der Fußboden im Eingangsbereich gefliest werden sollte, musste ich die passenden Platten aussuchen, im Bad ging es um die Kacheln der Wände, und die Terrasse sollte von zwei Fabelwesen aus Stein bewacht werden, die bei einem Bildhauer in Auftrag gegeben werden mussten. Erst als alle Entscheidungen getroffen waren und ich Agung die dafür notwendige Summe ausgehändigt hatte, konnte ich abreisen. Bei meiner nächsten Rückkehr in drei Monaten, so der Architekt, sollte das Haus bewohnbar sein. Mein Plan war, zusammen mit Lisa zurückzukehren, und dabei würden wir uns dann gemeinsam um die Möbel kümmern.

Den letzten Abend verbrachte ich im Rum Jungle, wo wieder einmal eine Party stattfand. Ganz so, als hätte ich noch nicht genügend Freunde und Bekannte getroffen, lief mir Brenda Tuahini über den Weg, eine der Frauen, die ich vor ein paar Jahren auf Maui fotografiert hatte. Brenda lebte zwar auf Tahiti, aber sie hatte sich den globalen Nomaden angeschlossen. Sie kam gerade aus Europa, wo sie einige Hauptstädte besucht hatte. Wir Europäer assoziieren mit Urlaub meist Sonne, Strände, Schwimmen, Surfen, Tauchen und Sex; bietet sich jedoch einem Chinesen oder Indonesier die Chance einer Flugreise, so stehen die großen Städte Europas ganz oben auf der Traumskala, allen voran Paris und London.

Als Besitzerin eines französischen Passes benötigte Brenda nicht einmal ein Visum für den gelobten Kontinent. Sie berichtete mir von Amsterdam und den Coffeeshops, von Lissabon und der portugiesischen Musik, von Wien und seinen Kaffeehäusern.

»Warst du eigentlich noch mal auf Maui?«, wollte ich von ihr wissen.

»Leider nein. Immerhin lebte ich fast ein Jahr auf der Insel, aber am Ende wurde es mir dort zu eng. Immer dieselben Leute, immer derselbe Horizont, immer dasselbe Hammergras«, sagte sie. »Wie nannte sich das Zeug wieder?«

»Maui-Wouwie.«

»Genau. Ein Teufelsgras. Weißt du noch, wie wir den Bootsausflug mit Eric und deinem spanischen Freund machen wollten, wie hieß er gleich wieder?«

»Paco.«

»Richtig, Paco. Am Morgen, bevor wir an Bord gehen wollten, drehte Paco uns einen Joint und wir machten den Fehler, daran zu ziehen. Danach war der Tag für uns gelaufen.«

»Stimmt, ich erinnere mich. Stundenlang lagen wir da wie betäubt, ehe wir uns am Nachmittag aufrafften und hinunter zum Strand liefen. Mauricio und Lila Sexton waren auch mit dabei.«

»Und der Typ aus Oregon mit seiner Freundin.«

»Dennis und Martina«, sagte ich. »Die beiden haben übrigens geheiratet.«

»Stehst du noch mit ihnen in Verbindung?«

»Hab schon länger nichts mehr gehört, aber Lisa sagte mir, dass sie auf Mallorca leben.«

»Und Mauricio, wo steckt der?«

»Soweit ich weiß, in Kolumbien. Habe aber schon lange keinen Kontakt mehr«, entgegnete ich.

»Mir wollte er schreiben, hat es aber nie getan«, sagte Brenda. »Aus den Augen, aus dem Sinn.«

»So ist das im Leben«, philosophierte ich. »Man darf von Freundschaften nicht zu viel erwarten. Die meisten sind Episoden. Mit einem Anfang und einem Ende. So ist das leider.«

»Umso schöner, dass wir uns zufällig wiedersehen. Was zieht dich denn nach Bali?«

»War vor zwei Jahren zusammen mit Paco hier. Seither lässt mich die Insel nicht mehr los. Das Klima, die Kunst, die Balinesen, die Natur: Hier scheint das Leben mit dem Glück verschwistert zu sein.«

»Empfinde ich auch so. Komm, ich lad dich auf'n Drink ein!«

Wir gingen zur Bar, wo uns Madé Tambun mit einem so breiten Grinsen empfing, dass seine Zahnlücke zu sehen war. Die Art und Weise, wie er sprach und vor allem, wie er seine wachen Augen rollte, ließen vermuten, dass er magische Pilze gegessen hatte. Madé war, als ich ihn an der Bar des Rum Jungle traf, bester Laune und gerade dabei, von einer Japanerin zu lernen, wie man einem Didgeridoo Töne entlockt.

Brenda bestellte Cocktails. Wir tranken und erzählten von unseren Erlebnissen, von unseren Lieben, und als wir endlich beschwipst waren, begannen wir zu schmusen, was bis in den Morgen dauerte. Da mein Flugzeug vormittags startete, verabschiedete ich mich, ehe es hell wurde. Der Garten der *Three Brothers* war von vereinzelten Fackeln erleuchtet, die am Rande der Gehwege flackerten, die zu den Bungalows führten. Die Nacht war lau, das Morgenrot vertrieb die Sterne, der Affe, den sie sich als Maskottchen hielten, sprang von einer Seite des Käfigs zur anderen und sprach zu sich selbst. Vom Meer her hörte ich die Wellen heranrollen. Ich schloss meine Hütte auf, ging aber nicht hinein. Auf der Terrasse stand ein Bambussofa mit bequemen Kissen. Dort muss ich irgendwann eingeschlafen sein. Gut, dass mich eine junge Frau, die jeden Morgen frische Opfergaben vor die Hütten legte, versehentlich weckte. Höchste Zeit, die Reisetasche zu packen und Abschied zu nehmen.

4.23 Bombay

Agung brachte mich zum Flughafen. Ehe ich ins Auto stieg, verabschiedete ich mich von Bali: von der Familie, vom Personal des Losmen, von den Bauarbeitern. Der letzte Weg führte mich zum Strand, wo ich einige Minuten verweilte und auf das Meer blickte. Eine Art Ritual, welches mir Kraft geben sollte, jedenfalls bildete ich mir das ein.

Nachdem die Boeing der Garuda abgehoben hatte und im Steigflug entlang der Küste nach Nordwesten schwebte, blickte ich ein letztes Mal auf den Strand von Legian hinunter. Ich konnte die Stelle ausmachen, an der ich vor zwei Stunden noch im Sand gesessen hatte, entdeckte das Anwesen der Agungs und mitten im Palmenhain die Baustelle. In ein paar Monaten wollte ich zurück sein, bis dahin sollte das Haus bezugsfertig sein.

Während wir Java von Ost nach West überflogen, rauchten im Süden die Kegel der Vulkane Semeru, Bromo und Merapi.

Kurz nachdem wir den Äquator gekreuzt hatten, setzte die Maschine zur Landung in Singapur an. Von dort aus, sollte es am nächsten Tag weiter nach Bombay gehen, der letzten Station meiner Reise um die Welt. Mir blieb also ein Nachmittag, um noch einige Mitbringsel für die Familie zu besorgen. Wie an anderer Stelle schon einmal erwähnt, kaufte ich für meine Mutter gerne Seidenstoffe und bedruckte Baumwolle, denn ich hatte gesehen, dass sie sich darüber am meisten freute. Also rief ich Francis an, der wusste, wo es die besten Stoffe gab. Gut sortierte Fachgeschäfte, wie die Juweliere in Hongkong, die Schreibwarengeschäfte in Tokyo oder eben jene Stoffläden in Singapur faszinierten mich. Dort bekam ich eine Ahnung, wie sich gelangweilte Gattinnen fühlen mochten, wenn sie mit der goldenen Kreditkarte des Ehemanns auf Shoppingtour gehen. Hätte ich nicht das Gewicht des Fluggepäcks im Auge behalten müssen, ich wäre imstande gewesen, mir von allen vorhandenen Seiden, Baumwoll- und Kaschmirstoffen ein paar Yards abschneiden zu lassen. In Asien zum Schneider zu gehen, den Stoff auszusuchen und in ein paar Tagen Hemden und Anzüge nach Maß nähen zu lassen, empfand ich als Privileg gegenüber all denen, die sich in europäischen Kaufhäusern ihre

Kleider vom Wühltisch oder von der Stange holten. Im maßgeschneiderten Kaschmirmantel durch das verschneite München oder Paris zu flanieren, konnte einem die Illusion vermitteln, ein Mensch von Bedeutung zu sein. Kleider machen nun mal Leute. Alles Wertvolle im Menschen liegt allein darin, dass wir denkende und fühlende Wesen sind und nicht in der Beschaffenheit einer Garderobe oder der Marke eines Fahrzeugs. Bei aller Freude, die ich empfand, wenn ich auf Reisen nicht auf den Dollar achten musste, weil meine Geschäfte zufällig gut liefen, war mir immer bewusst, dass Reichtum eine episodische Eigenschaft ist, die irgendwann ein Ende findet. In meinen Träumen, und ich betone ausdrücklich, dass kein Mensch für seine Träume verantwortlich zu machen ist, ging es nicht um Gold, Frauen oder Sportlimousinen, sondern um Kunst, um Rauschzustände und um Freundschaften. Das Gefühl, das ich empfand, wenn ich einen Koffer voller Bargeld auf ein Hotelbett kippte und anfing, das Glück zu zählen, währte nie lange. Es endete in dem Augenblick, wo es einen Namen hatte, der eine endliche Zahl darstellte. Wem oder was ich in diesen Jahren hinterhergejagt bin, ist schwer zu sagen, materieller Reichtum war es jedenfalls nicht, eher waren es Augenblicke wie dieser, wenn der Händler in der Bugis-Street die Stoffbahnen auswickelte und man als Kunde den kurzen Moment erhaschte, der noch eine Ahnung preisgab, was es für die Kultur der Menschheit bedeutet haben muss, als das erste gewebte Kleidungsstück fertig war! Das Geräusch der Schere, wenn sie die Stoffe zerteilt, klingt mir bis heute im Ohr.

Der Inder, der in der Orchard-Plaza einen Shop für Elektronik-Artikel betrieb, derselbe der mir zuvor schon den Walkman aufgeschwatzt hatte, präsentierte mir diesmal eine weitere technische Neuheit: ein schnurloses Telefon. So etwas gab es bis dahin in Deutschland nicht, jedenfalls war der Betrieb derartiger Geräte noch nicht freigegeben. Keine Frage, der Mann benötigte keine Argumente, um mich zum Kauf zu bewegen. Ich ließ mir das Gerät samt Basisstation einpacken und freute mich auf staunende Gesichter daheim.

Die letzte Station meiner inzwischen zweieinhalb Monate währenden Reise war Bombay. Ich sehnte mich danach, ein paar Tage in Rashids Opiumhöhle zu entspannen, denn es waren seit meinem letzten Besuch in Bombay fast zwei Jahre vergangen. Indien war für mich, im Gegensatz zu vielen jungen Europäern, die das Land bereist hatten, nicht das gelobte Land, in dem ich hoffte, mich selbst oder meine »Mitte« zu finden, sondern einfach eine faszinierende Kultur mit Menschen, denen man Respekt zollen musste, angesichts der widrigen Umstände, unter denen sie ihr Leben organisierten. An anderer Stelle habe ich schon festgestellt, dass, sollte es ein Phänomen geben, das mit dem Begriff »Kulturschock« bezeichnet werden kann, dann wird es dem an westlichen Komfort und Lebensart Gewohnten an dem Tag verständlich, an dem er die indische Erde betritt. Nirgendwo habe ich Menschen und ihre Gesellschaft getroffen, die mich stärker beeindruckt haben. Indien ist so völlig anders, dass mir auf Anhieb nichts Alltägliches einfällt, was etwa in Bombay gleich gehandhabt wird wie in Berlin: Frauen tragen Kleider namens Sari, Salwar oder Kamiz, in der Regel farbenfrohe Gewänder, während die Männer sich in Dhoti, Lungi oder Kurta hüllen, die alle eine unübersehbare Eleganz ausstrahlen; Inder führen die Speisen, die für den europäischen Gaumen zum großen Teil gewöhnungsbedürftig sind, mit der rechten Hand zum Mund. Die Linke ist den hygienischen Verrichtungen vorbehalten.

Bei den Hindus findet man Glaubensdogmen, da muss der brave Moslem oder Christ erst einmal durchatmen.

Der Hinduismus, dessen Lehren die meisten befolgen, kennt tausend Götter, Halbgötter, Helden und Dämonen; im Buddhismus hingegen, der ebenfalls aus Indien stammt, gibt es gar keinen Gott. Und dennoch leben die Menschen (meist) friedlich beisammen.

Völlig abgefahren regelt sich der Straßenverkehr in den Großstädten: Ampel hin, Ampel her, niemand beachtet sie, es scheint nur eine Verkehrsregel zu geben, an die sich alle halten: suche dir eine Lücke und stoße gnadenlos hinein, fahre da, wo Platz ist. Die Polizei trägt keine Schusswaffen, sondern Hartholzknüppel, mit denen man tunlichst keine Bekanntschaft machen sollte.

Das Hotel, welches ich für die fünf Tage bezog, hatte mir Paco empfohlen, ein kleines, aber relativ sauberes Haus, zur Kolonialzeit von einem Engländer bewohnt, wie ich am verblassten Luxus erkannte, in dem es vor hundert Jahren erbaut worden war. Säulen vor dem Eingang, drei Meter hohe Decken, ein großzügig angelegtes Treppenhaus, in welches man nachträglich einen Aufzug installiert hatte, geräumige Zimmer. Kein Grund, im Taj Mahal oder im Oberoi abzusteigen, wo für die Nacht mehr als hundert Dollar berechnet wurden, denn die meiste Zeit würde ich ohnehin in der Opiumhöhle verbringen.

Auf dem Weg dorthin kam es zu einem kuriosen Verkehrsunfall. Der Unfall selbst war relativ banal, aber die polizeiliche Unfallermittlung war bemerkenswert. Ich winkte mir also ein Taxi heran und sagte dem Fahrer, einem jungen Hindu, er möge mich bitte in die Shuklaji-Street bringen. Das war in etwa so unverdächtig, wie wenn in Hamburg einer verlangt, in die Herbertstraße gebracht zu werden. Zweifellos dachte mein Chauffeur, ich hätte es auf eine der jungen Frauen abgesehen, die dort ihrem Geschäft nachgehen.

Um spätere Reklamationen auszuschließen, nannte mir der Mann die Strecke, die er zu fahren gedachte. Indes, ich kannte den Weg von Colaba nach Kamathipura längst, dem größten Rotlichtviertel Bombays, wo nicht bloß die Opiumhöhlen zu finden waren, sondern in erster Linie eine Vielzahl an Bordellen. Anders ausgedrückt, die Cursetji Shuklaji Street, wie sie offiziell heißt, war das Zentrum der Bombayer Unterwelt. Die Gegend hatte Tradition, denn schon zu Zeiten der Engländer, befriedigten aus Japan und Europa importierte Dirnen die Gelüste britischer Soldaten und betuchter Inder. Als die Briten Indien verließen, zogen einheimische Sex-Arbeiterinnen in die Etablissements ein. In den siebziger Jahren arbeiteten dort hauptsächlich junge Nepalesinnen. Viele der Mädchen waren ihren bitterarmen Familien von Schleppern abgeschachert worden und wurden bei miserabler Bezahlung von den lokalen Zuhältern ausgebeutet. Rashid sagte mir einmal, dass Kamathipura die größte Population an Prostituierten in ganz Indien beherberge. Wie immer es sich damit verhielt, fest stand, dass vor jeder Eingangstür der Shuklaji Street und ihrer Nebengassen eine Traube buntgekleideter Frauen auf Freier warteten. Wobei die Huren von Bombay züchtig gekleidet waren, nie würde es eine Inderin gewagt haben, sich in Bikini oder Mini auf die Treppe zu setzen.

Mein Taxifahrer musste also davon ausgehen, dass er es mit einem Touristen zu tun hatte, der ein Sexabenteuer suchte und der sich mit dem Straßenverlauf nicht auskannte. Er schlug vor entlang der Back Bay zu fahren und war erstaunt, als ich dies ablehnte und ihn anwies, die kürzere Strecke über die Kalbadevi Road zu nehmen.

»Sie kennen sich in Bombay aus?«, fragte er ein wenig verunsichert.

»Auskennen wäre zu viel gesagt, aber ich fahre nicht zum ersten Mal nach Kamathipura«, sagte ich.

Und um jeglichen Gedanken an einen Umweg von vorne herein zu vertreiben, nannte ich ihm noch den Fahrpreis, den zu akzeptieren ich bereit wäre. Er hatte verstanden und folgte meiner angegebenen Route. Irgendwann auf halber Strecke kam es dann zu dem Unfall.

Ein links haltender Wagen, ebenfalls ein Taxi, ließ gerade den Passagier aussteigen. Der weiß gekleidete Mann öffnete die Tür, ohne sich umzusehen, und schon war es passiert. Die ausscherende Tür des stehenden Autos versperrte uns plötzlich den Weg und es kam zu einer Kollision. Glas splitterte und an beiden Fahrzeugen knautschte Blech. Kein großer Schaden, aber immerhin ein Schaden. Kaum hatte Tobi, so hieß mein Chauffeur, den Wagen zum Stehen gebracht, als sich auch schon die unvermeidliche Hundertschaft Schaulustiger herandrängte, um zu sehen, was geschehen und wer der Unglückliche war, dessen Karma hier abgegolten wurde. Eine Weile palaverten die Fahrer und begutachteten die Schäden, als sich plötzlich unter den Gaffern eine Gasse auftat und ein Polizist auf der Szene erschien. Mit seinem langen Stock, einer indischen Form von Dienstwaffe, stieß er einen Burschen beiseite, der dabei war, sich hysterisch in den Streit der beiden Fahrzeuglenker einzumischen. Offenbar ging es um die Schuldfrage.

Unterdessen verharrte ich im Fond des Wagens und dachte an den Khumbu-Gletscher im Tal des Schweigens am Mount Everest.

Die Hitze war schwer erträglich und die Wartezeit kam mir wie ein erweiterter Saunagang vor. Schließlich kam der Ordnungshüter herbei und nahm mich durch das heruntergekurbelte Fenster in Augenschein.

»*Welcome, Sir!*«, begrüßte er mich. »Es hat einen Unfall gegeben. Ich bedauere die Verzögerung.«

Sein geschwungener grauer Schnurrbart schien dabei jedes seiner Worte mimisch zu unterlegen.

»Ich habe es mitbekommen«, sagte ich nicht ohne Ironie. »Ich hoffe, die Sache lässt sich rasch klären und wir können endlich weiterfahren.«

»Davon bin ich überzeugt. Wir müssen bloß die Schuldfrage noch klären. Bitte gedulden Sie sich einen kleinen Moment. Das haben wir gleich!«

Sprach's und wandte sich wieder den Fahrern zu. Das Volk umringte unseren Wagen immer dichter und der kurzbehoste Beamte hatte Mühe, sich Autorität zu verschaffen. Zuweilen knuffte er einem allzu dreisten Lümmel in die Rippen.

Die Klärung des Sachverhaltes zog sich eine Weile hin. Der Schweiß rann mir aus den Haaren den Hals hinunter in den Kragen. Vielleicht, so mein Gedanke, hätten wir doch die Küstenstraße an der Bucht entlang nehmen sollen, wo immer eine Brise vom Meer für Kühlung sorgt, als der Polizist endlich Herr der Lage geworden war. Offenbar hatten sie durch konstruktiven Dialog zu einer Lösung gefunden. Der Hüter der Ordnung trat erneut zu mir und lächelte verbindlich. Ich war inzwischen dabei, mir mit dem Reisepass Luft zuzufächeln.

»Sie werden wohl für die durch den Unfall entstandenen Kosten aufkommen müssen, Sir! Der Fall liegt klar auf der Hand: Der Fahrer sagt, sie hätten ihn ausdrücklich aufgefordert, die Strecke über die Kalbadevi Road zu nehmen. Hätten Sie den Mann so fahren lassen, wie er es wollte, wäre es zu dieser Kollision niemals gekommen. Das müssen Sie einsehen, so leid es mir tut.«

Zunächst glaubte ich, der Mann gebe eine Kostprobe seines mir bis dahin verborgen gebliebenen Humors ab, aber als ich seinen Schnurrbart bewegungslos auf der Oberlippe drohen sah, wusste ich, er meinte es ernst. Ich benötigte drei Fächerbewegungen und ein wenig Extra-Sauerstoff, ehe ich meine Schuld eingestand. Sobald ich erkennen ließ, dass ich die Kosten des Unfalls zu übernehmen bereit sei, glomm ein zufriedenes Leuchten in seinen Augen, in den Schnurrbart kam wieder Leben und er versprach, bei den nun folgenden Verhandlungen mit den Geschädigten meine Interessen zu vertreten.

»Wie hoch ist denn der Schaden?«, wollte ich von meinem »Anwalt« wissen.

»Das werden wir gleich herausfinden«, versprach er und wandte sich wieder den Fahrern zu.

Ich hatte den Eindruck, dass ein Dutzend zufällig anwesende Sachverständige an der Bestimmung der Schadenshöhe beteiligt waren, jedenfalls ging es lautstark zu. Schließlich kehrte der Beamte zurück und präsentierte mir die Rechnung.

»Die Reparatur der beiden Fahrzeuge wird 80 Rupien kosten, Sir.«

Dann nannte er mir den Preis für ein Scheinwerferglas nebst Zierring, bezifferte die Arbeitszeit, die zum Ausbeulen, Spachteln und Lackieren der beschädigten Tür erforderlich sei und kam schließlich auf eine Gesamtsumme, für die ein deutscher KFZ-Spengler höchsten den Tankdeckel poliert hätte. Erwartungsvoll sah der Mann mich an, was sage ich, das ganze indische Volk stand dabei und starrte den schwitzenden weißen Mann im Fond des Taxis an.

Ich kann mich des Preises nicht mehr genau entsinnen, aber es war ein bescheidener Betrag, den die indischen Gauner da aus mir herausschlagen wollten.

»80 Rupien!«, rief ich mit aufgesetzter Empörung. »Der Schaden kann unmöglich so teuer sein, für 80 Rupien repariere ich die Autos selber.«

Die Reaktion auf meinen Protest war schwer von seiner Miene abzulesen. Ich wollte schon klein beigeben, als er sich kompromissbereit zeigte.

»Warten sie. Ich werde noch einmal verhandeln«, sagte der Polizist und ging erneut nach vorn zu den Fahrern. Es dauerte nicht lange, ehe er zurück war.

»60 Rupien, Sir. Es gibt Möglichkeiten.«

»Dachte ich es mir doch«, sagte ich ernst. »Unter diesen Umständen gestehe ich meine Schuld an dem Unfall ein. Es tut mir leid. Ich hätte dem Fahrer die verhängnisvolle Strecke niemals vorschlagen dürfen.«

»Sie sagen es«, bestätigte der Polizist nachdenklich und nahm das Geld von mir entgegen, seinerzeit in etwa der Gegenwert von zehn Euro.

Ich zahlte gern und wurde prompt von hundert leuchtenden Augen belohnt. Keine Ahnung, wie sie die Beute unter sich aufteilten, aber mir schien, dass der Mann in Uniform sich nicht mit dem geringsten Teil zufriedengab.

Kurz darauf war ich in einem anderen Taxi unterwegs, welches der Polizist herbei beordert hatte. Als der schwarz-gelbe Ambassador in die Shuklaji Street einbog, wäre er fast in einem Loch verschwunden, wegen Kanalisationsarbeiten. Ich bedeutete dem Fahrer, anzuhalten, keine Experimente mehr. Den Rest des Weges lief ich zu Fuß.

Ich kam an Teestuben vorbei, Betelnussverkäufern, Straßenbarbieren. Der Wind trieb hundert Gerüche durch die Straße, nicht alle davon wohltuend. Indien riecht anders, nach Indien eben. Hier stank es nach der Brühe der geborstenen Kanalisation. Zwei Dutzend Männer standen bis zu den Knöcheln im Wasser, tastend suchten sie nach dem defekten Rohr. Ebenso viele Frauen schleppten den triefenden Kies in geflochtenen Körben fort, magere, zerlumpte Gestalten, zweifellos Parias.

Endlich erblickte ich das Schild, das auf Rashids Opium-Den hinwies. Ich verschwand in der schmalen Gasse, vertrieb noch eine Ratte, die aus einer Plastiktüte mit verfaulten Früchten gehuscht kam und stieg dann die Treppe hinauf. Rashid begrüßte mich mit einem breiten Grinsen und gab Bangali Anweisungen. Als sich meine Augen an das Dunkel des Raumes gewöhnt hatten, erblickte ich Geoffrey Ramos, der vom Schlafmohn in einen Traum versetzt auf dem Teppich lag und vor sich hin döste.

Ihm hier zu begegnen, war eine Überraschung der besonderen Art. Kennengelernt hatten wir uns, als ich im Mai 1974 mit dem Segelschiff nach Ibiza kam. Im Dezember desselben Jahres trafen wir uns im Café Montesol, wo er mir seine alte Finca vermittelte, im Sommer darauf stellte er mir Lisa vor, mit der er damals befreundet war, und wieder ein Jahr später flogen wir zusammen nach Thailand, wo er mich mit den Chinesen bekannt machte, mit denen ich seither Geschäfte tätigte. Nicht zu vergessen die sechs Wochen, die wir zusammen im Knast von Palma de Mallorca verbracht hatten ... Geoffrey Ramos war einer der Menschen, die mein Leben stark beeinflusst haben, daran bestand kein Zweifel. Es waren Jahre vergangen, seit wir uns zuletzt auf Ibiza begegnet waren, und zwar bei dem legendären Konzert 1979 auf Cana Ventura, als er nach Mitternacht mit Alkin und Nelson bei mir vor der Finca auftauchte, in Begleitung von dreißig Leuten, unter ihnen Paco de Lucía. Seither war der karibische Nomade unterwegs gewesen, hatte einige Zeit auf Bali gelebt, dann in Florida, immer wieder Ibiza und seit einem Jahr hatte er ein Haus in Goa gemietet. Geoffrey war auf dem Weg nach Deutschland, wo er einen Arzt aufsuchen wollte, denn sein Asthma machte ihm wieder einmal zu schaffen. Wenn er in Deutschland war, logierte er wie sein Freund Paco meist bei Enrico in Lohr, in dessen Salsa-Band *Los Hermanos* er zuweilen noch die Congas spielte.

Wir rauchten ein paar Pfeifen Opium, dann erzählten wir uns gegenseitig von den Abenteuern, die wir in jüngster Zeit bestanden hatten und endeten bei alten Geschichten, weißt du noch?

»Wie sieht es denn mit deiner Gesundheit aus?«, wollte er schließlich von mir wissen.

»Na ja, wenn du wissen willst, ob ich noch Heroin nehme, ja. Aber ich will bald damit aufhören, ich denke, ich hab's ausgereizt. Der Kick ist nicht mehr das, was er mal war.«

»Wem sagst du das! Ich hab schon mehrfach versucht, damit aufzuhören, aber es holt mich immer wieder ein. Eine Zeit lang habe ich sogar gefixt. Danach ging es mir richtig dreckig.«

»Kenn ich. Ich wollte auch schon einige Male damit aufhören, habe es aber immer bloß ein paar Tage geschafft. War letztes Jahr sogar eine Woche im Krankenhaus«, sagte ich.

»In München?«

»Nein, in Florida, Fort Lauderdale.«

»Habe von Paco erfahren, dass ihr Burschen gute Geschäfte in den Staaten macht.«

»Kann man sagen. Aber zwischen Paco und mir gab es Differenzen«, sagte ich.

»Auch davon hab ich gehört. Paco war eine Weile nicht gut auf dich zu sprechen.«

»Wem sagst du das. Ich war auch auf ihn nicht gut zu sprechen.«

Dann berichtete ich ihm, wie Paco, Angel und Umberto versucht hatten, mich zu linken und wie es mir gelungen war, die beiden Koffer in Athen und in Rom sicherzustellen.

»Nicht schlecht«, lachte Geoffrey. »Aber Paco hat mir die Sache ein wenig anders erzählt. Er meinte, du schuldetest ihm noch Kohle aus früheren Geschäften. Schließlich hätte er dir die Kunden in den Staaten vermittelt.«

»Das stimmt, aber glaub mir, *hermano*, Paco hat seine Kommissionen jedes Mal in Kolumbien verbraten. Jedes Mal, wenn ich ihm Geld gab, flog er nach Bogotá und jedes Mal wenn er von dort zurück kam, war er pleite. Er hat in Kolumbien nur in Scheißgeschäfte investiert. Bis auf einen größeren Grastransport ist alles schiefgelaufen.«

»Er wurde doch mal in Miami mit sechs Kilo Koks geschnappt«, wusste Geoffrey.

»Geschnappt wurde er, aber das Kokain hatte ein anderer Spanier bei sich. Jedenfalls habe ich ihn dort rausgeholt, was auch nicht gerade billig war. Der Anwalt, das Schmiergeld, du weißt selbst, wie das in Florida läuft«, sagte ich. »Paco hat seinen Anteil immer bekommen. Selbst als er mich austricksen wollte, habe ich ihm die Hälfte der vereinbarten Gage bringen lassen.«

»Ja, das sagte er«, bestätigte Geoffrey. »Wo treibt er sich denn eigentlich herum? Hab ihn schon seit einem halben Jahr nicht mehr gesehen.«

»Vor drei Wochen traf ich ihn in Bangkok. Er kam aus Bali und war auf dem Weg nach Europa. Schätze, dass du ihn bei Enrico in Lohr findest, wenn du nach Europa willst.«

»Freut mich. Ich habe nämlich vor, ein paar Wochen in Deutschland zu bleiben, ehe ich weiter nach Ibiza fliege. Hab mehrere Taschen mit Schmuck aus Nepal dabei, die ich im Sommer auf dem Hippiemarkt verhökern will, schöne Sachen aus Silber und Halbedelsteinen.«

»Dann sollten wir uns alle bei Enrico treffen. Ich will mit den Geschäften aufhören, zumindest eine längere Pause machen und mich um meine Gesundheit kümmern. Habe Lisa versprochen, dass ich mit dem Heroin Schluss mache. Ich könnte Paco anbieten, die Geschäfte in den USA für mich weiterzuführen.«

»Das würde ihm sicher zusagen. Das wäre besser als die dauernden Enttäuschungen in Kolumbien«, stellte Geoffrey fest.

»Du sagst es.«

Wir unterhielten uns bis tief in die Nacht. Irgendwann – Rashid hatte sich längst nach Hause begeben und Bangali die Verantwortung für das Lokal übergeben – erhoben wir uns und tasteten uns die Treppen hinunter, hinein in die Bombayer Nacht. Vor dem Treppenaufgang lagen schlafende Kinder und Ziegen, über die wir klettern mussten. Auf der Straße waren noch ein paar Mädchen wach, die uns anmachen wollten, aber uns stand nicht der Sinn danach. Wir liefen die Shuklaji Street ein ganzes Stück nach Süden, ehe wir einen Taxifahrer fanden, der uns einsteigen hieß. Unterwegs im Auto erzählte mir Geoffrey noch von Goa, von den *Full-Moon-Parties* und von den Frauen, von den guten Drogen und von dem unbeschwerten Leben dort an den Stränden.

Wie sich herausstellte, wohnte mein Freund nicht weit vom *Gate of India* entfernt. Er stieg aus, und wir verabredeten uns in zwei Wochen in Lohr.

Als ich im Hotel ankam, sahen mir die Leute an der Rezeption neugierig entgegen. Offenbar fragten sie sich, wo sich ein Europäer nachts so lange in Bombay herumtreibt. Ich fand den Flur, an dem mein Gelass lag, schloss die Tür auf und sank aufs Bett, wo das Opium mich bis in die Morgenstunden auf eine Traumreise schickte. Immerhin, so mein verwegener Gedanke, verhalf einem die illegale Droge zu legalen Träumen.

Pünktlich erschien Rashid im Hotel, um mich abzuholen. Er hatte sich ein Auto geliehen, von der Frau den feinen Anzug bügeln lassen. Im Restaurant gegenüber frühstückten wir: Fladenbrot, Curry-Dal und Tee. Das scharfe Gericht gehörte zu der Sorte, die zweimal brennt. Meine Reisetasche war rasch gepackt, dann brachte mein indischer Freund mich zum Flughafen.

»*My brother!*«, sagte er zum Abschied.
»*I'll be back soon*«, versprach ich.

4.24 Neuorientierung

Am 21. April landete ich in Frankfurt, von wo aus ich zu den Eltern in den Hunsrück fuhr. Nachdem die Mitbringsel ausgepackt und verteilt waren und ich den Jetlag überwunden hatte, kam Lisa mit den Kindern. Wir blieben ein paar Tage zusammen, ehe wir zurück nach München fuhren. Auf der langen Autofahrt nach Süden berichtete ich meiner Frau von meiner Reise um die Welt und dem Fortgang der Bauarbeiten am Haus in Legian. Und weil wir bis dato noch keine als solche deklarierte Hochzeitsreise unternommen hatten – für Lisa ein Ritual mit Symbolcharakter – schlug ich eine gemeinsame Reise zum Richtfest nach Bali vor. Diesmal ohne Kinder, nachdem Mirabell den letzten Aufenthalt im tropischen Klima ja nicht vertragen hatte. Wir beschlossen, meine Eltern zu bitten, die Kinder für ein paar Wochen zu sich zu nehmen. Unsere Reise sollte Mitte Mai beginnen und sechs Wochen dauern.

Die nun anbrechende Zeit in München nutzten wir, um die neue Altbauwohnung einzurichten.

Da wir sie mit allen Möbeln übernommen hatten, stellte sich die Frage, was behalten wir und was fliegt raus. Als erstes entfernten wir das große Aquarium im Wohnzimmer, denn weder Lisa noch ich hatten Lust, Fische gefangen zu halten und uns durch die Tiere zu binden. Flexibilität, insbesondere die, zu spontanen Reisen aufbrechen zu können, bedeutete mir sehr viel. Wir hängten die Waffensammlung des Vorbesitzers ab, welche die Wand im Wohnzimmer »verzierte«, ein Dutzend antike Gewehre aus den letzten Kriegen. Ich schenkte sie meinem Vater, der zu Waffen mehr Beziehung hatte als ich. An ihre Stelle installierte ich ein Regal, welches ich vor zwei Jahren aus den Balken eines Fachwerkhauses gezimmert hatte, ein massives Teil, das stabil genug war, sowohl meine Schallplatten als auch die Stereoanlage aufzunehmen. Die oberen Gefache blieben Büchern vorbehalten, der Beginn einer Sammlung, die im Laufe der Jahre zu einer feinen Bibliothek ergänzt wurde. Kinder- und Schlafzimmer übernahmen wir vom Vorbesitzer, ebenfalls die komplette Küche, denn sie war funktional. Was wir noch an eigenen Möbeln besaßen, stand bei verschiedenen Freunden und bei Lisas Eltern. Nach und nach holten wir einzelne Stücke zurück und integrierten sie in die Wohnung.

Seit einigen Jahren hatte ich mir angewöhnt, aus allen Ländern, die ich besuchte, einen kompletten Satz der jeweiligen Banknoten mitzubringen. Der lange Hausflur, der das Zentrum unserer Wohnung bildete, bot viel Platz, was mich auf die Idee brachte, die Wände mit den Geldscheinen zu schmücken. Ich besorgte mir Cliprahmen, in denen ich die Scheine hinter Glas präsentierte. Am Ende sah unser Flur wie ein kleines Geldmuseum aus, und ähnlich einem Museum, zog es die Blicke der Besucher auf sich, wenn sie die Wohnung betraten.

Wie aber vertrug sich der feste Wohnsitz in München mit meiner Nomadenseele?

In Wirklichkeit hatte ich von Anfang an zu der Wohnung in Sendling keine Beziehung, weder zur kleinbürgerlichen Nachbarschaft noch zur Stadt München, deren elitäre Selbstgefälligkeit mir von Anfang an nicht behagte. Im Herzen war ich längst zum Nomaden mutiert, und wenn überhaupt, so begeisterte ich mich für das neue Haus auf Bali. Dort sah ich eher die Möglichkeit, gesund und frei zu leben und ein legales Geschäft aufzubauen. Vorausgesetzt, ich würde es schaffen, mich von der Heroinabhängigkeit zu befreien, hatte ich den Plan, vom Tourismus zu profitieren und ein Lokal nach dem Vorbild der Szenekneipen auf Ibiza zu bauen, ein Musikcafé in Strandnähe, mit Pool und Bühne, um sowohl balinesisches Theater als auch Jazzkonzerte dort stattfinden zu lassen. Darüber hatte ich schon mit Agung Junior gesprochen, den ich als einheimischen Partner unbedingt zu einem derartigen Projekt benötigte. Schon allein deshalb, um die Investition abzusichern und nicht zum Spielball korrupter Lokalpolitiker und Polizeichefs zu werden, die in Indonesien nach Gutdünken die Hand aufhielten und sich ihr Wohlwollen gut dotieren ließen. Dazu gehörte eine Aufenthaltsgenehmigung, damit es uns nicht so wie dem Berliner Harry erging, der einfach so des Landes verwiesen worden war.

Zu meinem Erstaunen hatte Agung allerdings Einwände gegen mein Projekt. Sie entsprangen seinem Glauben, ein derartiges Lokal ziehe australische Raufbolde, Prostituierte aus Java und gottloses

Volk an, es würde zu Schlägereien und schlimmeren Ereignissen kommen. *Bref:* Es würden Dinge geschehen, die von den Göttern missbilligt und von Dämonen geschürt würden, und davor fürchtete sich jeder rechtschaffene Balinese. Und weil solch ein Projekt, jedenfalls solange ein Balinese daran beteiligt wäre, nie ohne Priester, Hellseher oder ähnliche Instanzen auf den Weg gebracht werden konnte, war mit Schwierigkeiten zu rechnen, von denen ich noch keine Ahnung hatte. Ich war allerdings zuversichtlich, dass sich das alles mit der Hilfe von Politikern, sprich Schmiergeld, lösen ließe, der großen Schwäche der Menschen.

Ein weiteres Problem, das bei der Gestaltung der Zukunft meiner Familie beachtet und gelöst werden wollte, war der schlechte Gesundheitszustand unserer Tochter Mirabell, die schon den ersten längeren Aufenthalt auf Bali nicht vertragen hatte, was meine Frau Lisa, die die Dinge realistischer betrachtete als ich, zum Anlass genommen hatte, darauf zu bestehen, die Wohnung in München anzumieten. Sie vertrat die Ansicht, Kinder bräuchten Strukturen, sie müssten eine ordentliche Schule besuchen und dergleichen Institutionen mehr, von denen ich mich im Geiste der Nachkriegsgeneration und deren Weltbild längst verabschiedet hatte. Außerdem legte sie Wert auf eine gute medizinische Versorgung, insbesondere, was Mirabell betraf, die in München, aber nicht auf Bali gewährleistet war.

Diese grundsätzlichen Fragen mussten noch geklärt werden, ehe wir ernsthafte Zukunftspläne schmieden konnten. Während der nun geplanten Reise nach Bali hoffte ich, Lisa davon überzeugen zu können, dass unser Leben auf der Insel eine zweite Chance verdient hätte. Agung wollte ich klarmachen, dass wir uns in der touristischen Gastronomie nicht mehr an alten balinesischen Gebräuchen orientieren dürften, anderenfalls das Geschäft von Investoren aus Japan oder Australien gemacht würde, die auf Traditionen wenig Rücksicht nähmen; dass Bali am Beginn einer Invasion von Touristen stand, war nicht zu übersehen, und wer dort die richtigen Konzepte umsetzte, der konnte in wenigen Jahren reich werden. Ich hatte im Drogenhandel genug verdient, um jetzt auf Bali in legale Projekte zu investieren, und mich so für die

Zukunft wirtschaftlich abzusichern. Aber zuallererst musste ich das Heroin abschütteln, dazu gab es keine Alternative, alles andere liefe dem Lebensglück zuwider und letztlich auf den Tod hinaus.

Als die Altbauwohnung in Sendling renoviert war, luden wir Freunde und vermeintliche Freunde zu einer Party ein. Dann begannen wir, die Hochzeitsreise zu planen, die seinerzeit ins Wasser gefallen war, weil ich zwei Tage vor der geplanten Heirat auf Ibiza verhaftet worden war. Meine Mutter erklärte sich bereit, die Kinder für die Dauer unserer Abwesenheit zu sich zu nehmen. Ich rief Kim und Sue in San Francisco an und bestellte die Flugscheine. Ein paar Tage darauf meldete sich das Münchener Lufthansabüro: unsere Tickets seien abholbereit. Am 17. Mai sollte es losgehen.

Zuvor wollte ich Ronny treffen, der seit ein paar Wochen wieder in München weilte und wie ich erfahren hatte, auf zu großem Fuß lebte. Wir trafen uns in der Stadt. Ronny schlug vor, noch einmal nach Bangkok zu fliegen und einen weiteren Koffer in die USA zu bringen. Aber das war nicht geplant, denn, sollte Paco die Geschäfte weiterführen, würde der Transport wieder von den Chinesen durchgeführt werden. Also kein Job mehr für Ronny, zumal ich Paco die Geschichte mit dem vernichteten Kilo in New York erzählt hatte. Ich teilte Ronny mit, dass ich beschlossen hatte, aus dem Schmuggel auszusteigen und mich auf Bali niederzulassen. Einen weiteren Einsatz würde es somit für ihn nicht geben. Um Chaoten wie Harry Wong oder Ronny Feldkirch zu beschäftigen war unser Geschäft einfach zu riskant.

Ich fuhr zu Christel nach Obermenzing, mit der mich seit Beginn meiner Zeit in der Stadt eine enge Freundschaft verband. Ich erkundigte mich nach Heinz, mit dem sie Mitte der Siebziger ein paar Jahre verheiratet gewesen war. Heinz lebte mit seiner neuen Freundin in der Nähe des Goetheplatzes und hatte mit der Töpferei ein neues Hobby entdeckt. Als ich ihn in seinem Atelier besuchte, zeigte er mir eine Reihe wunderschön gestalteter Vasen, von denen er mir eine schenkte. Ansonsten ging er täglich seinem Job als Zahntechniker nach und zwei Mal die Woche traf er sich mit Musikerkollegen in seinem eigenen Tonstudio unweit der Schwanthaler Straße. Ich fragte nach Norbert und Ludwig, mit denen ich die denkwürdige Sommerreise nach Barcelona unternommen hatte. Norbert Held, der Maler, lebte mit seiner Frau und den fünf Kindern in einer düsteren Sozialwohnung in der Innenstadt, keine Erfolgsgeschichte, wenn man bedenkt, dass er einst im Moos einen Bauernhof bewohnt hatte. Ludwig Weinberg sollte angeblich noch auf Ibiza weilen, wo er mit einer Spanierin zusammenlebte, mehr war nicht in Erfahrung zu bringen.

Christel war unter all den Stadtnomaden eine feste Größe, sie hatte ein Haus in Obermenzing geerbt und dort wohnte sie so lange, bis die Bank ihr Mitte der achtziger Jahre den Kredit kündigte und sie die Immobilie verkaufen musste. Bis es soweit war, genoss sie ihr Haus mit Garten. Für mich war Christel eine zuverlässige Freundin, zu der viele von uns über Jahre hinweg Verbindung hielten, bei der meist in Erfahrung zu bringen war, wo welche der alten Freunde gerade steckten. Kehrte ich von einer längeren Reise zurück und suchte einen meiner Kumpels, so fuhr ich zu ihr, die mir meist Auskunft geben konnte. In den ersten Jahren, als ich mit Walter und Emilio, mit Wacki und Lolita, mit Carmen und Roman die Marokkofahrten organisierte, diente uns Christels Garage zuweilen als Warendepot, hier wurde so manches Auto entladen, bis auch die letzte Hasch-Platte zu Tage gefördert war. Als Lohn für ihr Entgegenkommen erhielt die Hausbesitzerin jeweils eine Tafel vom besten Zero-Zero.

Wie zu erwarten, wusste Christel, wo Heinz zu finden war. Und sie kannte den Namen des Anwalts, der Werinher vertrat. Der saß nach wie vor in Stadelheim in Untersuchungshaft, weil er versucht hatte, ein Pfund Kokain an einen V-Mann zu verkaufen. Ich hatte vor, Werinhers Anwalt zu sehen, um zu erfahren, wie genau es um meinen Freund stand. Carmen, so erfuhr ich, lebte mit einem Journalisten zusammen, seit sie aus dem Knast entlassen war. Sie war zusammen mit dem Wiener Karl anwesend, als Wacki sich die Überdosis setzte. Dem Österreicher wurde der Prozess gemacht. Sie schickten ihn für ein paar Jahre zur Strafverbüßung nach Straubing. Carmen, die strafrechtlich mit der Sache nichts zu tun hatte, kam nach ein paar Wochen U-Haft frei.

Von Walter und Emilio wusste Christel nicht viel zu berichten, außer dass sie nach wie vor in München ihren Geschäften nachgingen, dass Walter in einer Wohnung in der Südstadt lebte, in der Emilio, der reinrassigste Nomade von uns allen, von Zeit zu Zeit campierte. Walter und Emilio waren Komplizen der ersten Stunde, mit ihnen hatte für mich in München alles angefangen, sie hatten mich vor fast zehn Jahren in die Kifferszene eingeführt, und auch wenn wir im Laufe der Zeit einige Konflikte austrugen, am Ende hatte die Freundschaft die Oberhand behalten. Jetzt, da es mir wirtschaftlich gut ging, fühlte ich mich ihnen gegenüber zur Solidarität verpflichtet. Ich bat Christel um Walters Telefonnummer und nahm mir vor, ihn zu kontaktieren.

Meinerseits gab ich Auskunft zu Rudi Hundt, der sich seit mehr als einem Jahr ziel- und planlos in New York herumtrieb. Rudi hatte Christel kürzlich um einen substanziellen Anteil ihrer Ersparnisse gebracht, indem er sich Geld bei ihr lieh, für, wie er sich ausdrückte, ein »Bombengeschäft«. In Hamburg kaufte er ein Kilo türkisches Heroin, das er nach New York bringen ließ. Da er allerdings keine Kunden für die minderwertige Ware fand (die in der Türkei hergestellte Droge war bei weitem nicht so rein wie das weiße Heroin aus dem Goldenen Dreieck), bat er Nora, ihm beim Verkauf behilflich zu sein. Aber Nora war keine Dealerin, so dass sie schließlich mich bat, ihrem Freund zu helfen. Ich gab ihm 40.000 Dollar für das Zeug und bat Jerry, es in Detroit abzusetzen. Mit Müh und Not gelang es ihm, es schließlich loszuwerden. Verdient hatte am Ende außer Rudi niemand etwas daran. Die Kohle gab der anschließend für Kokain aus, welches er teuer auf dem Straßenmarkt kaufen musste, und binnen dreier Monate war alles in seinen großen Nasenlöchern verschwunden. Rudi war pleite, und Christels Ersparnisse waren futsch. Ihr Versuch, das Geld zurück zu bekommen, verlief im Sand, am Ende bedrohte er sie sogar. Dummerweise hatte ich damals keine Ahnung, dass er diesen miserablen Deal mit dem Geld meiner Freundin finanziert hatte, sonst hätte ich ihm in New York Christels Investition (ich glaube es handelte sich um 20.000 Mark) vorenthalten. Eine unerfreuliche Geschichte, deren Hintergrund ich an diesem Abend erstmals von ihr erfuhr.

Ein weiterer Freund, den ich unbedingt sehen wollte, war Mauricio. Wir hatten mehrere Jahre gemeinsam Drogen konsumiert und waren zusammen auf Hawaii und in Kolumbien gewesen, wo ich seine jüdische Familie kennengelernt hatte. Zurück in München bot er mir an, eine Konzertagentur mit ihm zu gründen. Ich konnte mich allerdings dafür nicht begeistern, Nomaden gründen keine Agenturen. Als es mich nach Bali verschlug, verloren wir uns aus den Augen. Von Mauricios Mutter erfuhr ich nun, dass er wieder Heroin konsumiert habe und dass die Familie ihn daraufhin nach Kolumbien geschickt hatte, wo er fern der Münchener Drogenszene einen Job im Management eines Hotels übernommen hatte. Ich ließ mir die Adresse in Cartagena geben und beschloss, ihn anlässlich meiner nächsten Reise in diese Weltgegend zu besuchen. Dazu sollte sich allerdings keine Gelegenheit mehr bieten.

Zurück in München machte ich mich auf die Suche nach den Bekannten, die ich für meine Freunde hielt, über deren Aufenthalt mir Christel nichts hatte sagen können. Ich fand Hans Hass im Café Reitschule, wo er täglich zu frühstücken beliebte, solange es seine Kasse erlaubte. Zuletzt hatten wir uns in Detroit gesehen, wo er um ein Haar dem Nachbarn vor die Flinte gelaufen war. Jetzt im Café an der Leopoldstraße konnten wir darüber lachen. Hans war in Begleitung einer neuen Freundin, einem hübschen jungen Mädchen, das die ganze Zeit mit verklärtem Blick neben Hans Wache hielt. Als ich ihn nach seinen Plänen fragte, erzählte er mir etwas von einem Musical, das er gerade komponiere. Das Projekt hörte sich gut an, weshalb ich ihm in Aussicht stellte, ihn finanziell zu unterstützen. Derart in gute Laune versetzt, brachen Hans und sein Mädchen auf und verloren sich im Menschenstrom, der sich die Leopoldstraße hinunterbewegte.

Glenn, der Musiker, der so wunderbar die Balladen von Cat Stevens sang, war von der Mauerkircher in die Nymphenburger Straße umgezogen. Wir begegneten uns zufällig, als ich das Café verlassen wollte. Glenn arbeitete in einer Bäckerei, wo er für die Auslieferung von Brot und Laugenbretz'n zuständig war.

Schwieriger war es, Jenny Hermann und Jorge Geisler zu finden. Es hieß, sie lebten auf Ibiza. Da ich allerdings nicht mehr vorhatte, nach Ibiza zurückzukehren, verloren wir uns aus den Augen.

Dasselbe galt für Dennis und Martina, die mit uns auf Hawaii gewesen waren. Sie überführten Boote zwischen den Häfen des Mittelmeeres und der Karibik und fühlten sich offenbar wohl dabei.

Andere Kumpels und Komplizen aus früheren Tagen konnte ich nicht mehr lokalisieren. Wie bei Nomaden üblich, hatten sie sich weiterbewegt, von Lobo Prohaska wusste Hans immerhin, dass er nach Berlin gezogen sei. Hansi Heinz und TomTom hatten ihre Wohngemeinschaft irgendwo an den Stadtrand verlegt, niemand konnte mir ihre Adresse nennen. Margie, die ich seinerzeit in Torremolinos auf einer Tanzfläche kennengelernt hatte, war ihrem Freund Gary in die USA gefolgt, Rabbia und Michael K. saßen in französischen Gefängnissen. Da ich selbst vor einem halben Jahr knapp am amerikanischen Knast vorbeigeschrammt war, und ich immer wieder von Leuten hörte, die irgendwo auf der Welt geschnappt worden waren, setzte auch ich mich gedanklich mit diesem Schicksal auseinander. Wer im internationalen Drogenhandel mitmischte, der stand mit einem Bein im Gefängnis, es war im Grunde eine Frage der Zeit, bis das Schicksal auch bei mir zuschlagen würde. Als Optimist wollte ich das zwar nicht wahrhaben, aber statistisch betrachtet, stiegen meine Chancen, demnächst dabei zu sein. Er war höchste Zeit auszusteigen und mir ein weniger riskantes Betätigungsfeld zu suchen.

Nachdem ich in München alle Freunde gesehen hatte, setzte ich mich ins Auto und fuhr nach Lohr, um Paco und Geoffrey zu treffen. Die beiden hatten sich bei Enrico einquartiert, mit dem sie seit der Zeit befreundet waren, als sie sich auf Ibiza kennengelernt hatten.

Auf einem ausgedehnten Waldspaziergang in den Ausläufern des Spessarts besprachen Paco und ich die Übergabe der Geschäfte in den USA. Das war weder logistisch noch organisatorisch schwierig, denn Paco kannte die Komplizen, schließlich war er selbst es, der Basil Mitchell im Knast von Miami kennengelernt hatte. Ich musste also lediglich ein gutes Wort bei den Chinesen einlegen, damit diese Paco beliefern würden. Ich sicherte ihm zu, mich in Hongkong für ihn zu verwenden, wenn ich beim nächsten Mal dort Station machte. Ich versprach, ihm einen Termin mit Ming zu vereinbaren, alles weitere könne er dann selbst in die Wege leiten.

4.25 Vertagte Hochzeitsreise

Ein paar Tage vor unserem Abflug brachten wir die Kinder zu meinen Eltern in den Hunsrück. Dann ging es endlich los. Auf den Flugscheinen stand: Frankfurt – London – New York – Miami – Nassau (Bahamas) – Miami – Detroit – San Francisco – Hongkong – Bangkok –Singapur – Denpasar (Bali) – Singapur – Bombay – Frankfurt. Den Atlantischen Ozean überquerten wir in der Concorde. Grund für die Reise war in erster Linie, die angezählte Beziehung zwischen Lisa und mir zu reparieren, was mein Versprechen beinhaltete, endlich Ernst zu machen und den mehr als vier Jahre anhaltenden Heroinkonsum einzustellen. Würde ich das nicht endlich auf die Reihe bringen, sähe es schlecht um unsere Ehe aus, *last exit* Bali. Nebenbei wollte ich Ralph und Jerry in Kenntnis setzen, dass ich beschlossen hatte, aus den Geschäften auszusteigen, und um ihnen eine sanfte Landung zu ermöglichen, wollte ich ihnen empfehlen, mit Paco weiterzuarbeiten. Dasselbe musste mit Ming geklärt werden, der ebenfalls gerne im Geschäft bleiben wollte. Überhaupt wollten alle, die in den vergangenen Jahren mit mir gearbeitet hatten, weitermachen, denn sie hatten sich an das leicht und schnell verdiente Geld gewöhnt. Neben den Genannten traf das in erster Linie auf Joe Smoker und Nora zu. Sie hatten Umzugspläne und benötigten Cash.

Der Rest der Reise sollte touristischen Charakter haben, ich wollte Lisa einige der Orte zeigen, die ich schon kennengelernt hatte, in erster Linie Detroit, die Bahamas und Bombay.

David Berkowitz, meinem Detroiter Anwalt, der mir im vergangenen Herbst beigestanden hatte, als ich in Windsor verhaftet worden war, hatte ich versprochen, ihn auf eine Reise nach Bali mitzunehmen. Er hatte die Vereinigten Staaten noch nie verlassen, mit Ausnahme eines kurzen Bahamas-Urlaubs mit seiner Frau. Letztere war es, die anfangs Bedenken hatte, denn es war durchaus nicht üblich, dass ein Rechtsanwalt privat mit einem Mandanten aus dem Drogenmilieu verkehrte, geschweige, mit ihm auf Weltreise ging. Nachdem David mich allerdings mit zu sich nach Hause genommen und ich seine Frau Sarah kennengelernt hatte, entspannte sie sich und gab uns ihren Segen. Ich war gespannt, ob Davids Zusage mitzufliegen noch Bestand haben würde, wenn wir nach Detroit kämen, sicher war ich mir dessen bis zum Schluss nicht.

Die Flüge nach London und nach New York verliefen ohne Zwischenfälle. Wie wahrscheinlich allen Concorde-Passagieren, gefiel meiner Frau der schnelle Flug über den Atlantik. Es war zweifellos eine beeindruckende Demonstration moderner Flugtechnik, schneller konnte ein Tourist den Atlantik nicht überqueren. Abgesehen davon gaben sich Air France und British Airways besondere Mühe, ihren eiligen Passagieren den Aufenthalt an Bord schmackhaft zu machen. Da ich den Flug mit der Concorde schon einmal ausführlich beschrieben habe, will ich es an dieser Stelle bei der Beobachtung bewenden lassen, dass die pfeilschnelle Reise nach knapp dreieinhalb Stunden mit dem Touchdown auf dem JFK-Airport endete. Wir verließen das Flugzeug und passierten den Zoll. Fragen seitens der US-Zöllner, die weltweit zu den misstrauischsten ihrer Zunft gehörten, wurden diesmal nicht gestellt. Unsere Pässe wurden gestempelt, die Koffer durchgewinkt, und nach einer halbstündigen Taxifahrt nach Manhattan schafften zwei Bell-Boys sie hinauf in den 21sten Stock des Grand Hyatt Hotels.

Kaum dass wir allein auf dem Zimmer waren, brummte das Telefon: Xaver Fraunhofer war am Apparat. Er erwarte mich in der Lobby. Lisa zog sich ins Bad zurück, während ich hinunterfuhr, um Xaver in der Cafeteria des Hotels zu treffen. Er war seit mehr als drei Monaten in New York, da nach wie vor Zahlungen von Basil bei ihm eingingen, mein Profit aus dem letzten Geschäft. Sobald Xaver eine größere Summe Bargeld in der Hand hatte, überwies er das Geld außer Landes, das heißt, auf die Konten, die ich ihm genannt hatte. Schon in Hongkong und Singapur hatte ich bei den Banken nachgefragt und die Bestätigung erhalten, dass die Gelder verbucht waren. Dasselbe erfuhr ich beim Schweizer Bankverein in Zürich und bei der Deutschen Bank in München. Meine Mutter konnte ebenfalls bestätigen, dass die Summe, die ich ihr hatte anweisen lassen, ihrem Konto gutgeschrieben worden war. Xaver zeigte sich den Einsatz in New York betreffend zufrieden und bot mir an, zur Verfügung zu stehen, sollte ich seine Dienste wieder einmal benötigen. Ich versprach, Paco zu empfehlen, ihn weiter zu beschäftigen. Eine feste Zusage konnte ich ihm allerdings nicht geben, denn es lag im Ermessen meines spanischen Freundes, wie der sein Geld aus dem Land zu transferieren gedachte.

Wir verabredeten uns zum Dinner in einem Restaurant, das Xaver kürzlich entdeckt hatte. Nachdem ich ihn zum Taxi begleitet hatte, kaufte ich am Kiosk die Tageszeitung und fuhr anschließend wieder nach oben. Lisa lag auf dem Bett und war eingeschlafen. Ich schaltete den Fernseher ein, legte mich zu ihr und es dauerte nicht lange, bis auch ich die Augen schloss.

Kurz nach Mittag wurden wir vom Telefon geweckt. Nora war am anderen Ende der Leitung und erkundigte sich nach unseren Plänen für den Rest des Tages.

»Wenn ihr Lust habt, können wir uns zum Tee treffen. Ganz in der Nähe eures Hotels gibt es eine Teestube«, sagte sie.

»Wie heißt der Laden?«

»Manhattan Tea-Lounge. Liegt an der 42sten Ecke Madison Avenue.«

»Machen wir. In zwei Stunden sind wir da.«

»Fein. Dann sehen wir uns um 15 Uhr in der Manhattan Tea-Lounge«, bestätigte Nora und legte auf.

Als wir die Teestube zur verabredeten Zeit betraten, überraschte sie mich aufs Neue damit, dass sie ihren Loddel Rudi dabeihatte. Ganz so, als seien wir alte Freunde, kam er auf mich zu und machte Anstalten, mich zu umarmen. Ich beließ es bei einem Händedruck, der seitens des Begrüßungsgegners, auffallend fest erwidert wurde. Wie immer der Psychologe derartige Rituale interpretieren mag: Ich empfand es seit jeher als unangenehm, wenn Männer einem die Hand drücken, dass man den Eindruck hat, versehentlich in eine Schnappfalle geraten zu sein.

Rudi war wieder mal pleite. Er bedrängte mich, ihm die Möglichkeit zu geben, in New York zu dealen, er habe gute Kunden, die Interesse an gutem Heroin hätten. Ich bedauerte, ihm nicht helfen zu können. Doch da fiel Nora mir erneut in die Parade, denn es hatte sich ergeben, dass aus der letzten Lieferung noch zwei Unzen übrig waren, die bei Ralph lagerten. Davon hatte ich Nora bei unserer letzten Begegnung wohl erzählt, und jetzt bat sie mich, Rudi diesen »Restposten« auf Kommission zum Verkauf zu überlassen.

Er habe sonst keine Gelegenheit, zu ein paar Dollars zu kommen, und das Leben in New York sei kostspielig, was ich ja wohl schon mitbekommen habe. Schließlich sei ihr Freund mein Landsmann, da stünde mir ein wenig Solidarität gut zu Gesicht. Nachdem sie ihr Plädoyer für den Gauner gehalten hatte, versprach ich, es mir zu überlegen. Vorher wollte ich noch mit Ralph darüber sprechen, schließlich sollte der ja auch eine Rolle in dem Deal spielen.

Für den Abend hatten Lisa und ich Tickets für das Shubert-Theatre am Broadway. Dort wurde das Musical »A Chorus Line« von Michael Bennett gegeben, das man mir schon beim letzten New York Aufenthalt ans Herz gelegt hatte. Es war dies das erste Mal, dass Lisa und ich zusammen ein Musical besuchten, und die gute Stimmung, die dabei aufkam, ließ mich bedauern, nicht schon viel früher auf diese Idee gekommen zu sein. Wir waren begeistert. Schon am nächsten Tag bestellte ich Karten für ein weiteres Broadway-Stück: »Dancing« von Bob Fosse. Auch hier gefiel es uns, allerdings gefielen wir den übrigen Zuschauern nicht, und das hatte seine Bewandtnis.

Ehe wir nämlich das Theater betraten, bot Lisa mir einen Grasjoint an, den wir draußen auf dem Bürgersteig rauchten. Dergestalt in gute Laune versetzt, betraten wir das Theater und nahmen auf den nummerierten Sitzen Platz. Die Truppe mochte sich wohl eine Viertelstunde eingetanzt haben, als uns auffiel, dass einer der Tänzer es uns vor der Vorstellung wohl gleichgetan hatte: Seinem Grinsen beim Tanzen war zu entnehmen, dass auch er bekifft war. Jedenfalls waren Lisa und ich davon überzeugt. Und als der schwarze Tänzer bemerkte, dass auch wir guter Dinge waren, grinste er uns an, (zumindest waren Lisa und ich überzeugt, dass sein breites afrikanisches Grinsegesicht uns gelte). So schaukelten wir uns gegenseitig hoch, aus Grinsen wurde Lachen, und wenn man nach dem Genuss guten Marihuanas einmal anfängt zu lachen, dann wird es schwierig, die Contenance wieder zu erlangen. Und so nahm die Lachnummer ihren Lauf: Der Tänzer grinste uns an (zumindest waren wir davon überzeugt), wir lachten immer unbeherrschter und lauter, sodass das übrige Publikum aufmerksam wurde. Zweifellos fühlten die Leute sich gestört. Vielleicht hätten sie ja alle mitlachen mögen, allein, die Choreografie gab kein Lachen her. So kam es, dass einige in unserer Nähe sitzende Leute verdrießlich wurden. So sehr meine Frau und ich versuchten, den Lachkrampf zu unterdrücken, umso lauter wurden wir. Am Ende blieb uns nichts anderes übrig, als aufzustehen und den Saal zu verlassen. Um uns durchzulassen, mussten sich ein Dutzend Zuschauer von seinen Sitzen erheben, und das machte unseren Abgang nicht eleganter. Am Ende verließen wir laut lachend das Theater unter den missbilligenden Blicken Hunderter Menschen.

Es dürfte Tag drei unseres New York Aufenthalts gewesen sein, an dem ich Xaver, Nora und Rudi für den Abend zum Essen in ein Lokal einlud. Ehe wir das Hotel verließen, ging ich zur Rezeption und verlangte, den Operator der hauseigenen Telefonvermittlung zu sprechen. Da ich nachts aus Hotels oft Gespräche ins ferne Ausland führte, die damals teilweise noch handvermittelt wurden, und da mir an Diskretion gelegen war, gab ich dem Mann von der Nachtschicht oft ein Trinkgeld, sozusagen als Anerkennung für die Mühe, die er sich machte, um schwierige Verbindungen nach Europa oder Fernost für mich herzustellen. In größeren Hotels hatte ich es mir generell angewöhnt, den Leuten von der Telefonzentrale und dem Etagenservice einen Obolus zu geben. Sollte es einmal Unregelmäßigkeiten geben, würde ich mich auf diese Leute verlassen können, so mein Kalkül.

Auf den Bahamas hatte diese Vorgehensweise sich einmal bezahlt gemacht, als ich nämlich das Hotel verließ und erst am Tag darauf in Jamaica feststellte, dass ich einen Umschlag mit 10.000 Dollar dort vergessen hatte, welcher noch in der abgehängten Zwischendecke über der Badewanne lag. Als ich nach einer Woche zum Hotel zurückkehrte und begehrte, noch einmal in mein früheres Zimmer eingelassen zu werden, war es an neue Gäste vermietet und der Concierge weigerte sich, diese Herrschaften zu belästigen. Selbst als ich erklärte, dass ich einen wertvollen Ring vermisse, den ich möglicherweise beim Händewaschen abgestreift hatte … Immerhin schickte der Mann mich zum Reinigungsdienst auf die siebte Etage, wo man mir mit mehr Entgegenkommen begegnete. Die Frau erinnerte sich noch an mich, weil ich ihr 20 Dollar in die Hand gedrückt hatte, eine unüblich großzügige Zuwendung. Folglich bot sie an, mich in das Zimmer zu begleiten, und nachdem wir uns vergewissert hatten, dass die neuen Bewohner nicht anwesend waren, öffnete sie und sah verblüfft zu, wie ich auf den Rand der Wanne stieg, das Deckenpaneel hochdrückte und den Umschlag herunterholte. Dieses Entgegenkommen war mir dann einen Hunderter wert, und die Dame machte die Erfahrung, dass Hilfsbereitschaft sich zuweilen auszahlt.

Zurück nach New York City, zurück ins Grand Hyatt Hotel. Ich bat also darum, den Mann zu sprechen, der in dieser Nacht an der Telefonzentrale Dienst tat. Nachdem er an der Rezeption auftauchte, bedankte ich mich für die Geduld, die er bei der Vermittlung meines gestrigen Gesprächs nach Bali bewiesen hatte und steckte ihm diskret einen Schein zu. Wie sich herausstellte, handelte es sich um eine Investition, die sich prompt bezahlt machen sollte.

Den Namen des Restaurants habe ich vergessen, nicht aber, was sich dort abspielte, während wir auf das Essen warteten. Nora und Rudi waren schon da, als Xaver, Lisa und ich eintrafen. Rudi machte einen nervösen Eindruck, er verhaspelte sich beim Sprechen und weigerte sich schließlich, das Geschäftliche mit mir vor Zeugen zu besprechen. Ich bot ihm an, in die Telefonkabine zu gehen, die sich neben der Garderobe in der Eingangslobby befand. Um es kurz zu machen, teilte ich ihm mit, dass ich mit Ralph gesprochen hätte und dass der einverstanden wäre, mit Rudi Geschäfte zu machen, sofern Nora bei der Übergabe des Heroins als Vermittlerin fungiere. Ralph wollte nicht, dass Rudi ihn kennenlernte, eine allgemeine Vorsichtsmaßnahme, für die ich vollstes Verständnis hatte. Rudi, der naturgemäß keine Bedingungen zu stellen hatte, nahm das zur Kenntnis. Auf Nachfrage sollte Ralph Nora die Ware aushändigen, und die sollte sie dann Unze für Unze an Rudi weitergeben, wobei er die zweite Unze erst dann erhalten sollte, wenn er die erste bezahlt hätte. Mehr Vertrauen hatte ich nicht, und es wird niemanden wundern, wenn ich an dieser Stelle schon verrate, dass von Rudi Hundt niemals auch nur ein Dollar bezahlt wurde. Im Gegenteil, der Chaot sollte mir noch arges Kopfzerbrechen bereiten. Aber der Reihe nach.

Wir gingen zum Tisch zurück und gesellten uns zu den anderen. Nora und Lisa, die sich aus alten Tagen auf Ibiza kannten, frischten Anekdoten auf (beide hatten schließlich kurze aber heftige Liebesbeziehungen zu Enrico gehabt: Lisa als frühe Geliebte, Nora gar als dessen Ehegattin) und waren für die gute Laune verantwortlich, die sich schließlich doch noch am Tisch einstellte. Ich vertiefte mich mit Xaver in ein Fachgespräch über neue Stereoanlagen, die er in einem Fachgeschäft an der Madison-Avenue getestet hatte. Wir gehörten zu den letzten Gästen, als die Kellner begannen, die Tische abzudecken. Ich zahlte die Rechnung, und wir verließen das Lokal.

Als Lisa und ich unser Zimmer im Hyatt betraten, blinkte das Zimmertelefon. Ich nahm den Hörer und wählte die Nummer der Zentrale. George, der Mann, den ich am frühen Abend mit dem Trinkgeld bedacht hatte, bestellte mich in die Lobby, es sei wichtig und dringend.

»Schatz, ich muss noch mal kurz zur Rezeption. Der Telefon-Operator hat eine Nachricht, die er mir persönlich überbringen möchte. Keine Ahnung, um was es geht«, sagte ich durch die Badezimmertür, hinter der die Badewanne plätscherte.

»Ich leg mich schon ins Bett. Bin ziemlich müde«, hörte ich sie sagen.

Dann ging ich hinaus und nahm den Aufzug nach unten. George erwartete mich in der Nähe der Haustelefone.

»Guten Abend, Sir. Ich glaube, ich muss Ihnen eine wichtige Sache mitteilen. Als ich heute Abend meinen Dienst antrat, informierte mich Donald, der Kollege von der Tagschicht, dass das Hotel von zwei Beamten der DEA besucht worden ist. Wir wurden aufgefordert, alle eingehenden und abgehenden Gespräche Ihr Zimmer betreffend aufzuzeichnen. Irgendwer scheint sich für Sie zu interessieren, Sir. Ich dachte, es kann nicht schaden, wenn ich Ihnen das mitteile«, flüsterte der Mann konspirativ, indem er meine Reaktion beobachtete.

Das erklärte dann auch den Anruf, den ich am späten Nachmittag entgegengenommen hatte. Obwohl ich mich gemeldet hatte, blieb der Anrufer stumm. Wahrscheinlich hatte es sich dabei um einen Kontrollanruf der DEA gehandelt.

»Danke, dass Sie mich informiert haben, George«, erwiderte ich so gelassen wie möglich. »In dem Fall wird es das Beste sein, wir reisen morgen ab. Wer will schon vom Staat bespitzelt werden? Auch wenn ich keine Ahnung habe, was das Interesse der DEA geweckt haben könnte. In der Regel interessieren die sich doch nicht für verliebte Europäer auf dem *honeymoon!*«

»Über die Hintergründe kann ich nichts sagen, darüber informieren uns die Behörden nie. Im Übrigen vergeht kaum ein Tag, an dem nicht wenigstens einer unserer Gäste abgehört wird. Irgendwer steht immer im Fokus von FBI oder DEA, meistens handelt es sich aber um Südamerikaner und Chinesen. Europäer sind selten betroffen«, erklärte der Mann. »Sorry, dass ich Ihnen nicht mehr dazu sagen kann.«

Ehe wir uns verabschiedeten, steckte ich meinem Informanten noch einen Schein zu und fuhr wieder nach oben.

»Bitte steh auf und pack die Koffer. Ich habe gerade erfahren, dass unser Telefon abgehört wird«, sagte ich zu meiner Frau. »Wir reisen ab!«

»Wer hört uns ab?«

»Die DEA, die Drogenfahndung.«

»Aber du machst doch gar nichts«, sagte sie naiv. »Wieso sollten die uns abhören?«

»Das weiß ich nicht, aber irgendeinen Grund werden sie schon haben«, sagte ich. »Wir hauen jedenfalls sofort ab. Hilf mir bitte, die Koffer zu packen.«

Eine Viertelstunde später standen wir mit vollem Gepäck im Aufzug nach unten. Ich verzichtete ausdrücklich darauf, einen Gepäckträger zu Hilfe zu holen, um der Rezeption keine Zeit zu geben, die Cops über unsere Abreise zu informieren. Schließlich war nicht davon auszugehen, dass der Nachtportier die Sache ebenso locker nahm wie George.

Unter einem Vorwand erklärte ich den überstürzten Aufbruch und forderte die Rechnung, die ich diesmal nicht per Kreditkarte (seit einigen Monaten besaß ich eine solche) beglich, sondern in bar bezahlte. Der Bell-Boy, der unser Gepäck zum Taxi trug, stand auffallend lange an der Straße und blickte uns nach. Ich ging davon aus, dass er den Auftrag bekommen hatte, sich die Nummer des

Wagens zu merken. Um alle Spuren zu zerstäuben, wies ich den Fahrer an, uns zur Grand Central Station bringen. Dort stiegen wir aus und verschwanden in der Menge der Menschen, die um diese Zeit noch die Halle bevölkerten. Wir drehten eine Runde im Bahnhof, dann gingen wir zurück zum Taxistand und ließen uns von einem anderen Fahrer zum Sheraton fahren. Dort checkten wir unter falschen Namen ein, und es dauerte lange, ehe wir gegen drei Uhr früh einschliefen. Um acht ließen wir uns wecken, um neun hatten wir gefrühstückt und saßen kurz darauf in einem Taxi zum La Guardia Airport, wo ich unter dem bewährten Namen Mister und Misses Gauner den nächsten Flug nach Miami buchte. Eine Stunde später gingen wir an Bord einer Maschine der Eastern Airlines, während sich in New York eine Ermittlungsgruppe der DEA ärgerte, dass wir ihnen so schnell entkommen waren.

Joey war überrascht, uns zu sehen, als er die Haustür öffnete, er hatte uns erst in zwei Tagen erwartet. Ich setzte ihn darüber in Kenntnis, was uns in New York widerfahren war, was ihn beunruhigte.

»Mit der DEA ist nicht zu spaßen, insbesondere nachdem du ja im vergangenen Jahr schon Ärger mit ihnen hattest. Sieh dich vor, wenn die dich jetzt schnappen, winken dir ein paar Jahre Knast. Dazu bist du nicht gemacht.«

»So weit sind wir noch nicht. Wir befinden uns auf einer Urlaubsreise, was wollen die mir schon vorwerfen? Die Sache mit der DEA in Detroit werde ich in ein paar Tagen vor Ort klären, denn wir fliegen hin«, versuchte ich Joey zu beruhigen.

»Geschäftlich?«

»Natürlich nicht! Ich kläre das mit den Bullen, dann holen wir David ab, meinen Anwalt, der uns nach Bali begleiten wird. Das habe ich ihm letztes Jahr versprochen.«

»Ich kann es nicht glauben: Jetzt fliegt der Kerl schon in Begleitung seines Rechtsanwalts in der Weltgeschichte herum! Nach dem Motto: Sollte irgendwo was schiefgehen, dann ist der Anwalt praktischerweise gleich vor Ort.«

»Das hat was, oder?«, kokettierte ich. »Aber ohne Quatsch: David hat mich letztes Jahr so elegant aus der Sache in Windsor herausgeholt, dass ich ihm anschließend anbot, ihn mit nach Bali zu nehmen. Mehr Krimi ist da nicht. Außerdem wäre ein amerikanischer Anwalt wohl kaum in der Lage, mich in Asien zu verteidigen.«

»Wenn du es sagst«, lachte mein Freund und lenkte dann auf ein weniger erfreuliches Thema.

»Hast du schon mit Tom gesprochen?«

Ich verneinte.

»Ein Kumpel von ihm ist mit dem Weedhopper abgestürzt. Der Mann liegt im Gips, hat sich die Wirbelsäule verletzt«, wusste Joey. »Hat Tom dich nicht angerufen?«

»Nein. Wann ist denn das passiert?«

»Schon ein paar Wochen her.«

»Und wo?«

»Keine Ahnung. Sie hatten den Flieger gerade repariert. Der Typ muss wohl einen Probeflug gemacht haben, als ihn eine Bö packte und er abschmierte. Es stand in der lokalen Zeitung.«

»Shit. Den Weedhopper kann ich jetzt wohl abschreiben!«

»Davon würde ich ausgehen. Am besten, du fährst morgen bei Tom vorbei und erfährst aus erster Hand, was vorgefallen ist.«

Wir blieben zwei Tage bei Joey in Fort Lauderdale, ehe wir weiterflogen. Unser nächstes Ziel hieß Nassau, Bahamas. Wie üblich wurden wir von Basil am Flughafen abgeholt. Da wir dort nicht vorhatten zu übernachten, brachte Basil uns an Bord einer Yacht, die im Hafen von Nassau lag. Dort schliefen wir uns aus, ehe mein Geschäftspartner uns zum Essen abholte. Er hatte seine Frau dabei, und es wurde ein recht familiärer Abend. Irgendwann ließen wir die Frauen unter sich und gingen hinaus in den Garten, um unter Palmen den weiteren Fortgang der Geschäfte zu besprechen. Basil reagierte skeptisch, als ich ihm mitteilte, dass ich aussteigen werde und Paco die Organisation schon übergeben habe.

»Glaubst du, Paco kriegt das mit den Chinesen auf die Reihe?«

»Warum nicht. Er kennt die Leute. Ich werde Ming demnächst treffen und dann werden wir sehen. Ich wüsste keinen Grund, weshalb die Chinesen nicht mit Paco zusammenarbeiten sollten. Sie haben keine andere Wahl«, erklärte ich. »Sofern sie weiter Geld verdienen wollen.«

»Das mag ja so sein, aber ich denke an Pacos miserables Englisch. Ich hoffe, es kommt da nicht zu Missverständnissen.«

»Unterschätze unseren Freund Paco nicht. Der reist seit Jahren um die Welt und es hat noch keine Missverständnisse gegeben, soweit ich weiß«, sagte ich.

»Und was war damals in Barranquilla, als er die Koffer mit dem Koks eingecheckt hatte, weil er nicht mitbekommen hatte, dass der Flug überbucht war und er erst mit der nächsten Maschine fliegen könne?«

»Stimmt, aber ob das Pacos Fehler war, kann heute niemand mehr sagen. Was die Sache mit den Chinesen angeht, so braucht er die Ware ja nur in den USA in Empfang zu nehmen. Sein Risiko ist begrenzt, und viel falsch machen kann er dabei auch nicht.«

»Wollen wir's hoffen.«

Dann gesellten wir uns wieder zu den Frauen und prosteten uns mit kalifornischem Wein zu. Die Spätmaschine brachte uns zurück in die Staaten, nach Miami. Ob die DEA unsere Spur bei der Einreise von den Bahamas wieder aufgenommen hatte, kann ich nicht sagen. Ich beobachtete den Beamten genau, der unsere Pässe in den Scanner legte, konnte aber keine Reaktion feststellen. Seinerzeit war Big Brother Sam technisch noch nicht so weit wie nach Nine-Eleven.

Eine der schwierigeren Überzeugungsarbeiten hatte ich bei Joe Smoker zu leisten: Seit Monaten arbeitete er ausschließlich für mich und hatte seinen früheren Arbeitgebern auf den Bahamas Absagen erteilt, wenn es darum ging, säumige Schuldner zur Zahlung zu bringen. Joe war ähnlich wie Ralph zu einem meiner wichtigsten Vertrauensleute geworden. Weil er Risiken auf sich nahm, und weil Verlass auf ihn war, bezahlte ich ihn gut. So hatte er sich daran gewöhnt, monatlich vier- bis fünftausend Dollar für seine Familie zur Verfügung zu haben, ein Einkommen, welches wegbrechen würde, sobald ich seine Dienste nicht mehr benötigte. Schließlich stand er weder auf der Gehaltsliste noch gab es in unserer Branche einen Kündigungsschutz. Dementsprechend nahm er meine Ankündigung, aus dem Drogengeschäft auszusteigen, mit Bestürzung zur Kenntnis. Es rechnete mir vor, dass er den Kredit für den neuen Wagen nicht würde bezahlen können, er sprach von Privatunterricht für seine Buben und dass seine wirtschaftliche Existenz davon abhänge, dass er weiter für mich tätig sein könne. Wie in anderen Fällen auch, verwies ich ihn an Paco. Aus gesundheitlichen Gründen, so teilte ich ihm mit, sei ich gezwungen, mit den China-Geschäften aufzuhören, was er verstand, denn er wusste um meine Heroinsucht und als Freund musste er mir zustimmen. Für treue Dienste gab ich ihm noch zwei Tausender, dann trennten sich unsere Wege.

Mein nächster Besuch galt Tom Logan. Er war nicht zu Hause, als wir in Sunrise eintrafen, aber Sandy, seine Frau, erklärte mir, was geschehen war. Nachdem die Ersatzteile für das Ultraleichtflugzeug geliefert und installiert worden waren, wollte einer von Toms Freunden den Flieger testen. Eigentlich hatte Tom nicht die Befugnis, anderen Leuten meinen Weedhopper zu überlassen, aber in diesem Fall handelte es sich um den Piloten, der schon zuvor mit meiner Erlaubnis am Steuerknüppel gesessen hatte. Zudem war es vernünftig, nach der Reparatur einen Probeflug zu machen, um die einwandfreie Funktion des Fliegers zu testen. Was im Einzelnen schiefgelaufen war, konnte Sandy mir nicht sagen, der Pilot war wohl in eine Windbö geraten, aus einer Höhe von etwa dreißig Metern abgeschmiert und in eine Wiese gestürzt. Im Krankenhaus wurde ein Bruch der unteren Wirbelsäule diagnostiziert. Zum Glück blieb das Rückenmark unverletzt, sodass der Mann wieder würde gehen können. Sandys Bericht ließ mich mit einem gehörigen Schrecken zurück, und ich ertappte mich bei dem Gedanken, dass mir solch ein Unfall ebenso hätte passieren können, denn die Unbekümmertheit, mit der ich mich auf das Abenteuer Fliegen eingelassen hatte, erschien mir im Nachhinein ein wenig zu riskant. Das Fluggerät war Schrott, aber mehr konnte Sandy dazu nicht sagen, und wo die Überreste des Fliegers aufbewahrt wurden, wusste Sandy ebenfalls nicht, ich würde mit Tom darüber sprechen müssen. Die Nacht verbrachten wir bei Joey, am Tag darauf flogen wir nach Detroit.

Wenn man mich in späteren Jahren fragte, wo in den USA es mir am besten gefallen habe, so nannte ich spontan meist: Detroit. Diese im Bauch entstandene Vorliebe für die im Zerfall begriffene Stadt an den Großen Seen konnte ich mir selbst lange nicht erklären. Es musste etwas mit dem morbiden Charme zu tun haben, der die Stadt charakterisierte, seit die Autoindustrie im Niedergang begriffen war.

In Detroit herrscht seit den sechziger Jahren ein angespanntes Klima. Zigtausende von Einwohnern haben die Stadt verlassen, tausende von Immobilien stehen leer und sind dem Verfall preisgegeben. Gleichzeitig war eine innerstädtische Migration zu beobachten: Die wohlhabenden Weißen verließen die Innenstadt und siedelten in den Vorstädten, Dearborn und Southfield, während die Schwarzen in den Stadtkern zogen. Durch die hohe Arbeitslosenquote stieg die Kriminalität auf ein Niveau, wie es in keiner anderen amerikanischen Stadt beobachtet werden konnte. Unabhängig von den Drogengeschäften, die ich dort betrieb, haftete meinen Aufenthalten in Detroit immer etwas Abenteuerliches an. Ich denke zum Beispiel an Ralph, der mir seine Häuser zeigen wollte und dabei feststellen musste, dass Habenichtse sich darin eingenistet hatten. Oder die Geschichte, als ich während der Fahrt auf der Gratiot Avenue mit dem Ex-Afrikaner Smoker von einem Ex-Europäer mit dem Revolver bedroht wurde. Oder der Tag, als Hans Hass durch das Küchenfenster in Barbaras Haus einstieg und dabei um ein Haar erschossen worden wäre. Derartige Geschichten erlebte ich in Detroit am laufenden Band und sie brachten das Unwägbare der Gründerzeit ins Leben zurück. Detroit war nicht mehr Motor-City und auch nicht mehr Motown Recording Studios, sondern ein Dschungel, in dem zigtausende arme Teufel jeden Tag aufs Neue versuchten, den Kopf ins Licht und den Löffel in den Topf mit der Armensuppe zu stecken. In Detroit lauerten allerdings nicht bloß Räuber und Gendarmen auf ihre Chance, hier lebten auch Künstler, die von der existenziellen Dynamik der Stadt inspiriert wurden, wie etwa der an anderer Stelle schon erwähnte Sixto Rodriguez, dessen Lieder in den Straßen und Ruinen der Stadt wurzeln. Insofern war Detroit eine ehrliche Stadt, in der für Pharisäer und Bourgeoisie wenig Platz war. Instinktiv muss ich das wohl gespürt haben, denn jedes Mal, wenn ich dort eintraf, hellte sich meine Stimmung auf.

Lisa, der ich zuvor schon einiges über Detroit erzählt hatte, war gespannt, meine Freunde kennen zu lernen. Wir nahmen im Detroit Plaza Hotel Quartier, und baten um ein Zimmer hoch oben, von wo aus die Innenstadt, der Detroit River und jenseits des Flusses Kanada zu sehen waren. Nachdem wir unsere Koffer ausgepackt und es uns in dem luxuriösen Zimmer gemütlich gemacht hatten, rief ich David Berkovitz an. Wir verabredeten uns in dem Drehrestaurant im obersten Stock des Hotels, wo wir die Details der geplanten Reise nach Asien besprachen. Ich hatte damit gerechnet, dass David mir in letzter Minute absagen werde, umso erstaunter war ich, als er uns mitteilte, abreisebereit zu sein. Er hatte sich einen Pass besorgt, und seine Frau Sarah war ebenfalls einverstanden. So buchten wir in der Früh ein weiteres Ticket für meinen Anwalt. Weil es opportun erschien und weil ich der DEA gegenüber meinen guten Willen zeigen wollte, riefen wir Roger an und erklärten, gemeinsam auf Fernostreise zu gehen, um mit den Chinesen ein größeres Heroingeschäft zu besprechen. Dagegen gab es behördlicherseits keine Einwände. Es versteht sich von selbst, dass ich niemals vorhatte, meine chinesischen Geschäftspartner in Gefahr zu bringen, aber der DEA gegenüber gab ich eben dies vor. Ich schätze, Roger und seine Kollegen waren zufrieden mit mir und meinem Engagement.

Als nächstes trafen wir Jerry, der über meinen Ausstieg allerdings schon Bescheid wusste. Er nahm's gelassen und wartete darauf, dass Paco sich zu gegebener Zeit bei ihm melden würde.

Am 28. Mai flogen David, Lisa und ich nach San Francisco und von dort aus mit der Philippine Airline via Manila weiter nach Hongkong, wo ich mit Ming verabredet war. Ich erinnere mich, dass ich 80.000 Dollar in bar einstecken hatte, die ich den Chinesen aus dem letzten Deal noch schuldete. Das Geld hatte Basil mir übergeben, und da ich keine Lust und wenig Zeit hatte, es in kleinen Beträgen über die Banken aus dem Land zu schicken, hatte ich mir die Geldbündel in die Taschen meines Blazers gesteckt. Hätte man mich bei der Einreise einer Leibesvisitation unterzogen und die Devisen gefunden, ich hätte erklärt, für eine reiche Amerikanerin Immobilien kaufen zu sollen. Zum Glück blieb mir dieser Text erspart, denn niemand interessierte sich für meine Jackentaschen.

Wir stiegen in einem Hotel in Kowloon ab, wo wir in einen dem Jetlag geschuldeten Nachmittagsschlaf fielen. Als wir aufwachten, war es dunkel. Wir brachen zu einem mitternächtlichen

Schaufensterbummel entlang der Nathan-Road auf, wo um diese Zeit noch eine Menge Geschäfte geöffnet waren. Am nächsten Morgen rief Ming an und nannte mir den Termin, zu dem mich die Familie zum Essen eingeladen hatte. Lisa und David, die ich zu diesem Geschäftsessen nicht mitnehmen konnte, blieben im Hotel und ruhten sich aus.

Das Essen, das in dem Restaurant aufgetragen wurde, welches ich von früheren Begegnungen schon kannte, war reichlich, lecker und gewiss teuer. In China gilt: je teurer das Essen, umso mehr Wertschätzung erfährt der Gast.

Ich erklärte den Herren, dass ich eine Auszeit nehmen wolle und dass ich einen Geschäftspartner mit der Weiterführung der Geschäfte betraut habe, den Ming seit mehr als einem Jahr kenne und der in den USA über meine Kontakte verfüge. Dieser Plan wurde kontrovers diskutiert, nicht alle fanden das wünschenswert. Nachdem Ming den Leuten versichert hatte, dass der neue Mann (Paco) in der Lage sei, die Ware in den USA abzusetzen, beruhigten sie sich wieder und fügten sich in ihr Schicksal. Als Entgegenkommen versprach ich noch, im Falle von auftretenden Problemen auszuhelfen. Das war der Startschuss zu mehren Runden MauTai*, mit dem die Vereinbarung besiegelt wurde. Wenngleich viele Chinesen physiologisch bedingt wenig Alkohol vertragen, saufen die Männer den Schnaps zuweilen wie Wasser. Den meisten Trinkern fehlt die kulinarische Finesse, etwa einen guten Cognac zu genießen, sie füllen ihn in alle verfügbaren Gläser und kippen sich den edelsten Geist in die Kehlen, als handele es sich um einen Durstlöscher. Nicht selten glühen ihre Gesichter danach krebsrot, begleitet von einem Redeschwall, der schwer zu bändigen ist. Wann immer ich in die Verlegenheit kam, mit chinesischen Männern trinken zu müssen, war guter Rat teuer, eine Ausrede zu finden, um nach dem ersten Glas auszusteigen, ohne meine Gastgeber durch meinen Verzicht zu beleidigen. Meine Standard-Ausrede war meist die, Medikamente genommen zu haben, die sich mit Alkohol nicht vertrügen. Der Hinweis, mit dem Auto unterwegs zu sein und von daher auf Hochprozentiges zu verzichten, wurde selten ernst genommen: Wollte man dem Verdacht entgehen,

* Chinesischer Schnaps

ein Waschlappen zu sein, musste man bis zum Koma mittrinken. Aber das war meine Sache nicht. Ich war froh, dass einer der alten Männer das Restaurant vorzeitig verließ und mir anbot, mich in seiner Limousine mitzunehmen und vor dem Hotel abzusetzen. Am Ende war ich froh, mich so aus der Affäre gezogen zu haben, ohne dabei mein Gesicht zu verlieren.

Lisa lag auf dem Bett und schlief, als ich das Hotelzimmer betrat, sodass sie nicht mitbekam, wie sehr mir der Schnaps zusetzte, den ich getrunken hatte. Ich legte mich zu ihr und wartete mit weit geöffneten Augen darauf, bis das Karussell in meinem Kopf aufhörte sich zu drehen.

Wir blieben noch einen Tag in der Kronkolonie, in erster Linie wegen David, mit dem wir ein touristisches Kurzprogramm absolvierten. Wir nahmen die Star-Ferry hinüber zur Insel Victoria, ließen uns im Taxi hinauf zum Peak chauffieren und bestaunten die Wolkenkratzer quasi aus der Vogelperspektive.

Der nächste Landepunkt auf unserer Reise hieß Bangkok. Da ich im Laufe der vergangenen Jahre geschätzt zwanzig Mal in der siamesischen Hauptstadt Station gemacht hatte, kannte ich dort fast alle besseren Hotels. Im Haus meiner Wahl, dem Ambassador, gab es diesmal keinen Platz, daher logierten wir im Siam Intercontinental, das einen ähnlichen Komfort bot. Wir blieben vier Tage. Obgleich die Stadt dem abenteuerlustigen Reisenden wirklich viel zu bieten hatte, überkam unseren Freund David das Heimweh nach seiner Frau. Eines Morgens teilte er mir mit, dass er uns nicht nach Bali begleiten werde, er habe genug von der Welt gesehen. Mein Versuch, ihn zur Weiterreise zu bewegen, hatte von Anfang an keine Chance, David wollte heim in die USA. Tatsächlich wirkte er wie ein Fremdkörper unter den Thais, er verstand es nicht, deren Kultur etwas abzugewinnen, noch nicht einmal die Mädchen konnten ihn begeistern. So trat er eine Woche, nachdem wir Detroit verlassen hatten, den Rückflug an. Lisa und ich setzten die Reise allein fort. Eigenartigerweise erinnere ich mich nicht, ob Lisa ihren Freund Odt wiedergesehen hat. Eigentlich war eine Begegnung mit Odt und Oi obligatorisch, denn wir waren Freunde. Einem Aufenthalt in Bangkok ohne die beiden zu sehen, hätte etwas gefehlt. Leider weiß ich nicht mehr, ob es dazu kam. Gewiss hätte Lisa ihren Lover gerne wiedergesehen.

In Singapur, unserer nächsten Station, wollte ich mich um eine Aufenthaltsgenehmigung für Bali kümmern. Ein wenig spät war mir die Erkenntnis gekommen, dass ich unser Leben in Indonesien legalisieren sollte. Auf einer der letzten Reisen hatte ich mich nach den bürokratischen Details erkundigt und dabei erfahren, dass Anträge zu stellen, eine Bearbeitungszeit von mehreren Monaten in Anspruch nahmen. Um die Sache ein wenig zu entbürokratisieren, hatte ich mir überlegt, ein Bakschisch anzubieten und den Vorgang solcherart zu beschleunigen. Dazu wollte Ali, der Konsulatswächter, mich mit einem höheren Beamten in Singapur bekannt machen, den ich nebst seiner Gattin zum Diner ins noble Restaurant des Raffles-Hotels einlud. Der Mann war im Bilde, die Verhandlung drehte sich im Grunde nur noch um die Höhe des Schmiergeldes. Seine grundsätzliche Bereitschaft hatte er gegenüber Ali schon signalisiert.

Das Restaurant war zwar überdacht, aber zum Garten hin offen. Es bot mehreren hundert Gästen Platz und besaß eine Bühne, die einem mehr als zwanzig Musiker zählenden Orchester Platz bot. Durch den Gastraum wieselten Dutzende von Kellnern, ausnahmslos Chinesen, was mir auffiel, denn schließlich lebte in der Stadt ein Völkergemisch mit hohem Anteil an Malaien und Indern. Ein Blick in die Speisekarte schließlich ließ vermuten, dass die Leitung des Hauses ein robustes Vertrauen in das Einkommen ihrer Gäste besaß. Blieb zu hoffen, dass zwischen den gepfefferten Preisen und dem Geschmack der Speisen keine ärgerliche Diskrepanz bestünde.

Nachdem unsere indonesischen Gäste ihren Platz an dem reservierten Tisch eingenommen hatten, dauerte es nicht einmal eine Minute, bis ein Kellner zur Stelle war und nach den Getränken fragte; definitiv zu schnell, um es als professionell einzustufen. Wir fühlten uns quasi genötigt, nach dem Motto: Dalli, nun macht mal hinne, der Tisch muss heut Abend noch einmal »verkauft« werden.

Wir einigten uns auf Wein, einen französischen Roten aus der gehobenen Preisklasse, da kann man nichts falsch machen, wenn man, wie ich, von Wein nicht viel versteht. Kaum dass der edle Tropfen von der Loire dekantiert war, stand auch schon der nächste Kellner mit Stift und Block neben mir und begehrte Auskunft zur Speisenfolge. Er hatte uns kaum Zeit gelassen, die Karte zu studieren. Um eines klarzustellen: Ich habe nichts gegen zügige Bedienung im Restaurant, aber Kellner, die dem Gast wie ein Stalker auf die Pelle rücken, sind mir ein Gräuel. Um den Kerl loszuwerden, orderten wir kurzerhand das Menu des Tages.

Endlich allein kam ich zur Sache. Ohne die bei Asiaten übliche Vorrede aus Floskeln der Anerkennung und des Respekts erkundigte ich mich bei dem Beamten, inwieweit Ali ihn schon über mein Ansinnen in Kenntnis gesetzt habe. Er wusste Bescheid und hatte die Antragsformulare gleich mitgebracht. Pro Person verlangte er tausend Singapore-Dollar. Der Dollar entsprach damals etwa einer Mark.

Wir waren nicht mehr überrascht, als schon nach zwei Minuten die Vorspeisen angeliefert wurden. Endgültig vorbei mit meiner guten Laune war es, als noch während wir die Suppe löffelten, der Getränke-Kellner erneut an unserem Tisch auftauchte und mir die Rechnung für den Wein präsentierte.

»Was ist das denn?«, wollte ich wissen.

»Die Getränkerechnung, Sir«, sagte der Mann höflich.

»Wir bezahlen am Ende alles zusammen«, erklärte ich leicht verstimmt.

»Das geht nicht«, widersprach der Chinese. »Wir haben hier zwei getrennte Rechnungen: einmal die der Küche und einmal die der Bar.«

»Ich verfüge allerdings nur über einen Geldbeutel, und aus dem wird alles zusammen bezahlt«, sagte ich. »Gehen Sie und sagen Sie Ihrem Chef, dass Tisch Nr. 17 alles am Schluss bezahlen möchte.«

Widerstrebend trat der Mann den Rückweg an, bloß um sich an der Bar einen Rüffel abzuholen.

»Wo hat man so etwas schon erlebt«, wandte ich mich an meine Tischgenossen, nachdem der Kellner fort war. »In Europa wäre das undenkbar. Man würde sich beim Chef des Hauses beschweren, und dann hätte der aufdringliche Kellner ein Problem.«

Kaum hatte ich meinen Gast darüber in Kenntnis gesetzt, wie man in Europa mit vorlautem Personal verfährt, als der Bursche sich erneut mit der Rechnung näherte.

»Mein Chef besteht darauf, dass die Getränke sofort bezahlt werden. Das ist aus organisatorischen Gründen hier so üblich«, lautete der Text, den man ihm offenbar beigebracht hatte.

Da versagte mein vom jahrelangen Drogenkonsum unter Druck geratenes Nervensystem. Ein mächtiger Zorn kochte in mir hoch und ließ mich komplett die Contenance verlieren: Ich sprang auf, schrie hysterisch herum und schlug dabei mit der Faust auf den Tisch, dass die Suppe in den Tellern Wellen warf und die Flasche Bordeaux umfiel. Abgesehen davon, dass der Kellner entsetzt zurückwich und die Flucht ergriff, erstarb auf der Bühne das Orchester, das gerade dabei war, die *Moonshine Serenade* vorzutragen. Das sonore Murmeln der hundert Stimmen, das eben noch die abendliche Tropenluft erfüllt hatte, hörte abrupt auf, der Beo im Käfig verstummte. Praktisch alle Gäste blickten zu uns herüber. Die Gattin des Konsularbeamten sah konsterniert zu, wie ein Bächlein Rotwein über die Tischplatte lief und am Ende auf ihr Abendkleid tropfte. Ihr Gatte ließ den Löffel fallen, sprang auf, nahm seine Frau an die Hand und sie verließen grußlos den Ort. Die beiden waren von meinem unerwarteten Auftritt sichtbar angewidert. Am coolsten von allen reagierte Lisa, die derartige Zornausbrüche von mir kannte und die nun beruhigend auf mich einwirkte. Sie beschwor mich, nun ebenfalls aufzubrechen. Wir gingen an der Bar vorbei und beglichen die Rechnung, wobei das chinesische Personal uns äußerlich emotionslos anstarrte: In ihren Augen hatte ich das Gesicht verloren. Hier sollte ich mich so bald nicht mehr blicken lassen.

Es dauerte eine Weile, ehe sich die Lage im Restaurant des Raffles wieder normalisierte. Das Orchester spielte erst wieder, als wir das Restaurant verlassen hatten.

Derartige Verhaltensstörungen, die in jüngster Zeit immer häufiger vorkamen, gehörten zu den Nebenwirkungen meines exzessiven Drogenkonsums, immer mehr kam mir die hehre Tugend der Gelassenheit abhanden. Das aggressive Auftreten gegenüber den Passagieren im Jahr zuvor, als ich mit der Familie auf dem Flug nach Bangkok war, war ähnlich zu erklären. Und in den kommenden Wochen sollten weitere Ausraster dieser Art folgen. Erst Jahre danach, nachdem ich mich von der Droge befreit hatte, begriff ich, dass es sich dabei um einen Teil des Krankheitsbildes handelt.

Den Regierungsbeamten sah ich nie wieder, Bakschisch hin, Schmiergeld her. Selbst im Konsulat schien jeder im Bilde zu sein, als wir am nächsten Tag das Visum abholten. Wahrscheinlich sollte ich froh sein, dass man uns überhaupt noch einreisen ließ.

Als Lisa und ich am Tag darauf gegen Abend auf Bali landeten, hatten wir endlich unser Reiseziel erreicht. Agung, den ich telefonisch über unsere Ankunft informiert hatte, stand am Flugplatz, um uns abzuholen. Da er kein eigenes Auto besaß, hatte er einen befreundeten Taxifahrer mitgebracht. Die fünf Kilometer bis nach Legian legten wir bei geöffneten Fenstern zurück, den warmen Fahrtwind empfanden wir als Willkommensgruß der Insel. Als wir bei den Agungs ankamen, war die ganze Familie versammelt. Agungs Frau Ketut hatte Nasi Goreng zubereitet, in Pisangblätter eingeschlagen, die oben von einem Zahnstocher zusammengehalten wurden. Den Reis auf diese Weise zu verpacken, war seinerzeit noch üblich, und wenn man das Bündel öffnete und das Blatt auseinanderfaltete, hatte man gleich einen »Teller«. Nachdem wir unsere Mitbringsel verteilt hatten, gingen Lisa und ich in Begleitung von Agung, seiner Frau Ketut und den drei Kindern zum neuen Haus hinüber, das ganz allein inmitten der Palmen stand, die sich sanft im Abendwind wiegten. Es war eines der ersten in Legian, das von einem Nichtbalinesen gebaut worden war, will heißen, auch für die Familie Agung war unsere Ankunft ein besonderes Ereignis. Keiner der Nachbarn hatte bis dahin eine ähnliche Erfahrung gemacht, und ebenso wenig fand man einen weiteren »Touristen«, der eine ähnliche Investition ohne weitere Sicherheit als das Ehrenwort eines Balinesen gewagt hatte. Von daher waren wir echte Pioniere. Hätte ich damals im Mai 1982 geahnt, dass in wenigen Jahren der ganze palmengesäumte Küstenstreifen von Kuta und Legian von Hotels und Losmen, von Villen und Restaurants bebaut sein würde, unsere Stimmung wäre gewiss nicht so ausgelassen gewesen. Aber das konnte sich an dem Abend, da wir unser »Traumhaus« auf Bali erstmals betraten, niemand von uns vorstellen.

Das Haus, ganz im traditionellen Stil der Balinesen erbaut, war bezugsfertig, wenngleich es noch keine Möbel gab. Am stärksten beeindruckten mich die drei geschnitzten Türen, die ich in Ubud in Auftrag gegeben hatte und die rechtzeitig fertig geworden waren. Die Haustür und die Tür zum Bad hatten je zwei Flügel, in welchen Szenen aus dem Ramayana-Epos zu sehen waren. In den großen Raum im ersten Stock hatte Agung eine Matratze legen lassen, sodass wir dort schlafen konnten. Bei Kerzenlicht saßen wir auf dem Boden und aßen den Reis mit den Fingern. Vom Meer her drang das Rollen der Wellen an unsere Ohren, ab und zu huschte eine Fledermaus durch den Raum. In unseren Gesprächen ging es um Pläne für den nächsten Tag und die nähere Zukunft, wobei wir diskutierten, welche Sitzgarnitur das Haus am besten schmücken würde. Agung bot an, uns beim Möbelkauf zu begleiten. Dann bestimmten wir ein Datum, an dem die Öffnung des Hauses gefeiert werden sollte. Einladen wollten wir die Arbeiter, die am Bau mitgewirkt hatten, den dicken Willie, dessen Firma die sanitären Anlagen installiert hatte, den Architekten und einige Verwandte des großen Agung-Clans. Nachdem die Agungs aufgebrochen waren, spazierten Lisa und ich zum nahen Strand hinüber. Der Weg führte querwaldein über schmale Pfade. Wir ließen uns in dem feinen Sand nieder, der die Grenze zwischen Land und Meer bildete. Da es längst dunkel war, sahen wir in der Ferne die Lichter des Flughafens sowie die wenigen Lampen, die vor Kuta-Beach im Wind schaukelten. Unser Blick schweifte über die Meerenge von Bali, hinter der Java lag, und die vereinzelten Lichtpunkte am Horizont waren Fischerboote, die zum nächtlichen Fang ausliefen.

Ich musste an Paco denken, mit dem ich die Insel vor zwei Jahren erstmals besucht hatte, und an Lisa Stone, die mich im Vorjahr mit der Familie Agung bekannt gemacht hatte. Meine Frau dachte an unsere Kinder, die auf der anderen Seite der Erde in der Obhut der Großeltern waren. In der Ferne erkannten wir die Silhouetten eines Paares, das von Kuta den Strand heraufkam. Sonst war die Küste menschenleer. Während wir so saßen, den Wellen zusahen, die sich in unaufhörlicher Folge gegen das Land warfen und dem

Rauschen des Windes in den Palmwipfeln lauschten, empfand ich mit einem Mal eine brüderliche Verbundenheit mit der Insel, die uns eine Heimat auf Zeit werden sollte.

Schon am darauffolgenden Tag besuchten wir einen Möbelgroßhändler in Denpasar, wo wir uns ein Sofa, vier Sessel und einen runden Teakholztisch in »balinesischem Barock« aufschwatzen ließen, anders ausgedrückt: eine furchtbar kitschige Garnitur aus massivem Holz zwar, aber keine Möbel, die zu unserem balinesischen Haus gepasst hätten. Immerhin konnte man drauf sitzen und dran essen. Nach einer Woche empfanden wir das barocke Mobilar wie eine Sünde und jedes Mal, wenn ich den Salon betrat, schämte ich mich dafür, dem Haus solche Möbel zugemutet zu haben. Schließlich landete alles im Haus der Familie Agung, denen insbesondere die Sessel hervorragend gefielen. Wir fanden einen Schreiner, der ausschließlich Bambusmöbel herstellte, die meinem Geschmack entsprachen und die zu unserem Haus passten.

Da Bali das eigentliche Ziel unserer Reise war, blieben wir drei Wochen. Agungs Bruder Ketut züchtete Kampfhähne, und diese weckten uns allmorgendlich mit ihrem Krähen. Wir faulenzten dennoch lange im Bett und erholten uns. Nach dem Frühstück ließen wir uns von einer Balinesin massieren, anschließend schlenderten wir hinunter zum Strand von Legian, wo wir die Nachmittage im Schatten ausladender Bäume verbrachten. Wenn es um 18 Uhr dunkel wurde, fuhren wir mit dem Motorrad zu Mades Warung nach Kuta, seinerzeit der Ort an dem sich die Touristen trafen, vergleichbar mit dem Café Montesol auf Ibiza. Dort aß man gut und preiswert, Fleischspieße mit Erdnusssoße, Gado Gado (Salat aus gekochtem Gemüse) mit Lontong und Krupuk, oder wenn man zur Abwechslung einmal europäisch essen wollte, dann Spaghetti Bolognese oder Carbonara. Bei Made im Warung traf man immer Bekannte, nicht selten Leute, denen ich zuletzt in Kalifornien oder in Goa begegnet war. Die späten Abende verbrachten wir meist daheim bei guter Musik aus dem Kassettenrekorder. Zuweilen liehen wir uns Willies Landcruiser und erkundeten die Insel. Wir besuchten Gipper und Mira, die Prinzessin, die in Holland studierte, in Amlapura und wir fuhren hinauf in die Hügel von Ubud, wo wir den Ateliers von Malern und Holzschnitzern Besuche abstatteten. Alles war gut, bis auf die Tatsache, dass ich den Entschluss, mich vom Heroin zu befreien, nach wie vor noch nicht umgesetzt hatte. Da ich Lisa versprochen hatte, während der Reise den entscheidenden Entzug einzuleiten, wurde es Zeit, damit zu beginnen. Meine bisherigen Versuche, die alle gescheitert waren, hatten mir gezeigt, dass es nicht leicht werden würde. Ich würde alle Kraft dazu benötigen. Da mir Bali nicht der richtige Ort zu sein schien, vertagte ich das Projekt auf Indien, unsere letzte Station, ehe wir den Heimflug nach Deutschland antreten wollten. Lisa war skeptisch, ich selbst war es ohnehin, wenngleich ich immer wieder beteuerte, dass ich es schaffen werde.

Nach zwei Wochen riefen wir meine Eltern an und erkundigten uns nach den Kindern. Dabei erfuhr ich, dass ein Brief vom Amtsgericht Stuttgart eingegangen sei, aus dem hervorging, dass ein gewisser Alberto S. in einem Ermittlungsverfahren wegen Drogenhandels gegen mich vor einem Richter ausgesagt habe. Um was es genau ging, konnte mir meine Mutter nicht sagen, und die Sache beunruhigte mich auch nicht weiter. Ich beschloss, nach unserer Rückkehr herauszufinden, um was es sich handelte und vor allem, wer dieser ominöse Alberto S. sei. Meine Mutter beruhigte ich, sie möge sich keine Sorgen machen, denn ich selbst mache mir ja auch keine. Die Sache werde sich bald aufklären.

Hätte ich einen klaren Kopf gehabt, die Nachricht hätte mich alarmiert. Aber der jahrelange Heroinkonsum hatte meinen Verstand benebelt, sodass ich die Brisanz der Ermittlung nicht erkannte. Vorerst waren wir auf Bali, unterwegs in einem Märchen, und das wollte ich mir von keinem Stuttgarter Amtsrichter trüben lassen.

Eines Nachts, es war schon spät, als wir zu Hause ankamen, drehte Lisa einen Joint, ehe wir uns zum Schlafen ausstrecken wollten. Wir unterhielten uns noch ein Weilchen, aus dem Weilchen wurde 'ne Weile, dann meldete sich der späte Hasch-Nasch-Hunger, vorzugsweise auf etwas Süßes. Doch im Kühlschrank fanden sich lediglich Getränke, nichts Essbares. Die wenigen Restaurants und Straßenküchen in Legian waren längst geschlossen. Da fiel mir ein, dass der alte Agung neben seiner Hütte immer einen Haufen

Kokosnüsse liegen hatte, die er tagsüber mithilfe einer im Boden verankerten Eisenspitze von der harten Kopraschale befreite. Wir beschlossen, uns eine dieser Nüsse zu schälen und anschließend die eigentliche Nuss zu knacken. Der Plan war rasch gefasst, aber ihn in die Tat umzusetzen, erwies sich komplizierter als gedacht. Schließlich hatte ich noch nie zuvor eine Kokosnuss geschält und stellte mich dementsprechend ungeschickt an. Lisa fand das lustig, der Joint hatte uns wieder einmal in eine alberne Stimmung versetzt, und so lachten wir über uns selbst. Das nächtliche Gekicher rief die Hunde der Nachbarn auf den Plan, und ehe wir unser Projekt beendet hatten, bellten fünf Köter, was wiederum Agung und einige Anwohner aufschreckte, die mit Dolch und Knüttel bewaffnet aus den Häusern kamen, um den Grund für die Aufregung zu ermitteln. Als sich dann aber herausstellte, dass es keine Diebe zu vertreiben gab, sondern lediglich zwei tollpatschige Touristen, die sich abplagten, an das Innere einer Kokosnuss zu gelangen, entspannte sich die Lage. Agung half uns schließlich, die Nuss zu schälen und die Nachbarn zu besänftigen. So kamen wir am Ende doch noch dazu, den Hunger zu stillen, ehe wir unter das Moskitonetz krochen und uns den Träumen überließen.

Das Fest zur Einweihung des Hauses geriet zu einer kleinen Katastrophe, denn Lisa und ich hatten an dem Tag einen Ausflug zum Norden der Insel unternommen und kamen zu spät in Legian an. Die Gäste waren pünktlich erschienen, von den Gastgebern allerdings fehlte jede Spur. Als wir schließlich mit zweistündiger Verspätung daheim ankamen, waren der Architekt und seine Frau schon wieder fort. Willie und seine chinesische Familie harrten zwar noch aus, aber Stimmung wollte keine mehr aufkommen, zumal ich keinen Hunger verspürte und mich weigerte, den Anwesenden beim Essen Gesellschaft zu leisten. Insbesondere den Chinesen gegenüber war das eine Unverschämtheit, die mit Gesichtsverlust einherging. Zweifellos eine weitere suchtbedingte Ausfallerscheinung meinerseits, ein Fehler, der schwer zu korrigieren sein würde. Für die Gefühle meiner Mitmenschen war mir jegliche Sensibilität abhandengekommen. Ein deutliches Zeichen, dass es höchste Zeit wurde, den Opiatkonsum einzustellen. Zumal sich unsere

Reise langsam dem Ende zuneigte und ich Lisa hoch und heilig versprochen hatte, mit dem Entzug zu beginnen, ehe wir zurück in München wären. In wenigen Tagen wollten wir zu unserer letzten Station Indien aufbrechen, viel Zeit blieb mir also nicht mehr.

Am Tag der Abreise verabschiedeten wir uns von den balinesischen Freunden und versprachen, am Ende des europäischen Sommers wiederzukommen. Hätte ich geahnt, dass zehn Jahre vergehen sollten, ehe ich das Haus auf Bali wieder betreten würde, ich hätte den Rückflug nach Deutschland storniert. Ahnungslos dem Schicksal gegenüber, bestiegen wir am 25. Juni 1982 eine Maschine der Garuda Indonesia, die uns nach Singapur brachte. Wir blieben einen Tag, um Geschenke einzukaufen, dann flogen wir mit der Lufthansa weiter nach Bombay.

Lisa war zuvor noch nicht in Indien gewesen, daher hatte ich vor, ihr die Stadt zu zeigen und ihr meinen Freund Rashid vorzustellen. Diesmal stiegen wir im Taj Mahal ab, dem renommiertesten Hotel der Stadt. Während der vergangenen Jahre hatte ich gelegentlich in sogenannten Nobelherbergen übernachtet und deren Service und Diskretion schätzten gelernt. Das Taj Mahal in Bombay hatte zusätzlich zum üblichen Fünf-Sterne-Komfort noch historisches Flair zu bieten. Erbaut wurde es um 1900 herum, in neuerer Zeit hatte man dem palastartigen Gebäude noch einen Turm beigefügt, architektonisch keine sehr gelungene Konstruktion, aber es schien die Gäste nicht zu stören. Lisa und ich bezogen ein Zimmer im Tower. Auch dort waren die Räume luxuriös ausgestattet: Wertvolle Teppiche, indische Schnitzereien und Gobelins gepaart mit moderner Technologie sorgten für ein angenehmes Ambiente.

Lange hielt es uns nicht im Taj, denn ich hatte vor, den Abend bei Rashid zu verbringen, in dessen Opiumhöhle ich mich wohler fühlte als in jedem Hotel. Wir nahmen ein Taxi und ließen uns zur Shuklaji-Street bringen.

Der Empfang in der *Cashmere Chandu Den* hätte herzlicher nicht sein können. Rashids Pokerface dehnte sich zu einem breitem Grinsen, als er uns das Lokal betreten sah. Wir umarmten uns und ich stellte ihm Lisa vor. Fortan behandelte er meine »Missis« mit größtem Respekt und Höflichkeit. Umgehend mussten die Gäste, die auf den besseren Plätzen vor dem Balkon lagerten, Platz machen, frische Teppiche wurden ausgerollt, und wir wurden aufgefordert, es uns bequem zu machen. Rashid ließ es sich nicht nehmen, uns die Pfeifen persönlich vorzubereiten, eine Geste des Respekts, die nicht jedem bezeugt wurde, jedenfalls hatte ich so etwas noch nie erlebt. Unterdessen berichteten wir ihm von unserer Reise, vom Haus auf Bali, das wir gerade bezogen hatten, und er sprach von den europäischen Nomaden, die von Zeit zu Zeit nach Bombay kamen und bei ihm einkehrten, namentlich Geoffrey, Paco und Santi Gonzalo. Als nach der zweiten Pfeife das Opium seine Wirkung entfaltete und wir seine behagliche Wärme spürten, schlug uns Rashid eine Pause vor, während der er uns einige seiner Kartentricks zeigen wollte.

Ich hatte Lisa von Rashids Kartenmischkünsten erzählt, und nun ließ er es sich nicht nehmen, ihr zu zeigen, was er draufhatte. Es war sensationell, und ich habe bis heute nicht verstanden, wie er es anstellte, aus Karten, die ich mitgebracht und die Lisa gemischt hatte, ihr vier Damen, mir vier Buben und sich selbst vier Könige auf die Hand zu zaubern. Er selbst grinste bloß und zeigte dabei seine schwarzen Betelnusszähne.

Am zweiten Abend, den wir dort verbrachten, sprach ich Rashid auf das Thema an, welches mir am Herzen lag.

»Du weißt, dass ich seit fünf Jahren vom Heroin abhängig bin«, begann ich. »Es wird Zeit, dass ich damit Schluss mache, ich spüre, wie es mich in den Abgrund zieht.«

»Ich kenne die Probleme mit dem Heroin«, sagte er. »Mit Opium verhält es sich ähnlich. Wer zu lange raucht, der kommt davon nicht mehr los. Ich selbst beginne jeden Tag mit drei Pfeifen, anders käme ich morgens nicht hoch.«

»Wie lange rauchst du denn schon?«

»Seit ich hier nach Bombay kam, also etwa zwanzig Jahre.«

»Und hast du mal probiert aufzuhören?«

»Schon. Ganz am Anfang, aber die Gliederschmerzen hielt ich nicht lange aus.«

»Gibt es denn kein Mittel, das gegen diese Entzugsschmerzen hilft?«

»Natürlich gibt es das. Eine indische Medizin. Willst du es damit mal probieren?«

»Ich nehme alles, was mir den Entzug erleichtert. Wo bekomme ich diese Medizin denn her?«

»Die kann ich dir besorgen. Wenn ich die Leute mit meinem guten Stoff drauf bringe, muss ich sie schließlich auch wieder herunterholen können«, sagte er, als gebe es nichts Einfacheres. »Es handelt sich um einen Kräutersud. Die Literflasche kostet 300 Rupien. Wenn du Interesse hast, schicke ich Bangali sofort los.«

»Soll ich ihm Geld mitgeben?«

»Das wäre nicht verkehrt. Ich kann es aber auch vorstrecken«, bot Rashid an.

»Nicht nötig.«

Ich holte die geforderte Summe aus meinem Geldbeutel und winkte Bangali, den Buchhalter heran. Rashid gab ihm Anweisungen, und eine Viertelstunde später tauchte er mit der Flasche auf. Rashid öffnete den Schraubverschluss und schnupperte.

»Ja, das ist das Zeug. Wenn du das Heroin absetzt, wartest du, bis sich die ersten Schmerzen ankündigen. Dann nimmst du einen Schluck von der Medizin und füllst danach die Flasche mit Wasser auf. Die Wirkung tritt bald ein, du wirst sehen. Jedes Mal, wenn du davon getrunken hast, füllst du die Flasche auf. Auf diese Weise wird das Konzentrat nach und nach schwächer, bis nur mehr eine graue Flüssigkeit übrig ist. Bis es soweit ist, bist du geheilt.«

»Das klingt in der Tat einfach«, sagte ich, noch immer nicht vollkommen überzeugt. Wenn es mit dem Entzug so leicht gehen sollte, warum wurde das Zeug dann nicht in Europa und den USA vertrieben? Ausstiegswillige Junkies gab es schließlich zu Genüge. Jedenfalls beschloss ich, mit der Ausstiegskur zu beginnen, sobald wir unsere Rückreise nach München antreten würden.

Und so kam es dann auch: Nach vier Tagen Bombay, das sich heute Mumbai nennt, bestiegen wir einen Jumbo der Lufthansa, der uns nonstop nach Frankfurt brachte. Mit gemischten Gefühlen schnupfte ich meine letzte Prise Heroin, ehe wir das Hotelzimmer verließen. Meine indische Medizin verstaute ich im Kamerakoffer, aufrechtstehend, da der Verschluss nicht ganz dicht war. Den ersten Schluck aus der Pulle nahm ich unterwegs, irgendwo über dem Persischen Golf. Das Zeug schmeckte bitter, aber ich hatte nichts anderes erwartet. Nach fünfzehn Minuten setzte die Wirkung ein und das beginnende Ziehen in den Gliedern verschwand. Die Medizin wirkte.

Am 1. Juli 1982, genau sechs Wochen nach unserem Abflug, landeten wir wieder in Frankfurt. Der Zoll behelligte uns diesmal nicht, Lisas Lächeln öffnete die Schranke, und man winkte uns freundlich ins Land.

Mein Vater war zum Flughafen gekommen, um uns abzuholen. Im Hunsrück angekommen, fielen uns die Kinder in die Arme. Auch wenn es ihnen bei den Großeltern an nichts gemangelt hatte, war unverkennbar, wie sehr sie von Glück und Freude überwältigt waren, als Lisa sie küsste und herzte. Geschenke hatten wir natürlich auch mitgebracht, und so war die Wiedersehensfreude vollkommen.

Drei Tage blieben wir im Forsthaus, während derer ich täglich mehrmals einen Schluck von Rashids Medizin einnahm, dabei die Flasche immer wieder mit Wasser auffüllte. Ich fühlte keinerlei Entzugsschmerzen und stellte fest, dass man dieses Gebräu unbedingt auf den Markt bringen müsse, da es ganz offensichtlich in der Lage war, einen Mann zu kurieren, der einen langjährigen Heroinmissbrauch hinter sich hatte. Je weiter der letzte Tag des Konsums in die Vergangenheit rückte, umso besser fühlte ich mich.

Als wir in München ankamen, war aus einem pechschwarzen Sirup eine gräuliche Flüssigkeit geworden, bis ich sie eines Tages ganz absetzte. Den körperlichen Entzug, vor dem ich all die Jahre eine so große Angst gehabt hatte, war überstanden. Ich konnte es kaum glauben. Ein paar Tage setzte ich der inneren Unruhe, die ich jetzt verspürte, zwei Tabletten Valium entgegen, ehe ich auch diese absetzte. Was allerdings nicht verschwinden wollte, war ein Gefühl der Antriebslosigkeit, und das hielt dann auch noch einige Monate an. Ich war reizbar, launisch und reagierte aggressiv auf meine Mitmenschen, sofern sich die Spur eines Konfliktes andeutete. Von innerer Balance konnte noch lange keine Rede sein. Aber ich widerstand der Versuchung, einen meiner Heroinfreunde anzurufen und den Rückfall vorzubereiten.

In diesem labilen Zustand hätte ich kein Auto steuern sollen, tat es aber dennoch, und es kam, wie es kommen musste. Als ich eines Tages gegen Mittag mit Lisas Auto in die Stadt fahren wollte, verursachte ich einen Unfall: Ich hatte einen Linksabbieger übersehen und knallte diesem aufs Heck, und da ich gerade im zweiten Gang beschleunigt hatte, lagen am Ende zwei Totalschäden auf der Implerstraße. Zum Glück hatten weder mein Unfallopfer noch ich einen körperlichen Schaden davongetragen.

»San Sie verletzt?«, fragte der Mann, nachdem er aus dem Wrack geklettert war.

»Zum Glück nicht«, antwortete ich mehr überrascht als geschockt, denn der Aufprall war aus heiterem Himmel erfolgt. Für uns beide.

»Tut mir leid«, sagte ich. »Hab einen kurzen Moment nach der Lüftung gesucht, und schon war es passiert!«

»Kommen Sie, gehen wir auf den Schreck hin erst mal ein Bier trinken. Da vorne beim Italiener«, schlug der Mann vor.

»Gottschalk, mein Name.«

Wir gaben uns die Hand.

»Harry Berger«, erwiderte ich die Begrüßung und hängte erneut eine Entschuldigung an. Bei meinem Unfallgeschädigten handelte es sich um einen hemdsärmeligen Bayern, ein offenbar unerschrockener Zeitgenosse. Wie in Trance folgte ich ihm zu dem Lokal, das nur wenige Meter weiter an der nächsten Kreuzung lag. Der Wirt stand in der offenen Tür und ließ uns ein. Das Restaurant war leer, offensichtlich waren wir die ersten Gäste des Tages.

»Zwei Helle bittschön«, sagte der Bayer. »I lod di ei!«

Wir bauten uns am Tresen auf und prosteten uns zu. Ich fühlte mich veranlasst, ihm den genauen Hergang des Unfalls zu erklären, aber er wehrte ab. Dann sprachen wir über die Hitze, die derartige Unaufmerksamkeiten im Straßenverkehr geradezu herausfordere, und ich bedauerte erneut, der Verursacher gewesen zu sein.

Unterdessen hatte jemand die Polizei verständigt, die mit Blaulicht die Straße sicherte und den Verkehr an dem Schrottplatz vorbei leitete. Offenbar suchten sie nach den beiden Fahrern, deren unerlaubtes Entfernen vom Unfallort ihnen ein Rätsel war. Schließlich hatte eine Zeugin beobachtet, dass wir zusammen im Speiselokal des Italieners verschwunden waren. Einer der Polizisten spürte uns schließlich dort auf.

»Haben Sie etwas mit dem Unfall da vorn zu tun?«

»Haben wir. Der rote BMW ist meiner und der blaue Passat gehört dem Herrn hier. Wieso fragen Sie?«

»Weil Sie einfach so den Unfallort verlassen haben. Ist einer von Ihnen verletzt?«

»Nein«, griff ich zum ersten Mal in die Ermittlung ein. »Es war meine Schuld. Ich bin ihm hinten drauf.«

»Dann darf ich Sie um ihre Führerscheine und die Fahrzeugpapiere bitten«, sagte der Beamte und streckte die Hand aus. Wir gaben sie ihm und prosteten uns noch einmal auf den überstandenen Schrecken zu.

Der Bayer gefiel mir. Ohne mir Vorwürfe zu machen oder sein schönes Auto zu bejammern, schien er einfach zur Tagesordnung überzugehen. Und als der Beamte anfing, uns anzumotzen, weil wir die Autos einfach verlassen hatten, anstatt uns um die Absicherung der Unfallstelle zu kümmern, kaufte der Mann ihm kurzerhand den Schneid ab.

»Unfallstellensicherung! Was gab es denn da zu sichern? Die Straße ist breit genug, an unseren Autos kommt jeder problemlos vorbei«, sagte er.

»Sogar der Bus«, fügte ich frech hinzu.

»Das mag so sein«, meinte der Polizeibeamte, indem er uns die Papiere zurückgab. »Aber wie sieht es mit Ihrer Nüchternheit aus? Haben Sie Alkohol getrunken?«

Wir standen am Tresen, jeder sein halb leeres Glas in der Hand und mussten zum ersten Mal grinsen.

»Das Bier haben wir nach dem Unfall getrunken«, sagte Herr Gottschalk, »sieht man doch.«

Wir zahlten und folgten dem Freund und Helfer aus dem Lokal hinüber zum Unfallort, wo ein Menschenauflauf zusammengefunden hatte und man sich wohl fragte, was hier geschehen war. Um es kurz zu machen: Die Polizei nahm alle Daten auf, einer fertigte eine Unfallskizze, und dann hörten wir auch schon zwei Abschleppwagen heranbrausen. Innerhalb weniger Minuten waren die Totalschäden abtransportiert, ein netter Kerl aus der Nachbarschaft hatte schon einen Besen in der Hand und kehrte den Dreck von der Straße. Herr Gottschalk und ich tauschten Adressen und Telefonnummern aus und verabredeten, demnächst ein weiteres Bier zusammen zu trinken. Ein mehr als sympathischer Mann, dieser Gottschalk.

Der Rest der Woche war dann für meinen vorerst letzten großen Fehler reserviert. Ich hatte ja schon auf Bali am Telefon erfahren, dass die Polizei gegen mich ermittelte. Also erkundigte ich mich nach einem Anwalt und wurde bald fündig. Mein Freund Klaus Sturm empfahl ihn mir, ein guter Mann, wie Klaus mir versicherte. Ich rief Herrn Henning an und berichtete ihm, was ich wusste. Er versprach, sich gleich um die Angelegenheit zu kümmern. Zwei Stunden später rief der Anwalt zurück.

»Ich habe eine gute Nachricht und eine schlechte«, fing er an.

»Die gute zuerst!«

»Nun, sie haben noch Zeit, das Land zu verlassen und abzuwarten, bis ich Klarheit in der Sache habe«, sagte er. »Die Schlechte: Die Sache stinkt. Ich habe sowohl mit dem Landeskriminalamt als auch mit der Staatsanwaltschaft gesprochen. Was ich erfahren habe, klingt nicht schlüssig. Irgendwas stimmt da nicht. Der Herr von der Staatsanwaltschaft sprach von einem fast abgeschlossenen Ermittlungsverfahren gegen Sie. Ein Betäubungsmittelvergehen im großen Stil. Ein Herr Gruber von der Polizei hingegen spielte die Sache herunter und meinte, das eile nicht. Er wisse im Moment gar nicht genau, um was es da gehe, ein Amtshilfeersuchen aus Stuttgart. Er müsse sich erst mal die Akte heraussuchen. Ich möge ihn in zwei Tagen noch einmal anrufen.«

»Na also, dann kann das nicht viel sein«, erklärte ich gewohnt optimistisch.

»Ich wäre da vorsichtig. Bei Rauschgiftdelikten verstehen die Bayern keinen Spaß. Können Sie sich vorstellen, um was es da gehen könnte?«, fragte der Jurist.

»Keine Ahnung. Allerdings weiß ich nicht, was der Mann in Stuttgart ausgesagt hat, der dort vor ein paar Wochen richterlich vernommen wurde«, sagte ich. »Soll ich den mal kontaktieren?«

»Kennen Sie den Zeugen denn?«

»Flüchtig. Hab ihn vor fünf Jahren einmal kurz gesehen. Er hat mir damals 40 Kilo Haschisch ausgehändigt. Die sogenannte ›Opel-Affäre‹«, erklärte ich.

»Um Himmels Willen«, rief der Anwalt ins Telefon. »Das hört sich aber nicht gut an. Ich rate Ihnen, den Mann anzurufen und in Erfahrung zu bringen, was er zu Protokoll gegeben hat.«

»Der wird mich nach fünf Jahren nicht verpfiffen haben, nachdem er all die Jahre dichtgehalten hat.«

»Ihr Wort in Gottes Ohr! Rufen Sie ihn an und fühlen Sie dem Mann auf den Zahn. Um den Stand des Verfahrens beurteilen zu können, sollten wir wissen, was er gesagt hat.«

Um es abzukürzen, ich rief diesen Alberto mehrmals an, aber entweder ich erreichte bloß den Vater oder ich vergaß zum verabredeten Zeitpunkt zurückzurufen.

Schließlich fasste ich mir ein Herz, rief selbst im LKA an und ließ mich mit dem zuständigen Beamten verbinden.

»Grüß Gott, Herr Gruber. Berger hier. Wie ich höre, schnüffeln Sie hinter mir her. Sie wissen doch, wo ich zu finden bin, warum kontaktieren Sie mich nicht direkt? Um was geht's denn überhaupt?«, begann ich eines der dümmsten Gespräche, die ich je geführt habe.

»Gut, dass Sie anrufen, Herr Berger. Hier schnüffelt niemand, die Polizei ermittelt lediglich in dieser alten Geschichte ›von Opel‹. Um den fünf Jahre zurückliegenden Fall endlich abschließen zu können, benötige ich noch eine Unterschrift von Ihnen,« erklärte der Kriminale.

»Was für eine Unterschrift?«

»Sie sollen mir bloß bestätigen, dass Sie mit der Sache damals nichts zu tun hatten, mehr nicht. Dann kann ich die Akte endlich schließen und die Sache hat sich erledigt.«

»Dann schlage ich vor, ich komme gleich heute vorbei, und wir erledigen das.«

»Was denken Sie, wie viel Arbeit ich hier auf dem Schreibtisch liegen habe? Heute und morgen hab ich keine Zeit. Ich schlage vor, wir machen das kommende Woche, dann hab ich ein wenig Luft.«

»In der kommenden Woche bin ich nicht mehr da. Da will ich mit der Familie nach Finnland fahren. Lappland. Mitternachtssonne«, sagte ich.

»Wie lange wollen Sie denn bleiben?«, fragte er beiläufig.

»Vier Wochen mindestens«, entgegnete ich.

»Das ist natürlich ein wenig lang. Mal sehen, ob ich Sie diese Woche noch irgendwo unterbringen kann. Für so eine Unterschrift brauchen wir ja nicht lang«, sagte er.

»Ich könnte Sie am Donnerstag während der Mittagspause bestellen. Um Zwölf. Aber Sie müssen mir versprechen, pünktlich zu sein.«

»Werde ich. Ehrenwort! Ich komme dann mit meinem Anwalt, um sicher zu gehen«, erwiderte ich.

»Kein Problem, bringen Sie den Anwalt ruhig mit, für den haben wir sicher noch eine Tasse Kaffee übrig«, lachte er. »Also dann, Herr Berger, bis Donnerstag um Punkt Zwölf!«

Und so kam es, dass ich an diesem sonnenverwöhnten Donnerstag mit meinem höchst beunruhigten Anwalt zum Landeskriminalamt aufbrach, um dort »eine Unterschrift« zu leisten.

Kaum dass wir das Büro des Rauschgiftfahnders betreten hatten, zog der einen Haftbefehl aus der Schublade und überreichte ihn mir.

Ich las und blickte ihn staunend an.

»Was soll das denn?«, so meine ziemlich dumme Frage.

»Sie können doch lesen, Herr Berger. Sie sind verhaftet!«

Dann holte er ein Paar Handschellen aus dem Off und legte sie mir an. Das erste Mal im Leben in Handschellen. Im »Achter« wie die Bayern sagen. Weder damals in Marokko noch danach in Spanien hatte man es für nötig erachtet, mir Handschellen anzulegen. Lediglich in Kanada waren sie für ein paar Minuten zugeschnappt.

»Ich protestiere!«, rief mein Rechtsanwalt spontan, aber dünn. »Sie hatten mir zugesagt, dass mein Mandant nicht verhaftet werde!«

Der Bulle grinste. Er hatte uns düpiert, hereingelegt. Aus seiner Sicht eine völlig legitime Strategie, jedenfalls besser als ein SEK zu meiner Dingfestmachung zu mir nach Hause zu schicken und den Kindern einen Schrecken einzujagen. So kam es, dass mein Anwalt allein zurückfuhr, während ich im Streifenwagen in die Ettstraße gebracht wurde, wo Münchens berüchtigtes Polizeigefängnis liegt. Noch am selben Tag transportierten sie mich nach Stadelheim, wo ich einem Arzt vorgestellt wurde, der meine Hafttauglichkeit bescheinigen sollte. Hafttauglichkeit, was für eine bürokratische Monstervokabel.

»Wie ich höre, sind Sie heroinabhängig«, begann der Doc. »Benötigen Sie Medikamente?«

»Wie bitte? Heroin? Ich weiß nicht, wovon Sie reden. Ich bin doch nicht drogensüchtig!«, empörte ich mich. »Wer hat Ihnen denn diesen Floh ins Ohr gesetzt?«

»Die Polizei. Die meinten, Sie seien hochgradig von Heroin abhängig«, erklärte der Arzt, ein kleines Männchen, das in einem viel zu großen Kittel steckte.

»Blödsinn. Die reden viel und erreichen wenig«, kommentierte ich abschätzig. »Diese Penner!«

»Sie können das so nicht sagen. Mit Ihrer Festnahme haben die immerhin das Gegenteil bewiesen«, verteidigte der Mann Freund und Helfer. Ich glaube mich zu erinnern, dass er dabei grinste.

»Noch bin ich nicht verurteilt. Glauben Sie mir, meine Verhaftung war ein großer Fehler. Ich fühle mich vollkommen unschuldig. Sogar das Gesetz steht in diesem Punkt hinter mir. Solange man mir nichts beweisen kann, habe ich als unschuldig zu gelten, es sei denn, Sie sind Christ und glauben an die Erbsünde. In diesem Falle sind wir beide schuldig«, sagte ich.

»Also, Sie wollen keine Medikamente? Keine Heroinabhängigkeit?«, fragte der Mediziner erneut und brach den dummen Dialog ab.

»Nö. Mit mir ist soweit alles in Ordnung«, sagte ich. »Sie könnten mir allerdings eine Schachtel Schlaftabletten geben.«

»Schlafen Sie denn schlecht?«

»Normalerweise nicht. Aber hier in diesem Knast werde ich sicher nicht gut schlafen.«

»Das kann ich nachvollziehen. Ich schliefe wahrscheinlich auch nicht gut an Ihrer Stelle.«

Er zog eine Schublade auf und schob mir eine Packung 5er Valium über den Tisch. Ich dankte, erhob mich und verließ sein Kabinett.

Der Wärter brachte mich auf die Effektenkammer. Hier wurde ich knastkonform eingekleidet, erhielt die jedem Häftling zustehende Ausrüstung, also Decken, Bettzeug, Handtücher, Rasierpinsel, Seife und Klingen; Blechnapf, Plastikkanne und Becher; Klopapier und den übrigen systemrelevanten Krempel. Wenig später stand ich in einer Einzelzelle und hörte, wie der Wärter die Tür von außen zusperrte. Über ein Fenster verfügte die Zelle nicht, in einer Höhe von zweieinhalb Metern waren Glasbausteine in die Außenwand eingefügt, durch die ein wenig Licht einsickerte …

Aber ich stelle gerade fest, dass ich im Begriff bin, eine Sesshaftengeschichte zu beginnen, aber solche Formate liegen mir nicht. Enden soll die Geschichte der Globalen Nomaden mit einer Steely Dan Zeile aus dem Song »Deacon Blues«: *They got a name for the winners in the world, I wanna name when I loose!**

Finis

---

* Sie geben den Siegern auf der Welt einen Namen, ich will einen Namen wenn ich verliere!

Post Scriptum

Drei Wochen, nachdem wir von unserer »Hochzeitsreise« zurückgekehrt waren – unsere Kinder bei meinen Eltern abgeholt und die Wohnung in München bezogen hatten – wurde ich wegen meiner Beteiligung an dem Haschischschmuggel von Saint-Tropez, von der Presse irrigerweise als »Opel-Affäre« bezeichnet, verhaftet. Alberto S., der Mann, der vor einem Stuttgarter Amtsrichter zu dem Fall verhört worden war, hatte mich schwer belastet. Er war es, der mir in einer Sommernacht vor ziemlich exakt fünf Jahren im Hinterland von Saint-Tropez 40 Kilo Haschisch übergeben hatte. Nur wenige Stunden, nachdem ich damals mit der gefährlichen Fracht den Weg nach Deutschland angetreten hatte, wurden er und seine Komplizen in Saint-Tropez verhaftet. In SÜDEN, Kapitel 25, ist diese Geschichte nachzulesen. Dem aufmerksamen Leser dürfte aufgefallen sein, dass Alberto mir einmal 40 Kilo übergeben hatte, ein andermal waren mir von seinem Komplizen Alexander 80 Kilo ausgehändigt worden (der mich übrigens auch vor Gericht hinhängte); wie dem auch sei, anstatt mich mit 120 Kilo zu belasten, was der Wahrheit entsprochen hätte, blieb ich am Ende »nur« auf 80 Kilo sitzen.

Wie war es zu diesem späten Verfahren gegen mich gekommen, zumal ich ja in dieser Sache 1977 schon mehrere Monate in spanischer Auslieferungshaft verbracht hatte und am Ende wegen Mangels an Beweisen in Madrid freigesprochen worden war? Alberto S. gehörte zu den Komplizen, die in Frankreich in der Hauptverhandlung zu zehn Jahren Haft verurteilt worden waren. Und weil er sich gut führte, wurde er nach der Hälfte der Strafe entlassen. Wieso die Münchener Polizei ausgerechnet ihn befragte, nachdem er wieder zu Hause war (er lebte in Stuttgart), und warum sie ihn nach meiner Rolle bei dem Schmuggel fragten, kann ich nicht mit Sicherheit sagen. Der Münchener Polizeispitzel Nikolai T. soll ihnen einen Tipp gegeben haben. Das ließ der Kommissar jedenfalls durchblicken, der mich verhaftet hat.

Ich hatte etwa ein halbes Jahr Untersuchungshaft hinter mir, als ich von zwei Beamten des Landeskriminalamtes besucht wurde. Was sie im Gepäck mit sich trugen, war ein fettes Dossier, welches der Staatsanwalt vor einigen Wochen aus New York mitgebracht hatte. Dort hatte sich Rudi Hundt am Tresen einer Bar in Downtown Manhattan gebrüstet, feinstes *China White* beschaffen zu können. Es dauerte nicht lange und ein Spitzel spitzte die Ohren und rückte näher an den Deutschen heran. Der V-Mann zeigte Interesse am Stoff, was sonst, und Rudi bahnte den Verkauf der ersten Unze an, die Nora bei Ralph Petrucci abholte. Inzwischen war die DEA dem Trio auf der Spur und der Undercover-Agent ging zum Schein auf Rudis Konditionen ein. Die »Vereinigten Staaten von Amerika« kauften ihm eine Unze Heroin ab und bestellten eine weitere. Inzwischen hatte Rudi damit angegeben, den Importeur von großen Mengen chinesischen Heroins zu kennen, einen gewissen Harry Berger, deutscher Nationalität, und er stellte den Bullen in Aussicht, demnächst mit ihnen Geschäfte im Kilobereich abzuwickeln.

Es war die Zeit, als Lisa und ich in New York weilten, und das erklärt auch die Neugier der DEA an meinen Telefonaten im Hyatt Hotel. An dem Abend, an dem wir mit Xaver, Rudi und Nora zum Essen verabredet waren, hatten sich verdeckte Ermittler Rudi an die Stoßstange geheftet. Aus den Ermittlungsberichten geht hervor, dass der Verdächtige offenbar bemerkt hatte, dass er verfolgt wurde, denn er wendete abrupt auf der Madison Avenue und raste in der Richtung davon, aus der er gekommen war.

Es gelang den Fahndern an diesem Abend nicht mehr, ihn einzuholen. Rudi hatte also mitbekommen, dass man ihn beschattete, was ihn allerdings nicht veranlasste, mich davon in Kenntnis zu setzen. Zweifellos hätte ich den geplanten Verkauf der beiden Unzen, die noch bei Ralph lagen, gestoppt, hätte ich geahnt, dass die Bullen schon mit von der Partie waren, noch ehe Rudi wusste, ob er überhaupt im Geschäft war.

Dass sich meine Komplizen Ralph und Nora einige Wochen danach in Untersuchungshaft wiederfanden und vor die Alternative gestellt wurden, Karten auf den Tisch und nach Hause gehen oder Maul halten und für ein paar Jahre in den Knast, hatten sie keinem anderen zu verdanken als jenem bayerischen Scheißkerl, der nicht nur sich selbst, sondern auch seine Mitverschwörer (*conspiracy*, so nennt man das in den USA) in Schwierigkeiten brachte. Das Ende der Geschichte: Die drei packten aus und erzählten alles, was sie wussten. Zusätzlich zu meinem eigenen Geständnis, das ich ein halbes Jahr zuvor in Detroit abgelegt hatte, war jede ihrer Aussagen ein weiterer Nagel in den Sarg, in dem mich die 17. Strafkammer des Landgerichts München später beerdigen sollte.

Das war also der Inhalt des Dossiers, mit dem die beiden Beamten des Landeskriminalamtes München mich in der Untersuchungshaftanstalt Stadelheim besuchen kamen. Glomm bis dahin noch ein Fünkchen Hoffnung in meiner Seele, mit etwas Geld könne Alberto dazu gebracht werden, seine Aussage zu widerrufen, brach mir das amerikanische Dossier endgültig das Genick. Ich musste zur Kenntnis nehmen, dass unter dem Vorsitz des späteren Bürgermeisters von New York, Rudolph Giuliani, der zu der Zeit als kleiner Staatsanwalt in Süd Manhattan Pläne schmiedete, die seiner Karriere dienlich sein sollten, eine weitere *Grand Jury* zusammentrat, die zu dem Ergebnis kam, dass das Verdikt von Detroit, auf eine Anklage gegen mich zu verzichten, aufgehoben wurde und der Ermittlungsbericht der DEA den bayerischen Behörden übergeben werden sollte. Das zwölfseitige Dossier, in welchem ich meine Rolle als Schmuggler beschrieben hatte, wurde daraufhin den Deutschen ausgehändigt. Giuliani ließ es sich nicht nehmen, anheim zu stellen, mich mit aller Härte des Gesetzes zu bestrafen. Dazu allerdings hätte er den Strafrichter Stoschek nicht eigens ermuntern müssen.

Richter Peter Stoschek, der sich meines Falles annahm, und der mich von Beginn an für einen in hohem Maße charakterlosen Schurken hielt (manch einem Leser dürfte es inzwischen ähnlich ergehen), war ein hochgradiger Alkoholiker, wie sich ein paar Jahre später herausstellte, nachdem er mich zur Höchststrafe verurteilt hatte. Beim Prozess standen sich zwei narzisstisch verhaltensgestörte Männer gegenüber, die sich zusätzlich beide mit einer schweren Suchtkrankheit herumplagten. Eine ironisch besetzte Tragik, die öffentlich nie bekannt wurde.

Mein Prozess fand im Frühsommer des Jahres 1984 vor der 19. Großen Strafkammer des Landgerichts München I statt. Der Richter, der sich selbst als militanter Drogenbekämpfer sah, hatte dem *Münchener Merkur* schon im Jahr davor ein Interview gegeben, in welchem er ankündigte, demnächst einen Prozess gegen einen internationalen Drogenschmuggler zu leiten, dem die Höchststrafe von 15 Jahren Haft blühte. Ich konnte quasi schon vorab in der Zeitung lesen, was ich als Strafe zu erwarten hatte.

Die Anklage warf mir internationalen bandenmäßigen Handel mit Betäubungsmitteln in zwei Fällen vor: Im Sommer 1977 sollte ich 80 Kilo Haschisch von Saint-Tropez nach München geschmuggelt haben, in den Jahren 1981/82 insgesamt 18 Kilo Heroin in den USA verkauft haben, ohne die dafür notwendige Genehmigung zum Handel mit Betäubungsmitteln besessen zu haben. Beweismittel lagen nicht vor, dafür umfangreiche Aussagen einer Reihe von Belastungszeugen, deren verwertbarste die Geständnisse Noras, Ralph Petruccis und Rudi Hundts waren. Die DEA hatte, wie zuvor berichtet, das Trio kurz nach meiner Verhaftung in New York hochgenommen, als Hundt gerade dabei war, einem V-Mann zwei Unzen Heroin zu verkaufen, eben jene beiden Unzen, die ich in Ralphs Obhut gelassen hatte.

Als einzige Zeugin aus den Vereinigten Staaten hatte die bayerische Justiz Nora S. einfliegen lassen, in Begleitung zweier DEA-Agenten, die dem Gericht die Zahlen und Fakten lieferten, die Stoschek zum Richtspruch brauchte. Sie behauptete, dabei gewesen zu sein, als ich 18 Kilo Heroin wog und in kleinere Gebinde abpackte, wobei sie sichtlich beschämt im Zeugenstuhl saß. Immerhin brachte sie die Ironie auf, des Vorsitzenden Frage, ob sie mit »dem Angeklagten intim geworden« sei, damit zu beantworten, dass sie anbot, der Kammer ihren Schlüpfer als Beweisstück zu übergeben. Gelächter im Publikum, Grinsen auf der Anklagebank und Zornesröte bei Herrn Stoschek. So war das.

Ralph Petrucci hatte sich der DEA als Lockspitzel angedient, nachdem er wegen der zwei Unzen verhaftet worden war. Ein paar Wochen, nachdem ich Detroit zum letzten Mal verlassen hatte, kontaktierte er Jerry und ließ diesen wissen, ich hätte frische Ware nach New York geliefert, er möge bitte kommen und die zwei Kilo abholen, die für ihn bestimmt seien. Was den Preis anging, so bliebe alles beim Alten: Jerry solle 320.000 $ mitbringen. Da Jerry wusste, dass Ralph mein Vertrauen genoss, und da Jerry nicht wusste, dass ich zu dem Zeitpunkt längst im Knast saß, zweifelte er nicht an Ralphs Lockspitzelstory und machte sich zum verabredeten Zeitpunkt auf den Weg nach New York, wo die beiden sich in der Cafeteria des ehrwürdigen Plaza-Hotels trafen. Dort wurde er, kaum dass er am Tisch Platz genommen hatte, von Agenten der DEA überwältigt und abgeführt.

Ich kannte das Lokal, hatte dort mehr als einmal selbst gespeist, und es fällt mir bis heute schwer, mir vorzustellen, was Jerrys Verhaftung dort für eine Turbulenz unter den übrigen Gästen verursacht haben musste. Sein neuer BMW sowie die Kohle wurden beschlagnahmt. Ralph hatte den Bullen einen Gefallen getan, sich selbst durch den Verrat freigekauft und Jerry für 20 Jahre hinter Gitter gebracht. Niemand würde fortan für Ralphs Leben einen Pfifferling geben ... Wenig später starb dessen Frau Karen an Krebs und der Verräter war allein. Heute lebt er in Las Vegas und kann von Glück reden, dass Jerry und ich ihm seinen Verrat verziehen haben, was uns nicht ganz leichtgefallen ist.

Ich will mir die weitere Schilderung des Ganges der Dinge im Gerichtssaal ersparen, wenngleich der Gedanke, diese Geschichte mit einem Schmunzeln abzuschließen, etwas Betörendes hat. Des Öfteren erlaubte ich mir bösartige Spitzen gegen den Vorsitzenden Stoschek, was jedes Mal im Saal Anlass zu Heiterkeit wurde. Anmerken muss ich noch, dass ich auf eigene Bitte hin, den Anwalt, der mich ins Landeskriminalamt begleitet hatte, kurz darauf durch einen teuren »Staranwalt« ersetzte. Und dass sich unter den hundert Zuschauern im Saal kein einziger aus meiner Familie befand, weder Lisa noch meine Eltern noch meine Brüder waren gekommen. Ich wurde, wie nicht anders zu erwarten, im Namen des Volkes zu fünfzehn Jahren Freiheitsstrafe verurteilt, die ich bis auf den letzten Tag wegen unbotmäßiger Führung und Reueverweigerung absaß.

Ich muss davon ausgehen, dass die Kammer (drei Berufsrichter und zwei zivile Beisitzer) und all die anderen Menschen, die an dem Unternehmen meiner Verurteilung mitwirkten, tatsächlich davon ausgingen, der Gesellschaft einen Dienst zu erweisen, indem sie mich so lange es das Gesetz ermöglichte, einsperrten.

Mein Leben ging nach der Haft weiter, mein Richter dagegen endete im Suizid, noch ehe sein Urteil über mich vollstreckt war. Auch dem Polizisten, der mich so schlau in die Falle gelockt hatte, spielte das Schicksal Jahre danach noch übel mit: Während eines Namibia-Urlaubs wurde er von Straßenpiraten überfallen und angeschossen. Seine Frau überlebte den Überfall nicht.

Wer in einem Land Urlaub macht, in dem Deutsche zu Beginn des Jahrhunderts einen Völkermord an den Nama und Herero verübt hatten, der sollte sich nicht wundern, dass dort die Gewalt noch nicht verebbt ist. Das sage ich nicht, weil ich an eine göttliche Vorsehung oder an ein Karma glaube, sondern weil es vorhersehbar ist. Gerechtigkeit kann niemand erwarten, egal auf welcher Seite er steht.

Nachdem sich mein Schicksal unter meinen Komplizen und den Nomaden, mit denen ich in den vergangenen neun Jahren unterwegs gewesen war, herumgesprochen hatte, begann eine Zeit teils intensiver Korrespondenzen. Für manche galt: Aus den Augen, aus dem Sinn! Andere hingegen führten die Beziehung in langen Briefen fort, und das über viele Jahre hinweg.

Kaum dass *Lisa Stone* auf Hawaii erfahren hatte, dass meine Frau Lisa die Scheidung beabsichtigte, setzte sie sich ins Flugzeug und kam nach München, wo sie zusammen mit ihrem Sohn ein Apartment mietete und mich alle zwei Wochen im Gefängnis besuchte. Erst nach einem halben Jahr gelang es mir, sie zu überzeugen, nach Bali zu ziehen, wo wir inzwischen Nachbarn waren, denn wie geplant, hatte auch sie ein Haus auf dem Land der Familie Agung errichten lassen. Heute lebt sie wieder auf der Insel Maui.

Joey Palmano, der mir seinen Freund Ralph im Jahr davor vorgestellt hatte, war konsterniert. Die Tatsache, dass die Freundschaft der beiden schon seit der Reise auf die Philippinen dabei war, zu zerbröseln, machte es ihm leichter, jetzt ganz mit seinem ehemaligen Freund zu brechen. Joey steht mir bis heute treu als Freund zur Seite und quält sich noch immer in seinem Rollstuhl über die Erdkruste. Seit 1995 pflegt er seinen Sohn Scott, der bei einem Autounfall einen Hirnschaden erlitt.

Aus irgendeinem Grund schaffte *Paco* es nicht, mit meinen Komplizen den Handel mit den Chinesen wieder in Gang zu setzen. Teilweise hatte es auch damit zu tun, dass Jerry nicht weiter zur Verfügung stand und Basil auf Tauchstation ging, nachdem ich geschnappt worden war. *Paco* schrieb mir zunächst aus Kolumbien, später dann aus einem Gefängnis in Venezuela, in das man ihn für ein paar Jahre gesperrt hatte. Anschließend ging er nach Spanien, wo er mit Elsa eine Familie gründete. Sie bekamen zwei Mädchen, die heute in Madrid leben. Paco starb im Jahr 2008 an Krebs, er hatte wohl zu viele Celtas geraucht. Kurz bevor er starb, hatte er mich noch im Hunsrück besucht, wo ich ab 2005 ein paar Jahre als Barmann arbeitete und den Gästen harte Drogen einschenkte, allerdings legal.

Von *Roman*, der weiter auf der Welt unterwegs war und sein Auskommen suchte, erhielt ich hin und wieder einen Brief. 1983 schnappte man ihn auf dem Flughafen von Rom, wo eine nicht geringe Menge Heroin bei ihm sichergestellt wurde. Er musste sechs Jahre in Italien absitzen. Anfang der Neunziger kam er endlich vom Heroin los, der Abnabelungsprozess dauerte allerdings mehrere Jahre. Mitte der Neunziger wurde er mit anderthalb Kilo Kokain in Sao Paulo geschnappt, wo er für dreieinhalb Jahre in ein brasilianisches Gefängnis eingesperrt wurde, eine Erfahrung, die ihn nachhaltig beeindruckte. Roman und ich stehen bis heute in freundschaftlichem Kontakt. Er lebt wieder am Bodensee.

Klaus Sturm, der Ende der 80er Jahre von *Andrea* verlassen wurde, ging nach La Gomera, wo er seinen Kummer im Alkohol ertränkte, doch als ihn seine Freunde schon aufgegeben hatten, kehrte er nach Deutschland zurück und nahm eine geregelte Arbeit in einer Firma an, und wenn er sich an seinen alten Freund im Knast erinnerte, brachte er ein paar aufmunternde Zeilen zu Papier. Als

Rentner zog es ihn zurück auf die Kanaren, diesmal nach Teneriffa, wo er hoffentlich glücklich wurde.

Dennis und Martina überquerten in den Folgejahren mehrmals den Atlantik auf großen Segelschiffen. Sie schickten Fotos von Walen und schrieben lange Briefe, in denen sie mich an ihren Abenteuern auf See teilhaben ließen. Es dauerte viele Jahre, bis sie schließlich in Mallorca sesshaft wurden, wo sie noch heute leben.

Meine treueste Briefschreiberin blieb meine *Mutter*, die mir jede Woche schrieb und die ohne es zu wissen oder gar zu wollen, eine ziemlich lückenlose Chronik über das Leben im Dorf und über die Verhältnisse in der Familie verfasste. Vom *Vater* kam nur ein Brief in all den Jahren, aber der hatte es in sich. Zum ersten Mal versuchte er, seinem ältesten Sohn gegenüber seine Gefühle auszudrücken. Vater war kein Mann, der leicht Emotionen zu Papier bringen konnte, daher schätzte ich seinen Brief doppelt, am liebsten hätte ich ihn eingerahmt. Während meiner Jahre des »Handschellenkummers« schrieb er ein Buch zum Thema Jagd, in welches er ein paar Kapitel Kriegserlebnisse integrierte. Am Ende hatte man den Eindruck, der Zweite Weltkrieg mit seinen Überfällen auf Polen, Frankreich und Russland sei das Abenteuer einer Jagdgesellschaft gewesen und die einzigen, die vor seiner Flinte dran glauben mussten, waren Hirsche, Wildschweine und Rehe. Einen Menschen erschossen zu haben, daran *konnte* er sich nicht erinnern (sic)! Er verstarb am 27. November 1997 wenige Monate vor seinem 80sten Geburtstag. Meine Mutter erlag einem Krebsleiden, und zwar an dem Tag, an dem Verrückte auf Bali den Sari-Club in die Luft sprengten, in dem Harry alias Elvis Schulz seinerzeit den Ehemann seiner Geliebten auf die Bretter geschickt hatte: am 12. Oktober 2002.

Über Briefe blieb ich in Verbindung zu *Christel und Heinz*. Letzterer blieb in München und ging allmorgendlich zur Arbeit, nachdem er seinen Frühstücksjoint geraucht hatte. Heute lebt er, wie ich, in der Lausitz, wo wir uns im Jahr 2019 zufällig wiederbegegneten. Christel verstarb irgendwann um das Jahr 2015 an Krebs.

Tommy Parker, der Skipper, mit dem Lisa und ich nach Zypern segelten, lebt nach einem mehrjährigen Intermezzo in einem spanischen Gefängnis seit vielen Jahren auf Kreta, wo er biologisch angebaute Kräuter und Oliven züchtet.

Lila und Lynn schrieben aufmunternde Briefe, und sie hielten mehrere Jahre lang durch. Bis sich der Kontakt irgendwann verlor. Während ich am Manuskript arbeitete, fand ich sie über Google wieder. Beide leben in Kalifornien und sie scheinen sich ein Stück ihrer Jugend bewahrt zu haben. Wir telefonieren von Zeit zu Zeit und planen ein Wiedersehen. Lynn hat mir gestattet, die Cover der vier Bände ihren Gemälden zu entnehmen, ein echtes Happyend, wie ich finde!

Osiris blieb in Kolumbien und sah zu, dass er seine sieben Frauen und die vierzehn Kinder durchbrachte. Solange Paco ein Nomade war, erhielt ich Nachrichten von Osiris. Sollte er noch unter uns weilen, müsste er heute um die neunzig sein.

Mauricio, dem ich mich sehr nah fühlte, verließ Deutschland und ging über Kolumbien in die USA, wo er schließlich von den harten Drogen Heroin, dann Kokain und zuletzt Alkohol loskam. Er lebt heute mit seiner Familie in Miami.

Hans Hass junior nahm sich im Juni 2009, als seine Lebenskerze abgebrannt war, das Leben. Er soll zuletzt unter Depressionen gelitten haben.

Ebenfalls das Leben nahm sich mein erster Komplize *Walter Fleischer*. Unter nie eindeutig geklärten Umständen soll er 1998 aus einem Hotelfenster in Stockholm gesprungen sein und dabei den Tod gefunden haben. Leider ist es mir nie gelungen, dazu Näheres zu erfahren.

Lothar Regler, mein Kampfgefährte bei der Bundeswehr, der kleine Gauner, der seine Freundschaft zu Walter und mir für lumpige drei Kilo Hasch verraten hatte, tauchte erst wieder auf, als er sich bei Facebook registrierte. Heute wohnt er am Fuß der Pyrenäen in Frankreich, wo er als Schreiner der Rente entgegensieht. Walter bin ich es eigentlich schuldig, hinzufahren und dem Feigling wenigstens eine Ohrfeige zu geben.

Santi Gonzalo, La Merce und Angel Canto wurden irgendwann vom Heroin heimgeholt, *Enrique Dominguez*, der Versicherungsagent, mit dem ich seinerzeit den Kolumbianer seebestattet hatte, soll sich das Leben genommen haben.

Geoffrey Ramos lebte zuletzt in Florida, wo er vor ein paar Jahren starb. Er hatte mehrfach in mein Schicksal eingegriffen: erst, indem er mir seine Finca auf Ibiza übergab, dann indem er sich sein Mädchen von mir ausspannen ließ und zuletzt, als er mich mit nach Thailand nahm, wo er mir die Chinesen vorstellte, mit denen ich später so profitable Geschäfte machte.

Unter tragischen Umständen kam *Putzi von Opel* ums Leben: Sie geriet in ein Unwetter, bei dem im Oktober 2006 in der Provinz Huelva der Fluss Odiel eine Brücke überflutete. Sie überschätzte ihren Off-Road und unterschätzte die Gewalt der Strömung. Der Wagen wurde mitsamt der drei Insassen mitgerissen und Putzi und eine Bekannte ertranken in den Fluten. Der einzige Mann an Bord konnte sich schwimmend retten.

Werinher, mein Freund und Reisebegleiter lebt nach wie vor in München, wo ich ihn im Frühjahr 2021 nach 39 Jahren besuchte. Wir sprachen lange über die guten alten Zeiten und stehen seither wieder in Verbindung.

Odt und Oi, unsere thailändischen Freunde und Liebhaber, habe ich in späteren Jahren nicht mehr in Bangkok gefunden, wenngleich ich 1994 nach ihnen gesucht habe.

Rashid, der schlitzohrige Besitzer der *Cashmir Chandu Den* in Bombay, ist schon lange tot, wie man mir berichtet hat. Ob das Opium dabei eine Rolle spielte – wer kann das schon sagen? Es ist aber anzunehmen, dass es kein schmerzhafter Tod war.

Meine Geschäftspartner *Basil* auf den Bahamas und *Ming* in Hongkong hielten sich nach meiner Verhaftung an die Strategie des *»low profile«*. Ming schrieb mir ab und zu eine Postkarte, irgendwann verlor sich seine Spur. Basil starb in den Nullerjahren an einem Herzinfarkt.

Hunter James' Spur verliert sich ebenfalls, nachdem unsere Zusammenarbeit beendet war. Ich habe keine Ahnung, ob er noch lebt, seine Perspektiven als Junkie standen jedenfalls damals nicht gut.

Jerry saß seine Strafe im amerikanischen Knast ab, einer unter vielen Schwarzen, die dort ausgebeutet werden. Nach knapp sieben Jahren wurde er entlassen. Er hat mich 2009 in Deutschland überrascht. Heute telefonieren wir oft und lachen über die Tage unserer profitablen Geschäfte mit den Kids der Young Boys Inc., als wir beide Gold und Geld scheffelten.

Karl Engelmann, den ich 1984 im Zuchthaus von Straubing wiedertraf, verbringt seine restlichen Jahre nach einem abenteuerlichen Leben in Wien, wo ich ihn ab und zu besuche und seinen Geschichten aus dem goldenen Dreieck lausche. Er und Carmen waren zufällig bei Wacki zu Gast, als dieser sich vor ihren Augen den letzten Schuss setzte, eine Überdosis, wie wir wissen.

Ronny, Pit, Carmen, Jenny, Nora, Norbert Held und Madé Tambún und alle anderen, die in diesem Abspann nicht ausdrücklich erwähnt werden, verlor ich während der Haft aus den Augen, beziehungsweise sie mich.

Agung und seine Frau *Ketut* leben wohl noch auf ihrer einst schönen Insel Bali. Ich plane, sie demnächst zu besuchen. Das Haus in Legian musste nach 22 Jahren abgerissen werden, weil die Kokosnusspfeiler, die sein statisches Gerüst bildeten, von Termiten zerfressen waren. Immerhin konnte ich in den Jahren nach meiner

Haftentlassung dort noch ein paar Jahre Urlaub machen, aber das ist schon wieder eine neue Geschichte.

Die meisten Gefängnisjahre verbrachte ich in Bayern: zwei Jahre Untersuchungshaft in Stadelheim, wo ich *Werinher* und *Hagen Cooper* wiederbegegnete; Hagen hatte man wegen des Schmuggels von zwei Kilogramm Kokain zu zwölf Jahren verurteilt, weil er seine Komplizen nicht hatte verraten wollen. Zehn Jahre nach seiner Entlassung plagte *Hagen* sich mit einem Tumor in der Lunge herum. Er verweigerte jegliche Behandlung und starb 2002 nach kurzem Leiden. Er war Zeit seines Lebens starker Raucher gewesen.

Joseph Awad, den Libanesen, den wir seinerzeit in Zypern auf der Flucht vor dem Bürgerkrieg in seiner Heimat trafen, und mit dem ich einige Monate im Knast von Palma de Mallorca verbracht hatte, traf ich zufällig 1993 in einer Bar auf Bali wieder. Er betrieb dort das Restaurant Aladin, möglich, dass er heute noch auf der Touristeninsel lebt.

Zwei Tage nach meiner Inhaftierung hatte *Lisa* einen anderen Mann gefunden, zwei Jahre danach ließ sie sich von mir scheiden. Als wir uns vor dem Richter gegenübersaßen – sie im dunklen Kostüm neben ihrem Anwalt, ich in der entwürdigenden Knastkluft neben meinem miserablen Strafverteidiger – und sie mir nichts mehr zu sagen hatte, glaubte ich für einen Moment, all die schönen Tage auf Ibiza, unsere Reise nach Marokko, die angenehme Zeit in Gräfelfing bis hin zu den Weltreisen nach Hawaii, nach Kolumbien und nach Bali, all das sei spurlos an ihr vorbeigegangen. Ist es denn möglich, so dachte ich, während ich sie mit ernster Miene neben ihrem Rechtsanwalt kauern sah, dass nur ich die Reisen und Freundschaften, die Bilder und Konzerte, die Museen und die Berge in meinem Herzen aufbewahrt hatte, dass ich am Ende gar allein unterwegs gewesen war? Es dauerte fünf Jahre, ehe sie mich mit den Kindern im Gefängnis besuchen kam.

Unsere Tochter *Mirabell* verstarb im Jahr 2013 an den Folgen einer genetisch bedingten Krankheit. Sie litt an Mukoviszidose. Ihr Bruder *Santiago* ist durch die jahrzehntelange Abwesenheit seines

Vaters derart traumatisiert, dass er den Kontakt zu mir abgebrochen hat. Ich vermute, er sieht einen charakterlosen Versager in mir, wenn nicht gar einen Feind …

Die ersten sechs Jahre Strafhaft verbrachte ich im Hochsicherheitsgefängnis zu Straubing, wo ich anfing zu schreiben; die beiden letzten Jahre lebte ich im offenen Vollzug in Diez an der Lahn, wo ich ein Studium der Sozialwissenschaften aufnahm. Auf den Tag genau nach zehn Jahren wurde ich entlassen. Danach war ich ein anderer Mensch, und danach war die Welt eine andere geworden. Es gab Computer, es gab mobile Telefone, aber es gab keine Familie mehr. Im Gespräch oder im Interview taucht immer wieder die törichte Frage auf, was mir am Ende vom Leben geblieben sei. Was also ist geblieben? Ich würde sagen, eine gute Geschichte. Die aber auch nicht von Dauer sein wird, denn: *Mors ultima linea rerum est.* Der Tod steht am Ende aller Dinge. Horaz.

Überblick über die Hauptpersonen

Name	Beziehung, Funktion, Beruf	Zum ersten Mal erwähnt auf Seite:				Eig. Kap.
		Süd.	West.	Ost.	Nord.	
Achmed Kojo	Hanfbauer in Ketama	183				
Agung Raka	Lebenskünstler, Freund auf Bali			311	36	3.22
Andy	Österreicher, Schmuggler			71		
Angel Canto	Taucher, Schmuggler, Philosoph	238	12		42	2.14
Armando Valdez	Kolumbianer, Projektleiter			17		
Barry	Basils Cousin und Komplize		283	297	44	
Basil Mitchell	Clanchef, Großdealer auf den Bahamas		214	297	42	
Big Fred	Marihuana Großhändler in Fort Lauderdale		214			
Carmen Jäger	Freundin des Autors, Reisebegleiterin	174	21			1.11
Christel	Hausbesitzerin, Vertraute des Autors	72			163	
Danny Reno	Australier, Feuerwehrmann, Schmuggler			309		3.20
Elsa Carrillo	Pacos Ehefrau		76		69	
Francisco »Paco« Carrillo	Berufstaucher, Schmuggler, Partner des Autors	237	12	52	24	1.16 4.4
Geoffrey Ramos	Puerto Ricaner, Musiker, Schmuggler	280	12		356	1.17
Gunnika	Thailänderin, Reisegefährtin				165	4.11
Hagen Cooper	Barbesitzer, Smaragd-Schmuggler, Abenteurer		371	9	74	3.1
Hangman	Outlaw in Florida, Geschäftspartner		213			2.22
Hans Hass jr.	Musiker, Lebenskünstler, Bohemien	195	260		133	4.8
Hansi Heinz	Dealer in München, Reisebegleiter	281			65	
Harry »Elvis« Schulz	Lebenskünstler auf Bali, Nomade			178		
Harry Wong	Komplize von Ming, Verräter				51	
Hektor Blades	Mexikaner, Lebemann, Betrüger			121		

Hunter James	Filmemacher, Schmuggler, Bohemien	368	11	52		
Jerry Woodward	Dealer in Detroit, Freund des Autors			368	13	
Joey Palmano	Kokainhändler in Florida, Freund des Autors		360	49	11	2.23
Karl Engelmann	Weltenbummler, Schmuggler in Thailand			80		
Klaus Sturm	Freund auf Ibiza, Lebenskünstler, Barbetreiber	318			211	1.20
Lila Sexton	Hippie auf Maui, Reisegefährtin in Kolumbien		109		37	
Lisa Boell	Frau des Autors, Mutter zweier Kinder	237	7	40	11	1.14
Lisa Stone	Freundin des Autors auf Maui		109	91	37	3.15
Lynn Jaye	Malerin, Freundin auf Bali			196	24	3.12
Madé Tambùn	Balinese, Freund Pacos			183	170	3.28
Mauricio Lieberman	Freund des Autors und seiner Frau Lisa in München		35	51	37	
Martina	Freundin von Geoffrey, Ehefrau von Dennis	275	74			
Ming	Partner, Triadenmitglied, Drogenhändler			295	40	3.27
Nico Gerber	Dealer aus Ulm			116		
Nora	Freundin aus New York, Verräterin	195	75	370	11	1.12
Norbert Held	Kunstmaler, Drogendealer, Familienvater	211			163	
Odt Tongyod	Thai, Straßenhändler, Freund	336		155	41	3.13
Oi	Odts Frau			155		3.13
Osiris Castro	Freund aus Kolumbien, Lebenskünstler		76		43	2.7
Paul Jendruschewitz	Künstler, Einsiedler (Country-Paul), Dealer			81		
Ralph Petrucci	Edelsteinexperte, Komplize, Verräter				82	
Rashid	Opiumhöhlenbesitzer in Bombay		19	57	100	
Richie Alex	Freund auf Ibiza, WG-Mitbewohner d. Autors	120	37	77		1.7
Roman Elder	Österreicher, Dealer, Schmuggler	40	37	136	51	3.8

Ronny Feld-mann	Schmuggler, Dealer				160	4.18
Ruben Galván	Kolumbianer, Pfadfinder			20		
Rudi Hundt	Loddel, Dealer, Verräter				107	
Santos Gonzalo	Hippie, Reisender, Schmuggler	293	1			2.1
Sissy	Österreicherin, Schmugglerin			71		
Smoker »Joe«	Kumpel aus Florida, Bodyguard			350	53	3.25
Steven Onishi	Anwalt				277	
Tommy Parker	Dealer, Partner von Wacki, Skipper	41			163	
TomTom	Dealer in München	199			65	
Umberto Soler	Junkie, Schmuggler auf Bali			323	42	3.23
Walter Fleischer	Dealer, Schmuggler, Partner des Autors		43		51	1.2
Wacki Stein	Dealer, Schmuggler, Freund des Autors	41	37	51	61	1.3 3.4
Werinher Völler	WG-Chef, Photograph, Schmuggler	145	50		65	2.17
Xaver Fraunhofer	Banker, Freund des Autors				269	

Inhalt

Es werden gefeiert: **Käthe Lieder**, die meine im Knast geschriebenen Geschichten schon in den 80er Jahren begeistert haben; **Prof. Helmut Koch**, der den Ingeborg Drewitz Literaturpreis für Gefangene 1988 ins Leben rief, welchen ich ein Jahr später erstmals verliehen bekam; **Prof. Johannes Feest**, der damals in der Jury saß, und der mich über Jahrzehnte angetörnt hat; **Ludwig Lugmeier**, der Mann der aus dem Fenster sprang, der mich mit der guten Literatur bekannt machte; **Karl Weißenbeck**, der mich mit seinen frivolen Geschichten aus dem Gefängnis »entführt« hat; meine Agentin, **Caroline Millahn**, die früh an mich geglaubt, und die dann schwierige Zeiten mit mir durchgestanden hat; **Arne Houben**, mein Verleger und seine Frau **Melanie**, die im Schlusskorrektorat mit Falkenaugen die Fehler eliminierte, die ich ebenso übersehen hatte wie **Gabi Korn-Steinmetz**, meine Lektorin, die ansonsten in den Globalen Nomaden ihre Spur hinterlassen hat; **Martin Walser**, dem meine Geschichten schon früh gefielen und der mich zum Weiterschreiben motivierte; **Petra Giesen,** meine Therapeutin, die mir dabei half, die Sucht zu verstehen und mich (weitgehend) vom Heroin zu befreien; **Peter Zingler**, der mir bei Fragen mit seiner Expertise bis heute zur Seite steht; **Catrin Runge**, meine wundervolle Anwältin, die mich in rechtlichen Fragen berät; **Franz Brückner**, mein kongenialer Bewährungshelfer, der mich bis heute nicht aus den Augen lässt; mein Freund **Maximilian Pollux**, der auf seinem YouTube-Kanal meine Bücher feiert; **Lynn Jaye**, die Malerin aus Kalifornien, die mir gestattete, ihre Gemälde für die Umschläge der Globalen Nomaden zu benutzen; **Stefanie Thur**, die für die Layouts verantwortlich ist; last not least **Fynn Thöne**, **Daniel Richardy**, **Alena Beckova**, **Sara Müller, Jürgen Adler** und **Bone Bonig**, die mir in Görlitz jede und jeder auf ihre Weise halfen, das Projekt zu Ende zu bringen; und schließlich seien die LeserInnen der ersten drei Bände erwähnt, die mir mit ihrem Feedback Freude bereitet haben: **Milli A.** vom Bodensee, **Siggi H.** aus Aalen, **Susi B.** und **Gabi H.**, beide aus Wien, **Michel H.** aus Dillenburg, **Simone J.** aus Bingen, **Helga A.** aus Bacharach, **Karin Sch.** aus Bad Orb, **Sabine Sch.** aus Öhningen, **Madleen L.** aus Kleinkahl, **Michel D.** aus Köln, **Milos** aus Zürich, **Martina M.** aus Palma de Mallorca und all die, die zu nennen ich versäumt habe. Am Schluss grüße ich den **unbekannten Soldaten**, der den ersten Band SÜDEN bei Jeff Bezos folgendermaßen kommentiert hat: »Bläst sich zum Gangster auf. Richtige Dinger gelingen ihm nicht, weil er zu doof ist. Einfältiger Spießer erzählt aus seinem Leben.« Danke euch allen!

Hubertus Becker, Jahrgang 1951, am Niederrhein geboren, auf dem Hunsrück groß geworden, verbrachte als Erwachsener viele Jahre in Spanien, Amerika, Indonesien, China und im deutschen Gefängnis, wo er mit dem Schreiben begann. Zwei seiner Erzählungen wurden mit dem Ingeborg-Drewitz-Literaturpreis ausgezeichnet. Heute lebt und schreibt Becker in Görlitz.

www.globalenomaden.de

Hubertus Becker: Globale Nomaden

Hubertus Becker hat als Mitglied einer internationalen Bande von Schmugglern aufgeschrieben, wie es ihm und seinen Komplizen während der siebziger Jahre gelang die Märkte in den Metropolen Europas und Amerikas mit Haschisch, Kokain und Opiaten zu versorgen. Die weitgehend dokumentarische Roman-Reihe führt die Leser in Weltgegenden, in denen die Menschen andere Probleme zu bewältigen haben als im saturierten Europa.

Fast nebenbei scheint dabei das Porträt einer Zeit durch, wo Phänomene wie die Hippiekultur auf Ibiza, Goa, Bali und Hawaii, das Leben mit dem Outlaws Motorrad-Club in Florida sowie das Ambiente einer Opiumhöhle im indischen Bombay beschrieben werden.

Globale Nomaden **Süden:** Drogenschmuggel übers Mittelmeer
978-3-89801-429-8

Globale Nomaden **Westen:** Aufbruch zu neuen Ufern
978-3-89801-430-4

Globale Nomaden **Osten:** Heikle Geschäfte in Asien
978-3-89801-431-1

Globale Nomaden **Norden:** Am Ende steht Verrat
978-3-89801-432-8

Weitere Bücher von und mit Hubertus Becker

Hier erzählt der Autor seine ersten zwanzig Lebensjahre, beginnend mit seiner Kindheit auf dem Hunsrück, seiner Schulzeit am Rhein und seinem Dienst bei der Bundeswehr in Bayern. Er beschreibt das Leben in einem Hunsrückdorf in den 1950er und 60er Jahren und lässt den Leser teilhaben, wie er sich nach und nach von der Familie, dem Dorf und der Heimat emanzipiert. Sein ungekünstelter Schreibstil, oft selbstironisch und immer facettenreich, garantiert eine unterhaltsame Lektüre.
Wer die beschriebenen Ereignisse überdenkt, findet die Ursachen, die dazu führten, dass der Autor mit dem Gesetz in Konflikt geriet und mehrfach zu Gefängnisstrafen verurteilt wurde. Unter diesem Gesichtspunkt sind die vorliegenden Jugenderinnerungen mehr als die Biographie eines Zeitgenossen.

ISBN 978-3-89801-075-7 • 342 Seiten • Broschur • 12,00 EUR

Die hier vorliegenden Texte kommen direkt aus der Unterwelt. Authentischer ist über das Verbrechen selten geschrieben worden. Alle Autoren haben mehr als zehn Jahre ihres Lebens im Gefängnis verbracht und dort mit dem Schreiben begonnen. In den spannenden Beiträgen von Peter Zingler, Hubi Becker, Sabine Theisen, Maximilian Pollux und Ingo Flam wird Insiderwissen verarbeitet, welches Einblicke in ein breites Spektrum gängiger Kriminalitätsfelder als auch in die Psyche ihrer Protagonisten ermöglicht.

ISBN 978-3-89801-094-8 • 284 Seiten • Broschur • 12,00 EUR

Weitere Bücher von und mit Hubertus Becker

Mit dem Roman »Routinekontrolle« legt Hubertus Becker seinen ersten fiktiven Roman vor. Dabei geht es um den Rassismus europäischer Behörden gegenüber Asiaten und Afrikanern. Der zentrale Konflikt basiert auf einer zwar wahren, aber schwer nachvollziehbaren Begebenheit am Münchener Flughafen, über die vor Jahren in der überregionalen Presse berichtet wurde.

Der Autor beschreibt das Leben seiner Protagonistin, der Studentin Helen Amanuel in Äthiopien, sowie den kulturellen Hintergrund und das Selbstverständnis der Afrikaner; erzählt wird ihre Flugreise von Addis Abeba nach London, während der es zu einer skandalösen Zollkontrolle am Münchener Flughafen kommt, die wiederum zu unvorhersehbaren Komplikationen führt …

ISBN 978-3-89801-469-4 • 294 Seiten • Hardcover • 22,80 EUR

True-Crime-Geschichten

Im Laufe der mehr als 20 Jahre, die der Autor hinter Gittern verbracht hat, haben ihm hunderte Ganoven, Spitzbuben und Verrückte die Geschichten ihrer krummen Dinger und Verbrechen erzählt. Die besten davon hat er zu Papier gebracht: 27 teils amüsante, teils makabre, teils schauderhafte Erzählungen. Literarische Feinkost für Liebhaberinnen spannender und authentischer True-Crime-Geschichten.

ISBN 978-3-89801-460-1 • 272 Seiten • Broschur • 13,50 EUR

Gefangenenliteratur im Rhein-Mosel-Verlag

Der Ingeborg-Drewitz-Literaturpreis für Gefangene wird alle drei Jahre verliehen.

Die Autorinnen und Autoren beschreiben in Erzählungen und Gedichten das Leben der Gefangenen im deutschen Strafvollzug. Die unbekannte und hinter den Mauern verborgene Welt des Gefängnisses geben diese Bücher in authentischer und eindrücklicher Weise wieder. Texte die anrühren und das Fundament unserer gesellschaftlichen Ordnung hinterfragen.

ISBN
978-3-89801-408-3
194 Seiten
Broschur
10,90 EUR

ISBN
978-3-89801-454-0
182 Seiten
Broschur
12,00 EUR

ISBN
978-3-89801-482-3
160 Seiten
Broschur
12,00 EUR